전직대통령 예우와 법

이철호 著

21세기사

머리말

우리 헌법 제85조는 "전직대통령의 신분과 예우에 관하여는 법률로 정하다" 규정하여, 대통령이 임기를 마치고 퇴임한 경우에는 대통령의 헌법상의 지위를 고려해서 법률에 따른 예우를 받도록 규정하고 있다. 그 예우의 구체적 내용은「전직대통령의 예우에 관한 법률」이 정하고 있으며, 전직대통령과 그 가족에 대한 연금이 지급되고, 경호·교통·통신, 본인 및 그 가족에 대한 치료, 기념사업 지원 및 그 밖에 전직대통령으로서 필요한 예우 등을 주된 내용으로 한다.

전직대통령에 대한 예우는 크게 '생전 예우'와 '사후 예우'로 나눌 수 있다. 전직대통령들의 생전예우에 관한 내용을 규정하고 있는 것이「전직대통령 예우에 관한 법률」이며, 사망 후 예우에 대한 내용을 담고 있는 것이「국가장법」과「국립묘지의 설치 및 운영에 관한 법률」이다.

대통령을 지낸 인물이라 할지라도 퇴임 후에는 자연인(自然人)에 불과하다. 시중 어디에서 볼 수 있고 만날 수 있는 한명의 범부(凡夫)일 뿐이다.

봉건의식(封建意識)에 물든 사람들은 종종 권력을 신비로운 것으로 여겨 하늘의 뜻이 있어야 권력을 얻을 수 있다고 생각했고, 지금도 그러한 사고(思考)는 통용되고 있다. 수천 년간 이어진 군주의 권력은 하늘이 내렸다는 사상이 사람들의 인식에 뿌리박혀 사람과 세상을 살피는데 알게 모르게 쓰였다. 공화국 체제를 선택하고 헌법에 의하여 헌정이 운영되고 있음에도 지금도 우리들의 의식 속에는 전직대통령을 왕조시대 상왕처럼 예우하는 봉건의식이 자리 잡고 있다. 그러한 의식에 터 잡고 전직대통령 예우가 이루어지면 국민이 주인인 공화정의 헌정이라 할 수 없다.

대한민국 헌정사에서 전직대통령은 11명이 존재했고, 생존하는 전직대통령은 전두환·노태우·이명박·박근혜 4명이지만, 전두환·노태우 전직대통령은 군사반란과 내란죄, 뇌물죄 등으로 처벌받았으며, 박근혜 전 대통령은 임기 중에 탄핵(彈劾) 파면당하여 재판에서 뇌물수수 등의 혐의로 징역 20년, 벌금 180억원이 확정되어 수감상태이며, 이명박 전 대통령도 뇌물죄·횡령죄·조세포탈죄 등의 죄목으로 구속되었다 보석으로 석방되어 2심 재판 과정에서 다시 법정 구속과 구속 집행정지를 반복하다가 2020년 10월 29일 대법원에서 징역 17년과 벌금 130억 원, 추징금 57억 8천여만 원을 선고한 원심판결을 확정한 최종 유죄 판결을 받아 수감 중이다. 이러다 보니 퇴임 후 국민들부터 존경 받는 전직대통령과 전직대통령 문화가 없다.

이명박, 박근혜 두 정부의 집권기간을 거치면서 헌정의 중요성과 한 나라의 헌정(憲政)과 정치문화는 결국 국민에 의해 결정됨을 다시 확인하는 시기였다. 2016년 진행된 국민들의 준엄한 촛불시위, 촛불혁명에 의해 권력을 사유화하고 국정을 농단한 대통령을 헌법이 정하고 있는 탄핵절차에 따라 쫓아냈다. 이후 대통령직(職)의 본분을 망각하고 국민이 위임한 권력을 사유화(私有化)하고 국정을 농단한 대통령들은 사법(司法)의 준엄한 심판을 받아 우리 헌정사(憲政史)에 불행한 대통령 문화를 남기고 있다.

전직대통령 예우와 관련하여 현행 법제는 법체계상으로 일관성이 결여되어 있다. 생전 예우를 규정하고 있는「전직대통령 예우에 관한 법률」이 재직 중 탄핵결정을 받아 퇴임한 경우나, 금고 이상의 형이 확정된 경우 등에 대하여 전직대통령에 대한 예우를 제외하고 있으면서도, 사후 예우를 규정하고 있는「국가장법」과「국립묘지의 설치 및 운영에 관한 법률」에서는 이 문제를 명확히 규정하고 있지 않다. 이 문제는 우리사회 심각한 갈등과 국론분열의 소지를 안고 있다.

1장에서는 전직대통령 예우에 관한 법제를 다루었다. 전직대통령 예우에 관한 법률과 대통령 등 경호에 관한 법률, 여권법 등을 살펴보았다. 2장 전직대통령 예우 현황에서는 전직대통령들이 퇴임 후 재임 중 국정과 관련하여 논란이 된 사안에 대해 어떠한 모습과 행적을 보였는지를 서술하였다. 3장에서는 사후예우에 해당하는 전직대통령의 장례문제를 국가장법을 중심으로 고찰하였다. 특히 전직대통령들의 사후 국가장 집행과정에서 사회적 갈등과 분열, 사회적 혼란이 이는 것을 막기 위해서도

「국가장법」개정을 통하여 전직대통령이라 할지라도 헌정문란으로 처벌 받았거나 탄핵당한 전직대통령들은 국가장 대상에서 제외해야 함을 주장하였다. 4장에서는 국립묘지에 관한 법률을 토대로 하여 처벌받은 전직대통령의 국립묘지 안장 문제를 검토했다. 현행「국립묘지의 설치 및 운영에 관한 법률」은 형법에 따른 내란죄 등을 저지르고 금고 이상의 실형이 확정된 경우 국립묘지에 안장될 수 없도록 하고 있지만, 사면·복권된 자에 대해서는 관련 규정을 두고 있지 않다. 헌정질서를 유린했던 사람들이 사면과 복권을 이유로 국립묘지에 묻히지 못하도록 국립묘지 안장 기준을 입법적으로 명확히 해결할 것을 강조했다. 부록으로 전직대통령 예우에 관한 법률의 위헌여부, 전직대통령에 대한 검사의 구치소 방문 조사, 훈장치탈의무 불이행 등 헌법재판소 결정문과 전직대통령 기념사업 민간단체의 보조금 교부관련 판례를 수록하였다.

　대한민국 대통령들도 임기를 마치면, 우루과이 호세 무히카 대통령이나 미국 대통령들처럼 고향이나 자신이 대통령 재임 전 살고 활동했던 연고지로 돌아가 대통령직 경험을 토대로 국가와 지역사회를 위해 봉사하는 모습을 보고 싶고, 그런 전직대통령 문화를 가지고 싶다는 소박한 바람을 담아 본 저서를 출간한다.

2021년 1월
문향재(文香齋)에서
이철호

목 차

제2장 전직대통령 예우 현황

제3장 국가장법과 국가장 대상자의 제한 문제

제4장 국립묘지법과 전직대통령 국립묘지 안장 문제

여는 글
—

민주주의 본국이라 할 미국사회에서도 전직대통령들을 어떻게 예우해야 하는가 하는 문제는 오랫동안 논쟁을 불러일으켜 온 뜨거운 감자였다. 영국 법률학자 제임스 브라이스(James Bryce)경은 로마의 정치 제도를 모방하여 전직대통령을 상원의원으로 예우하자는 주장을 펼쳤다.[1]

미국에서 '전직대통령 예우법'(Former Preidents Act)이 도입된 것은 1958년이다. 8년간의 백악관생활을 마치고 퇴임한 해리 트루먼(Harry Shippe Truman) 33대 대통령(재임기간 1945-1953)이 평소 청빈(淸貧)함 때문에 제대로 생계를 꾸려나가기가 어려워 친구들에게 돈을 꾸러 다닌다는 소식이 알려지고,[2] 우편물 비용조차 감당하지 못한다는 소문이 들려오자 미국 의회는 1958년에 '전직대통령 예우법'을 제정하여 일정액의 급여와 소수의 직원, 여행 기금, 사무실 같은 특혜를 제공하기로 했다. 나중에 후속조치가 제정되어 경호 서비스가 추가되었고, 대통령에서 야인으로 돌아가는 데 필요한 이행자금을 제공했다.[3] 미국에서 전직대통령의 연금과 특혜가 법으로 제정되었던 것은 연금 수혜자가 위엄 있는 생활을 영위하게 함으로써 전직대통령의 품위를 훼손할지도 모르는 상업적 거래를 미연에 방지하려는 것이었다.[4]

전직대통령의 헌법상 규정과 예우

우리 헌법 제85조는 "전직대통령의 신분과 예우에 관하여는 법률로 정한다."고 하여, 전직대통령에게도 신분보장과 예우를 하고 있다. 직전대통령은 헌법상 임의기관인 국가원로자문회의의 의장이 된다(헌법 제90조 제1항). 직전 대통령이 없을 때에는

---

1) 레너드 버나도·제니퍼 와이스, 『미국 대통령의 역사』, 시대의 창(2012), 18면.
2) 강성남, 前職大統領(國家首班)에 대한 禮遇問題, Info-Brief 95-43(1995.11), 입법조사분석실, 4면.
3) 레너드 버나도·제니퍼 와이스, 앞의 책, 31면.
4) 레너드 버나도·제니퍼 와이스, 앞의 책, 436면.

대통령이 전직대통령 중에서 지명한다(헌법 제90조 제2항).[5]

헌법 제85조 전직대통령 예우 규정은 1980년 10월 27일 전부개정 된 제9호 헌법에서 처음 제61조로 처음 등장하여 현행헌법에 이르고 있다. 다만, 전직대통령 예우에 관한 법률은 1980년 헌법 제61조가 마련되어 이를 근거로 사후적으로 제정된 법률인 것은 아니고 1969년 1월 22일에 처음 제정되어 7차례의 개정을 거듭해 온 연혁이 있다. 이미 형성되어 있는 전직대통령 예우에 관한 법률의 입법취지가 사후적으로 헌법으로 상향화된 것이라고 할 수 있다.[6]

전직대통령은 한 명의 자연인(自然人)

전직대통령들은 과도한 예우 규정 때문인지 퇴임 후에도 현직대통령처럼 행동하고 현직이상의 예우를 요구하기도 한다. 그러나 임기를 마치고 대통령직에서 퇴임한 전직대통령은 일상의 평범한 시민이며 한사람의 자연인 신분에 불과하다.

전직대통령은 조선시대 태상왕(太上王) 자리를 물려준 살아있는 임금이 아니다. 헌법상 법 앞에 모든 사람이 평등하다고 할 때, 전직대통령 또한 모든 사람 중의 한사람에 불과할 뿐이다.

전직대통령들은 재임 중 국정수행 과정에서 일어난 사건들이 퇴임 후 국민들의 관심사가 되어 국민의 대표기관인 국회의 국정조사(國政調査)의 대상이 되어 조사나 증언을 요청받은 경우, 범죄 혐의를 받아 수사기관의 수사 대상이 된 경우 대통령을 역임한 '전직'을 내세워 일반국민과 다르게 특별한 대우를 넘어 법에도 없는 과도한 예우와 특권을 요구한다.

그러나 전직대통령에 대해서도 국회의 국정조사 등에서 조사대상 포함여부나 조사 시기, 방법 등을 일반시민과 같은 수준으로 정해야 한다. 또한 전직대통령에게 범죄혐의가 있어 수사대상이나 참고인인 된 경우에도 형사소송법이 정하고 있는 절차에 따라 진행하면 된다.

---

5) 국가원로자문회의는 대통령직 퇴임 후의 예우로 국가위신을 유지함에 있지만, 대통령임기 7년 단임제와 더불어 멕시코의 공직담제와 원로회의 후견을 통한 일당영구집권 의지를 모방한 것이라도 한다(강경근, 『一般憲法學』, 법문사, 2014, 757면).

6) 이경선, "「전직대통령 예우에 관한 법률」 입법비평", 홍익법학 제20권 제1호(2019), 342면.

전직대통령도 퇴임 후 재임 중의 범법행위가 드러나면 형사처벌을 받아야 한다. 퇴임 후 범법행위의 혐의가 있어 수사라도 하려고 하면, '정치보복'(政治報復)이라며 반발한다. 우리 헌법은 "대통령은 내란 또는 외환의 죄를 범한 경우를 제외하고는 재직 중 형사상 소추를 받지 아니 한다"고 규정하고 있다(제84조). 그러나 대통령직을 퇴직한 뒤에는 재직중의 범죄에 대하여 형사상 소추(訴追)될 수 있으며, 재직중이라도 민사상 책임은 면제되지 아니한다. 따라서 재직중의 범죄행위, 가령 수뢰사실을 퇴임 후에 소추하는 것은 너무 당연하다. 결코 정치보복이 될 수 없다. 한번 대통령은 '영원한 대통령'이라는 생각을 갖거나, 퇴임 후의 전직대통령을 일반국민과 '다르게' 대우해야한다는 그 발상이 특권의식의 발로이며, 권위적이고 입헌주의 헌정에 배치되는 전근대적 사고방식이다.

대통령을 지낸 인물이라 할지라도 영원한 대통령이 아니라 퇴임 후에는 시중(市中) 어디서나 볼 수 있고 만날 수 있는 한명의 자연인일 뿐이다.

외국과 우리의 전직대통령의 모습

프랑스의 전직대통령 지스카르 데스탱(Valéry Giscard d'Estaing)이 면(面)직원으로「취직」(就職)을 하겠다고 나서 화제가 된 적이 있다. 한나라를 대표했던 인물이 대통령선거에서 낙선된 후 실직자가 돼 취직을 할 수 밖에 없는 나라의 형편을 어떻게 평가해야 옳을까. 전직대통령의 취직 나들이는 동기야 어떻든 흥미의 대상이 아닐 수 없다. 또 1920년 레이몽 포앙카레(Raymond Poincaré) 대통령도 임기를 마친 후 지방의회에 출마, 그 후 상원의원으로 진출한 적이 있고 보면 프랑스 정치문화의 민주화를 통찰해 볼만 하다. 대체로 각국에서는 전직대통령을 가능한 한 최상급으로 예우하고 있다. 미국의 경우 정치 스캔들로 쫓겨난 리처드 닉슨(Richard Milhous Nixon)도 연20만 달러 이상의 대통령연금을 매년 지급받았다. 반대로 무일푼의 전직대통령과 생활고 때문에 면직원으로 취직을 한 대통령이 미국역사상 몇 사람 있었다. 미국 18대 대통령 율리시스 심슨 그랜트(Ulysses Simpson Grant)는 2차 임기에 도전했다가 실패하면서「무일푼」전직대통령이 됐다. 그는 생활고를 해결하기 위해 회고록을 손수 집필했고 맥그리거 출판사는 그가 죽기 나흘 전에 완성, 탈고한 회고록 대가로 45만 달러의 거금을 줬다. 그리고 면서기를 역임한 14대 프랭클린 피어스(Franklin

Pierce)대통령의 경우도 흥미롭다. 자신의 건강과 또 소일(消日)을 위해서 뉴햄프셔의 콩코드마을 동사무소에 나가 일을 돌봐줬다는 이야기다. 전직대통령들의 구직(求職)을 당연한 것으로 받아들이는 사회인식과 그것이 허용되는 정치문화의 수준에서 정치선진국의 면모가 엿보인다. 10년 재상이 퇴임 후 거처할 아파트가 없다는 영국의 이야기나 낡은 초가집에서 일생을 마친 한 재상을 가진 일본의 정치풍토와 문화도 프랑스와 미국에 못지않은 것으로 여겨진다.[7]

한편, 우리네 대통령들의 퇴임 후 모습을 한 신문사의 칼럼은 '가난한 대통령들'이라는 제목으로 다음과 같이 정리하고 있다. " '반세기를 넘긴 낡은 선풍기 바람에 삼복(三伏)을 식히며 아직도 연탄불 신세를 지고 있다. 30년 전 입주한 서교동 단독주택은 옛날 그대로다. 서너 평의 응접실은 오래 앉아 있기 민망할 정도다'. 최규하 전 대통령의 근황이다. 한국의 대통령들은 가난하다? 최규하 전 대통령처럼 청빈의 삶을 살아서인지, 아니면 다른 곡절이 있는지는 몰라도 한국의 대통령들은 전·현직 할 것 없이 모두 빈한(貧寒) 한가보다. 노무현 대통령은 얼마 전 재산공개에서 본인 몫으로 달랑 7백42만원을 신고해 역대 대통령 가운데 가장 가난한 대통령으로 기록됐다. 김영삼 전 대통령도 씀씀이가 여의치 않은 모양이다. YS 문하(門下)의 민주계 의원들이 3천만 원을 갹출해 전달키로 했다는 보도가 있었지만 자존심 강한 김영삼 전 대통령은 불쾌한 반응을 보였다는 후문이다. …중략… 청와대에서 나온지 두 달밖에 안된 김대중 전 대통령은 며칠 전 아태재단에 기탁했던 노벨상금과 필라델피아 자유의 메달 상금 13억5천만여원을 돌려받았다. 이에 대해 말들이 많다. 그도 궁핍해져서인가, 아니면 "너무 부자가 되면 돈의 노예가 되고, 너무 가난하면 인격을 유지할 수 없다"는 자신의 어록을 떠올린 것일까. 전두환 전 대통령은 뇌물수수혐의 추징금 2천2백4억원중 내지 않은 1천8백90억원 문제로 엊그제 법원에 나가 "가진 돈은 예금 29만원뿐"이라고 말했다. "그러면 골프는 어떻게 치나" "1996년 추정재산 1천6백억원을 어디에 다 썼나"라는 판사의 힐난은 국민정서를 대변하는 듯하다. 돈 잘 풀기로 유명한 전두환 전 대통령도 이제 빈자(貧者)의 대열에 든 것인가."[8]

---

7) 여적(餘滴), 「경향신문」 1982년 2월 27일, 1면.
8) 경향신문사, 『여적(餘滴)-한국 현대사를 관통하는 경향신문 명칼럼 243選』, 경향신문사(2012), 87면.

오래전인 1992년 이승만(李承晩) 장면(張勉) 박정희(朴正熙) 전두환(全斗煥) 노태우(盧泰愚)대통령 등 역대 국정최고책임자 5명이 동시에 저녁식사를 초대해 올 경우 누구의 초대에 응하겠느냐는 질문이 국내 정치 행정학 교수 2백 31명에게 주어졌다. 교수들 중 39%가 박정희 대통령을 택했고, 장면 총리 25.7%, 이승만 대통령 22%, 노태우 대통령 7%, 전두환 대통령 6%로 나타났다. 도덕성에 관해서는 장면 총리가 71.5%로 가장 높았고, 다음은 이승만 대통령 43.4%, 박정희 대통령 36%, 노태우 대통령 10.9%, 전두환 대통령 3.9%순이었다.[9]

우리네 전직대통령들은 임기가 끝나면 감옥으로 가는 것이 역사가 됐다. 김영삼·김대중 전직대통령만 퇴임 후 전직대통령으로서 제대로 예우를 받다가 자연사(自然死) 했을 뿐 나머지 대통령은 대부분 퇴임 후 불행한 삶이었다. 전두환·노태우 전 대통령도 퇴임 후 교도소에 다녀왔다. 노무현 대통령은 극단적 선택을 했고, 이명박·박근혜 전 대통령도 감옥으로 갔다. 지금 전직대통령의 동일한 저녁식사 초대의 질문이 주어진다면 어떤 답과 어떤 설문 결과가 나올지 자못 궁금하다.

---

9) 횡설수설, 「동아일보」 1992년 7월 23일, 1면.

1

전직대통령 예우와 법제

전직대통령 예우에 관한 법률

1. 전직대통령 예우에 관한 법률 제정과 개정사

(1) 전직대통령 예우에 관한 법률의 제정

1968년 5월 당시 집권당인 민주공화당은 퇴임한 국가원수(國家元首) 다시 말해 전직대통령을 위해 「국가원수 예우에 관한 법률안」을 마련했다. 김진만 공화당 원내총무가 1968년 5월 31일 마련한 입법 시안을 보면, 국가원수가 퇴임하여 사망할 때까지 퇴임 당시 봉급의 70%를 주도록 돼 있다. 당시 이 혜택을 받을 수 있는 전직대통령은 윤보선(尹潽善)씨 1명뿐이었다.[1]

전직대통령 예우에 관한 법률은 법률 제2086호로 1969년 1월 22일 제정되고, 동년 같은 날 시행되었다.

신규 제정된 전직대통령 예우에 관한 법률의 내용을 보면, 전직대통령 또는 그 유족에 대한 예우로서 연금 등을 지급하려는 것으로 ① 전직대통령에 대하여는 생존하는 동안 대통령봉급액의 70%에 상당하는 연금을 지급하도록 규정하였다. ② 전직대통령은 생존하는 동안 비서 3인을 채용할 수 있도록 하였고, ③ 전직대통령의 유족중 배우자에 대하여는 대통령 봉급액의 50%를 연금으로 지급하고, 유족중 배우자가 없거나 연금을 받던 배우자가 사망한 때에는 18세미만의 유자녀에게 지급하도록 하였다.

(2) 전직대통령 예우에 관한 법률 개정

1) 1차 개정

국가보위입법회의는 1981년 2월 3일 오후 내무위를 열고 정부가 제출한 전직대통령 예우에 관한 법을 심의했다.[2][3] 1981년 2월 13일 오후 국가보위입법회의는 본회의

---

1) 退任하면 俸給70% 元首禮遇法案 마련, 「경향신문」 1968년 5월 13일, 1면.
2) 당시 한 일간신문은 전직대통령 예우에 관한 법 개정안의 내용을 다음과 같이 기사화 하고 있다. "▲전직대통령의 신분에 관한 규정을 신설, 현 대통령의 바로 직전대통령은 국정자문회의의

를 열고 여권법개정안과 전직대통령 예우에 관한법 개정안 등 4건의 법률안을 의결하여 정부에 이송했다.

법률 제3378호, 1981년 3월 2일 일부 개정되어 같은 해 3월 2일 시행되었다. 헌법 제61조의 규정에 의하여 전직대통령을 국가의 원로로 우대하고 그에 상응하는 예우를 하려는 것이었다.

그 내용을 구체적으로 살펴보면, ① 전직대통령의 신분에 관한 규정을 신설하는 것이다. 직전대통령은 국정자문회의의 의장이 되고, 그 외의 전직대통령은 대통령이 위촉하는 경우 국정자문회의의 위원이 되도록 하였고, 전직대통령은 국가의 원로로서 그에 상응한 예우를 받도록 규정하였다. ② 전직대통령의 연금을 상향조정하여 연금지급 당시 대통령 봉급의 70%에서 95%로 상향 규정하였다. ③ 전직대통령의 유족에 대한 연금을 50%에서 70%로 상향조정하고, 지급대상 유자녀의 범위를 30세미만의 자와 30세 이상의 자로서 생계능력이 없는 자로 확대하였다.4) ④ 전직대통령에 대

───────

의 의장이 되도록 하고 그 외의 전직대통령은 대통령이 위촉하는 경우 국정자문회의의 의원이 되게 하며, ▲전직대통령의 연금을 상향조정, 연금지급당시 대통령봉급의 70%에서 95%로 높이고 ▲전직대통령의 유족에 대한 연금도 상향 조정, 유가족연금지급 당시 대통령봉급의 50%에서 70%로 유족연금을 인상하는 한편 지급대상자인 유자녀의 범위를 18세미만의 자에서 30세미만의 자와 생계능력이 없는 30세 이상의 자등으로 확대하는 것 등을 주요내용으로 하고 있다."(前大統領禮遇法 등 立法會議 심의 처리, 「동아일보」 1981년 2월 3일, 7면).

3) 국가보위입법회의 내무위원들은 전직대통령예우법개정안을 심의하면서 전직대통령의 유자녀 문제에 특별한 관심을 표명. 이우재(李祐在)의원은 "유자녀가 출가(出嫁) 또는 이민(移民)을 갔을 때도 연금지급 대상이 되는가" "내각책임제하의 대통령도 같은 예우인가" 등을 물었고 김대환(金大煥)의원은 "일반법에서는 成年이 18세인데 대통령 유자녀는 30세를 기준으로 생계보조를 하는 것은 우리가 알고 있는 특정문제 해결을 위한 것이란 인상을 주어 오히려 당사자들의 입장을 어렵게 하는 것이 아닌가"고 질문. 이에 대해 김용래 총무처차관은 "법의 취지가 대통령의 품위유지에 있기 때문에 출가해도 연금이 지급되고 이민을 가도 국적을 바꾸지 않는한 지급한다" "내각책임제하의 대통령도 같은 예우규정의 적용을 받는다" "30세로 한 것은 생계안정(生計安定)능력을 그 나이로 본 것이며 외국의 경우도 비슷하다"고 답변(前職大統領遺子女 문제 關心표명, 「동아일보」 1981년 2월 4일, 3면).

4) 국무회의는 1981년 4월 3일 전직대통령예우에 관한 법 시행령을 보완, 「30세 이상의 유자녀로 생계능력이 없는 자」를 「그 유자녀와 그 가족의 소득재산 및 부양가족 등을 고려하여 사회통념상 전직대통령의 유자녀로서의 품위를 유지하기어렵다고 인정되는 자」로 고쳤다. 이 개정

하여는 연금·비서관외에 경호·경비, 교통·통신의 편의 제공 및 의료 등에 관한 예우를
할 수 있도록 하는 근거규정을 마련하였다.

2) 2차 개정

전직대통령 예우에 관한 법률의 2차 개정은 법률 제4001호, 1988년 2월 24일 일부
개정되어 1988년 2월 25일 시행되었다.

① "국정자문회의"의 명칭을 "국가원로자문회의"로 변경하는 것이고, ② 전직대통
령이나 그 유족에게 지급하는 연금의 지급액을 대통령 "봉급 년액"의 100분의 95상
당액에서 대통령 "보수 년액"의 100분의 95상당액으로 하도록 하였다. ③ 전직대통
령을 위한 기념사업을 민간단체 등이 추진하는 경우에는 필요한 지원을 할 수 있도록
하였으며, ④ 전직대통령 또는 그 유족의 경호·경비기간을 "필요한 기간"으로 정하
고, 전직대통령 또는 그 유족은 사무실 제공등의 지원을 받을 수 있도록 하는 것을 내
용으로 하고 있다.

3) 3차 개정

전직대통령 예우에 관한 법률의 3차 개정은 법률 제5118호로 1995년 12월 29일 일
부 개정하여 1995년 12월 29일 시행하였다.

3차 개정 내용은 전직대통령이 전직대통령 예우에 관한 법률의 기본취지에 위배되
는 행위를 한 경우 예우를 하지 아니하도록 하는 근거규정을 마련하고, 기타 전직대
통령예우에 관한 일부 사문화된 규정을 정비·보완하려는 것이다. ① 전직대통령은 국
가원로자문회의의 의장 또는 위원이 되도록 한 규정을 삭제하였고, ② 전직대통령이
탄핵결정을 받아 퇴임한 경우나 금고이상의 형을 받은 경우 등에는 예우를 하지 아니
하도록 하는 것이다.

령에 따르면 전직대통령 및 그 배우자는 국공립병원에서 무료진료를 받을 수 있게 했으며 전
직대통령의 유족 중 배우자가 없거나 유족연금을 받던 배우자가 사망한 경우에는 그 연금을
전직대통령의 30세미만 유자녀와 30세 이상 유자녀로서 생계능력이 없는 자에게 지급토록 했
다(前職대통령 유자녀 國公立病院 무료로, 「경향신문」 1981년 4월 4일, 7면).

4) 4차 개정

전직대통령 예우에 관한 법률의 4차 개정은 법률 제10011호로 2010년 2월 4일 일부 개정하여, 2월 4일 시행하였다.

전직대통령 예우에 관한 법률 4차 개정이유를 보면, 현행법상 전직대통령에게 지원되고 있는 운전기사 1명의 법적 근거를 마련하고, 전직대통령 서거 시 유족 중 배우자에 대한 품위 유지 및 의전필요성 등을 고려하여 배우자에게 대통령령으로 정하는 기간 동안 비서관 1명과 운전기사 1명을 지원하도록 하려는 것이었다.

개정 주요내용을 구체적으로 살펴보면, 전직대통령에 대한 운전기사 1명의 지원 근거를 마련하고, 전직대통령 서거 시 유족 중 배우자는 대통령령으로 정하는 기간 동안 비서관 1명인과 운전기사 1명을 둘 수 있도록 하였다(동법 제6조 제1항). 또한 전직대통령 유족 중 배우자가 둘 수 있는 비서관과 운전기사는 전직대통령의 배우자가 추천하는 사람 중에서 임명하되, 그 신분은 대통령령으로 정하도록 했다(동법 제6조 제3항 신설).

5) 5차 개정

전직대통령 예우에 관한 법률의 5차 개정은 법률 제10742호로 2011년 5월 30일 일부 개정하여 같은 해 5월 30일 시행하였다.

5차 개정의 개정이유 및 주요내용은 현행 전직대통령 서거 시 유족 중 배우자에게 대통령령이 정하는 기간 동안 지원하고 있는 비서관 1명 및 운전기사 1명을 배우자의 품위 유지 등을 고려하여 배우자 사망 시까지 지원할 수 있도록 하는 한편, 법 문장을 원칙적으로 한글로 적고, 어려운 용어를 쉬운 용어로 바꾸며, 길고 복잡한 문장은 체계 등을 정비하여 간결하게 하는 등 국민이 법 문장을 이해하기 쉽게 정비하려는 것이었다.

6) 6차 개정

전직대통령 예우에 관한 법률의 6차 개정은 법률 제14618호로 2017년 3월 21일 일부 개정하였고, 2017년 9월 22일부터 시행하였다.

6차 개정의 개정이유 및 주요내용을 살펴보면, 전직대통령이 사망하여 국립묘지 이외의 지역에 안장될 경우 「국립묘지의 설치 및 운영에 관한 법률」에 따른 지원을 받을 수 없는 바, 고인의 업적과 정신을 기리고 선양하는 국민적 추모 공간이라는 전직대통령 묘역의 성격 및 전직대통령 간 예우의 형평성을 고려하여 국립묘지 이외의 지역에 안장되는 전직대통령의 묘지에도 그 관리에 필요한 인력 및 비용을 지원할 수 있도록 하려는 것이다.

2. 「전직대통령 예우에 관한 법률」의 내용

(1) 목적

전직대통령 예우에 관한 법률은 전직대통령(前職大統領)의 예우에 관한 사항을 규정함을 목적으로 한다(동법 제1조).

(2) 전직대통령의 정의

전직대통령 예우에 관한 법률에서 "전직대통령"이란 헌법에서 정하는 바에 따라 대통령으로 선출되어 재직하였던 사람을 말한다(동법 제2조).

(3) 전직대통령 예우에 관한 법률의 적용 범위

전직대통령 예우에 관한 법률은 전직대통령 또는 그 유족에 대하여 적용한다(동법 제3조).[5]

(4) 전직대통령과 연금

전직대통령에게는 연금을 지급한다(동법 제4조 제1항). 연금 지급액은 지급 당시의 대통령 보수연액(報酬年額)의 100분의 95에 상당하는 금액으로 한다(동법 제4조

---

[5] 전직대통령 예우에 관한 법률이 형사처벌을 받은 전직대통령에 대하여도 필요한 기간의 경호 및 경비를 제외한 기타의 예우까지 계속하도록 규정하고 있는 것은 국민의 행복추구권 등을 침해한 것이라고 주장하며 제기한 헌법소원심판의 계속 중 위 법률이 개정되어 전직대통령에게 금고 이상의 형이 확정된 경우 경호·경비의 예우를 제외하고 기타의 예우는 하지 아니하도록 규정한 이상 권리보호의 이익이 소멸 또는 제거된 것이다(헌법재판소 1997.1.16. 전원재판부 95헌마325).

제2항).

전직대통령 예우에 관한 법률(제4조 제2항 및 제5조 제1항)에서 "지급당시의 대통령보수연액"이라 함은 연금의 지급일이 속하는 월의 대통령연봉 월액의 8.85배에 상당하는 금액을 말한다(동법 시행령 제2조 제1항).

연금은 그 사유가 발생한 날이 속하는 월의 익월부터 그 사유가 소멸된 날이 속하는 월까지 지급한다(동법 시행령 제4조). 연금은 12월로 분급(分給)하되, 매월 20일에 지급한다(동법 시행령 제5조). 그러나 전직대통령 예우에 관한 법률(동법 제7조)에 의하여 연금의 지급을 정지할 사유가 발생한 때에는 그 사유가 발생한 날이 속하는 월의 익월부터 그 사유가 소멸된 날이 속하는 월까지 지급을 정지한다(동법 시행령 제6조).

(5) 유족에 대한 연금

전직대통령의 유족 중 배우자에게는 유족연금을 지급하며, 그 연금액은 지급 당시의 대통령 보수연액의 100분의 70에 상당하는 금액으로 한다(동법 제5조 제1항).

전직대통령의 유족 중 배우자가 없거나 유족연금을 받던 배우자가 사망한 경우에는 그 연금을 전직대통령의 30세 미만인 유자녀(遺子女)와 30세 이상인 유자녀로서 생계능력이 없는 사람에게 지급하되, 지급 대상자가 여러 명인 경우에는 그 연금을 균등하게 나누어 지급한다(동법 제5조 제2항).

"30세 이상의 유자녀로서 생계능력이 없는 자"라 함은 유자녀와 그 가족의 소득·재산 및 부양가족 등을 고려하여 사회통념상 전직대통령의 유자녀로서의 품위를 유지하기 어렵다고 인정되는 자를 말한다(동법 시행령 제2조 제2항).

(6) 기념사업의 지원

민간단체 등이 전직대통령을 위한 기념사업을 추진하는 경우에는 관계 법령에서 정하는 바에 따라 필요한 지원을 할 수 있다(동법 제5조의2). 전직대통령을 위한 기념사업 지원의 대상과 규모는 국무회의의 심의를 거쳐 결정한다(동법 시행령 제6조의 제3항).

전직대통령 예우에 관한 법률에 따라 지원하는 기념사업은 아래와 같다(동법 시행령

제6조의2 제1항).[6)]

1. 전직대통령 기념관 및 기념 도서관 건립 사업
2. 기록물, 유품 등 전직대통령 관련 사료를 수집 · 정리하는 사업
3. 전직대통령의 업적 등을 연구 · 편찬하는 사업
4. 제2호 및 제3호에 해당하는 사료 및 자료 등의 전시 및 열람 사업
5. 전직대통령 관련 학술세미나 개최 또는 강좌 등의 운영 사업
6. 전직대통령 관련 국제 학술회의 개최 등의 대외협력 사업
7. 그 밖에 제1호부터 제6호까지에 준하는 사업으로서 행정안전부장관이 정하는 사업

또한 전직대통령 기념사업에 대한 지원 내용은 아래와 같다(동법 시행령 제6조의2 제2항).

1. 문서 · 도화등 전시물의 대여
2. 사업경비의 일부보조
3. 기타 사업추진을 위하여 필요하다고 인정되는 지원

---

6) 서울 종로구 원서동에 건립되고 있는 (가칭)노무현시민센터는 '전직대통령예우에 관한 법률'
    에 따라 정부(행정안전부)가 일부 재정지원을 하고 노무현재단이 사업주체가 되어 나머지 재
    정을 담당, 진행하는 '노무현 前 대통령 기념사업'의 일환이다. 노무현 대통령 기념사업은
    2010년 12월부터 2021년 12월까지 계획돼 총 550억원(국비 165억원, 자부담 385억원)의 예산
    이 소요되는 사업이다. 이 중 노무현시민센터 건립에 총 312억원(국비 115억원, 자부담 197억
    원)이 소요된다. 2019년 9월에 착공했고, 2021년 12월 개관 예정이다. 건물은 지하 3층, 지상 3
    층 규모로 내부에는 공연장, 미디어센터, 공유 사무공간, 강의실, 계단형 라운지, 기념품 숍 및
    카페테리어 등을 갖출 계획이다. 노무현 대통령 기념사업 사례와 같이 '전직대통령 기념사업'
    으로 추진된 사업은 서울 상암동 박정희 대통령 기념·도서관 건립을 포함한 박정희대통령기
    념사업(총 사업비 708억원/국비 208억원 자부담 500억원)이 있다. 또한 김대중 도서관이 사업
    주체가 되어 진행된 김대중 대통령 기념사업은 사료사업 중심 총 158억원 사업으로 추진됐다
    (건축물 제외). 상도동에 건립된 김영삼 대통령 기념도서관은 총 265억원의 예산으로 진행된
    김영삼대통령기념사업의 일환으로 추진됐다('전직대통령 기념사업' 활발하게 진행(가칭)노
    무현시민센터·봉하 (가칭)시민문화체험관 건립사업 '진행중', 「시사코리아저널」 2020년 7월
    28일).

(7) 묘지관리의 지원

전직대통령이 사망하여 국립묘지에 안장되지 아니한 경우에는 대통령령으로 정하는 바에 따라 묘지관리에 드는 인력 및 비용을 지원할 수 있다(동법 제5조의3). 전직대통령 예우에 관한 법률에 따라 지원할 수 있는 묘지관리에 드는 인력은 묘지의 경비 인력 및 관리 인력으로 한다. 이 경우 묘지관리의 효율성 등을 고려하여 해당 인력의 운용비용으로 지급할 수 있다(동법 시행령 제6조의3 제1항). 또한 묘지관리에 드는 비용은 묘지의 시설 유지 등 관리 비용으로 한다(동법 시행령 제6조의3 제2항). 비용은 묘지관리를 하는 유족에게 지급하되, 유족의 동의를 얻어 묘지관리를 하는 단체가 있는 경우 해당 단체에 그 비용을 지급할 수 있다. 다만, 묘지관리를 하는 유족이나 단체가 없는 경우에는 행정안전부장관이 묘지관리를 위하여 지원할 필요가 있다고 인정하는 자에게 그 비용을 지급할 수 있다(동법 시행령 제6조의3 제3항). 전직대통령 묘지관리의 인력과 비용의 지원을 받으려는 자는 묘지관리에 드는 인력 및 비용 등 필요한 사항을 포함한 신청서류를 행정안전부장관에게 제출하여야 한다(동법 시행령 제6조의3 제4항). 아울러 구체적인 지원 대상, 규모 및 방법 등은 행정안전부장관이 따로 정한다(동법 시행령 제6조의3 제5항).

(8) 그 밖의 예우

전직대통령은 비서관 3명과 운전기사 1명을 둘 수 있고, 전직대통령이 서거한 경우 그 배우자는 비서관 1명과 운전기사 1명을 둘 수 있다(동법 제6조 제1항). 전직대통령이 둘 수 있는 비서관과 운전기사는 전직대통령이 추천하는 사람 중에서 임명하며, 비서관은 고위공무원단에 속하는 별정직공무원으로 하고, 운전기사는 별정직공무원으로 한다(동법 제6조 제2항).

전직대통령이 서거한 경우 그 배우자가 둘 수 있는 비서관과 운전기사는 전직대통령의 배우자가 추천하는 사람 중에서 임명하며, 비서관과 운전기사의 신분은 대통령령으로 정한다(동법 제6조 제3항).

전직대통령의 비서관은 행정안전부장관의 제청으로 국무총리를 거쳐 대통령이 임명하고, 운전기사는 행정안전부장관이 임명한다(동법 시행령 제7조 제1항). 서거한 전직대통령의 배우자의 비서관은 행정안전부장관의 제청으로 국무총리를 거쳐 대통령이 임명하고, 운전기사는 행정안전부장관이 임명하되, 비서관은 고위공무원단에 속하는 별정직공무원으로 하고, 운전기사는 별정직공무원으로 한다(동법 시행령 제7조 제2항).

전직대통령 또는 그 유족에게는 관계 법령에서 정하는 바에 따라 다음 각 호의 예우를 할 수 있다(동법 제6조 제4항).

1. 필요한 기간의 경호 및 경비(警備)
2. 교통 · 통신 및 사무실 제공 등의 지원
3. 본인 및 그 가족에 대한 치료[7)]
4. 그 밖에 전직대통령으로서 필요한 예우

(9) 권리의 정지 및 제외 등

전직대통령 예우에 관한법률의 적용 대상자가 공무원에 취임한 경우에는 그 기간 동안 제4조 및 제5조에 따른 연금의 지급을 정지한다(동법 제7조 제1항).

전직대통령이 다음 각 호의 어느 하나에 해당하는 경우에는 제6조 제4항 제1호에 따른 예우를 제외하고는 이 법에 따른 전직대통령으로서의 예우를 하지 아니한다(동법 제7조 제2항).

1. 재직 중 탄핵결정을 받아 퇴임한 경우
2. 금고 이상의 형이 확정된 경우
3. 형사처분을 회피할 목적으로 외국정부에 도피처 또는 보호를 요청한 경우
4. 대한민국의 국적을 상실한 경우

---

7) 전직대통령 예우에 관한 법률 제6조 4항 제3호에서 '본인 및 그 가족에 대한 치료'규정도 문제가 제기된다. 전직대통령이나 그 가족의 생명과 건강이 일반 국민의 생명과 건강보다 더 중요하게 여겨져야 할 이유가 없다. 생명이나 건강의 문제는 모든 국민에게 중요한 절대적이고 중대한 기본권 사안이다. 누군가의 건강과 생명이 더 소중하므로 특별히 취급되어야 한다거나 합리적 차별이라고 하는 발상은 매우 부적절하며 위헌적이다(이경선, "「전직대통령 예우에 관한 법률」 입법비평", 홍익법학 제20권 제1호, 2019, 357면).

(10) 연금의 중복 지급 금지와 지급방법

전직대통령 예우에 관한 법률에 따라 연금을 지급받는 사람에게는 다른 법률에 따른 연금을 지급하지 아니한다(동법 8조). 연금의 지급방법 및 지급절차와 그 밖에 전직대통령 예우에 관한 법률의 시행에 필요한 사항은 대통령령으로 정한다(동법 제9조). 전직대통령과 그 유족에 대한 연금예산은 행정안전부일반회계에 계상하여야 한다(동법 시행령 제8조).

(11) 전직대통령과 배우자의 무상진료

전직대통령 및 그 배우자의 국·공립병원(「서울대학교병원 설치법」에 따른 서울대학교병원, 「서울대학교치과병원 설치법」에 따른 서울대학교치과병원, 「국립대학병원 설치법」에 따른 국립대학병원 및 「국립대학치과병원 설치법」에 따른 국립대학치과병원을 포함한다)에서의 진료는 무료로 하고, 민간의료기관에서의 진료에 소요된 비용은 국가가 이를 부담한다(동법 시행령 제7조의2).

(12) 사무실의 제공 등

전직대통령 예우에 관한 법률(제6조 제4항 제2호)에 따른, 교통·통신 및 사무실 제공 등의 지원 내용은 아래와 같다(동법 시행령 제7조의3).

1. 사무실 및 차량의 제공과 기타 운영경비의 지급
2. 공무여행시 여비등의 지급

3. '전직대통령 예우에 관한 법률'의 문제

전직대통령 예우에 관한 법률의 문제 중에서 납부한 보험료와 관계없이 지급되고 현직도 아닌데 현직 대통령 보수의 95%를 지급받고 있는 문제와 교통·통신 및 사무실 등에 대한 지원기준이 명확하게 규정되어 있지 않는 입법 불비(不備)를 지적하지 않을 수 없다.

전후 프랑스의 영광을 되찾은 주역인 드골 전 대통령은 퇴임 후 연금을 한 푼도 받지 않았다. 그 돈을 불우한 사람들에게 나눠 줄 것을 요구했다. 장례식도 가족장으로 치러 달라는 유언을 남기고 떠났다. 현 드골 기념관은 그 후 생활이 어려워진 미망인이 팔려고 내어 놓은 집을 한 사업가가 인수해 개조한 것이다.[8]

(1) 우리의 '전직대통령 예우에 관한 법률'은 1969년 박정희 대통령 시절에 제정되었고, 제정 당시에 전직대통령의 연금은 보수연액의 70%를 지급하도록 돼 있었다. 1981년 전두환 신군부의 국가보위입법회의[9]에서 이를 95%로 상향 조정하는 법률안을 통과시켰다. 이 때문에 일각에서는 군사독재 시절 만든 특권(特權)이라는 비판도 제기된다.[10]

전직대통령은 '전직대통령 예우에 관한 법률' 제4조 규정에 근거하여 연봉의 95%을 사망할 때까지 종신(終身) 지급받는다. 전직대통령은 국민연금 가입 및 보험료 납부여부와 무관하게 전직대통령 예우에 관한 법률에 따라 연금을 받는다. 특히 퇴임한 전직대통령의 연금은 현직대통령의 연봉에 따라 지급하고 있어, 사실상 전직대통령의 연금은 국민연금이나 공무원연금 개정의 영향을 전혀 받지 않아 지속적으로 인상됐다. 국민연금이나 공무원연금은 납부액과 연동돼 있다. 전직대통령의 연금은 보험료 납부와 무관하게 지급되고 있다.[11] 또한 전직대통령이 현직도 아닌데, 현직 대

---

8) "[밀물 썰물] 대통령의 도덕적 의무", 「부산일보」 2013년 7월 22일.
9) 전두환이 중심이 된 「국가보위비상대책위원회」는 11대 국회가 구성될 때까지 국회의 권한을 대행하기 위해 1980년 10월 29일 과도입법기구로 '국가보위입법회의(國家保衛立法會議)'를 설치했다. 이 입법회의는 1980년 10월 27일 공포된 제5공화국 헌법의 부칙에 의해 발족되었다. 당시 전두환 신군부 세력들은 국가보위입법회의에서 제정된 법률과 이에 따라 행하여진 재판 등은 헌법 부칙에 의해 그 효력이 지속되었을 뿐만 아니라 제소하거나 이의(異議)를 제기할 수 없도록 규정하였다. 국가보위입법회의법 제정의 위법성, 국가보위입법회의의 헌법적 성격에 대해서는 이철호, "韓國에서의 「違憲的 立法機構」에 관한 硏究-1961년, 1972년 및 1980년의 정변에 대한 헌법적 분석", 동국대학교 박사학위논문(2001), 137면 이하 참조.
10) 연금 받는 전직대통령 YS뿐, 얼마 받나 보니, 「중앙일보」 2012년 2월 23일.
11) 전직대통령처럼 재산이나 소득 유무, 보험료 납부와 무관하게 연금을 지급받는 것이 전직 국회의원이다. 이와 관련하여 녹색당 공동운영위원장인 하승수는 다음과 같이 비판하고 있다. "2013년까지만 해도 만 65살 이상 된 전직 국회의원들은 '대한민국헌정회 육성법'에 따라 매월 120만원을 꼬박꼬박 지원받았다. 국회의원 재임 기간에 관계없이, 그리고 재산이 많든 적든 간에 지원금을 받을 수 있었다. 국회의원들끼리는 이미 '조건 없이 기본소득'을 실시하고 있었던 것이다. 그러나 이런 사실이 알려지자 여론의 강한 비판을 받았다. 그래서 2014년부터는 방식이 바뀌었다. 재직 기간이 1년 미만이거나 재직 시 제명 처분을 받은 사람, 그리고 유죄

통령 보수의 95%를 받는 것도 과도한 예우라 할 것이다. 더욱이 전직대통령은 지급받은 연금에서 소득세, 증여세 등 세금 한 푼 납부하지 않고 전액 지급받는 것도 소득세를 꼬박꼬박 납부하며 땀 흘려 번 피 같은 돈을 떼이는 국민 정서와는 괴리가 있다 하겠다. 이에 대한 정밀한 입법적 검토와 개정이 필요하다.

이미 대통령직을 수행한 전직대통령들은 연금 지급이 없어도 충분히 '품위 있는 삶'을 영위할 만큼의 재력을 가지고 있는 경우가 많고, 설령 재력이 부족하다고 하더라도 '품위 있는 삶'을 거들어줄 조력자들을 방대하게 구축하고 있다는 점이다. 따라서 적어도 이러한 전직대통령 본인이나 법정 부양의무자들의 재산 등 '재력'을 전혀 고려하지 않고 일괄적으로 연금을 지급한다는 것은 매우 부당한 일이다.[12]

(2) 이명박 전 대통령은 퇴임 한 달여 만에 월 1,000만원이 넘는 사무실 임대료가 국고에서 지원된다는 사실이 알려지면서 논란에 휩싸였다. '이명박 전 대통령 사무실 임대비용이 국고에서 지원되는 근거는 '전직대통령 예우에 관한 법률' 제6조다. 당시 야당은 "전임 대통령들의 경우 사저(私邸)를 집무공간으로 이용했다"며 전직대통령의 품위를 위해 국민혈세를 낭비한다는 지적을 피하기 어렵다고 비판했다. 새정치민주연합 최민희 의원은 2014년 4월 18일 전직대통령에게 퇴임 이후 사무실을 제공하기로 규정돼있는 현행 '전직대통령 예우에 관한 법률'에서 '사무실 제공에 대한 지원'을 삭제하자는 법안을 발의하기도 했다.[13] 한편 녹색당도 전직대통령(이명박)이 2018년 3월 22일 구속되었음에도 불구하고 사무실 임대료가 지원되고 있고, 전직대통령의 개인사무실 임대료를 무기한, 무제한으로 지원해주고 있는 것은 예산낭비이

확정판결로 의원직을 박탈당한 사람, 월평균 소득이나 순자산이 일정 금액 이상인 경우는 연금 지급 대상에서 제외됐다. 그리고 19대 국회의원부터는 지원금이 없게 됐다. 이에 따라 연금을 받는 사람이 절반 수준으로 줄어들었다고 한다. 그러나 여전히 많은 전직 국회의원들은 지원금을 받고 있다. 노인에게 지급되는 기초연금의 경우 월 20만원 남짓이 한도액인 것을 생각하면, 월 120만원은 많은 돈이다. 만약 여론의 비판이 없었다면, 지금도 만 65살 이상 전직 국회의원들은 매월 120만원의 기본소득을 자기들끼리만 지급받고 있을 것이다"(하승수, "세금 1천만원짜리 MB 사무실", 「한겨레21」 제1056호, 2015년 4월 13일, 46-47면). 일반인이 국민연금을 통해 120만의 연금을 받으려면 가입기간 중 소득 월액평균을 약 400만원으로 유지하고 대략 40년을 일해야 하는 액수라 한다.

12) 이경선, "「전직대통령 예우에 관한 법률」입법비평", 홍익법학 제20권 제1호(2019), 355면.

13) "퇴임 후 MB로 본 전직대통령 예우 'A to Z'", 「THE FACT」 2014년 9월 19일.

며 제도적으로도 문제가 있음을 지적했다. '전직대통령 예우에 관한 법률' 제6조 제4
항에서도 "교통·통신 및 사무실 제공 등의 지원을 할 수 있다" 라고만 규정하고 있을
뿐, 지원기준 등에 대해서는 규정이 전혀 없는 허술한 상태임을 지적하며 '전직대통
령 예우에 관한 법률'을 개정하여 과도하게 특혜를 주고 있는 부분에 대해서 제도개
선을 촉구했다.[14]

전직대통령 사무실의 운영 등과 같이 명확한 세부 기준 없이 각종 혜택을 대부분
무기한, 무제한으로 제공하고 있으며, 사무실 지원 같은 경우 크기와 지원 금액, 제공
기간 등을 세부적으로 명확하게 규정할 필요가 있다. 전직대통령들에게 제공하는 예
우와 특혜는 결국 납세자들의 주머니에서 나온 돈이라는 것을 명심해야 한다.

대통령이라는 신분이 헌법이 규정한 신분이고 고위직 공무원이었더라도, 사회에
얼마나 공헌했는가, 얼마나 직분에 충실했는가 하는 역사의 평가, 국민의 평가, 사회
의 자율적 평가를 기반으로 해서 존경과 예우가 따라가도록 해야 할 일이지, 오로지
'대통령'이라는 직을 역임했다는 이유만으로 평생 동안 그 신분과 생활수준을 제도
적으로 보장해 주는 것은 엄격하게 분별되어야 한다. 정치권력 획득활동, 권력 경쟁
활동 등을 통해 대통령직이라는 고위직에 올랐다는 사실만으로 존경 받을 만하고 예
우 받아야 한다고 단정 지어버리는 제도는 매우 심각한 판단 오류이자 비약에 해당한
다.[15] 우리 사회는 대통령의 배우자나 가족, 유가족 등에 대한 예우에 대해 진지하게
공개적으로 논의를 제대로 거친 경험이 없다. 누군가 높은 사회적 지위에 올랐다는
이유로 그 가족을 재임기간이 아닌 시기까지 과도하게 예우하는 것 또한 공정이라는
시대정신에 부합하지 않는다.[16] 전직대통령 예우와 관련한 법률의 전반적인 공론화
작업이 필요하다고 본다.

---

14) 녹색당 [보도자료](2018년 11월 7일), "이명박 전 대통령 사무실임대료 지원 중단요구".
15) 이경선, "「전직대통령 예우에 관한 법률」 입법비평", 홍익법학 제20권 제1호(2019), 353면.
16) 이경선, 위의 논문, 362면.

대통령 등의 경호에 관한 법률

'대통령 등의 경호에 관한 법률'은 대통령 등에 대한 경호를 효율적으로 수행하기 위하여 경호의 조직·직무범위와 그 밖에 필요한 사항을 규정함을 목적으로 한다(동법 제1조).

1963년 12월 17일 박정희 대통령이 제3공화국의 제5대 대통령에 취임하면서, 대통령 경호를 담당하기 위해 대통령 취임 3일 전인 1963년 12월 14일 '대통령경호실법'이 제정되었다. 이후 이명박 정부에서 '대통령 등의 경호에 관한 법률'로 명칭을 변경하였으며, '대통령 등의 경호에 관한 법률'의 전신인 '대통령경호실법'의 1981년 1월 29일 개정에서 '전직대통령 및 배우자와 자녀'를 경호 대상으로 추가하였다.[17]

1. 대통령 경호처의 경호 대상

현행 '대통령 등의 경호에 관한 법률' 대통령 경호처의 경호대상은 다음과 같다(대통령 등의 경호에 관한 법률 제4조 제1항).

1. 대통령과 그 가족
2. 대통령 당선인과 그 가족
3. 본인의 의사에 반하지 아니하는 경우에 한정하여 퇴임 후 10년 이내의 전직대통령과 그 배우자. 다만, 대통령이 임기 만료 전에 퇴임한 경우와 재직 중 사망한 경우의 경호 기간은 그로부터 5년으로 하고, 퇴임 후 사망한 경우의 경호 기간은 퇴임일부터 기산(起算)하여 10년을 넘지 아니하는 범위에서 사망 후 5년으로 한다.
4. 대통령권한대행과 그 배우자
5. 대한민국을 방문하는 외국의 국가 원수 또는 행정수반(行政首班)과 그 배우자
6. 그 밖에 처장이 경호가 필요하다고 인정하는 국내외 요인(要人)

---

17) 김종오, "전직대통령에 대한 경찰의 경호실태와 개선방안", 경찰학논총 제12권 제4호(2017), 208면.

2. 전직대통령에 대한 경호기간

전직대통령의 경호와 관련하여, '대통령 등의 경호에 관한 법률'은 본인의 의사에 반하지 아니하는 경우에 한정하여 퇴임 후 10년 이내의 전직대통령과 그 배우자. 다만, 대통령이 임기 만료 전에 퇴임한 경우와 재직 중 사망한 경우의 경호 기간은 그로부터 5년으로 하고, 퇴임 후 사망한 경우의 경호 기간은 퇴임일 부터 기산(起算)하여 10년을 넘지 아니하는 범위에서 사망 후 5년으로 한다(대통령 등의 경호에 관한 법률 제4조 제1항 제3호) 규정하고 있으며, 전직대통령 또는 그 배우자의 요청에 따라 대통령경호처장이 고령 등의 사유로 필요하다고 인정하는 경우에는 5년의 범위에서 같은 호에 규정된 기간을 넘어 경호할 수 있다(대통령 등의 경호에 관한 법률 제4조 제3항).

3. 전직대통령 등의 경호 범위

'대통령 등의 경호에 관한 법률 시행령'은 "전직대통령과 그 배우자의 경호에는 다음 각호의 조치를 포함한다." 규정하고 있다(대통령 등의 경호에 관한 법률 시행령 제3조).

1. 경호안전상 별도주거지 제공(별도주거지는 본인이 마련할 수 있다)
2. 현거주지 및 별도주거지에 경호를 위한 인원의 배치, 필요한 경호의 담당
3. 요청이 있는 경우 대통령전용기, 헬리콥터 및 차량 등 기동수단의 지원
4. 그 밖에 대통령경호처장이 관계기관과 협의하여 정한 사항

전직대통령 예우와 여권법

여권의 종류는 일반여권·관용여권과 외교관여권으로 하되, 이를 각각 1회에 한하여 외국여행을 할 수 있는 여권인 "단수여권"과 유효기간 만료일까지 횟수에 제한 없이 외국여행을 할 수 있는 여권 "복수여권"으로 구분할 수 있다(여권법 제4조 제1항). 또한 관용여권과 외교관여권의 발급대상자는 대통령령으로 정한다(여권법 제4조 제2항).

1. 외교관여권의 발급대상자

외교부장관은 여권법에 따라 다음 각 호의 어느 하나에 해당하는 사람에게 외교관여권을 발급할 수 있다(여권법 시행령 제10조).

1. 대통령(전직대통령을 포함한다.), 국무총리와 전직 국무총리, 외교부장관과 전직 외교부장관, 특명전권대사, 국제올림픽위원회 위원, 외교부 소속 공무원, 「외무공무원법」 제31조에 따라 재외공관에 근무하는 다른 국가공무원 및 다음 각 목의 어느 하나에 해당하는 사람
   가. 다음에 해당하는 사람의 배우자와 27세 미만의 미혼인 자녀
      1) 대통령
      2) 국무총리
   나. 다음에 해당하는 사람의 배우자, 27세 미만의 미혼인 자녀 및 생활능력이 없는 부모
      1) 외교부장관
      2) 특명전권대사
      3) 국제올림픽위원회 위원
      4) 공무로 국외여행을 하는 외교부 소속 공무원
      5) 「외무공무원법」 제31조에 따라 재외공관에 근무하는 다른 국가공무원
   다. 전직 국무총리와 전직 외교부장관이 동반하는 배우자. 다만, 외교부장관이 인정하는 경우에만 해당한다.
   라. 대통령, 국무총리, 외교부장관, 특명전권대사와 국제올림픽위원회 위원을 수행하는 사람으로서 외교부장관이 특히 필요하다고 인정하는 사람
2. 국회의장과 전직 국회의장 및 다음 각 목의 어느 하나에 해당하는 사람
   가. 국회의장의 배우자와 27세 미만의 미혼인 자녀
   나. 전직 국회의장이 동반하는 배우자. 다만, 외교부장관이 인정하는 경우에만 해당한다.

다. 국회의장을 수행하는 사람으로서 외교부장관이 특히 필요하다고 인정하는 사람
3. 대법원장, 헌법재판소장, 전직 대법원장, 전직 헌법재판소장 및 다음 각 목의 어느 하나에 해당하는 사람
　가. 대법원장과 헌법재판소장의 배우자와 27세 미만의 미혼인 자녀
　나. 전직 대법원장과 전직 헌법재판소장이 동반하는 배우자. 다만, 외교부장관이 인정하는 경우에만 해당한다.
　다. 대법원장과 헌법재판소장을 수행하는 사람으로서 외교부장관이 특히 필요하다고 인정하는 사람
4. 특별사절 및 정부대표와 이들이 단장이 되는 대표단의 단원
5. 그 밖에 원활한 외교업무 수행이나 신변 보호를 위하여 외교관여권을 소지할 필요가 특별히 있다고 외교부장관이 인정하는 사람

2. 외교관여권의 유효기간

외교관여권의 유효기간은 5년으로 한다. 다만, 다음 각 호의 어느 하나에 해당하는 사람에게는 다음 각 호에 따른 기간을 유효기간으로 하는 외교관여권을 발급할 수 있다(여권법 시행령 제12조 제1항).

1. 제10조제4호 또는 제5호에 해당하는 사람: 외교업무 수행기간에 따라 1년 또는 2년. 다만, 제10조제5호에 따른 외교업무 수행 목적의 외교관여권 발급의 경우 그 수행기간이 계속하여 2년 이상인 경우에는 5년의 한도에서 해당기간에 6개월을 더한 기간의 만료일까지로 한다.
2. 병역준비역에 해당하는 사람 또는 보충역으로서 복무하고 있지 아니한 사람: 국외여행 허가서의 허가기간이 6개월 이상 1년 이하인 경우에는 1년을, 허가기간이 1년을 초과하는 경우에는 그 허가기간의 만료일까지
3. 제10조의 외교관여권 발급대상자 중 27세 미만의 미혼인 자녀(정신적 · 육체적 장애가 있거나 생활능력이 없는 미혼인 동반자녀는 제외한다): 5년. 다만, 유효기간 만료일 이전에 27세가 되는 때에는 27세가 되는 날의 전날까지로 한다.

3. 전직대통령 예우와 여권 문제

전두환 전 대통령은 2013년 6월 국회에서 소위 '전두환 추징법(공무원범죄에 관한 몰수특별법 일부개정안)'이 통과되고 추징금 환수 작업이 본격화 되고 사회적으로 추징금 미납 문제 등으로 여론이 악화하자 2013년 6월 외교관 여권을 먼저 반납한 것

으로 분석된다. 전두환 전 대통령은 자진반납 전까지 퇴직 후 해외여행을 다닐 때 외교관 여권을 이용해 논란이 됐었다. 전두환 전 대통령은 1988년 퇴임한 뒤 유효기간이 5년인 외교관 여권을 총 4차례 발급 받았다. 전두환 전 대통령은 외교관 여권을 이용해 2000년부터 총 7차례 출국했던 것으로 드러났다. 국제법상 외교관 여권을 소지하면 타국에서 특권·면제권을 갖고 출입국·세관 수속 과정에서 편의를 제공 받을 수 있어 야당과 시민단체 등은 지속적으로 전두환 씨의 외교관 여권 회수를 요구해왔다.[18]

필자는 전두환 전 대통령의 해외여행의 문제점을 오래전에 지적하였다. "정부의 법집행은 더욱 가관이다. 법무부 업무처리 규칙에는 추징금 미납액이 2천만원이상일 경우에는 출국금지대상으로 규정되어 있다. 대한민국의 어느 국민도 1,000만원의 추징금만 있어도 해외여행이 금지되어 있다. 1,892억원의 추징금을 미납하고 있는 전직 대통령인 전두환씨는 2000년 2월 14일~2000년 3월 10일 김포공항으로 귀국하기까지 측근 20명을 대동하고 26일간 캄보디아·싱가포르·말레이시아·태국을 다녀왔다. 어찌된 일인가? 1천억원대의 추징금을 미납하고 있는 전직대통령은 해외여행이 자유롭다.…중략… 이는 '모든 국민은 법 앞에 평등하다'(헌법 제11조 제1항)는 우리 헌법상의 평등권을 부인하는 것이다. 그것도 법을 집행하는 검찰과 법무부의 말이다. 전직대통령이라 할지라도 퇴임 후에는 평범한 시민에 불과할 따름이다. 하물며 그들은 죄인·범죄자이다. 특별사면 되었지만, 특별사면의 법률적 효과는 '이미 형의 선고를 받은 특정인에 대하여 형의 집행이 면제되었다'(사면법 제5조 참조)는 것 이상은 아니다. 그는 전직대통령이지만, 금고 이상의 형이 확정된 경우이므로 '전직대통령 예우에 관한 법률'의 적용대상에서 제외되어 있는 상태이다. 미납된 추징금을 받아내지 않는 정부도 문제이고, '돈이 없어 못 갚는다.'는 그의 태도에 분개하지 않을 수 없다"[19]

「전직대통령 예우에 관한 법률」에서 규정하지 아니하는 예우 중 대표적인 것이 바로 여권법령에 의한 관용여권과 외교관여권의 발급이다.[20] 즉, 현행 여권법령은「헌

---

18) 전두환 외교관 여권 반납…"29만원으로 해외여행?",「머니투데이」2013년 9월 24일.

19) 한상범·이철호,『전두환 체제의 나팔수들』, 패스앤패스, 2004, 148-149면.

법재판소법」에 따른 대통령 탄핵결정으로 재직 중 퇴임한 전직대통령에게도 관용여권과 외교관여권을 발급하는 예우가 가능한 상태이다. 관용여권과 외교관여권을 발급받으면 입국심사 과정에서 간소한 절차를 밟고, 비자발급 필요국인 경우도 비자 발급을 면제 받을 수 있다. 특히 외교관여권은 해외에서 교통법규 위반 등 경범죄 처벌이 면제되고 재판을 받지 않으며 불체포특권도 누릴 수 있는 등의 사법상 면책특권이 있고, 또 공항 등에서 불시 소지품 검사를 따로 받지 않기도 하고 공항에서 VIP 의전을 받으며 일반인의 시선을 피해 빠져나갈 수도 있는 특권이 있다. 이에 「헌법재판소법」에 따른 대통령 탄핵결정으로 재직 중 퇴임한 전직대통령의 경우 관용여권과 외교관여권의 발급대상에서 제외하고(안 제4조의2제2항 및 제4조의3제2항 신설), 재임 중 발급받은 관용여권과 외교관여권은 「헌법재판소법」에 따른 대통령 탄핵결정을 받은 때 그 즉시 효력을 상실하도록 할 필요가 있음을 지적하며[21][22] 여권법의 개정

---

20) 추혜선의원 대표발의 의안번호 4601 '여권법 일부개정법률안' 제안이유 2016.12.26.

21) 현행 「여권법」 제4조 제2항은 '관용여권과 외교관여권 발급대상자는 대통령령으로 정한다.' 고 규정하여 관용 및 외교관여권의 발급대상자를 대통령령에 포괄적으로 위임하고 있으며, 「여권법 시행령」 제7조 및 제10조에서 발급대상자를 규정하고 있음. 다만, 하위법령에 위임하는 경우 헌법 제75조에 따라 하위규범에 규정될 내용 및 범위의 기본사항이 가능한 한 구체적이고도 명확하게 법률에 규정되어 있어서 그 법률 자체로부터 대통령령 등에 규정될 내용의 대강을 예측할 수 있어야 하는 '포괄위임금지 원칙'을 준수하여야 함(헌재 2014. 7. 24. 2013헌바183등 참조). 그러나 현행 「여권법」은 관용여권 및 외교관여권의 발급대상을 포괄적으로 하위법령에 위임함으로써 법률만으로 대통령령에 규정될 내용을 예측하기 어려운바, 포괄위임금지의 원칙 측면에서 바람직하지 않음. 그렇기 때문에 법률의 명확성과 구체성을 확보하기 위하여 개정안과 같이 발급대상자를 법률로 상향규정하면서도, 대강의 사항만 법률에 규정하고 세부적인 내용은 하위법령에 위임하는 것이 효율적이다(추혜선의원 대표발의 의안번호 4601 '여권법 일부 개정 법률안' 제안이유 2016.12.26 참조).

22) 탄핵결정으로 퇴임한 전직대통령에 대한 외교관여권 발급 제한 : 「여권법 시행령」은 제10조 제1호에서 전직대통령을 외교관여권 발급대상으로 규정하고 있으나, 개정안은 「헌법재판소법」에 따라 탄핵결정을 받을 전직 대통령의 경우 관용 및 외교관여권의 발급대상에서 제외하고, 기존에 발급받은 관용 및 외교관여권은 탄핵결정을 받은 때 즉시 그 효력을 상실하는 것을 내용으로 하고 있음. 재직 중 탄핵결정을 받아 퇴임한 전직대통령은 「전직대통령 예우에 관한 법률」 제7조 제2항 제1호에 따라 그 법에 따른 예우를 적용받을 수 없으나, 외교관여권 등의 발급은 「전직대통령 예우에 관한 법률」이 아닌 「여권법」 및 동법 시행령에서 규율하고 있는 사

안을 발의했으나 20대 국회 임기만료로 폐기되었다.

항으로 이를 제한하기 위해서는 「여권법」에 규정을 두어야 할 것임. 관용 및 외교관여권은 원활한 공무 및 외교업무 수행을 지원하기 위하여 발급되고 있으며, 일반여권과 비교하여 입국 시 사증이 면제되는 경우가 많고, 출입국 심사과정에서 간소한 절차가 적용되는 등 혜택이 적용되고 있음을 감안할 때, 탄핵결정으로 퇴임한 전직대통령의 경우 발급을 제한하는 방안을 긍정적으로 검토할 필요가 있을 것으로 보임. 다만, 현재 관용·외교관여권의 발급대상은 「여권법」이 아닌 「여권법 시행령」에서 정하고 있으며, 현행 「여권법 시행령」이 전직대통령을 외교관여권 발급대상으로 규정하고 있는 바, 전직대통령에 대한 관용 및 외교관여권 발급제한에 관한 내용을 법률로 규정하려면 시행령에 규정된 관용 및 외교관여권 발급대상자를 법률로 상향조정하는 과정이 선행되어야 할 것임. 현행 규정방식을 유지한다면 「여권법 시행령」 제10조에 탄핵 결정으로 퇴임한 전직대통령을 외교관여권 발급대상에서 제외한다는 문언을 명시하는 것을 검토할 필요가 있음(「여권법 일부개정법률안(추혜선 의원 대표발의, 의안번호 제4601호) 심사보고서」 외교통일위원회 수석전문위원 이종후, 2017.2).

2

—

전직대통령
예우 현황

"1990년 자신에 대한 여론이 불리해지자 12년 가까이 지켜 온 총리자리를 박차고 용퇴했던 마거릿 대처(Margaret Hilda Thatcher)여사는 런던 교외 덜리치(Dulwich)의 침실 5개짜리 작은 집에서 살고 있다. 그녀에게는 전직총리로서 3만 4천 달러 정도의 연봉(年俸), 방탄승용차가 주어진다. 또 몇 명의 경호원이 경비를 담당한다. 그러나 「철(鐵)의 여인」으로 불렸던 이 명(名)재상은 작은 집에서 조용하게 회고록집필을 계속하고 있다. 한나라의 최고지도자들은 은퇴 후에도 대부분 검소하고 조용하게 여생을 보내 국민들의 추앙을 받는다."

- 횡설수설, 「동아일보」 1992년 5월 7일, 1면-

1. 윤보선 전 대통령과 이승만 전 대통령 미망인(未亡人)에 대한 예우

1969년 국무회의는 1월 21일 전직대통령 예우에 관한 법률 시행령을 의결했다. 이에 따라 윤보선 전 대통령은 재직 당시 봉급의 70%를 연금으로 받게 되며, 비서관(1급 1인, 2급 2인) 3명을 둘 수 있게 됐다. 또 고(故)이승만대통령 부인 프란체스카 여사도 대통령 봉급의 50%를 받게 되며 전직대통령 내외가 사망했을 경우에는 18세 미만의 유자녀에게 지급된다.[1]

제2공화국 헌법체제에서 대통령으로 재임한 윤보선 대통령에 대하여, 당시 "정부는 전직대통령 예우에 관한 법률 시행령이 공포됨에 따라 윤보선 전 대통령에게 백사십사만원구천원, 이승만 전 대통령의 부인인 프란체스카 여사에게 일백삼만오천원, 윤보선 씨의 3명의 수행원들에게 일백칠십만사천원의 연금 및 급료를 올해(1969년) 상반기에 지급키로 했다".[2][3]

---

1) 전대통령禮遇 시행령을 의결, 「경향신문」 1969년 1월 22일, 7면.
2) 전직대통령에 연금 상반기 지급키로, 「동아일보」 1969년 2월 4일, 1면.
3) 총무처는(1969년 2월) 19일 전직대통령예우법에 따라 건국 후 처음으로 초대에서 3대까지 대통령을 지낸 이승만박사의 미망인 프란체스카 여사와 4대 대통령을 지낸 윤보선씨에 대한 연금도 각각 지급했다. 총무처는 이날아침 이박사의 양자인 이인수(李仁秀)씨를 초치 프란체스카 여사에 대한 연금으로 현직 대통령의 월봉 15만원의 반액인 7만5천원의 2개월분(15만원)을 지급했고, 윤보선 4대통령에게는 이석제 장관이 안국동 자택으로 방문 연금증서와 현직대통령 월봉의 1백분의 70인 10만5천원의 2개월분(19만4천8백76원중 소득세 7천5백62원 공제)을 전달했다. 윤씨에게는 1급비서관 1인, 2급비서관 2인을 채용할 수 있는 비서채용통지서와

윤보선 전 대통령이 걸어온 역정(歷程)은 그 자체가 우리나라 현대정치사의 격동과 수난, 파란과 곡절을 대변해주는 한 장(章)이었다. 해위(海葦) 윤보선 전 대통령은 4·19혁명으로 출범한 제2공화국의 민주당(民主黨)정권과 5·16 쿠데타이후의 박정희 군사정권 아래서 도합 1년 9개월간 대통령직을 수행했다. 그는 비록 내각책임제와 군정(軍政)이라는 상극적 체제하의 실권(實權)없는 상징적 국가원수였지만 정치적 격변기에 국운을 가름하는 중요한 역할을 했다. 또한 야당정치인으로서 해위(海葦)의 정치편력은 평화적 정권교체를 향한 도전과 좌절, 통합과 분열을 수없이 거듭해 온 보수야당의 역사를 대변해주는 것이기도 하다. 1970년 들어 박정희 유신(維新)체제의 강권통치시대가 도래하면서부터 윤보선 전 대통령은 재야(在野)의 지도자로서 고독한 투쟁에 나섰다. 1974년과 1976년 민청학련(民靑學聯)과 3·1민주구국선언사건으로 군법회의에 회부돼 사상 처음 전직대통령이 재판을 받고 유죄판결에 처해지는 기록을 세웠다.[4][5][6]

봉급 12만5천원도 함께 전했다. 한편 이씨에게는 프란체스카 여사가 총무처장관에게 보내는 편지를 전달했는데 이 편지에 따라 프여사에 대한 연금은 이씨가 받아 관리하게 된다(전직대통령에 첫 연금을 지급, 「경향신문」 1969년 2월 19일, 7면).

4) 現代史와 榮辱함께 한 政治巨木 他界한 尹 前대통령 政治歷程, 「경향신문」 1990년 7월 19일, 2면.

5) 해위(海葦) 윤보선 전 대통령은 자신이 남긴 거대한 족적 때문에 정치사적으로도 다양한 평가를 받아왔다. 우선 가장 논란을 불러일으켜 온 것은 제2공화국의 붕괴와 5.16쿠데타의 「완성(完成)」에 이르기까지 대통령으로서 행한 역할이다. 그는 혁명군이 서울을 장악한 1961년 5월 16일 장면 총리가 피신, 행방불명된 가운데 쿠데타수습의 결단을 내렸다. 그는 당시 매그루더 유엔군 사령관과 마셜 그린 주한미(駐韓美)대리대사의 쿠데타무력진압 제의에 대해 동족상상의 유혈 사태 초래와 북한의 남침위협 등을 이유로 반대했다. 당시 민주당구파(舊派)를 이끌던 해위가 취한 일련의 태도는 5.16 이후 당시의 장면총리와 현석호(玄錫虎)국방장관 등 신파(新派)측으로부터 「군사혁명에 협조했다」는 공격을 받았고, 5.16주체들이 사전내통說을 들고 나와 더욱 치열한 공방이 전개되기도 했다. 이 같은 주장은 해위가 박정희 소장 등 혁명군지도부가 들이닥치자 「올것이 왔구면」이라고 무심결에 내뱉은 수수께끼 같은 말이 근거가 됐으나 해위는 이를 중상모략이라고 일축했다. 윤보선 전 대통령은 이렇게 회고했다. "쿠데타를 일으킨 군인을 지지해서가 아니었다. 민주당 정권을 반대해서도 아니었다. 대통령으로서 그 길 외에 다른 길이 없었기 때문이다. 지금 그런 입장이라도 당시 결단을 되풀이할 수 밖에 없다"(회고록 「구국을 위한 가시밭길」). 군정하에서 명목상의 대통령 자리를 지켰던 행위는 박정희장군의 최고회의와 심한 갈등 끝에 정치정화법에 서명하고 1962년 3월 하야(下野)를 결행, 야인으

1970년대 전직대통령에 대한 예우로서 재산세(財産稅)를 90% 감면하기도 했다. 당시 신문을 보면 전직대통령에 대한 재산세 감면을 아래와 같이 기사화 하고 있다.

"서울시는 중과세했던 전대통령 윤보선씨집(서울 종로구 안국동8)과 이승만 전 대통령 미망인 프란체스카여사가 거주하는 이화장(서울 종로구 이화동 1의2)의 1974년도 2기분재산세(토지분)를 일반세율을 적용, 당초 부과액의 90%가 감면된 약 20분의 1만 징수키로 했다."[7][8]

1979년 11월 당시 전직대통령 예우에 관한 법률의 혜택을 받고 있는 사람은 윤보선 전 대통령과 이승만 전 대통령의 미망인 프란체스카 여사 등 두 사람으로 윤보선 전 대통령은 당시 대통령봉급(1백17만2천원)의 70%인 월 82만원을, 프란체스카 여사는 50%인 월 58만6천여원을 받았다.[9]

로 돌아가 군정반대와 민정이양운동에 나섰다. 야당세력구합에 나선 그는 과거 민주당 구파세력을 재건한 민정당(民政黨)의 대통령후보로 나서 1963년 제5대 대통령선거에서 박정희 후보와 열띤 사상논쟁을 벌여 야당 바람을 불러 일으켰으나 15만6천여표 차이로 패했다(現代史와 榮辱함께 한 政治巨木 他界한 尹 前대통령 政治歷程,「경향신문」 1990년 7월 19일, 2면).

6) 전직대통령들 중 처음으로 형사처벌을 받은 이는 윤보선 전 대통령이다. 윤보선 전 대통령은 1961년 5·16 쿠데타로 물러난 뒤 재야 지도자로 변신해 박정희 정권 공격에 앞장섰다. 그는 1974년 '민청학련' 사건 배후로 지목돼 징역 3년에 집행유예 5년을 선고받았다. 76년엔 3·1 명동성당 구국선언 사건, 79년엔 YWCA 위장 결혼 사건으로 각각 징역 8년과 2년을 선고받았다. 하지만 윤보선 전 대통령은 검찰 소환조사는 한 번도 받지 않았다. 징역형 선고 후에도 정부의 형집행 면제 처분으로 수감 생활은 피했다.

7) 梨花莊·윤보선씨집 전직대통령 예우 재산세 90%감면,「경향신문」 1975년 1월 30일, 7면.

8) 서울시는 1975년 1월 20일 이승만 전대통령의 미망인 프란체스카 여사가 사는 梨花莊과 전대통령 윤보선씨의 주택에 대한 1974년도 2기분 재산세를 당초부과액의 20분의 1만 징수키로 했다. 이 같은 조치는 전직대통령에 대한 예우로서 재산세중과세원칙에 제한받지 않고 전직대통령이나 그 미망인이 거주하는 주택에 토지 및 가옥 과표액의 1천분의1만을 적용키로 한 시 정징수조례를 지난 17일자로 제정, 1974년 9월 1일자로 소급실시키로 한 조항에 의한 것이다. 이에 따라 이화장은 1974년 2기분 재산세의 당초과표액 4백 10만 2천2백 98원이 94.9%가 감면돼 24만 8천 4백 5원만, 윤보선 씨댁은 4백 68만 9천 80원이 95.7%가 감면돼 20만 2천 5백 86원만 내게 되었다(이화장과 윤보선씨 住宅 財産稅 20분의 1로 減免,「매일경제」 1975년 1월 30일).

9) 동아일보, 1979년 11월 24일.

1979년 10·26사건 이후 "정부는 고 박정희 대통령의 유자녀를 돕기 위해 기존 재단의 활용 또는 새로운 추모재단의 설립, 기념관 건립, 기타 예비비 지출 등의 방안을 검토하는 한편 경호도 축소된 규모로나마 계속할 계획이다"[10][11]라고 당시 신문은 보도하고 있다.

2. 최규하 전 대통령

박정희 대통령 사망 후 권력의 공백상태를 먼저 차지한 전두환을 중심으로 한 신군부는 12.12군사반란과 5.17 비상계엄령 전국 확대라는 두 차례의 군사적 행동을 통해 정부를 장악했다. 전두환 등 신군부는 기존의 정치인들을 강제 격리시키는 가운데 1980년 5월 31일 국가보위비상대책위원회라는 군사평의회(junta) 성격의 결정기관을 별도로 조직함으로써 최규하의 공식적 행정부와 전두환이 실질적인 권력을 행사하는 '국보위'라는 이원적 정부기구가 탄생하기에 이르렀다. 국가보위비상대책위원회의 설치로 정상적 헌정이 중단되었다.[12]

최규하 전 대통령은 1979년 10·26 박정희대통령 피살이후, 당시 헌법 제48조에 의거 1979년 10월 27일부터 12월 6일까지 40일간 대통령권한대행으로 직무를 수행했다. 1979년 6일 「통일주체국민회의」에서 제10대 대통령으로 당선되어 12월 14일 과도정부 조각(組閣), 12월 21일 대통령에 정식 취임했다. 1980년 8월 16일 하야(下野)

---

10) 遺子女 現行法으론 도움 못줘, 「동아일보」 1979년 11월 24일, 2면.

11) 「전직대통령 예우에 관한 법률」은 전직대통령 본인에게는 생존기간 중 현직대통령 봉급의 70%를 지급하고 3명의 비서관(1급 1명, 2급 2명)을 두되 본인이 사망한 경우 배우자에게 50%를, 배우자도 지급받을 수 없는 경우에는 18세 미만의 유자녀에게 50%를 고루 나누어 지급토록 규정하고 있다. 그러나 박정희대통령 유족은 「예우법」의 어느 경우에도 해당되지 않는데다 공무원연금법의 경우도 대통령 국회의원 등 선거직공무원은 적용대상이 되지 않으므로 퇴직금도 지급할 수 없어 「法이외의 방안」을 검토하고 있다는 것. 정부관계자는 2일 "구체적인 지원방안은 아직 결정된 바 없다"고 말하고 "그러나 최규하 대통령권한대행이 지난 3일 朴정희대통령 국장 弔辭에서 「사랑하시는 자녀분들은 우리들이 정성껏 돌봐드리겠습니다」고 말한 이상 무언가 후속조치가 있지 않겠느냐"고(遺子女 現行法으론 도움 못줘, 「동아일보」, 1979년 11월 24일, 2면).

12) 한국정치외교사학회 엮음, 『한국정치와 헌정사』, 한울(2001), 320면 이하.

까지 255일 동안 과도정부를 이끌어왔다.

최규하 전 대통령은 대통령 재임(1979.12.21-1980.8.16)기간 동안 긴급조치 9호 해제, 2.29복권조치, 정부헌법개정심의위원회 설치, 5·17비상계엄전국확대조치, 국가보위비상대책위원회(국보위) 설치 등 주요조치를 취했으며, 1980년 5월 11일부터 16일까지 1주일간 사우디아라비아와 쿠웨이트 등 중동(中東)산유국을 순방, 원유의 안정적 공급 기지를 구축하기도 했다.

최규하 전 대통령은 1980년 하야 당시 '전직대통령 예우에 관한 법률'에 따라 매월 대통령봉급금액의 70%에 해당하는 연금을 받았으며, 국가부담으로 1급비서관 1명과 2급비서관 2명 등 모두 3명의 비서관을 둘 수 있게 되었다. 당시 '전직대통령 예우에 관한 법률'은 전직대통령은 생존시 이같은 혜택을 받게 되며 사후에는 배우자에게 대통령 봉급액의 50%가 지급된다. 그러나 배우자가 생존해 있지 않을 경우에는 18세 미만의 유자녀에게 배우자 혜택이 균등히 분할 지급되도록 규정하고 있었다.[13]

국회 5공청산과 최규하 전 대통령의 행적

1988년 4·26총선의 민의(民意)는 제5공화국을 청산하는 일이었다. 그러한 출발로 국회 「5·18광주민주화운동·진상조사특위」, 「지역감정해소특위」, 「통일문제특위」 등 3개 특별위원회가 모임을 가졌고, 특위활동 첫출발부터 조사대상이나 증인채택을 둘러싸고 여야간에 대립이 있었다. 야당측이 1차 소환대상자로 최규하 전 대통령을 지목한데 대해 민정당측은 「전직대통령에 대한 예우」를 내세워 반대했다. 당시 야당은 최규하 전 대통령을 고리로 하여 전두환 전 대통령을 특별위원회에 출석토록 하기 위함이었다. 여당인 민정당측은 전직대통령 소환이라는 전례를 남기지 않겠다는 생각이었다. 광주5·18민주화운동 무력진압과 민간인을 향한 발포명령자 등의 문제나 5공 비리가 통치권차원에서 발생한 것이라고 믿어지는 상황에서 그 통치권자들의 증언을 듣지 않고는 진실이 밝혀질 수 없다. 광주민주화운동 무력진압 문제 발생 당시의 국정최고책임자이자 국군통수권자는 최규하 대통령이었고, 전두환 전 대통령은 당시 군부최고실력자였다. 당시 광주민주화운동에 대한 포고(布告)와 담화 등이 거의 대통령 이름으로 나갔다. 자기의사가 아니고 이름만 빌려주

---

13) 崔大統領 집권 10개월 崔大統領에 대한 예우, 「매일경제」 1980년 8월 16일, 2면.

었다면 바로 그것을 밝히라는 것이다. 그래야 누가 진짜 책임이 있는지 가려지는 것이다.[14] 1988년 5.18 광주항쟁 진상규명을 위한 국회 <5·18 광주 민주화 운동 진상조사>청문회 때도 최규하 전 대통령은 증언을 요청받았으나 응하지 않았다.[15] 그 후 5공화국 청산 청문회 불출석과 국회 모욕(동행명령 거부)죄로 고발됐지만 무혐의 처분됐다.

당시 집권당인 민정당과 최규하·전두환 전직대통령들은 전직대통령에 대한 예우의 전통을 내세웠지만, 1976년 3·1구국선언과 1979년 명동 YMCA위장결혼사건으로 윤보선 전 대통령이 관계당국에 의해 조사를 받았다. 미국의 닉슨 전 대통령은 현직에 있을 때 '워터게이트 사건'으로 조사를 받았다. 현직 대통령이든 전직대통령이든 법치국가에서 법 앞에 예외가 있을 수 없다. 물론 전직대통령을 무조건 증언대에 세우는 것이 국격(國格)이나 국가체면을 위해 반드시 바람직한 것만은 아니다. 전직대통령에 대한 예우의 전통을 세우는 것은 국가대계를 위해 매우 바람직스러운 일이다. 그러나 오도(誤導)된 역사를 그대로 갖고 가는 것은 현실정치로나 내일의 역사를 위해서도 더욱 바람직하지 않는 것이다. 미국 민주주의의 위대성은 닉슨의 부정직(不正直)을 밝혀낸 뒤 권좌에서 물러나게 한데서 찾아질 수 있다.[16]

최규하 전 대통령은 1995년 12월 12일 검찰의 방문조사에도 불응했다. 방문조사 불응의 변(辯)은 "대통령 재임시의 일로 조사를 받는다는 전례를 남겨서는 안 된다는 점과 국익을 위해서"라는 것이었다.

최규하 전 대통령은 <10.26 박정희 대통령 시해사건>과 <12.12군사반란>, <5.18 광주민주화운동> 당시 국정의 최고책임자였다. 따라서 최규하를 빼놓고는 1980년대

---

14) 國會特委의 본격 稼動-5공청산작업 빠를수록 좋다(사설), 「동아일보」 1988년 7월 25일, 2면.
15) 1988년 「5·18 광주 민주화운동 진상조사 특별위원회」 위원장으로 활동했던 문동환 평민당 의원은 최규하 전 대통령의 증언거부에 대해 한겨레신문 연재기사에서 다음과 같은 소회를 피력했다. "최규하 전 대통령도 끝까지 증언을 하지 않았다. 나는 최 전 대통령에게 직접 찾아갔다. 요지부동인 그에게 나는 "최 대통령은 역사가 뒤바뀌는 때 해야 할 일을 바르게 하지 못했을 뿐만 아니라 이를 역사 앞에 밝히는 일마저 하지 못한 비겁한 대통령으로 기록될 것입니다"라는 말을 남기고 자리를 뜨고 말았다. 지금도 서글픈 마음을 금할 수 없다."(문동환, [길을찾아서] '죽비와 묵비'의 대결 광주청문회, 「한겨레신문」 2008년 9월 26일 참조).
16) 國會特委의 본격 稼動-5공 청산작업 빠를수록 좋다(사설), 「동아일보」 1988년 7월 25일, 2면.

를 전후한 한국의 현대사를 논할 수 없다. 그러나 그는 10.26이후 시대가 역사적, 법적 증언을 요구할 때마다 침묵으로 일관했다. 헌정(憲政)을 제대로 수호하지 못한 부끄러움 때문인지, 내란(內亂)을 방조·묵인한 죄값 때문인지, 아니면 신군부의 보복이 두려워서인지 모르지만 하여튼 그는 국민과 역사를 기만하였다.

1995년 법조계 일각에서는 최규하 전 대통령이 박정희 대통령 시해사건 당시 보안사령관이면서 수사본부장 이었던 전두환에게 대통령 시해사건과 관련하여 약점을 잡혔기 때문에 12.12군사반란과 5.18광주학살과 무력진압을 묵인할 수밖에 없었을 것이라는 의혹 섞인 설(說)까지 나돌았다. 당시 김재규 중앙정보부장의 대통령 시해사건에 대해 적극 대처하지 못한 것과 관련하여 신군부가 최규하 전 대통령에게 '내란묵인·방조 혐의'가 적용될 수도 있음을 은연중 협박하고 이를 빌미로 신군부의 정권창출 과정에 바람막이 겸 협력자 역할을 하지 않을 수 없게 만들었을 것이라는 것이 법조계에서 바라보는 의혹의 초점이었다.[17)18)]

민주국가는 법치국가이고 법치국가에서 만인(萬人)은 법 앞에 평등하다고 한다면 최규하 전 대통령도 증언대에 서서 증언했어야 마땅했다. 최규하 전 대통령은 전두환 신군부 쿠데타의 진실을 규명할 열쇠를 쥐고 있는 핵심적인 인물이기 때문에 재판에 협력하는 것이 필요 불가결했다.[19)]

---

17) "침묵「학살묵인」보다 더큰 罪", 「전남일보」 1995년 7월 26일, 3면.

18) 1979년 10월 26일 당시 최규하 국무총리의 무책임성(無責任性)과 관련하여, 당시 부총리 겸 경제기획원 장관이었던 신현확은 "최규하 대행이 김계원 실장으로부터 김재규가 시해범이라는 사실을 제일 먼저 보고를 받았는데도 그가 체포될 때까지 아무런 조치를 취하지 않은 사실에 대해서는 두고두고 분개해 마지않았다. 대통령이 서거했음에도 자신이 권한대행이라는 자각도 없었고, 서거 사실을 보고받은 오후 8시 30분부터 오전 12시 30분까지 4시간 동안 총기를 휴대한 범인과 우왕좌왕하는 국무위원들을 그대로 지켜보며 방관했다는 것이다." (신철식, 『신현확의 증언-아버지가 말하고 아들이 기록한 현대사의 결정적 순간들』, 메디치, 2017, 202면) 회고하고 있다.

19) 전두환, 노태우 전직대통령들의 12.12 군사반란 및 내란사건 재판은 우리나라의 과거 왜곡된 역사를 바로 세워 민족정기회복을 하자는 중요한 역사적인 의미를 갖고 있다. 그런 점에서 재판부가 최규하 씨를 강제구인까지 해서라도 사건에 대한 분명한 실체발견을 하겠다는 강력한 의지를 보이지 않은 것은 재판의 공정성확보를 위해 옥에 티라고 할 수 있다. 최규하 씨도 증언을 거부함으로써 결과적으로 온 국민이 바라는 역사바로세우기 재판에 적극적으로 협조하지 않았다

최규하 전 대통령의 역사적 · 법적 증언 거부사(史)

2006년 고인이 된 최규하 전 대통령은 우리 현대사의 중요 격변기였던 <12.12 및 5.18사건> 당시 최고 국정 지도자 자리에 있었다는 이유로 '참고인'이나 '증인' 자격으로 검찰의 소환이나 법정의 출두를 숱하게 요구받았으나 단 한 차례도 스스로 응하지 않았다. 그가 법적 또는 역사적 증언을 요구받을 때마다 일관되게 내세운 것은 "대통령 재임 중의 공적인 사건에 대해 일일이 검찰 조사에 응하거나 법정에서 증언하는 것은 헌정사에 나쁜 선례를 남긴다."는 것이 증언거부의 이유였다.

최규하 전 대통령은 1996년 11월 <5.18 및 12.12사건> 항소심에서 강제 구인돼 딱 한번 법정에 섰지만, 역시 선서나 증언은 일체 거부하는 바람에 전두환 등 신군부의 정권찬탈 과정을 낱낱이 밝히려던 법원의 노력은 한계를 보였다.

국민과 검찰 법원이 <12.12 및 5.18 광주민주화 운동 무력 진압사건>과 관련해 최규하 전 대통령의 증언을 통해 규명하려던 내용은 ① 전두환 당시 보안사령관의 중앙정보부장서리 겸임, ② 5.17 비상계엄 확대, ③ 국보위 설치, ④ 최규하 본인의 하야(下野)[20] 등 일련의 사건을 재가(裁可)하는 과정에서 전두환 등 신군부 세력의 강압이 있

는 비판을 두고두고 면치 못하게 되었다(<聯合時論> 12.12, 5.18공판 유감, 1996년 8월 2일).

20) 최규하 대통령은 1980년 8월 16일 오전 10시 청와대 영빈관에서 제10대 대통령직을 사임하면서 특별성명을 발표했다. 즉 하야(下野)성명이다. 하야 성명은 다음과 같다. "…전략…우리나라에 있어서의 책임정치의 구현으로 불신풍조를 없애고 불행했던 우리 헌정사에 평화적인 정권이양의 선례를 남기며 또한 국민 모두가 심기일전하여 화합과 단결을 다짐으로써 시대적 요청에 따른 안정과 도의와 번영의 결코 새로운 사회를 건설하는 역사적 전기를 마련하기 위하여 애국충정과 대국적인 견지에서 나 자신의 거취에 관한 중대한 결심을 하기에 이르렀습니다. 즉 나는 오늘 대통령직에서 물러나 헌법 규정에 의거한 대통령 권한대행권자에게 정부를 이양하기로 결정한 것입니다. 민주국가의 평화적인 정권이양에 있어서는 국정의 최고 책임자가 국위우선에 국가적인 견지에서 임기 전에라도 스스로의 판단과 결심으로 합헌적인 절차에 따라 정부를 승계권자에게 이양하는 것도 확실히 정치발전의 하나라고 생각합니다. …중략… 오늘 대통령직을 떠나면서 나는 다시 한번 국민 여러분에게 대립과 분열이 아닌 이해와 화합으로 대동단결하고 불퇴전의 의지와 용기로 부강한 민주국가를 건설하여 대한민국의 민족사적 전통성에 입각한 평화통일의 기반을 확실히 구축해 나가도록 간곡히 당부 드리고자 합니다. 그리하여 우리 후손들에게 번영되고 자랑스러운 조국을 물려줄 수 있도록 국민 각자가 최선의 노력을 다해나가야 하겠습니다. 끝으로 그간 나에게 보내 주신 국민 여러분의 깊은 이해

었는지 여부였다. 이러한 우리 현대사의 역사적의 실체적 진실에 대해 속 시원하게 밝혀야 한다는 게 국민적 요구였지만 전두환·노태우 전 대통령은 '모르쇠'로 일관했고, 최규하 전 대통령은 '나쁜 선례'를 이유로 끝까지 증언을 거부로 일관했다.

검찰의 첫 접촉은 1993년 12.12사건에 대한 서울지검 수사 때로 거슬러 올라간다. 앞서 1990년 국회가 광주특위 출석과 동행 명령을 거부한 최규하 전 대통령을 고발하자 3년 후 검찰은 별 조사 없이 기소유예 처분을 내렸다.

평민당이 법무부에 대한 국정감사에서 검찰이 최규하 전 대통령을 적극 수사하지 않은 데 대해 "최씨가 예우를 받을 만한 훌륭한 대통령이라고 생각하느냐"며 따지자 허형구 당시 법무부장관은 "최 전 대통령에 대한 평가나 심판은 역사와 국민 몫으로 본다."고 답했다. 이후 서울지검 공안1부는 1993년 8월 전두환·노태우 전 대통령 등 12.12 주모자 34명에 대해 정승화 전 육군 참모총장 등 22명이 군형법상 반란 및 형법상 내란 혐의 등으로 대검찰청에 고소한 사건을 배당받아 수사하면서 최규하 전 대통령이 정승화 육군 참모총장 연행을 재가(裁可)했는지 등을 조사하기 시작했다.

검찰은 피고소인(被告訴人)인 전두환·노태우 전직대통령들을 직접 조사하지 못한 채 1994년 9월 두 전직대통령에게 질의서를 보내 답변을 받아냈으며, 참고인이었던 최규하 전 대통령에게도 질의서를 보냈으나 답변을 거부당했다. 최규하 전 대통령은 답변 대신 서한을 보내 "대통령 재임 중에 일어난 공적인 사건에 대해 일일이 검찰의 조사에 응하는 것은 헌정사에 나쁜 선례를 남기게 되는 결과가 초래되므로 답변할 수 없다"는 입장을 보였고, 이러한 답변은 검찰 소환이나 법정 출두를 요구받을 때마다 앵무새처럼 반복했다.

검찰이 전두환·노태우 두 전직대통령을 서면 조사하고, 최규하 전 대통령이 답변을 거부하자 1994년 10월 전두환·노태우 두 사람을 기소유예 처분하는 것으로 수사를 마무리한 것만 봐도 당시 전직대통령을 검찰이 조사하는 게 엄청난 사건이었음을 짐작케 해준다.

와 아낌없는 협조에 심심한 사의를 표하며, 우리 대한민국과 국민의 앞날에 평화와 안정 그리고 영광과 융성이 함께 있기를 기원하는 바입니다. 1980년 8월 16일 대통령 최규하". 대통령직 사임(下野) 성명을 발표한 이틀 후인 1980년 8월 18일 오전에 최규하 대통령은 청와대를 떠나 서울특별시 마포구 서교동의 자택으로 이사했다.

검찰의 서면조사를 거부하다가 당시 민주당 등으로부터 "역사적 책무를 저버린 무책임한 보신주의", "쿠데타로 정권을 탈취당한 사람으로서 역사적 반성도 할 줄 모르는 행위"라는 비난이 빗발쳤다.

서울지검 공안1부는 1994년 말 12.12사건에 대한 수사가 마무리되자 곧바로 정동년 '5.18광주항쟁 연합' 상임의장 등이 고발한 '5.18 광주민주화운동'관련 수사에 착수했으며 1995년 5-6월 역시 전두환·노태우 전직대통령들에 대해서는 서면조사를, 이전 답변을 거부했던 최규하 전 대통령에게는 방문조사를 추진했다. 그러나 최규하 전 대통령은 "대통령 재임시의 공적인 행위에 대해 수사기관의 조사를 받는 것은 국가의 장래를 위해 바람직하지 않다고 본다. 특히 5.18사건에 대한 질의 내용이 대통령 통치 행위와 직접 연관돼 있고 원만한 국정 수행에 장애가 될 수 있는 선례를 남길 우려가 있다"며 조사를 또 거부했다. 또다시 정치권·시민단체 등의 비난이 빗발쳤고 5.18 관련 단체는 진압작전 주도자에게 훈·포장을 수여한 최규하 전 대통령을 내란 및 내란 목적 살인 혐의로 검찰 고발하기도 했다. 최규하 전 대통령의 침묵 속에 1995년 7월 5.18 관련자 전원에게 '공소권 없음' 결정이 내려졌다. 그러나 1995년 12월 초 검찰이 12.12 및 5.18사건에 대해 재수사에 들어가 전두환 전 대통령을 전격 구속하면서, 최규하 전 대통령의 입에 국민의 시선이 다시 한번 모였고 검찰은 공식 소환장을 보내 출두를 요구했다. 검찰 '소환에 응하라'는 시위가 최규하 전 대통령의 자택 안팎에서 잇따르고 검찰이 몇 차례 방문조사를 추진했으나, 최규하 전 대통령은 끝까지 묵묵부답으로 일관했다. 특히 검찰은 2차 방문조사에서 정승화 전 육군참모총장의 연행을 재가(裁可)할 때 강압이 있었는지 여부 등에 대한 신문을 했으나 최규하 전 대통령이 묵비권(黙秘權)을 행사하거나 답변을 거부한 뒤 조서의 서명날인도 거부한 것으로 알려졌다.[21]

최규하 전 대통령은 국민의 비난이 그치지 않자 대국민 담화를 발표, "국정행위에 대하여 후일에 와서 일일이 조사를 받아야 한다면 국정을 소신대로 처리할 수 없으며 조사받는 전례는 앞으로 세월이 흐름에 따라 정치적으로 이용될 소지마저 없지 않다"며 기존의 입장을 되풀이 했다.

국민회의 5.18진상조사위원장인 김영진 의원은 1996년 11월 5일 최규하 전 대통령의 법정 출두 거부와 관련해 성명을 내고, "역사적 진실규명을 거부하는 최 전 대통령

---

21) 12.12와 5.18 참고인·증인 요구 일체 불응, 「연합뉴스」 2006년 10월 22일 참조.

은 국민이 부여하는 전직대통령 예우를 받을 자격이 없다"며 정부는 최규하 전 대통령에 대한 예우를 즉각 중단해야 한다고 주장했다.[22] 또한 증언 거부와 관련하여 5.18관련 단체와 법조계 일각에서는 최규하 씨에게 주어지는 전직대통령으로서의 모든 예우를 박탈해야 한다는 주장까지 대두되었다. 국민과 역사, 법을 무시한 채 침묵으로 일관하고 있는 피의자에게 국민세금으로 연금을 주고 경호를 해주고 비서관과 승용차까지 지원해주는 것은 옳지 않다는 이유에서였다.

검찰은 1996년 1월 전두환·노태우 등 8명을 내란 혐의로 기소하고 최규하 씨는 법정 증인으로 채택했다. 최규하 전 대통령이 법정에 딱 한차례 나온 것은 이 사건 항소심 때였다. 최규하 전 대통령은 증인 소환 및 재소환 요구에 요지부동의 자세를 보이다 1996년 11월 14일 서울고법 417호 대법정에서 형사1부(당시 재판장 권성 부장판사) 심리로 열린 11차 공판에서 구인장[23])을 갖고 자택을 찾아간 검찰에 의해 반강제

---

22) "증언거부 최규하씨 전직 예우 중단해야" 국민회의 김영진의원, 「한겨레신문」 1996년 11월 6일, 5면.

23) <12.12 및 5.18사건> 항소심 재판부인 서울고법 형사1부는 1996년 11월 11일 이 사건 10차 공판에서 崔圭夏 前 대통령의 강제 구인을 명하면서 '증인의 구인명령'이란 제목으로 다음과 같이 재판부의 입장을 밝혔다. 『증인 최규하는 이미 두 차례의 소환에 대하여 모두 출석을 거부하는 불참계를 제출했었거니와 이번에 다시 제3차의 소환명령에 대하여도 같은 이유를 들어 이에 불응한다는 뜻을 알려왔습니다. 재판부는 그동안 증인이 임의로 출석하기를 바라는 마음으로 많은 노력을 하여왔습니다. 전례에 없이 과태료를 부과하기도 하였고 심지어 지난번의 제3차 소환에서는 증인이 원하는 시간에 증인이 원하는 장소에서 신문할 수도 있다는 뜻을 밝힌바 있었습니다. 또한 그러한 절충을 성사시키기 위하여 "구인을 하지 않을 것이니 명예롭게 임의 출석할 것"을 요청하기도 하였습니다. 이 모든 노력은 존경받아 마땅한 전직대통령에 대한 예우 그리고 다른 한편으로는 소송돌이의 핵심에 있었던 증인의 진술이 갖는 소송법적 중요성이라는 두 가지를 조화시키려는 재판부의 고심에서 우러난 것이었습니다. 그러나 이러한 노력은 수포로 돌아갔고 재판부의 제안은 거절되었습니다. 이제는 재판부가 거듭 거듭 자제하여 왔던 마지막 조치, 즉 증인에 대한 강제구인문제를 검토하지 않을 수 없게 되었습니다. 첫째로 지난번 제3차 소환을 명할 때에 밝힌 바와 같이 증인의 이번 불출석 역시 정당한 사유가 없는 경우에 해당한다고 판단합니다. 더구나 증언거부의 사유를 납득하기 어렵습니다. 개별적인 신문사항을 제시하면서 그에 관하여 왜 증언할 수 없다는 것인지 물어보아야만 하게 되었습니다. 둘째로 증인의 불출석을 방치한다면 그동안 여러 가지 난처한 사정에 불구하고 법원에 출석하여 증언한 많은 증인들, 그리고 수사과정에서 진술한 수많은 참고인들로 하여금 재판에 협력한 것을 후회하게 만드는 사태를 빚을 우려가 있습니다. 증인의 불출석이 관철된 것으로

로 끌려나와 법정에 서게 된 것이다. 그러나 최규하 전 대통령은 증언대에 선 뒤에도 "전직대통령이 재임 중 행위에 대해 후일 소명이나 증언을 한다면 국가경영상 문제를 야기할 수 있고 이러한 전례를 만들어 앞으로 배출될 대통령들의 직무 수행에 부담을 주는 것은 국익에 손상이 된다."며 증인 선서와 증언을 거부했다.[24] 증언을 거부함으로서 재판은 40분 만에 끝났다.

항소심 재판부는 이날 "최 전 대통령에 대한 더 이상의 제재 조치는 부끄러운 일"이라며 증인 선서 및 증언 거부에 따른 각각 10만원씩의 추가 과태료는 부과하지 않았다.

전직대통령들을 구속하고 수많은 재벌과 정치인을 사법처리한 검찰과 법원도 <역사 바로 세우기>를 열망하는 국민적 염원에도 아랑곳하지 않고 침묵으로 일관한 최

보도되자마자 당장 이 사건의 관련 재판에서 두 사람의 증인이 정당한 사유 없이 출석을 기피한 사태가 벌어지고 말았습니다. 재판부는 이러한 사태에 유의하지 않을 수 없습니다. 더 이상 증인에 대한 예우만을 고집할 수 없습니다. 셋째로 제3차의 소환명령이 발하여진 이후에, "증인은 이 사건을 내란으로 생각하지 않고 있다"는 중대한 발언이 그 측근인사를 통하여 신문에 전해지고 있습니다. 증언을 거부하겠다는 증인이 법정외에서 이러한 말을 하는 것은 있을 수 없습니다. 증인은 측근 인사에게 그러한 말을 한 일이 있는지 여부 정도는 최소한 소송절차에서 확인하여 주어야 할 것입니다. 그러므로 이제 재판장은 무거운 마음으로 변호인의 신청을 받아들여 증인의 구인을 명령하는 바입니다. 이것은 증인으로 하여금 진실을 말하여 주도록 설득하는 마지막 조치이고 노력일 뿐이지 증인의 불출석이나 증언거부에 대하여 제재를 과하려는 의도가 결코 아닌 것입니다.』 (崔前대통령 구인명령문, 연합뉴스, 1996년 11월 11일 기사; "재판부 崔"씨 구인 명령문, 「광남일보」 1996년 11월 12일, 3면).

24) 항소심 재판과정에서 최규하 전 대통령을 증인으로 소환해서 증언을 듣기 위해 재판부가 나름 노력한 흔적은 당시 항소심 재판장이었던 권성 부장판사의 <12·12 반란 및 5·17, 5·18 내란사건 재판에 대한 회고>에서 알 수 있다. "최규하 전 대통령은 제1심 재판에서도 증인으로 채택되어 소환을 받았지만 불출석했던 분입니다. 일반 국민이나 언론에서는 항소심에서도 최규하 씨를 증인으로 채택할 것인지 여부가 관심거리였던 모양입니다. 그러나 재판부로서는 첫 기일 시작 이전에 기록을 검토하는 과정에서 이미 이 분이 반드시 증인으로 필요하다는 판단을 한 상태였습니다. …중략… 구인장을 발부하여 결국 구인을 하기에 이르렀던 것입니다. 비록 증인을 구인해서 법정에까지 데려 오기는 하였지만 이 증인이 끝까지 증언을 거부하는 바람에 이 사건에 관한 핵심적인 증언을 듣는 데는 실패하고 말았습니다." 자세한 내용은 권성·신정현, 『결단의 순간』, 도서출판 청림(2013), 279-284면 참조.

규하 전 대통령의 비밀을 풀지 못했고 이젠 이 비밀은 영원히 역사 속에 묻히게 됐다.[25][26]

1919년 강원도 원주에서 태어난 최규하 전 대통령은 경성고보와 일본 도쿄 고등사범(영문)을 거쳐 만주 대동학원에서 정치행정학을 익혀 일제 괴뢰정부인 만주국 관료로 일했다. 해방 후 서울대 교수가 됐고, 1946년 공직 생활을 시작했다. 그는 영어와 일어에 능통했고, 그의 영어 회화능력은 지금과는 비교하기 힘든 값진 재능이었다. 관료로서 그의 역량이 어떠했는지는 단언할 수 없지만, 관운은 눈부셨다. 1951년 외무부 통상국장이 됐고, 1959년 40세에 외무차관이 됐다. 외교관 생활을 거쳐 1967년 장관이 됐고, 대통령 외교담당 보좌관을 거쳐 1975년 국무총리가 됐다. 독재 권력 하의 관료로서 정치적 야심 없는 무난함이 큰 장점이었다는 평가가 있다. 그는 관료로서 지시를 받아 행하는 것을 직무의 전부라 여겼을지 모른다. 하지만 고위공직자로서 그는 자신이 누린 특권적 경험에 대한 증언과 기록의 직분은 철저히 외면했다. 1988년 5공화국 국회청문회 출석·서면 증언을 거부했고, 1995년 전두환·노태우 내란죄 조사 검찰 서면조사에도 불응했다. 1996년 구인장을 받고 법정에 서서도 그는 입을 열지 않았고, 알려진 바, 끝내 회고록 형식의 어떤 기록도 남기지 않았다. 그는 대통령으로서 불운했지만, 재임 중에도 퇴임 후에도 도의적 책무를 다하지도 않았다.[27] 그럼에도 불구하고 '전직대통령 예우에 관한 법률'에 따라 퇴임 후 가장 긴 전직대통령 예우를 받다가 2006년 10월 22일 오전 6시쯤 서교동 자택에서 의식을 잃고 서울대학교 병원으로 옮겨진 후 7시 37분경 향년 88세를 일기로 생을 마감했다. 장례는 국민장으로 행해졌으며, 국립대전현충원 국가원수묘역에 안장됐다.

---

25) 12.12와 5.18 참고인·증인 요구 일체 불응, 「연합뉴스」 2006년 10월 22일 참조.

26) 주간경향 원희복 편집장은 최규하 전 대통령의 증언거부에 대해 다음과 같이 그의 무책임을 묻고 있다. "최규하 전 대통령은 끝내 역사의 진실을 밝히지 않고 세상을 떠났습니다. 최 전 대통령은 퇴임 후 회고록은 물론, 검찰 수사에서도 말을 하지 않았습니다. 그는 "재직중 일을 말하는 것은 옳지 않다"고 했는데 사실 무책임한 말입니다. 정치 선진국에서 책임 있는 자리에서 퇴임하면 회고록을 쓰는 것을 의무시하고 있습니다. 그것은 후대 정치가, 역사가를 위한 마지막 봉사입니다. 그래서 지금은 법에 대통령은 반드시 기록을 남기도록 정한 겁니다. 어찌 보면 최 전 대통령은 마지막까지 자신의 임무를 방기한 것입니다."(원희복, [편집실레터]두 전직대통령의 경우, 뉴스메이커(경향신문사 발행) 제698호, 2006년 11월 7일).

27) 최윤철, "[기억해야 할 오늘] 최규하", 「한국일보」 2017년 8월 16일, 30면.

3. 전두환 전 대통령

대통령은 현직을 떠나는 그 순간부터 「전직대통령 예우에 관한 법률」에 따라 국가로부터 연금과 사회활동경비 등 예우보조금, 비서관, 경호 경비 등을 제공받는다.

1991년 전두환, 최규하 등 전직대통령은 연금과 예우보조금을 합해 월 8백여만원을, 여기에 비서관의 봉급을 더할 경우 월1천만원을 웃도는 경비를 국가로부터 지급받고 있는 것으로 나타났다. 총무처가 1991년 9월 국회에 제출한 자료에 따르면, 최규하·전두환 전 대통령은 대통령 보수의 95%인 월 3백16만원의 연금과 사무실운영비 월 1백7만2천원, 차량유지비 1백94만8천원, 사회활동비 2백만원을 각각 받았다. 또 이들 전직대통령이 둘 수 있는 비서관 3명의 봉급을 보태면 국가가 전직대통령에게 직접 지원하는 금액은 1천만원이 훨씬 넘는다. 전직대통령 미망인의 경우는 대통령 보수의 70%인 2백33만원의 연금을 지급하고 있는데, 1991년 이승만 전대통령의 미망인인 프란체스카와 윤보선 전 대통령의 미망인인 공덕귀(孔德貴)씨가 이 금액을 받고 있었다.[28] 또 박정희 전 대통령 유자녀들의 경우 '생계능력이 없는 자' 지급 규정에 따라 박정희 대통령 서거 당시 기혼자였던 근영(槿暎)을 제외하고 근혜·지만 에게만 각각 1백16만원씩 유족연금이 지급되었다.

경호 경비는 전두환 전 대통령의 경우 '직전 대통령'이기 때문에 대통령 경호실에서, 최규하 전 대통령은 '前前대통령' 규정의 적용을 받아 서울지방경찰청소속 경호원 10명(운전원 3명 포함)이 방범초소 경비전화와 함께 제공되고 있다. 전직대통령들은 이 밖에도 철도(새마을호) 무임승차권, 무기한 외교관여권, 국제공항 귀빈실 사용권을 가지며, 본인 및 배우자의 국공립병원 무료진료 외에도 민간의료기관에서 진료를 받을 경우 비용은 국가가 대신 지불하는 '특전'을 받았다.[29]

전직대통령 전두환은 고(故) 조비오 신부에 대한 사자명예(死者名譽)를 훼손한 사건의 피고인으로 기소되어 알츠하이머 병(Alzheimer's disease)을 핑계로 법정에 불출석 재판을 거부하면서 자신이 범위에 있는 듯 오만함의 극치를 보이며, 국민들에게

28) 전두환씨 등 전직대통령 경비 월 1천만원, 「한겨레」 1991년 9월 26일, 2면.
29) 전·최씨에 한달 8백18만원 지급 비서-경호원 제공…병원 무료특전, 「동아일보」 1991년 9월 26일, 5면.

역겨운 모습을 보이기도 했다. 그러면서도 2019년 11월 7일 지인들과 강원도 홍천의 한 골프장에서 골프를 즐기고 있는 모습이 정의당 임한솔 대표의 추적에 포착돼 건강상의 이유로 자신의 재판에는 불출석하면서도 건강하게 골프를 치는 모습이 확인돼 5·18 광주민주화 운동단체를 비롯하여 전 국민의 공분을 샀다.

골프회동으로 전두환씨가 국민들의 공분을 산 것은 이번만이 아니다. 오래 전이지만, 1991년 12월 24일 전두환 전 대통령부부일행 15명의 골프모임을 취재하던 서울골프지(誌) 편집국장 등 2명이 전두환 씨의 경호원들에게 필름을 뺏기고 몸수색을 당하는 등 곤욕을 치렀다. 뒤늦게 달려온 경찰은 이들에게 수갑을 채우고 조사했다. 전직대통령을 위한 경호는 당연하다. 그러나 이들이 신분을 밝히고 취재중이란 것을 알렸는데도 강제 연행해 5시간동안이나 범죄자 취급했다. 아무리 알리고 싶지 않은 골프모임이라고 해도 다른 것도 아닌 취재활동을 그토록 강압적으로 다스려서야 될 일인가. 이들이 취재팀이 아니고 평범한 시민이라고 해도 그렇다. 이들은 당당한 납세자이다. 경제기획원에 따르면 1991년 국민 한사람이 80만원이 넘게 세금을 냈다. 전직대통령 경호에 드는 비용은 두말할 것도 없이 이들이 낸 세금으로 충당한다. 곤욕을 치른 편집국장은 "무슨 경호원이 그렇게 많으냐"면서 간첩인지도 모른다는 말이 가장 서운했다고 말했다. 경호를 하다보면 고충도 없지 않겠지만 나라 안에서 그 누구 못지않게 소중한 사람은 땀 흘려 꼬박꼬박 세금 내는 국민이라는 것을 깨달아야 한다.[30]

필자는 오래 전 은사님과 함께 펴낸 《전두환 체제의 나팔수들》라는 책에서 전두환의 치사한 행적을 거칠게 비판한 바 있다.

"전두환은 대한민국 법정에서 사형을 선고받은 죄인이다. 정치권력들의 편의에 의해 특별사면을 받았지만 형 집행이 정지되었을 뿐 범죄인인 것은 부인할 수 없는 사실이다. 그러나 아직도 살아있는 권력으로 행세하고 있다. 현직에 있는 대통령들은 중죄인인 전두환·노태우를 전직대통령이라는 이유 하나만으로 청와대에 초청하여 국민들이 낸 혈세로 밥을 먹이고 음료수를 제공하고 있다. 또한, 여·야 할 것 없이 앞다투어 전두환의 연희동 집을 방문하여 세배를 올리고 정치적 자문(?)을 구하고 있

---

30) 횡설수설, 「동아일보」 1991년 12월 27일, 1면.

다. 전두환의 연희동 집은 말 그대로 문전성시를 이루고 있다. 1988년 광주청문회에서 살인마라고까지 소리 지르고 명패까지 집어던지며 울분을 삭히지 못하던 노무현 대통령은 심지어 유인태 정무수석을 보내어 세배까지 드리는 모습을 연출하였다. 경찰의 과잉 황제경호로 국민들의 머리는 혼란스럽기까지 하다. 범법자임에도 황제경호를 해준다. 또한, 정부는 범법자들의 훈장을 박탈할 생각은 추호도 하지 않는 것 같다. 사법부의 추상같은 판결로 추징금이 추징되어야 하지만 전 재산이 29만원밖에 없다며 개도 웃을 수 있는 짓거리를 하고 있다. 전 재산이 29만원 밖에 없다고 너스레를 떨면서도, 연하장 인쇄비로 1,000만원 집수리비로 3,000만원을 지출하고 외출 시 3~40명을 대동하고 여기저기 다니고 있다. 정말 대한민국은 좋은(?) 나라이다. 중죄인이 활보하는 나라. 범법자가 큰소리치는 나라. 이처럼 좋은 나라가 이 지구상에 또 어디 있을까?"[31]

지금도 전두환은 1,000억 원에 해당하는 추징금을 미납하고 있으며, 12·12군사반란 40주년이 되는 날에도 지인들과 만찬을 하는 것이 언론과 방송에 보도되어 국민들의 공분을 사고 있다.

전두환은 뇌물수수와 군 형법상 반란 등 혐의로 기소돼 무기징역과 함께 2,205억 원의 추징금을 선고받았지만, 1997년 대법원이 최종 선고를 내린지 17년 동안 추징된 금액은 전체 추징금의 24%인 533억원에 불과했다. 미납 추징금은 1,670억원에 달했다. 2003년엔 자신의 전 재산이 29만원[32] 밖에 없다고 말해 많은 비난과 지탄을 받기도 했다.[33][34] 2010년에는 "강연으로 소득이 발생했다"며 법률대리인을 통해 300

---

31) 한상범·이철호, 『전두환체제의 나팔수들』, 패스앤패스(2004), 145면 이하 참조.

32) 전두환은 두 번째 추징금 시효 만기였던 2003년 검찰의 재산명시신청에 자신의 예금자산을 29만원이라고 명시하고 법정에서 다툼을 벌였다. 법정에서 자신의 재산이 "29만원"이라며 판사와 설전을 벌여 국민들의 공분을 샀다. 이로 인해 "29만원 할아버지"라는 불명예스러운 별칭도 얻었다.

33) 2012년 '5.18 32주년 기념-제8회 서울 청소년대회'에서 서울연희초등학교 5학년 유승민 군은 '29만원 할아버지'라는 글로 우수상(서울지방보훈청장상)을 수상했다. "우리 동네 사시는 / 29만원 할아버지 / 아빠랑 듣는 라디오에서는 맨날 29만원밖에 없다고 하시면서 / 어떻게 그렇게 큰 집에 사세요? / 얼마나 큰 잘못을 저지르셨으면 / 할아버지네 집 앞은 / 허락을 안 받으면 못 지나다녀요? / 해마다 5월 18일이 되면 / 우리 동네 이야기가 나오는데 / 그것도 할아버지 때문

만원을 낸 뒤로 추징금을 내지 않고 있었다. 2013년 6월 27일 국회 본회의에서 '전두환 추징법'(공무원범죄에 관한 몰수 특별법 일부개정안)이 통과[35])되면서 전두환과 그 가족은 검찰의 전방위 압수수색에 직면했고, 결국 백기를 들었다.

전두환은 대통령에서 물러난 후 해외 관광여행시 외교관 여권을 이용해 논란이 됐다. 전두환이 외교관 여권[36])을 반납한 2013년 6월은 국회에서 이른바 '전두환 추징법'이 통과되는 등 추징금 환수 작업이 본격화 되는 시기와 맞물려 있다. 추징금 문제로 여론이 악화되자 여권을 자진 반납한 것으로 분석된다. 또한 2006년 훈장이 취소되고 환수절차가 진행된 지 지난 7년간 반납을 거부했던 훈장 9개를 전두환 일가에 대한 검찰의 소환조사가 본격화되기 직전에 국가에 자진 반납했다.[37)38])

인가요? / 호기심 많은 제가 그냥 있을 수 있나요? / 인터넷을 샅샅이 뒤졌죠. / 너무나 끔찍한 사실들을 알게 되었어요. / 왜 군인들에게 시민을 향해 / 총을 쏘라고 명령하셨어요? / 얼마나 많은 시민들이 죽었는지 아세요? / 할아버지가 벌 받을까 두려워 / 그 많은 경찰아저씨들이 지켜주는 것인가요?! / 29만원 할아버지! / 얼른 잘못을 고백하고 용서를 비세요. / 물론 그런다고 안타깝게 죽은 사람들이 / 되살아나지는 않아요. / 하지만 유족들에게 더 이상 / 마음의 상처를 주면 안 되잖아요. / 제 말이 틀렸나요? / 대답해 보세요! / 29만원 할아버지!". 이 동시는 '29만원 할아버지'라는 동요로도 만들어졌다.

34) 서울시가 2013년 12월 16일 3,000만원 이상 지방세 고액·상습체납자 6,139명을 홈페이지에 공개했는데, 서글프게도 전직대통령을 지냈다는 전두환은 지방세(地方稅)마저도 4,600만원을 체납하고 있는 것으로 드러났다(경향신문, 2013년 12월 17일, 16면, 전두환 4600만원·최순영37억 … 유명인사들 거액 체납 기사 참조). 이러고도 전직대통령이 어쩌고 억울하다며 너스레를 떨고 설래발 칠 것인가. 후안무치(厚顔無恥)라는 단어조차 모르는 사람이다. 아니 그에게는 이 단어가 먼 옛날의 사어(死語)인지도 모르겠다.

35) '전두환 추징법'(공무원범죄에 관한 몰수 특별법 일부개정안)은 공무원이 불법 취득한 재산에 대한 추징 시효를 늘리고 추징 대상을 제3자로까지 확대하는 내용이다. 표결은 재석의원 233명중 찬성 228명, 반대 2표와 기권 4표로 압도적 다수의 찬성으로 통과됐다. 추징시효 연장에 따라 거액의 추징금을 미납 중인 전두환에 대한 환수 시효가 2013년 10월에서 2020년 10월까지로 7년 더 연장됐다.

36) 현행 여권법 시행령(제10조)은 전직대통령에 대해서도 외교관 여권이 발급 가능하다고 규정하고 있다. 국제법상 외교관 여권소지자는 특권·면제권을 갖고 출입국 및 세관 수속과정에서 편의를 받을 수 있다. 전두환은 1988년 퇴임 후 유효기간 5년짜리 외교관 여권을 총 4차례 발급 받았고, 이를 이용해 2000부터 총 7차례 출국했던 것으로 드러났다.

37) 전두환이 내란죄 유죄 판결로 서훈이 취소되고도 반납을 거부해온 훈장 9개를 소장품 기증 과

전두환 전 대통령은 1997년 4월 대법원 상고심에서 12·12 군사반란과 5·18 광주민주화운동 유혈진압 사건으로 각각 무기징역과 징역 17년형이 확정돼 전직대통령 예우가 중단됐으며, 1997년 12월 22일 특별사면 및 복권되었다. 전두환의 경우 퇴임 후 7년이 지났기 때문에 대통령경호실에 의한 경호는 받을 수 없다. 다만, 관할 경찰이 직무규정에 따라 자택 및 인근 경비를 맡고 있다.

전직대통령에 대한 경호와 경비는 '전직대통령 예우에 관한 법률'과 '대통령 등의 경호에 관한 법률'에 근거해 지원된다.

전직대통령에 대한 경호는 기본 10년, 최장 15년까지 대통령 경호처 주관, 경찰 지원으로 경호하고, 이후에는 경찰로 경호업무가 이관된다. 하지만 이후의 경비 기간이 명확히 법률로 규정하지 않아 사실상 경호 종료 시점은 경찰의 판단에 달린 상황이다. 2019년에도 전두환의 경호는 경찰이 의경 1개 중대 60여 명이 투입되어 연희동 자택 외곽 경비와 순찰을 담당하고, 현직 경찰관 5명이 근접경호를 맡았다.

전두환 전 대통령의 경우 2013년까지 추징금을 미납한 상태에서 한 해 수억 원의 경호 비용을 써 논란이 일었다. 또한, 서울시가 소유한 경호동 건물도 무상으로 쓰다가 2012년부터 연간 약 2,000만 원의 사용료가 부과됐는데, 이마저도 서울지방경찰청이 대납하고 있어 비판이 제기된 바 있기도 하다.[39][40]

정에서 2013년 4월 뒤늦게 반납한 것으로 드러났다. 국가기록원 대통령기록관실은 2013년 9월 23일 "2013년 4월 전 전 대통령 자택을 방문해 기증받은 소장 '박물' 1000여점 가운데 서훈이 취소된 훈장 9점을 발견해 8월 주무부처인 안전행정부에 통보했다"고 밝혔다. 대통령기록관실은 2011년 모든 전직대통령들에게 소장품 기증을 요청한 데 이어 2013년 4월 전 전 대통령을 방문해 액자·기념품 등 소장품을 기증받는 과정에서 훈장을 돌려받은 것이다(한겨레신문, 2013년 9월 24일 참조).

38) 전두환 신군부 세력들이 12.12군사반란을 감행하고 5.18광주민주화운동을 무력으로 진압하여 권력 장악 후 그들끼리 법을 위반하면서 나눠 가진 훈장의 실상과 훈장 취소와 환수를 다룬 글로는 이철호, "전두환 신군부의 훈장잔치", 『헌법과 인권』, 21세기사, 2018, 243-282면 참조.

39) MB 경호 횟수, 박 대통령 6배…전두환도 과잉경호 논란, JTBC. 2014년 10월 30일 뉴스.

40) 1988년 2월 대통령 자리에서 물러난 전두환이 별도의 '전직대통령 사무실'을 내지 않았으면서도 사무실 임차보증금과 월세 등의 명목으로 정부지원금을 받아간 사실이 문서로 확인됐다. 또 퇴임 후 서울 서대문구 연희동 집으로 돌아간 전두환이 막대한 세금으로 각종 고급 가구 등을 구입해 자신의 집을 꾸민 사실도 드러났다. 뉴스타파는 행정안전부에서 제출받은 '전직대통령예우' 관련 문서더미에서 이 같은 사실을 보여주는 1980년대 정부문서를 찾아냈다. 뉴스

내란죄로 무기징역형을 받은 전두환은 '전직대통령 예우에 관한 법률'에 따라 각종 예우가 중단됐다. 다만 필요한 기간 경호와 경비는 할 수 있다는 예외조항이 있고, 이 예외조항과 경찰관직무집행법, 경찰 내부 경호규칙에 근거해 경찰은 전두환 씨를 '주요 인사'로 분류해 계속 근접경호하고 있다. 2017-2019년 3년 동안 전두환씨 경호에 들어간 세금만 10억 원으로 알려졌다. 2020년 예산안에도 2억 원 넘게 편성돼 있는 것으로 언론에 보도되었다.

지난 20대 국회에서 '전직대통령 예우에 관한 법률'의 경호 예외조항을 없애거나, 내란죄 범죄자를 경호대상에서 제외하는 법안[41] 등이 발의됐지만 제대로 논의조차 되지 못하고 오늘에 이르고 있다.

관련 법률의 개정이 없는 한, 경찰관직무집행법상 '주요 인사'로 분류되면 근접경호는 계속하게 된다. 지금처럼 5명의 경찰이 전두환 씨를 가까이서 경호한다. 사실상 종신 경호가 가능하다. 또한 전두환 전 대통령 예우가 경호·경비에 그치는 것은 아니다. 현행 전직대통령 예우에 관한 법제에서는 사후엔 형벌의 확정 여부와 상관없이 '국가장법'에 따라 국가 예산으로 장례식을 치를 수 있고, '국립묘지의 설치 및 운영에 관한 법률'에 따라 국립묘지에도 안장될 수도 있다는 것이다.

4. 노태우 전 대통령

노태우 전 대통령은 스스로 강한 권력의지를 갖기보다는 친구의 후광으로 대통령이 된 인물이다. 노태우 전 대통령은 12·12 군사쿠데타의 전면에서 주도했던 전두환전 대통령의 육사 동기로 평생 운명을 같이해왔다.

타파가 확인한 문서는 1988년 총무처(현 행정안전부)에서 생산된 것이다. 문서에 따르면, 전두환은 퇴임 후 본인의 집에 사무실을 차리겠다며 임차보증금으로 2100만 원, 월세와 관리비조로 매달 280만 원 정도를 정부에서 받아 챙겼다. 자기 집을 자신에게 세를 놓는 형태로 나랏돈을 빼 먹은 것이다("[전두환 프로젝트] ④ 연희동 집 가구세트도 막대한 세금으로 구입", 「뉴스타파」 2019년 9월 9일 참조).

41) 2016년 민주당 송영길 의원은 경호 예외조항을 삭제하는 내용의 '전직대통령법 개정안'을 발의했고, 2018년 무소속 손금주 의원은 주요 인사 범위에 내란죄와 헌정질서파괴 행위를 한 인사를 제외하는 내용의 '경찰관 직무집행법 개정안'을 발의했다. 하지만 두 법안 모두 행안위 법안소위에 계류돼 있을 뿐 소위 안건으로 상정돼 논의된 적이 없었다.

　노태우 정부는 1988년 4월 26일에 치러진 제13대 국회의원 선거에서 '여소야대' 국회로 출발했다. 각 정당별 득표율은 노태우의 민정당 34.0%, 김대중의 평민당 19.3%, 김영삼의 민주당 23.8%, 김종필의 공화당 15.6%였다. 의석수는 민정당 125석, 평민당 70석, 민주당 59석, 공화당 35석이었다. 여권 125석, 야권 174석으로 큰 차이를 보였다. 국민들 사이 황금분할이라는 여소야대 정국에서 힘겹게 국정을 이끌어 오다가, 1990년 3당 합당을 통해 216석의 민주자유당을 출범시켰다.

　노태우 대통령은 집권후반기 정치적 영향력이 약해지면서 '물태우'라는 별명은 우유부단한 리더십의 상징이 되었다. 노태우 정부는 1991년 '수서지구 택지 특혜 분양'이란 측근비리사건과 1992년 14대 국회의원 선거에서 과반수 획득에 실패하면서 레임덕(Lame Duck)이 가속화되었다.

　노태우 전 대통령은 우리 헌정 사상 첫 번째로 구속된 전직대통령이란 불명예를 안고 있다. 1995년 11월 16일 노태우 전 대통령이 수천억 원 규모의 뇌물을 수수한 혐의로 구속 수감됐다. 국회의원 박계동에 의해 비자금 수수설이 제기되자 있을 수 없는 일이라며 완강히 부정했던 노태우 전 대통령은 비자금 수사가 진행되면서 대우그룹 김우중 회장과 동아그룹 최원석 회장 등 30개 재벌기업 대표로부터 뇌물 수수 사실이 드러났다.

　1996년 3월 1심 재판부인 서울중앙지법 형사합의30부는 노태우 전 대통령에게 징역 22년 6개월을 선고했다. 1996년 항소심에서 징역 17년으로 감형 받았다.

　1997년 4월 17일 대법원 전원합의체는 12·12 및 5·18사건과 전두환·노태우 비자금 사건 상고심에서 전두환에게 무기징역을, 노태우에게 징역 17년형을 확정했다. 즉 전두환, 노태우 두 사람에게 군형법상 반란 및 내란죄를 적용해 각각 무기징역과 징역 17년을, 재임 중 재벌총수 등으로부터 각각 뇌물로 받은 2205억 원과 2629억 원을 추징금으로 선고했다.

　노태우는 전직대통령 지위를 박탈당했다. '전직대통령에 예우에 관한 법률' 제7조(권리의 정지 및 제외 등) 제2항은 금고 이상의 형이 확정된 경우 '경호와 경비'를 제외하고, 전직대통령으로 예우하지 않도록 규정하고 있다. 그러나 1997년 12월 22일, 노태우 전 대통령은 김영삼 정부의 국민 대화합 명분을 내세운 덕분에 특별사면·복권되었다.

　1995년 말 개정된 '전직대통령 예우에 관한 법률'에 '전직대통령이 금고이상의 형이 확정될 경우 각종 예우를 중단 한다'(동법 제7조 제2항)고 규정돼 있고, 특별사면·복권에 대한 명시적 규정이 없기 때문에 전직대통령 예우는 박탈된 상태를 그대로 유지한다. 또 사면법도 '형의 언도에 의해 이미 이뤄진 기성(旣成)의 효과'는 사면·감형 또는 복권으로 인해 변경되지 않는다(동법 제5조 제2항)고 규정돼 있어 예우중단은 영구적이다.

노태우 전 대통령은 본인 및 유족에 대한 연금지급을 비롯하여 비서관 3명 지원, 사무실 제공, 국립의료기관 무료진료, 철도무료이용 등 전직대통령으로서의 예우를 받지 못하게 되었다. 다만 경찰의 경찰관직무집행법에 근거한 '주요 요인보호'에서 허용되는 경호와 경비 조치만 받아 오고 있다.[42]

5. 김영삼 전 대통령

14대 김영삼 대통령은 군대내 사조직인 하나회 척결, 금융실명제 도입, 지방자치제 실시, 공직자 재산공개, 전두환·노태우 두 전직대통령 구속을 통한 역사바로세우기[43] 등의 큰 업적을 남겼으나, 임기 말 아들 김현철의 국정개입과 IMF 외환위기 사

---

42) 1997년 사면된 전두환 전 대통령과 노태우 전 대통령에게는 80~90명(2018년 기준)의 경찰 인력이 경호·경비를 위해 지원됐다. 손금주 전 의원은 2019년 경찰청 자료를 분석해 사면 이후 전두환 전 대통령에게 들어간 경호 예산만 2018년까지 최소 100억원이라고 추산하기도 했다. 범죄자인 두 전직대통령에게는 경호·경비 지원도 하지 않아야 한다는 주장도 꾸준히 제기돼 왔다. 20대 국회선 실형 선고를 받은 대통령의 예우를 박탈할 때 경호·경비 지원도 중단하자는 법안이 발의되기도 했지만, 통과는 안 됐다. 경찰청은 결국 지난해 12월 두 전직대통령에 대한 경비 인력을 모두 철수시켰다. 여론이 나쁘고, 2021년부터 의무경찰 제도가 폐지되면서 인력이 줄어든다는 게 이유였다(연금·병원·車 지원 끊기는 MB…이젠 예우 받는 前대통령 0명, 중앙일보, 2020년 10월 31일).

43) 1993년 4월 19일, 김영삼 대통령은 4·19 묘소를 찾아갔다. 현직 대통령으로서는 처음이었다. 김영삼 대통령의 지시에 따라 4·19 의거를 4·19 혁명으로 격상시키고, 4·19 묘역을 성역화, 처음보다 3배가량 확장 준공식을 가졌다. 김영삼은 6·10 항쟁과 부마 민주화운동을 재평가하고, 조선총독부 철거를 지시했다. 이어서 임시정부 요인들의 유해 봉환 작업으로 박은식, 노백린, 김인전, 신규식, 안태국 선생 등을 국립묘지 애국지사 묘역에 안장케 했다. 역사바로세우기의 화룡점정은 전두환·노태우 두 전직대통령을 기소·구속시키는 일이었다. 1995년 10월 19일 박계동 민주당 의원이 국회 본회의 단상에서 노태우 300억 비자금이 차명 계좌에 예치돼 있다는

태로 경제 최악의 대통령으로 퇴임했다. 김영삼 전 대통령은 퇴임 초기 상도동 사저로 돌아와 평소 즐기던 조깅이나 수영은 물론 주말 예배도 나가지 않았다.

김영삼 대통령과 김대중 대통령은 각각 '문민정부'와 '국민의 정부'를 내세웠으나 각각 대통령직에 대한 공과의 논란이 분분한 가운데 퇴임생활을 했다. 두 전직대통령은 회고록 집필 등의 개인적인 활동도 하였지만, 현실 정치에 깊이 개입을 하였다. 선거 때가 되면 으레 우리의 역대 대통령들이 현실 정치를 좌지우지하는 모습을 보였다.[44]

김영삼 전 대통령은 대선 국면과 같은 중요한 시기, 정치적 발언을 통해 '훈수 정치'를 이어갔다. 김영삼 전 대통령은 퇴임 직후 측근들로부터 창당을 제의받기도 했다. 그는 1999년 한 인터뷰에서 "나한테 당 만들자고 하는 사람 많다. 영남은 물론 전국 각지에서 사람들이 상도동으로 온다"고 밝혔다. 또한 그는 "죽으면 말 못하지만 그전에는 계속할 거다. 참모들이 하지 말라고 해도 나는 '내가 할 말은 한다'는 생각이 있다"며 정치 개입에 대한 의욕을 숨기지 않았다.[45][46]

'비자금'을 폭로했다. 처음에는 "나와는 전혀 무관한 일"이라면서 법적 대응을 하겠다고 반발하던 노태우는 수사가 진행되자 재임 중 약 5000억 원의 이른바 '통치자금'을 조성했으며 퇴임 당시 1700억 원가량이 남았다고 밝혔다. 그해 11월 16일 노태우는 뇌물수수 협의로 서울구치소에 수감됐다. 이에 김영삼은 '역사 바로 세우기'라는 명분으로 12.12 사태 및 5.18 광주항쟁을 전면 재조사하도록 검찰에 지시했다. 그해 12월 2일 전두환에게 반란수괴 혐의로 사전 구속영장이 발부되자 그는 이른바 '골목성명'을 발표하고 고향으로 내려갔다. 그러나 검찰은 합천까지 내려가 그를 체포했다. 수사 결과 전두환은 재임 중 기업인들로부터 총 9500억 원을 거둬 7000억 원을 비자금으로 사용하고 퇴임 때 약 1600억 원을 챙겨 개인적으로 관리해 왔던 것으로 밝혀졌다. 그리하여 1996년 2월 28일 전두환·노태우 두 전직대통령과 10명의 전직 장성들이 부패, 내란 및 군사반란 혐의로 기소됐다. 김영삼 대통령은 성공한 쿠데타도 처벌된다는 것을 보여줬다(박도, "YS가 박수 받은 네 가지 사건, [대한민국 대통령 이야기 (51)] 제14 대통령 김영삼 ⑦", 「오마이뉴스」 2020년 7월 6일).

44) 김형곤, 『대통령의 퇴임 이후』, 살림(2008), 6면.
45) 역대 대통령 퇴임 이후 잔혹사 -망명부터 자살까지… 권력 뒷맛은 썼다, 「일요신문」 제1086호 (2013년 3월 6일 자).
46) 퇴임 직후 불거진 아들 김현철의 비리와 측근이자 인척인 홍인길 등의 뇌물수수 사건 등으로 마음고생을 하며 보냈지만 사태 수습 이후 김영삼 전 대통령은 왕성한 활동을 펼쳤다. 그는 민주자유당과 신한국당의 지도자 및 민주당 내 상도동계 지도자로 여야에 영향력을 고루 미쳤

김영삼 전 대통령은 2011년 1월 "죽으면 끝나는 것이고 영원히 못 산다. 내가 가진 재산을 자식에게 줄 필요가 없고, 재산을 환원하는 게 좋을 것 같다고 생각했다"며 기부 의사를 밝혔다. 김영삼 전 대통령의 재산은 상도동 자택, 거제도 땅과 생가 등으로 생가는 거제시에, 나머지는 '김영삼 민주센터'에 기증됐다.

전직대통령에 대한 연금 지급액은 대통령 보수연액의 95%다. 여기에서 '보수연액'은 대통령이 매달 받는 돈의 8.85배로 시행령에 정해놓았다. 연금 지급은 전직대통령이 '퇴임 당시' 받았던 금액이 기준이 아니라 '지급 당시'의 금액이 기준이다. 따라서 전직대통령은 현직 대통령이 받는 연봉을 기준으로 연금을 받는다.

2012년 당시 현직 대통령은 2011년보다 4.09% 인상된 1억8,641만9,000원의 연봉을 받았다. 수당이 따로 붙지만 월급은 1,553만여원 이다. 따라서 전직대통령 연금의 기준이 되는 보수연액은 월급의 8.85배인 1억3,748만여원 이다. 이 금액의 95%를 받으므로 2012년 당시 김영삼 전 대통령은 매달 1,088만여원을 받았으며, 교통·통신비 명목으로 지원되는 1,700만여원을 더해 모두 2,788만여원을 매달 받았다.

6. 김대중 전 대통령

김대중 전 대통령은 퇴임 후 동교동 사저로 돌아갔다. 김대중 전 대통령은 노무현 정부 출범 후 대북 비밀송금 특검으로 남북정상회담 성과에 흠집이 가고, 최측근이었던 박지원 전 청와대비서실장 등이 구속 수감되는 장면을 지켜봐야 했다. 2005년에는

다. 김대중 정부 시절 다소 정중동의 행보를 보이던 그는 2004년 노무현 대통령 탄핵 당시 "노 대통령을 정계에 입문시킨 만큼 잘 되기를 바래 여러 차례 충고도 했지만 노 대통령이 이를 소홀히 한 채 일방적으로 국정을 운영해 이런 결과가 왔다"며 비판적인 모습을 보이기도 했다. 이명박 대통령에게는 초반 호의적이었으나, 18대 총선에서 김현철 등 측근이 대거 탈락하자 이를 강력히 비판하기도 했다("[YS 서거] 최연소 국회의원에서 문민정부 대통령까지…한국현대사 영욕의 주인공", 「조선일보」 2015년 11월 22일); YS는 대통령 퇴임 후에도 왕성한 정치적 발언을 멈추지 않았다. 그의 후임 대통령인 DJ에게는 '독재자'라고 비난했다. 1999년 4월 한나라당 의원 등과의 만찬에서 전화도청, 고문 등 인권탄압을 함께 야당파괴 선거부정 등을 저지른 독재자라고 주장한 것이었다. 그는 2002년부터 5년 동안은 일본 와세다 대학 특명교수 자격으로 정기적으로 일본을 방문해 한일관계와 북한문제 등에 대해 특강을 하기도 했다('大道無門' 거침없었던 YS의 삶, 「동아일보」 2015년 11월 22일).

국가정보원의 불법 도청 사건 수사로 임동원·신건 전 국정원장 등 측근들이 구속 기소되어 퇴임 후 정신적 고통을 겪기도 했다. 김대중 전 대통령은 퇴임 초기에 철저하게 현실 정치와 거리를 두는 모습을 보였다. 그러나 이후 현실 정치에 한발 담근 행보로 정치권의 논란이 되었다.

김대중 전 대통령은 본인 스스로도 퇴임 이후 여전히 정치현장의 한 귀퉁이에서 자신이 해야 할 몫이 있다면 기꺼이 감당하고자 하는 의지가 누구보다 강했다. 김대중 전 대통령은 북핵문제로 인해 동북아에 긴장이 조성될 때면 정부의 암묵적인 요청 속에 수시로 중국을 찾아 엉킨 실타래를 풀어주는 역할을 마다치 않았으며, 정치적으로 중요한 대목에서도 발언을 아끼지 않았다.[47] 또한 대학의 강연회 등을 통해 정치적 영향력을 발휘했다. 고(故) 노무현 전 대통령의 서거 이후에는 현직 이명박 대통령에 대해 쓴 소리를 하여 주목을 받기도 했다.[48]

김대중 전 대통령은 퇴임 이후 가장 활발한 활동을 이어간 전직대통령이라 할 수 있다. 본인의 기념도서관을 건립해 반세기 동안 그가 남긴 정치사적 족적을 정리하는가 하면 재임 기간 자신의 최대 치적이라 할 수 있는 남북문제에 끊임없이 개입했다. 한편 김대중 전 대통령은 퇴임 이후 빌 클린턴 전 미국 대통령, 고르바초프 전 소련 대통령, 코라손 아키노 전 필리핀 대통령, 폰 바이츠제커 전 독일 대통령 등 평소 친분이 두터웠던 전직 세계 정상들과 활발하게 교류하며 자신의 글로벌 인맥을 과시하기도 했다.[49]

김대중 전 대통령은 퇴임하며 동교동에 위치한 아태평화재단 건물과 토지를 연세대에 기부했다. 연세대는 재단 건물과 노벨평화상 상금 일부로 '김대중 도서관'을 만

---

47) 문희상, 『대통령. 우리가 알아야할 대통령의 모든 것』, 경계(2017), 254면.

48) "김대중 전 대통령의 '한마디'는 퇴임 후에도 민주당과 전통적 지지층에 무시 못 할 영향력을 가졌다. 이명박 정부 들어서는 민주주의와 서민경제, 남북관계가 위기에 빠졌다고 비판하면서 민주개혁세력의 연대를 주문하는 등 왕성한 정치활동 때문에 현실 정치 개입 논란이 끊이지 않았다. 특히 노무현 전 대통령의 서거 이후 이명박 정부를 독재(獨裁)로 규정하는 등 대정부 투쟁의 선봉에서 한나라당과 보수 진영의 공격을 받기도 했다"(김대중 전 대통령 서거, 파란만장했던 영욕의 삶, 「연합뉴스」 2009년 8월 18일).

49) 역대 대통령 퇴임 이후 잔혹사-망명부터 자살까지… 권력 뒷맛은 썼다, 「일요신문」 제1086호 (2013년 3월 6일 자).

들었다.

김대중 전 대통령은 서거 전까지 병마로 힘든 몸을 이끌고 우리 헌정사에 전직대통령 문화를 만들기 위해 나름 동분서주한 인물이라 할 것이다.

7. 노무현 전 대통령

노무현 전 대통령은 퇴임 후 고향에서 농사지으며 여생을 보내고 싶어 했다. 노무현 대통령은 우리 헌정사에서 퇴임 후 고향으로 돌아간 최초의 대통령이다.

이명박 대통령은 취임 전부터 퇴임을 의식한 드문 대통령이었다. 그는 대선 당선 직후인 2007년 12월 28일 대통령 당선인 신분으로 청와대를 방문해 당시 노무현 대통령에게 "전직대통령을 예우하는 문화 하나만큼은 확실히 세우겠다"고 말했다. 노무현 전 대통령이 부탁하지도 기대하지도 않았는데 이명박 차기 대통령 당선자가 먼저 꺼낸 말이었다. 노무현 전 대통령은 퇴임 후 봉하마을로 갖고 내려간 청와대 문서관리 시스템인 'e-지원'이 문제가 되자 2008년 6월 이명박 대통령에게 선처를 부탁할 겸 전화를 걸었다. 당시 이명박 대통령은 또다시 '전직대통령을 잘 모시는 문화를 만들겠다'고 약속했다고 한다.[50] 하지만 그 뒤의 전개는 정반대였다. 당시 이명박 대통령은 노무현 전 대통령이 취한 정책의 대부분을 좌파로 규정하고 '노무현 지우기'에 올인 했다. 남북 화해는 압박으로, 종합부동산세 신설은 폐지로, 기자실 폐쇄는 부활로 돌려놨다. 2008년 촛불시위 이후 터진 국가기록물 유출사건을 계기로 급기야 둘 사이의 감정대립이 물 위로 떠올랐다. 이명박 대통령 쪽의 압박에 화가 난 노무현 전 대통령이 공개편지를 통해 "'전직대통령을 잘 모시겠다'는 이명박 대통령을 오해해도 크게 오해한 것 같다"고 배신감을 토로한 것이다. 이후 이명박 대통령 쪽의 노무현 전 대통령 압박은 군사작전 하듯이 일사천리로 진행됐다. 측근, 가족, 마지막엔 그의 목에까지 사정의 칼날이 다가왔다. 검찰과 국세청 등 권력기관에 보수언론까지 가세한 전방위 공세였다. 결국 그는 벼랑 끝에 몰렸고 떨어지는 것 외에 다른 길이 없었다.[51]

2009년 당시 노무현 전 대통령은 월 984만원의 전직대통령 연금(연 1억 1800만원)

---

50) [이상일칼럼] 퇴임 대통령의 예우, 「edaily」 2013년 2월 22일.
51) 오태규 칼럼, [아침햇발] 노무현 대 이명박, 「한겨레신문」 2009년 5월 29일.

과 3개월에 한 번씩 받는 예우보조금 2280만원(연 9120만원) 등 매년 2억원 이상의 활동비를 지원 받고 있었다. 예우보조금은 사무실운영, 차량유지, 사회활동 등에 쓰이는 비용이다.

노무현 전 대통령은 퇴임 후인 2009년 4월 박연차 게이트 사건으로 대검 중앙수사부에 직접 출석해 피의자 신분으로 조사를 받았다. 특별조사실에서 이뤄진 조사는 13시간 가까이 걸렸다. 끝내는 가족·측근 비리, 뇌물 혐의로 수사 받다가 고향 부엉이바위에서 자살해 비운의 대통령이 됐다.

전직대통령 노무현의 자살은 정권 차원을 넘어 국민 모두가 오래도록 짊어질 부채다. 그를 가장 부자연스런 죽음으로 내몬 주범은 정치보복, 구태의연한 권력행사였다는 것이 통념이다.[52] 상식을 넘어선 표적수사와 망신주기로 일시적인 정치적 성과를 얻었을지 모르지만 장기적으로 더없이 큰 부담이 될 것이다.[53][54]

------

52) 라종일 등에 따르면, 직전 대통령인 노무현에 대한 검찰수사는 "이명박 대통령 측이 노무현 측이나 혹은 그 동조 세력들이 자신을 인정하지 않고 어떻게 하든지 이를 전복하려 한다는 의심을 했고, 이에 대한 반격으로 전임 대통령의 자금 출처 조사를 시작했다는 것이다. ……"이명박 후보가 마침내 자기 당의 공식 대선 후보가 된 후에 갑자기 캠프에 자금 공급이 고갈되었는데 이것은 상식에 역행하는 상황이었다. 정상적이라면 오히려 자금 공급이 원활하게 되어야 하는데 실제는 그 반대였다는 것이다. 이것을 이명박 측에서는 당시 노무현 정부의 이면 선거 개입으로 보았다는 것이다". 그러나 결정적인 계기는 미국 소고기 수입을 둘러싼 촛불 시위를 겪고 나서는 이것이 단지 항의나 비판을 위한 시위가 아니라, 정권 퇴진이나 전복의 기도로 받아들이고 이에 반격을 하는 방향으로 나아갔다는 이야기이다."(라종일 外, 『한국의 불행한 대통령들』, 파람북, 2020, 53면). 또 "2009년 4월 보궐 선거에서 참패한 이명박 정부가 노무현에 대한 수사를 이용하여 상황 반전을 꾀했다고 본다"(라종일 外, 앞의 책, 140면).

53) [안경환 칼럼] 상식 밖의 전직대통령 예우, 한겨레신문, 2011년 1월 1일.

54) 노무현 전 대통령의 자살은 정치계 비정성(非情性)의 한 단면이다. 김진국 논설위원(중앙일보)은 이명박 정부에서 노무현 전 대통령에 대한 '표적수사'를 다음과 같이 칼럼에서 쓰고 있다. "대통령 기록물을 훔쳐갔다는 논란은 시작에 불과했다. 세무조사가 시작됐다. 노 전 대통령의 부산상고 동문이 월급사장으로 있던 골프장을 뒤졌다. 노 전 대통령의 후원자였던 박연차 태광실업 회장, 이상호 우리들병원 원장, 김수경 수도약품 회장 부부, 강금원 창신섬유 회장, 심지어 단골 식당까지 세무조사 했다. 검찰 수사가 이어졌다. 노 전 대통령의 형 노건평씨, 박연차 회장이 구속됐다. 특수 활동비를 몰래 쌓아둔 정상문 전 총무비서관이 뒤를 이었다. 부인 권양숙 여사는 정 전 비서관을 통해 박연차 회장으로부터 100만 달러를 받은 혐의로 조사받았다.

전직대통령 연금은 전직대통령이 서거하면 유족 가운데 배우자에게 유족연금으로 지급되지만 그 금액은 대통령 보수연액의 100분의 70으로 줄어들게 된다. 이에 따라 권양숙 여사에게 지급되는 유족연금은 현재 기준으로 약 700여만원 정도가 지급되는 것으로 알려지고 있다. 이와 함께 전직대통령의 배우자 등 유족은 필요한 기간의 경호. 경비, 차량 제공 및 기타 운영경비 지급, 무상 진료, 공무여행시 여비 지급 등의 예우를 받을 수 있다.

8. 이명박 전 대통령 – 다스(DAS) 주인 이명박과 전직대통령 예우 박탈

이명박 전 대통령은 1965년 현대건설에 입사한 이후 사장을 거쳐, 1992년 제14대, 1996년15대 국회의원에 당선되었고, 2002년 서울시장에 출마 당선되었다. 4년간 서울시장으로 재직하다 2007년 대선에 출마해 17대 대통령으로 당선됐다.

이명박 전 대통령은 퇴임 후 매달 1,200만 원 상당의 연금을 받아왔다.[55] 이명박 전

그 돈의 행방을 조사하기 위해 아들 건호씨가 귀국했다. 입국하고, 달리는 승용차까지 추적해 생중계됐다. 가장 극적인 장면은 '논두렁 시계'였다. …중략…'노 전 대통령 회갑 때 박연차 회장이 준 것을 감추려고 논두렁에 내다 버렸다'며 망신을 줬다. 10년 만에 너무나 닮은 풍경을 다시 보고 있다. 국세청 세무조사·과거 권력자 주변 인물에 대한 검찰의 먼지떨이 수사·특활비 유용…. 목표는 한 사람. 망신주기 폭로 '명품 가방'. 박홍근 더불어민주당 의원이 이 전 대통령의 부인이 미국 국빈 방문 때 국정원 특활비 3000만~4000만원으로 명품 가방을 샀다고 주장했다. 이런 광경을 지켜보기가 답답하다. 잘못한 일이 있으면 처벌하는 게 당연하다. 전직대통령이라고 일반 서민과 다를 수 없다. 정권 교체가 필요한 이유이기도 하다. 그런데도 불편한 이유가 뭘까. 아직도 우리 정치가 이 수준이라는 자괴감이다. 적폐청산인가 표적 수사인가. 국민이 바라는 건 좀 더 잘사는 나라다. 전직대통령이라고 범죄를 덮어줄 수는 없다. 그렇지만 복수혈전은 다른 문제다. 표적 수사는 일반인에게도 해서는 안 된다. 망신 주기 폭로는 치졸하다. 당장은 권력의 일방적 게임이다. 하지만 보복은 보복을 낳는다. 이명박 전 대통령은 (2018년 1월) 17일 "보수 궤멸을 겨냥한 정치공작이자 노무현 전 대통령의 죽음에 대한 정치보복"이라고 말했다. 하지만 이 전 대통령이 이런 말을 할 자격이 있을까. 곤경에 처한 그에게는 가혹할지 몰라도 자업자득이다. 악순환의 첫 단추를 그 스스로 꿰었기 때문이다"([김진국 칼럼] 이명박과 노무현, 무엇이 다른가, 「중앙일보」 2018년 1월 22일, 31면).

55) 이명박 전 대통령은 퇴임 후 연금으로 2017년 1억4,900만 원의 연금을 받았다. 매월 1,240만원 의 연금을 받아왔다.

대통령은 2017년 뇌물수수, 횡령 혐의 등 혐의로 1심서 징역 15년형을 받았지만 2020년 대법원에서 형이 확정될 때까지 연금과 사무실 지원 등 각종 전직대통령 예우를 받았다. 이는 '전직대통령 예우에 관한 법률'이 전직대통령에게 금고 이상형이 확정돼야 예우를 제외한다고 규정하고 있기 때문이다. 녹색당이 행정안전부에 2018년 10월 정보공개청구해 받은 내용에 따르면, 이명박 전 대통령이 운영하고 있는 개인사무실(삼성역 4번출구 부근 빌딩 12층) 임대료 지원은 2013년 3월부터 시작돼 지금도 이어지고 있다. 사무실 임대료는 월 1,980만원으로 지난 10월까지 13억4640만원이 지원됐다. 또 이명박 전 대통령은 사무실 지원 외에도 현역 당시의 보수 연액의 95%에 해당하는 연금도 여전히 받고 있다. 참고로 2018년 문재인 대통령의 연봉은 2억2480만원이었다. 이명박 전 대통령이 1심에서 징역형을 받았음에도 전직대통령 예우를 받는 것은 관련 '전직대통령 예우에 관한 법률' 때문이다.[56]

자동차 부품 회사인 다스의 진짜 주인이 과연 누구냐는 논란은 13년 전인 2007년 시작됐다. 당시 대선을 앞두고 의혹이 불거졌고 검찰과 특검에서도 수사를 했었는데 모두 무혐의 처분을 내렸다. 그러다 2017년 다시 수사가 시작됐고 새로운 증거들이 하나둘 드러나면서 결국 이명박 전 대통령은 2020년 10월 29일 대법원에서 최종 유죄 판결을 받았다. 뇌물과 횡령 등 혐의로 기소된 이명박 전 대통령에게 징역 17년과 벌금 130억 원, 추징금 57억 8천여만 원을 선고한 원심판결을 확정했다. 또한 대법원은 이명박 전 대통령이 고등법원의 보석 취소 결정에 불복해 낸 재항고 사건도 기각했다.

이명박 전 대통령은 자동차 부품회사인 다스 회삿돈을 횡령하고 삼성전자가 대신 내준 다스의 미국 소송비와 원세훈 전 국정원장이 전달한 10만 달러 등 거액의 뇌물을 챙긴 혐의로 기소돼 재판을 받아왔다. 1심에서 246억 원 횡령과 85억 원 뇌물 혐의가 인정돼 징역 15년과 벌금 130억 원을 선고받은 이명박 전 대통령은 2심에서는 뇌물과 횡령 액수가 늘어 형량이 2년 더 늘어났다.

BBK와 도곡동 땅·다스까지, 이명박 전 대통령 차명 재산 의혹이 처음 불거진 건 2007년 한나라당 대선 후보 경선 때이다. 당시 경쟁자였던 박근혜 후보 측이 의혹을

---

56) "MB 1심 유죄 선고 후에도 전직대통령 예우 받는 이유", 「시사저널e」 2018년 11월 9일.

강하게 제기했지만 그의 답변은 한결같았다.[57)]

검찰이 수사에 나섰고 대통령에 당선된 뒤 특검 수사까지 받았지만 결론은 모두 무혐의 처리됐다. 그로부터 정확히 10년 뒤 수사 결과는 정반대로 뒤집혔다.

문재인 정권 출범 후 BBK 피해자와 시민단체 고발로 수사에 착수한 검찰이 전방위 압수수색을 벌이며 수사망을 좁히자 이명박 전 대통령은 정치보복[58)]이라고 반발했다. 그러나 특검에서는 의혹을 부인했던 측근들이 다른 진술을 내놓으며 등을 돌렸고, 이명박 전 대통령은 수사 두 달여 만인 2018년 3월 22일 구속됐다. 이후 횡령과 뇌물 수수 등 16개 혐의로 재판에 넘겨졌다. 이명박 전 대통령은 1심과 2심에서 중형을 선고받았지만,[59)] 그 사이 보석과 재구속·구속집행 정지를 반복하면서 법을 이용해 꼼수를 부렸다는 비난도 받았다. 2020년 10월 29일 대법원 판결로 이명박 전 대통령을 둘러싼 사회적 논란과 의혹은 13년 만에 마침표를 찍게 됐다.

한때나마 이명박 전 대통령이 전직대통령의 예우를 받는 유일한 인물이 되기도 했다. 2017년 3월 31일 박근혜 전 대통령이 서울구치소에 구속 수감되면서 이명박 전 대통령만이 유일하게 전직대통령 예우를 받는 전직대통령이 됐다.[60)]

박근혜 전 대통령은 2017년 3월 10일 헌법재판소의 탄핵 인용으로 정상적으로 퇴임했을 경우 받을 수 있었던 전직대통령으로서의 예우를 받지 못하게 됐다. 해당 전직대통령 예우에는 연금, 기념사업, 비서관·운전기사 등이 포함돼 있었다. 다만 전직

---

57) [이명박/전 대통령, 대선후보 합동연설 (2007년 8월 6일) : 여러분, 이거 다 거짓말인 거 아시죠?]
   [이명박/전 대통령, 대선후보 합동연설 (2007년 8월 17일) : 도곡동 땅이 어떻다고요? BBK가 어떻다고요? 새빨간 거짓말입니다. 여러분!]

58) [이명박/전 대통령 (2018년 1월 17일) : 보수를 궤멸시키고 또 이를 위한 정치공작이자 노무현 대통령의 죽음에 대한 정치보복이라고 보고 있습니다.].

59) 2018년 3월 22일 구속된 이명박 전 대통령은 1심 선고(징역 15년) 이후인 2019년 3월 6일 2심 법원의 보석 허가로 풀려났으나, 2020년 2월 19일 항소심 선고(징역 17년)와 함께 법정 구속됐다. 하지만 보석취소 결정에 불복하며 제기한 재항고가 인용돼 구속집행 정지로 엿새 만에 또 다시 석방됐다.

60) 과거 전두환·노태우 전 대통령은 군사반란 등으로 유죄판결을 받아 경호를 제외한 모든 예우가 박탈된 상태이며 고 김대중·노무현 전 대통령은 2009년 서거했다. 고 김영삼 전 대통령 또한 2015년 서거했다.

대통령 예우에 관한 법률에 따라 박근혜 전 대통령에 대한 경호·경비 지원은 계속 이 뤄졌다. 하지만 박근혜 전 대통령이 구속되면서 경호지원 마저 없어지게 됐다.

한편 대법원에서 징역 17년 형이 확정됨에 따라 이명박 전 대통령이 2020년 10월 29일자로 더 이상 전직대통령 예우를 받지 못하게 됐다.

'전직대통령 예우에 관한 법률' 제7조에 따르면, 전 대통령이 금고 이상의 형을 확정 받거나 재직 중 탄핵 결정을 받아 퇴임됐을 경우 '필요한 기간의 경호나 경비'만을 제외하고 나머지 예우는 모두 박탈된다.[61][62]

61) 현행 '전직대통령 예우에 관한 법률'은 금고이상 형이 확정된 전직대통령에게 필요 기간 내 경호·경비를 제외한 권리를 누릴 수 없도록 규정하고 있다. 징역 17년이 확정된 이명박 전 대통령에게는 연금 지급과 교통·통신, 사무실 제공, 가족치료 등이 정지된다. 대통령 경호 및 경비 지원은 '대통령 등의 경호에 관한 법률'에 따른다. 이 법률 제4조는 경호대상으로 '퇴임 후 10년 이내의 전직대통령과 배우자'로 규정하고 있다. 같은 법률 6조는 '전직대통령 또는 그 배우자의 요청에 따라 처장이 고령 등의 사유로 필요하다고 인정하는 경우에는 5년의 범위에서 같은 호에 규정된 기간을 넘어 경호할 수 있다'고 명시하고 있다. 즉 대통령경호처는 최대 15년까지 전직대통령 내외를 대상으로 경호 지원을 하는 것이다. 그러나 이명박 전 대통령은 구속된 만큼 앞으로 교정당국 경호를 받는다. 감옥이란 특성상 '경호'가 아닌 '감시'를 받게 된다는 시각도 있다. 이명박 전 대통령이 자유의 몸이 될 경우 경호는 이어진다. 이명박 전 대통령은 앞서 수사와 재판 과정에서 약 1년간 구치소에 수감된 바 있다. 남은 수형기간은 15년 정도인 셈이다. 사면이나 가석방이 되지 않을 경우 95세인 2036년 형기를 마치게 된다. 정부 관계자는 "이명박 대통령의 구속 수감으로 그에 대한 경호는 교정당국의 몫이 됐지만 김 여사에 대한 (대통령 경호처의) 경호 지원은 계속 된다"며 "퇴임 후 (대통령경호처의 최대 경호 지원 기간인) 15년이 지나더라도 전직대통령 내외에 대한 경호는, 요청이 있을 경우 경찰이 이어 받아 할 수 있다"고 말했다(「뉴스1」 2020.10.30, 17년형 이명박 대통령 연금' 중단…교도소 특성상 경호 한계 :금고 이상 형 확정땐 경호·경비 제외 모든 전직 예우 박탈 '최대 15년' 경호처 지원 사실상 중단…출소 후 '경찰 경호').

62) 2017년 9월 29일 쿠키뉴스의 정보공개청구 결과에 따르면, 이명박 전 대통령의 대통령 경호처 경호 횟수가 현직 대통령을 제쳤다. 이명박 전 대통령의 '황제 경호' 논란은 2014, 2015년에 이어 3년째다. 이명박 전 대통령은 문재인 정부가 출범한 지난 5월 10일부터 8월까지 총 53회 경호활동을 지원받았다. 같은 기간 현직인 문재인 대통령은 총 48회(국내 46회, 해외 2회)의 경호를 받았다. 이는 문재인 대통령 단독 경호와 김정숙 여사 동반 경호를 모두 합친 숫자다. 이명박 전 대통령이 받은 53회의 경호 중 단독 경호는 39회, 김윤옥 여사 동반 행사 경호는 14회였다. 해외 행사도 1차례 있었다. 이 전 대통령은 지난 7월18일 4박5일간 카자흐스탄을 방문했

전직대통령예우에 관한 법률은 대통령 보수연액의 95/100을 받을 수 있다고 명시돼 있는데, 2020년 10월 29일자로 이 절차는 중단됐다. 또한 그간 이명박 전 대통령과 함께 일해 온 비서관과 운전기사들의 지원도 정지된다. 뿐만 아니라 전직대통령이 서거한 경우 배우자는 비서관 1명과 운전기사 1명을 둘 수 있도록 돼 있다. 하지만 이 조항도 적용받을 수 없게 됐다. 이 밖에 교통·통신 및 사무실 제공 등 지원, 본인 및 그 가족에 대한 치료, 사망 후 묘지관리에 드는 인력 및 비용 등의 혜택도 박탈된다. 그를 위한 기념사업도 마찬가지다. 민간단체 등이 전직대통령을 위한 기념사업을 추진할 경우 관계 법령에서 정하는 바에 따라 필요한 지원을 받을 수 있도록 돼 있는데, 이명박 전 대통령의 기념사업은 예외가 됐다. 국가 차원에서의 어떤 지원도 받을 수 없게 된 것이다.

우리 사회에서 영문 이니셜 'MB'로 불리던 이명박 전 대통령 또한 전직대통령의 불행한 역사에 한 페이지를 더하고 있다.

고인이 된 전직대통령의 한 사람인 거산(巨山) 김영삼 대통령이 하나회 척결, 금융실명제 도입 등 개혁을 추진하면서 이제 우리 사회에서 부와 명예를 동시에 가지려고 하지 말라던 말이 생각난다. MB는 두 가지를 다 가지려다가 폐가망신(廢家亡身)한 전직대통령으로 역사에 기록될 것이다. 가정이지만 그가 대통령이라는 자리를 욕심내지 않았더라면 모 건설의 사장과 회장을 지낸 영광, 서울시장과 국회의원을 지낸 명예라

다. 김윤옥 여사의 경우, 단독 경호 횟수는 21회였다. 모두 국내행사였다. 이 전 대통령 내외의 경호 횟수는 다른 전직대통령 유족과 비교했을 때도 가장 많았다. 대통령경호처는 같은 기간 고(故) 김대중 전 대통령의 부인 이희호 여사에게 총 4회의 경호활동을 지원했다. 고(故) 노무현 전 대통령의 부인 권양숙 여사는 국내행사 30회, 해외행사 2회 총 32회의 경호를 받았다. 박근혜 전 대통령은 서울 구치소 수감으로 대통령경호처의 경호를 받지 않았다. 이명박 전 대통령이 '황제경호' 논란에 휩싸인 것은 이번이 처음은 아니다. 2015년 청와대 경호실이 국회 운영위원회에 보고한 바에 따르면, 이명박 전 대통령 내외는 퇴임 후 2년2개월 동안 총 2255회(국내 2240회, 해외 15회) 경호활동을 지원받았다. 하루에 3번 꼴이다. 당시 박 전 대통령은 같은 기간 동안 총 440회(국내 425회, 해외 15회) 경호를 각각 받은 것으로 확인됐다. 이 전 대통령 내외의 경호 횟수가 현직 박 전 대통령보다 5배나 많은 셈이다. 이명박 전 대통령 내외는 사이판 휴가, 영화 '연평해전' 관람 등 사적 일정에도 경호원들을 대동했다. 전직대통령의 경우 국내외 행사에 한 번에 많게는 20명, 적게는 10명 안팎의 경호 인력이 투입된다. 경호비는 모두 국민의 세금으로 쓰인다("MB 경호 횟수, 현직 대통령 제쳤다", 「쿠키뉴스」 2017년 9월 29일).

도 지킬 수 있었건만 그의 탐욕에 가까운 욕심으로 인해 모든 것을 잃었다.[63] 혹여 대통령이라는 자리를 넘보는 사람들은 반면교사(反面敎師)로 삼을 일이라고 본다.

9. 박근혜 전 대통령

2017년 3월 10일 오전 11시 헌법재판소가 박근혜 대통령의 탄핵을 인용하여 박근혜 대통령은 헌법재판소법 제53조 제1항에 따라 대통령직에서 파면되었다. 박근혜 전 대통령은 '전직대통령 예우에 관한 법률' 제7조 제2항이 정한 예우 예외 대상인 '재직 중 탄핵 결정을 받아 퇴임한 경우'에 해당된다. 이에 따라 박근혜 대통령은 전직대통령 연금과 기념사업 지원 등을 받을 수 없다. 그러나 이 조항은 예우 박탈 대상 중 '필요한 기간의 경호 및 경비'는 제외하고 있어, 파면 이후에도 박근혜 전 대통령에 대하여 일정 기간 경호·경비는 전직대통령 수준으로 유지할 수 있다. 경호·경비의 제공 기간도 임기를 마친 전직대통령은 퇴임 후 10년간 청와대 경호실서 제공하지만 박근혜 전 대통령은 '대통령 등의 경호에 관한 법률'에서 '대통령이 임기 만료 전에 퇴임한 경우와 재직 중 사망한 경우'가 적용돼 절반인 5년으로 단축된다. 경호·경비는 전직대통령으로서 알게 된 국가 기밀 등을 보호하기 위해 이루어지는 조치이다.

대한민국 헌정 사상 처음으로 대통령직에서 파면된 박근혜 전 대통령은 전직대통령에 대한 예우 대부분을 박탈당했다. 경호와 경비 외에는 어떤 예우도 받지 못한다.

박근혜 전 대통령이 2017년 3월 31일 뇌물수수 등의 혐의로 구속되면서 경호 등 모든 예우가 박탈됐다. 다만 구속 및 수감으로 중단된 박근혜 전 대통령에 대한 경호조치는 수감생활 종료 후 풀려나면 재개된다.[64]

---

63) 오마이뉴스에 "[대한민국 대통령 이야기 (76)]"를 연재한 박도 기자는, 이명박과 박근혜 전 대통령에 대하여 "제17대 이명박 대통령은 서울시장으로 공직생활을 마감했더라면 본인도, 나라도 좋았을 것이다. 제18대 박근혜 대통령은 조용히 아버지 추모 사업을 하면서 소외받는 계층의 불우한 사람들을 돕는 사회사업으로 여생을 보냈더라면 본인과 아버지의 명예도 지키고, 유신 공주 및 퍼스트레이디의 이미지를 끝내 유지했을 것이다."(이승만, 박정희, YS, DJ, 노무현을 톺아보고 남은 것, [대한민국 대통령 이야기 (76)] 연재를 마치면서, 오마이뉴스, 2020년 10월 5일) 평가하고 있다. 필자와 똑 같은 생각이다.

64) 박근혜 전 대통령은 2018년 4월 6일 뇌물수수와 직권남용 권리행사방해, 강요, 공무상 비밀 누설을 비롯해 총 18개 혐의 가운데 16개가 유죄로 인정돼 징역 24년에 벌금 180억원을 선고받

 '국립묘지 설치·운영에 관한 법률'에 따르면 전직대통령은 국립묘지 안장 대상이나, 탄핵이나 징계 처분에 따라 파면 또는 해임된 사람은 국립묘지에 안장할 수 없다고 제한하고 있다. 반면 탄핵으로 파면된 대통령이라도 현행 '국가장법'에 의할 때, 국가장으로 장례를 치르는 것은 가능하다.

였다. 2021년 1월 14일 대법원 3부는 특정범죄 가중처벌법상 뇌물 등의 혐의로 기소된 박근혜 전대통령에게 징역 20년형과 180억 원의 벌금을 확정했다. 국정농단과 관련한 뇌물 혐의에 대해선 징역 15년과 벌금 180억 원, 국가정보원 특수활동비 불법수수 혐의 등에 대해선 징역 5년을 각각 선고한 2020년 7월 파기환송심 선고 내용을 그대로 인정했다. 이로써 박근혜 전 대통령에 대한 재판 절차는 3년 9개월 만에 모두 종결됐다.

3

국가장법과 국가장 대상자의 제한 문제

"나는 내 장례식이 꼴롬베에서 개최되기를 원한다. 내가 만약 다른 곳에서 죽는다면 아무런 공식적인 행사 없이 나를 내 집으로 옮겨야 할 것이다.

내 무덤은 이미 나의 딸 Anne이 묻혀 있으며, 언젠가 나의 부인이 묻힐 곳이 될 것이다. 비문에는 샤를르 드골(1890-) 이외에 아무것도 쓰지 마라.

장례식은 나의 비서실이 지원하는 가운데 아주 간단하게 나의 아들, 딸, 사위, 며느리가 결정할 것이다. 나는 국장을 원하지 않는다. 대통령도, 장관도, 상하원의장도, 어느 국가기관장도 참석하지 마라. 다만 군대만이 공식적으로 참석할 수 있다. 그러나 군대의 참석은 음악, 팡파르 등 없이 아주 검소한 차원에서 이루어져야 한다.

교회나 혹은 어디서든지 간에 아무런 연설도 시행하지 마라. 의회에서 추도사를 하지 마라. 장례식 중에 나의 가족, 프랑스 해방 운동동료, 꼴롱베 시의회를 제외한 어느 누구에게도 지정 좌석을 만들지 마라. 프랑스 및 여타국가의 남자, 여자들은 본인들이 원할 경우 나의 무덤까지 나의 운구행렬을 따를 수 있다. 그러나 침묵 속에서 동행하기를 원한다. 나는 사전에 프랑스이건 외국이건 모든 훈장, 진급, 위엄, 표창, 작위를 거부할 것을 선언한다. 어느 것이건 수여된다면 이는 나의 마지막 의지를 훼손하는 것이 될 것이다."

- 1952년 작성된 프랑스 드골(de Gaulle)대통령의 유서 전문 -

서 언

인류는 태어나면서부터 죽음에 이르기까지 하나의 과정을 지날 때마다 치르는 일정한 격식, 즉 통과의례(通過儀禮)를 만들어냈다. 이것은 좁은 의미로는 관혼상제만 해당되지만, 넓은 의미로는 백일과 돌, 생일, 회갑, 진갑, 고희 등을 포함시켜 인생의 례가 된다. 인생의례는 모두 당사자를 주인공으로 하며, 그의 생각에 따라 치러진다. 반면에 본인의 뜻과는 무관하게 정해진 격식과 다른 사람이 마음먹은 대로 진행되는 것이 있는데, 그것이 바로 상(喪)과 제(祭)라는 두 부분이다.[1]

장례형식을 두고 사회적 갈등과 국론이 분열된 사례가 오늘에만 있는 것은 아니다. 조선시대 장례 상복 입는 기간을 두고 벌어진 논쟁이 그 유명한 예송논쟁(禮訟論爭)이다. 예송(禮訟)은 현종, 숙종 대에 걸쳐 효종과 효종비에 대한 자의대비(인조의 계비 장렬왕후 조씨)의 상복을 입는 복상 기간을 둘러싸고 일어난 서인과 남인간의 논쟁을 말한다.[2]

1659년 효종이 갑작스럽게 죽자, 이 때 조정에서는 효종의 어머니인 자의대비가 상복 입는 기간을 두고 논쟁이 일어 송시열을 주축으로 한 서인은 <주자가례>에 따라 기년복(朞年服, 일 년 동안 입는 상복)을 주장했고, 허목·윤선도 등 남인은 3년 동안 상복을 입는 3년복을 주장했다. 1차예송 논쟁은 현종이 서인의 주장을 따랐고, 더이상 예론을 거론치 말도록 명했다. 2차 예송은 1674년(갑인년) 효종의 비 인선왕후가 죽자 서인은 9개월 동안 상복을 입는 대공복(大功服)을, 남인은 1년 동안 상복을 입는 기년복을 주장하며 서로가 정치 생명을 걸고 논쟁을 벌였다. 현종은 <경국대전>에 따라 상복 입는 기간을 일 년으로 정해 남인의 손을 들어 주었다. 조선시대 1·2차 예송논쟁은 말이 예송(禮訟)[3]이지 실상은 권력투쟁이었다.

---

1) 박태호, 『장례의 역사』, 서해문집(2008), 14면.
2) 예송논쟁(禮訟論爭)의 전개과정은 박영규, 『조선왕조실록』, 들녘(2002), 317-324면; 박찬영, 『조선왕조실록을 보다』, 리베르(2014), 360-369면 참조.
3) 조선시대 예송(禮訟)은 단순한 복상 논쟁이 아니라 학문과 사상을 매개로 한 일대 정쟁(政爭)이었다. 말하자면 17세기 율곡학파로 대표되는 서인과 퇴계학파로 대표되는 남인이 예로써 다

<사기(史記)>를 완성한 사마천(司馬遷)은 자신의 친구인 임안(任安, 任少卿)이 보낸 편지에 늦게 답장을 보낸 유명한 서신인 보임안서(報任安書)에서 "사람은 누구나 한 번은 죽는다. 하지만 어떤 죽음은 태산보다 무겁고, 어떤 죽음은 깃털보다 가볍다. 죽음을 사용하는 방향이 다르기 때문이다(人固有一死, 惑重于泰山, 惑輕于鴻毛, 用之所趨異也)"[4]라는 말을 했다.[5] 세상에 소중하지 않는 목숨이 없듯 소중하지 않는 죽음 역시 없을 것이다. 그러나 한 개인의 삶이 개인과 가족을 넘어 사회, 국가, 인류에까지 영향력을 미치는 인물의 경우에 그 죽음의 무게는 결코 가벼울 수 없을 것이다.[6] 현대 국가에서 전직대통령들의 죽음 또한 일정기간 동안 권력의 정점에 있었던 인물이었기에 직·간접적으로 사회에 영향을 미친다.

1967년 제정된 「국장·국민장에 관한 법률」은 국장과 국민장으로 구분하였고(동법 제2조), 장의비용도 '국장에 소요되는 비용은 그 전액을 국고에서 부담하는 반면에 국민장에 소요되는 비용은 국무회의의 심의를 거쳐 그 일부를 국고에서 보조할 수 있다'(동법 제5조 제1항 및 제2항)고 규정하고 있었다. 국장기간중과 국민장일에는 조기를 게양한다(동법 제6조 제1항). 국장일에는 관공서는 휴무한다(동법 제6조 제2항). 국장 또는 국민장의 장의 기간은 특별한 사정이 없는 한 국무회의 심의를 거쳐 국장은 9일 이내, 국민장은 7일 이내의 범위 내에서 대통령이 정하였다(동법 시행령 제10조). 이처럼 「국장·국민장에 관한 법률」 상에는 상대적으로 격이 높은 국장과 그보다 낮은 국민장으로 구분된 탓에 과거 노무현·김대중 전 대통령의 장례식을 어떤 장으로 치를지를 두고 논란이 벌어졌다.[7]

스리는 이상 국가를 건설하기 위하여 그 실현 방법을 둘러싸고 전개한 성리학 이념 논쟁으로, 조선 후기의 가장 이상적인 정치 형태였던 붕당 정치를 대표하는 정치 사건이었던 것이다(박영규, 앞의 책, 323-324면).

4) 천퉁성(陳桐生),『역사의 혼 사마천』, 이끌리오(2003), 461면.

5) "<사기>를 완성한 다음 사마천은 친구 임안이 보낸 편지에 늦게나마 답장을 보내 궁형 당시를 회상하며 "사람은 누구나 한 번은 죽는다. 하지만 어떤 죽음은 태산보다 무겁고, 어떤 죽음은 새털보다 가볍다. 죽음을 사용하는 방향이 다르기 때문이다"라는 말로 자신이 궁형을 자청하면서까지 구차한 삶을 선택한 것은 궁극적으로 태산보다 무거운 죽음을 위한 고뇌에 찬 결정이었음을 암시한다"(〔김영수의 사기그릇〕죽음의 무게, 「한겨레신문」 2010년 5월 18일).

6) [국가장 특집-⑮] 잘 짜여진 매뉴얼 위에 국가장이 바로 선다, 「뉴시스」 2013년 11월 11일.

「국장·국민장에 관한 법률」은 국장 및 국민장 제도는 대상자를 구분하는 기준이 모호하고, 국고에서 부담하는 장례비용의 기준이 명확하지 않은 문제점 등이 제기되었는바, 이를 보완·개선하기 위하여 국장 및 국민장을 국가장(國家葬)으로 통합하고, 장례범위, 장례기간 및 장례비용 등에 관하여 일관적이고 명확하게 규정함으로써 국가가 주관하는 장례의식의 품격을 확립하고 국민 통합에 이바지하기 위해 2011년 5월 「국장·국민장에 관한 법률」을 전면 개정하여 국장과 국민장을 국가장으로 통일시키는 「국가장법」을 전면 개정하였다. 2015년 11월 22일 서거한 김영삼 전 대통령의 장례가 '국가장(國家葬)'으로 치러진 첫 사례이다.

「국가장법(國家葬法)」은 국가 또는 사회에 현저한 공훈을 남겨 국민의 추앙을 받는 사람이 서거(逝去)한 경우에 그 장례를 경건하고 엄숙하게 집행함으로써 국민 통합에 이바지하는 것을 목적으로 한다. 현행 국가장법이 규정하고 있는 국가장의 대상자는 ① 전직·현직 대통령, ② 대통령당선인, ③ 국가 또는 사회에 현저한 공훈을 남겨 국민의 추앙을 받는 사람이다. 위 사람들이 서거한 경우에는 유족 등의 의견을 고려하여 행정안전부장관의 제청으로 국무회의(國務會議)의 심의를 마친 후 대통령이 결정하는 바에 따라 국가장(國家葬)으로 할 수 있다.

대통령을 지냈다는 이유만으로 그 공과(功過)를 떠나 국가장(國家葬)으로 장례를 거행하는 것이 타당한지 의문이 든다. 현행 국가장법은 국가장 대상자의 제한에 대한 명확한 규정이 마련되어 있지 않아, 대통령이 재임중이나 퇴임후 내란죄나 직권남용죄, 뇌물죄 등 중범죄로 처벌받은 경우에도 국가장 대상자가 될 수 있는가에 대한 의문이 제기된다. 또한 헌법재판소의 탄핵결정을 받아 대통령직에서 파면당한 대통령이나, 탄핵소추의결서가 송달된 후 탄핵결정 전 스스로 사임한 경우까지 국가장으로 예우하는 것도 국민정서 등을 고려해 볼 때 문제가 있다고 할 것이다.

여기에서는 역대 전직대통령들의 장례 선례를 살펴보고, 현행 국가장법에 명확한 규정이 없는 국가장 대상자의 제한 문제를 검토한다.

---

7) 국장과 국민장이 통합된 계기는 2009년 김대중 전 대통령 장례 때다. 김대중 전 대통령 서거 직후 장례 절차를 논의하는 과정에서 유족과 민주당은 국장을 희망했으나 정부는 국민장에 무게를 실었다. 김대중 전 대통령의 장례를 국장으로 조율한 후 정치권과 정부에서는 국장·국민장 제도 개선에 나섰다.

Ⅱ

국가장법의 내용

1. 국가 장례법령의 제정과 개정

국가 장례에 관한 법령은 '국장령 → 국장·국민장에 관한 법률 → 국가장법'으로 개정과정을 거쳐 오늘에 이르고 있다.

(1) 국장령

「국장령」은 1949년 10월 8일 대통령령 제194호로 제정되어 공포한 날부터 시행되었다. "국가에 위훈을 남기고 서거한 자에 대하여는 그 장의를 국장으로 할 수 있다"(동령 제1조)규정하였고, 국장의 결정은 국무회의의 의결에 의하여 국장일과 함께 이를 공고하며, 국장일에는 조기를 달고 관공서는 휴무한다(동령 제3조). 국장에 필요한 경비는 국고에서 지출한다(동령 제4조). 국장일에는 그 때마다 국무원에 장의위원회를 두어 그 사무를 처리케 한다(동령 제5조). 장의위원은 필요 있을 때마다 정부공무원 또는 민간인 중에서 국무총리가 이를 위촉한다(동령 제6조). 국장의 장의절차 기타집행에 필요한 사항은 장의위원회에서 정한다(동령 제7조). 국장으로한 묘소는 총무처에서 관리한다(동령 제8조). 「국장령」은 1970년 6월 29일 「국장·국민장에 관한 법률」 시행령 시행으로 폐지되었다.

(2) 국장 · 국민장에 관한 법률

「국장·국민장에 관한 법률」은 국가 또는 사회에 현저한 공훈을 남김으로써 국민의 추앙을 받는 자가 서거한 때에 그 장의를 경건하고 엄숙하게 집행하는데 필요한 사항을 규정하기 위해 1967년 1월 16일 법률 제1884호 제정되었다. 그 내용을 보면, 장의는 국장과 국민장으로 구분하였고(동법 제2조), 대통령의 직에 있었던 자, 국가 또는 사회에 현저한 공훈을 남김으로써 국민의 추앙을 받은 자가 서거한 때에는 주무부장관의 제청으로 국무회의의 심의를 거쳐 대통령이 결정하는 바에 따라 이를 국장 또는 국민장으로 할 수 있다고 규정하였다(동법 제3조). 장의를 집행하기 위하여 그 때마

다 국장 또는 국민장 장의위원회를 설치할 수 있도록 하였다(동법 제4조). 또한 국장
에 소요되는 비용은 그 전액을 국고에서 부담하고, 국민장의 경우에는 그 일부를 국
고에서 보조할 수 있도록 하는 것을 규정하였다(동법 제5조). 국장기간중과 국민장일
에는 적기를 게양하며, 국장일에는 관공서는 휴무한다(동법 제6조). 국장 또는 국민
장의 장의 기간은 특별한 사정이 없는 한 국장은 9일이내, 국민장은 7일이내의 범위
안에서 국무회의 심의를 거쳐 대통령이 정한다(동법 시행령 제10조).

「국장·국민장에 관한 법률」과 동법 시행령은 국장과 국민장의 요건이나 기준이 명
확하지 않지만, 국장 기간이 9일 이내인 반면에 국민장은 7일 이내이며, 국장의 비용
은 전액 국고부담인 반면에 국민장은 일부만 국고 지원을 규정하고 있었다. 또한 국
장은 영결식 당일 관공서가 휴무하지만 국민장의 경우는 정상 운영된다. 이런 여러
가지 면에서 국장은 격이 더 높고, 상대적으로 국민장은 격이 낮다는 인식과 구분이
사회 전반에 깔려 있었다. 이러다 보니 2009년 노무현·김대중 전 대통령 서거 직후 장
례 절차를 논의하는 과정에서 국장과 국민장을 두고 논란이 일었다.[8]

(3) 국가장법

국장 및 국민장 제도는 대상자를 구분하는 기준이 모호하고, 국고에서 부담하는 장
례비용의 기준이 명확하지 않은 문제점 등이 제기되었던 바, 이를 보완·개선하기 위
하여 국장과 국민장을 국가장(國家葬)으로 통합하고, 장례범위, 장례기간 및 장례비
용 등에 관하여 일관적이고 명확하게 규정함으로써 국가가 주관하는 장례의식의 품
격을 확립하고 국민 통합에 이바지하려는 것을 내용으로 명칭이 「국가장법」으로
2011년 5월 30일 법률 제10741호로 전부 개정되어 동년 5월 30일부터 시행되고 있
다.[9]

---

8) 2009년 당시 김대중 전 대통령의 유가족은 국가·사회에 공헌을 남긴 '대한민국 최초의 노벨평
    화상 수상자'라는 점 등을 들어 '국장'을 원했고, 정부는 현직 대통령 자리에 있다가 서거한 박
    정희 전 대통령을 제외하고는 국장을 치른 사례가 없다는 점을 들어 국장에 난색을 표시했었
    다. 결국 유족의 뜻을 받아 들여 국장으로 장례가 거행되었다.
9) 이명박 정부 청와대에서 홍보수석을 지낸 김두우는 국가장법 개정을 국민통합과 화합을 목적
    으로 김대중 전 대통령 서거 전부터 추진했음을 다음과 같이 밝히고 있다. "…전략… 계기는
    2009년 김대중 전 대통령(DJ) 장례였다. 민주당과 호남지역에서는 국장을 요구할 게 확실시됐

〈표 1〉 '국가장'과 통합 이전 '국장' 및 '국민장'의 차이

구분	국가장	국장	국민장
기간	5일 이내	9일 이내	7일 이내
비용	국고부담 (조문객 식사비, 노제 비용 등 제외)	국고부담	일부 국고 부담
조기계양	장례 기간	장례 기간	영결식 당일
주요인물	김영삼 전 대통령(2015)	박정희 전 대통령(1979) 김대중 전 대통령(2009)	김구 전 임시정부주석(1949) 육영수 전 영부인(1974) 최규하 전 대통령(2006) 노무현 전 대통령(2009)

2. 국가장법의 주요 내용과 문제

(1) 국가장의 대상자

전직·현직 대통령, 대통령당선인, 국가 또는 사회에 현저한 공훈을 남겨 국민의 추앙을 받는 사람이 서거한 경우에는 유족 등의 의견을 고려하여 행정안전부장관의 제청으로 국무회의의 심의를 마친 후 대통령이 결정하는 바에 따라 국가장(國家葬)으로

고, 보수세력은 국장에 반대할 것으로 예상됐다. 더구나 두어 달 전 노무현 전 대통령의 불행한 죽음이 있은 직후여서 이 문제로 논란이 벌어지면 국론 분열은 더욱 악화될 게 뻔했다. DJ 서거 전에 장례형식을 정리해야 했다. 보수세력의 반대를 잠재우기 위해서는 정지작업이 필요했다. DJ 국장에 반대할 가능성이 있는 보수 세력의 대표적인 인물로는 YS와 박근혜 전 대표가 꼽혔다. YS는 DJ에 대한 불신이 깊었고, 박 전 대표는 '아버지(박정희 전 대통령)는 현직에서 돌아가셨으니 국장을 했지만 전직대통령을 국장으로 치른 전례가 없다'고 할 수도 있었다. 양쪽에 국민통합이 필요한 시점임을 강조했다. 또 YS에게는 'DJ를 보수정권에서 국장으로 예우하면 당신도 국장'이란 메시지를 보냈다. 박 전 대표에게는 '18대 대선에서 호남에서도 지지를 받아야 한다'는 메시지를 전했다. 양측 모두 OK 사인을 보냈다. 이 결과를 들고서 필자가 이명박 전 대통령에게 건의했다. 국민의 가슴을 어루만질 통합과 화합의 메시지가 필요한 시점임도 강조했다. 이 전 대통령은 흔쾌히 수락했다. 이것이 DJ 서거 열흘 전이다. 이 전 대통령의 지시로 외국사례를 조사해 보고했다. 미국의 사례가 가장 합리적이었다. 미국은 전직대통령의 장례를 국가장으로 단일화하고 있었다. DJ 국장 직후 국가장 법안이 발의됐다."(김두우, 'YS 國家葬, DJ國葬', 「영남일보」 2015년 11월 25일 참조).

할 수 있다(국가장법 제2조).

(2) 국가장 장례위원회의 설치와 구성

국가장을 집행하기 위하여 그 때마다 국가장 장례위원회를 둔다(국가장법 제3조 제1항). 국가장 장례위원회의 구성·운영 등에 필요한 사항은 대통령령으로 정한다(국가장법 제3조 제2항).

국가장 장례위원회는 위원장 1명, 6명 이내의 부위원장과 필요한 수의 위원으로 구성한다.

(국가장법 시행령 제2조 제1항). 위원장은 국무회의의 심의를 거쳐 대통령이 임명하거나 위촉한다(국가장법 시행령 제2조 제2항). 위원장은 국가장 장례위원회를 대표하고 국가장(國家葬)의 집행에 관한 위원회의 업무를 총괄한다(국가장법 시행령 제2조 제3항). 위원회의 위원장은 국가장 집행에 관한 사항을 자문하기 위하여 사회 각 분야를 대표하는 사람을 고문으로 위촉할 수 있다(국가장법 시행령 제4조).

부위원장과 위원은 위원장이 임명하거나 위촉한다. 이 경우 위원장은 국가장의 원활한 집행을 위하여 필요한 공무원을 부위원장과 위원으로 임명할 수 있으며, 국가장법에 따른 국가장 대상자 유족(遺族)의 추천을 받은 사람 등을 위원으로 위촉할 수 있다(국가장법 시행령 제2조 제4항).[10] 부위원장은 위원장을 보좌하고, 위원장이 부득이한 사유로 직무를 수행할 수 없을 때에는 위원장이 지명하는 부위원장이 위원장의

---

10) 전직대통령 사망 때마다 국민장(國民葬)으로 할 것이냐, 국장(國葬)으로 할 것이냐를 놓고 논란이 계속 되어 왔었다. 「국가장법」으로 전면개정된 후, 첫 국가장(國家葬)으로 치러지는 김영삼 전 대통령의 장례위원 2,222명이 구성됐다. 고인의 유지인 '통합과 화합'의 취지를 살리기 위해 상도동계와 동교동계 정치인을 비롯해 각계각층의 대표들이 장례위원회에 참여했다. 국가장의 집행을 수행하는 행정자치부는 2015년 11월 24일 유족 측과의 협의를 거쳐 황교안 국무총리를 장례위원장으로 하는 2,222명의 장례위원 명단을 발표했다. 이는 김대중 전 대통령 국장 당시 장의위원(2,375명)보다 작은 규모이지만, 노무현 전 대통령의 국민장 장의위원(1,404명)보다는 많은 숫자다. 장례위원은 정부 추천 인사 808명과 유족 측이 추천한 1,414명으로 구성됐다. 유족 측 추천 인사는 '민주화추진협의회' 멤버와 친인척, 김 전 대통령의 지인을 중심으로 꾸려졌다. 특히 유족 측은 김 전 대통령의 측근그룹인 상도동계는 물론 김대중 전 대통령 측의 동교동계 인사 150여명도 추천해 정치적 화합의 메시지를 담았다('첫 국가장' 김영삼 전 대통령 장례위원회 2,222명 구성, 「한국일보」 2015년 11월 25일 참조).

직무를 대행하며, 위원장이 부득이한 사유로 직무를 대행할 부위원장을 지명할 수 없을 때에는 부위원장 중 연장자가 그 직무를 대행한다(국가장법 시행령 제2조 제5항). 국가장 장례위원회의 사무를 처리하기 위하여 간사 1명을 두며, 간사는 행정안전부 의정관이 된다(국가장법 시행령 제2조 제6항).

(3) 국가장례위원회의 관장 사항

국가장례위원회는 다음 각 호의 사항을 관장한다(국가장법 시행령 제3조).
 1. 국가장의 방법·일시·장소에 관한 사항
 2. 묘지 선정과 안장 등에 관한 사항
 3. 영구(靈柩)의 안치(安置)·보전(保全)에 관한 사항
 4. 국가장에 드는 예산의 편성과 결산에 관한 사항
 5. 그 밖에 국가장의 집행에 필요한 중요 사항

(4) 국가장의 장례범위 및 장례기간

국가장이 결정되면 정부는 빈소(殯所)를 설치·운영하며 운구(運柩)와 영결식(永訣式) 및 안장식(安葬式)을 주관한다(국가장법 제4조 제1항). 지방자치단체의 장과 재외공관의 장은 분향소(焚香所)를 설치·운영할 수 있다(국가장법 제4조 제2항).

국가장의 장례기간은 5일 이내로 한다. 다만, 천재지변 등 불가피한 사유가 있는 경우에는 국무회의의 심의를 거쳐 그 기간을 연장할 수 있다(국가장법 제4조 제3항).

(5) 국가장의 장례비용

정부가 국가장을 주관하는 비용은 국고에서 부담한다. 다만, 조문객의 식사비 등 대통령령으로 정하는 비용은 제외한다(국가장법 제5조).

국고에서 부담하지 않는 장례비용은 ① 조문객(弔問客)의 식사비용, ② 노제(路祭) 비용, ③ 삼우제(三虞祭) 비용, ④ 사십구일재(四十九日齋) 비용, ⑤ 국립묘지가 아닌 묘지 설치를 위한 토지 구입 및 조성 비용, ⑥ 「장사 등에 관한 법률」에 따른 자연장(自然葬)을 위한 비용, ⑦ 「장사 등에 관한 법률」에 따른 봉안시설(奉安施設) 설치를 위한 토지 구입 및 조성 비용, ⑧ 제1호부터 제7호까지의 비용에 준하는 비용이다(국가장법 시행령 제6조).

(6) 조기 게양

국가장기간 중에는 조기(弔旗)를 게양한다(국가장법 제6조). '대한민국 국기에 관한 규정' 제12조(국기의 게양일)에 따르면 조기 게양일은 '현충일' '국장기간' '국민장일'이 있다.

(7) 집행위원회

국가장을 효율적으로 집행하기 위하여 위원회에 집행위원회를 둔다(국가장법 시행령 제5조 제1항). 집행위원회는 집행위원장과 필요한 수의 집행위원으로 구성한다(국가장법 시행령 제5조 제2항). 집행위원장은 행정안전부장관이 되고, 집행위원은 위원회 위원 중에서 위원회 위원장이 지명한다(국가장법 시행령 제5조 제3항).

(8) 영구의 안치 · 보전

국가장 대상자가 국내에서 서거(逝去)한 경우에는 해당 지역을 관할하는 특별시장·광역시장·도지사 또는 특별자치도지사가, 외국에서 서거한 경우에는 해당 국가 재외공관의 장이 국가장의 집행을 시작할 때까지 영구의 안치·보전 등 필요한 조치를 하여야 한다(국가장법 시행령 제8조).

(9) 현행 「국가장법」의 문제

2011년 「국가장법」 개정 논의시 국가장 대상자의 예외 규정을 두어야 한다는 논의가 있었지만, 전면개정된 「국가장법」에는 국가장 대상자로 '대통령 당선인'이 추가되었을 뿐, 별도의 '국가장 대상자 예외'를 규정'하고 있지 않다. 이로 인해 국가장법이 달성하고자 하는 '국민 통합'이 아니라 사회 갈등과 분열의 소지를 안고 있다. 현행 국가장법은 국가장 대상자에 대한 명확한 기준을 제시하지 못한 것이 가장 큰 문제점이라 할 것이다. 국민통합이라고 하는 국가장법의 본래 목적을 달성하기 위해서는 「국가장법」에서 국가장 대상자 예외 조항을 명확히 규정할 필요가 있다.

또한, 「국가장법」이 규정하고 있는 장례위원회 구성이나 국가장 집행에 관한 사항을 자문하기 위한 고문 위촉도 실질적으로 구성되도록 운영해야 한다.

역대 전직대통령의 장례 선례

한국현대사에서 역대 대통령의 장례는 국장(國葬)·국민장(國民葬)·가족장(家族葬) 등의 명칭으로 치러졌다.

국장이냐, 국민장이냐, 가족이냐는 장례주체가 누구냐에 따른 구분이라 할 것이다. 국장은 정부의 명의로, 국민장은 국민의 명의로 엄수된다는 점이 국장과 국민장을 구분 짓는 가장 큰 차이점이다.

이승만 전 대통령의 장례는 1965년 가족장으로 치러졌다. 4·19혁명으로 하야(下野)한 후 1965년 7월 하와이에서 숨진 이승만의 경우 유족은 국장으로 예우해 달라고 건의했으나 당시 야당인 민주당과 시민들의 반대로 정부가 국민장으로 결정, 유족이 거부해 가족장으로 치렀다. 유해는 서울 동작동 국립묘지에 안장됐다.

1990년 7월 18일 서거한 윤보선 전 대통령의 장례는 고인과 부인 공덕귀 등 유족의 뜻에 따라 가족장(家族葬)으로 결정됐다. 윤보선 전 대통령 장의기간 설치된 분향소는 안국동 자택 한 곳이었다. 영결식은 1990년 7월 23일 서울 종로구 안국동 안동교회에서 가족장으로 진행됐고, 유해도 국립묘지 대통령 묘역이 아닌 충남 아산의 선영에 안장됐다.[11]

박정희·김대중 전 대통령은 국장(國葬)으로 장례식이 치러졌다. 박정희 전 대통령의 영결식은 9일간의 장의 기간을 거쳐 1979년 11월 3일 서울 세종로 중앙청 광장에서 엄수됐다. 유해는 서울 동작동 국립묘지 대통령 묘역에 안장됐다. 박정희 전 대통령의 장의기간 전국에는 조기가 게양됐고, 중앙청과 일선 읍·면·동사무소, 재외공관에 분향소가 설치됐다. 국장 당일은 임시 공휴일로 지정됐다.

김대중 전 대통령 장례는 2009년 9월 국장으로 치러졌다. 장의 기간은 6일이었다. 당시 유족 측은 민주주의와 남북관계 개선 등 업적을 감안해 국장으로 치르자는 뜻을 정부에 전달했다. 그러나 정부는 현직이 아닌 전직대통령 서거라는 이유로 난색을 표했다가 유족의 뜻을 받아들여 국장으로 장례가 거행됐다.

---

11) "[기억할 오늘] 박정희 국장(國葬) (11월 3일)", 「한국일보」 2017년 11월 3일, 26면.

최규하·노무현 전 대통령은 국민장(國民葬)으로 각각 치러졌다. 최규하 전 대통령 장례도 2006년 10월 국민장으로 엄수됐다. 최규하 전 대통령의 영결식은 5일간의 장의기간을 거쳐 그 해 10월 26일 경복궁 앞뜰에서 거행됐고, 유해는 국립 대전현충원에 안장됐다.

노무현 전 대통령의 장례는 당시 유족 측은 가족장을 원했지만 지지자들의 요청에 따라 국민장으로 변경했다. 영결식은 2008년 5월 29일 경복궁 앞뜰에서 거행됐다. 서울광장에서 거행된 노무현 전 대통령의 노제(路祭)와 서울역까지 이어진 거리 운구행사에서는 최대 18만여명(경찰 추산)의 시민이 참석했다. 유해는 경기도 수원시 연화장에서 화장된 뒤 경남 김해시 진영읍 봉하마을 인근의 봉화산 정토원에 임시로 안치됐고, 49재 후 봉화산 사자바위 아래에 조성된 묘역에 안장됐다.[12]

김영삼 전 대통령은 국가장으로 치러졌다. 장례기간은 2015년 11월 22일부터 26일까지 총 5일이고, 국가장 기간에는 조기가 게양됐다. 김영삼 전 대통령의 국가장(國家葬) 영결식은 11월 26일 서울 여의도 국회의사당에서 거행됐다. 유해는 국립서울현충원에 안장됐다. 김영삼 전 대통령의 장례위원회 위원장은 황교안 국무총리, 장례집행위원장은 정종섭 행정자치부 장관이 맡았다.

---

12) "[김영삼 前 대통령 서거] 역대 대통령 장례식은… 국장→ 박정희·김대중, 국민장→ 노무현·최규하", 「국민일보」 2015년 11월 23일 참조.

〈표 2〉 전직대통령 장례 선례

구분 (대통령)	서거일시 (장례일)	장례 종류	빈소	분향소	안장	장례비용
				영결식		
이승만 (李承晩)	1965.7.19 (1965.7.27)	가족장	이화장		서울 현충원	보조금 5백만원
				정동교회		
박정희 (朴正熙)	1979.10.26 (1979.11.3)	국장 (9일장)	청와대	舊중앙청광장 지방 등	서울 현충원	국고지원 4억8천만원
				舊중앙청광장		
윤보선 (尹潽善)	1990.7.18 (1990.7.23)	가족장 (6일장)	안국동 자택	안국동 자택	충남아산 (선영)	보조금 1억원
				자택앞 안동교회		
최규하 (崔圭夏)	2006.10.22 (2006.10.26)	국민장 (5일장)	서울대 병원	서울대 병원	대전 현충원	국고지원 5억3천만원
				경복궁 앞뜰		
노무현 (盧武鉉)	2009.5.23 (2009.5.29)	국민장 (7일장)	김해 봉화마을회관	전국 102개소	사저인근 (2009.7.10)	국고지원 29억5천만원
				경복궁 앞뜰		
김대중 (金大中)	2009.8.18 (2009.8.23)	국장 (6일장)	세브란스병원→ 국회	전국 184개소	서울 현충원	국고지원 32억7천만원
				국회 앞마당		
김영삼 (金泳三)	2015.11.22 (2015.11.26)	국가장 (5일장)	서울대 병원	전국 221개소	서울 현충원	국고지원 21억3,200만원
				국회 앞마당		

* 자료 : 행정안전부

전·현직 대통령 국가장의 장의 명칭이나 영결식 문구를 살펴보면, 대개 장의 명칭은 '故 000(이름) 000(직함) 국장 혹은 국민장' 형식을, 영결식 문구는 '고 000(이름) 000(관직) 국가장 영결식'이라고 표기했다. 김구 임정주석 국가장의 경우만이 '故'를 사용하지 않았다. 이는 '고(故)'가 '이미 세상을 떠난 사람'을 뜻하는 관형사이고, '장(葬)'이 '사람이 죽었을 때 치르는 장례'를 뜻하는 명사임을 고려할 때 '죽음'의 의미가 이중적으로 사용되었음을 알 수 있다. 전통 예법에 의하면 관직이나 직책을 먼저, 이름을 뒤에 사용하는 것이 올바른 표기이다. 그러므로 장의 명칭은 '000(관직) 000(이름) 국가장'으로, 영결식 문구는 '000(관직) 000(이름) 국가장'이나 '000(관직) 000(이름) 국가장 영결식'으로 작성하는 방안을 검토해 볼 필요가 있다.[13]

---

13) "[국가장 특집-⑪]국가장 용어 바로 잡자…영결식과 안장식 용어", 「뉴시스」 2013년 8월 19일.

〈표 3〉 전직대통령 장의 명칭

이름	장의 명칭
이승만	고 전 대통령 우남 이승만 박사 영결식
윤보선	고 해위 윤보선 전 대통령 영결예배
박정희	고 박정희 대통령 각하 국장
최규하	고 최규하 전 대통령 국민장
노무현	고 노무현 전 대통령 국민장
김대중	고 김대중 전 대통령 국장
김영삼	고 김영삼 전 대통령 국가장

전직대통령 예우와 국가장 대상자의 제한 문제

1. 전직대통령에 대한 예우

전직대통령에 대한 예우는 크게 '생전 예우'와 '사후 예우'로 나눌 수 있다. 전직대통령들의 생전예우에 관한 내용을 규정하고 있는 것이 「전직대통령 예우에 관한 법률」이며, 사망 후 예우에 대한 내용을 담고 있는 것이 「국가장법」과 「국립묘지의 설치 및 운영에 관한 법률」이다.

「전직대통령 예우에 관한 법률」은 "전직대통령"이란 헌법에서 정하는 바에 따라 대통령으로 선출되어 재직하였던 사람을 말한다(동법 제2조) 규정하고 있으며, 전직대통령에게는 연금을 지급하며(동법 제4조 제1항),[14] 기념사업도 지원한다.[15] 또한

---

14) 퇴임 대통령의 "연금 지급액은 지급 당시의 대통령 보수연액(報酬年額)의 100분의 95에 상당하는 금액으로 한다."(전직대통령 예우에 관한 법률 제4조 제2항).

15) 미국의 퇴임 대통령들이 각자의 고향이나 연고가 있는 곳으로 돌아가 자신의 이름을 딴 도서관, 기념관, 박물관, 연구 센터 등을 짓고 공익과 지역사회에 기여하고 있다. 반면에 우리나라 퇴임대통령 대부분은 노무현 전 대통령을 제외하고, 서울에 살면서 자신의 정치적 영향력을 직·간접적으로 행사해 왔다. 퇴임 대통령의 기념사업으로 김대중 대통령은 우리나라 최초로

전직대통령 또는 그 유족에게는 관계 법령에서 정하는 바에 따라 필요한 기간의 경호 및 경비(警備), 교통·통신 및 사무실 제공 등의 지원, 본인 및 그 가족에 대한 치료, 그 밖에 전직대통령으로서 필요한 예우를 할 수 있다(동법 제6조 제4항)고 명시하고 있다. 그러나 전직대통령이 ①재직 중 탄핵결정을 받아 퇴임한 경우, ②금고 이상의 형이 확정된 경우, ③형사처분을 회피할 목적으로 외국정부에 도피처 또는 보호를 요청한 경우, ④대한민국의 국적을 상실한 경우의 어느 하나에 해당하는 경우에는 필요한 기간의 경호 및 경비(동법제6조 제4항 제1호)에 따른 예우를 제외하고는 전직대통령으로서의 예우를 하지 아니한다(동법 제7조 제2항).

「국가장법」 제2조는 "①전직·현직 대통령, ②대통령당선인, ③국가 또는 사회에 현저한 공훈을 남겨 국민의 추앙을 받는 사람이 서거한 경우에는 유족 등의 의견을 고려하여 행정안전부장관의 제청으로 국무회의의 심의를 마친 후 대통령이 결정하는 바에 따라 국가장(國家葬)으로 할 수 있다"고 규정하고 있다.

「국립묘지의 설치 및 운영에 관한 법률」에 의하면 대통령, 국회의장, 대법원장 또는 헌법재판소장의 직에 있었던 사람과 국가장(國家葬)으로 장례된 사람 등은 현충원 안장이 가능하다(동법 제5조 제1항 제1호 가목 및 국가장법 제2조). 그러나 전직대통령이더라도 '탄핵이나 징계처분에 따라 파면 또는 해임된 사람'에 대해서는 안장을 금지한다.

전직대통령으로서 생존하고 있는 전두환·노태우 전 대통령은 금고(禁錮) 이상의 형이 확정된 사람에 해당하여 '필요한 경호 및 경비'를 제외하고 모든 예우를 받을 수 없다. 박근혜 전 대통령[16]은 재직 중 탄핵결정을 받아 대통령직에서 파면당한 경우이

대통령 이름을 딴 도서관을 건립했다. 바로 도서관이 건립된 장소가 그의 고향이 아니라 서울의 연세대학교라는 점에서 그 상징성이나 효용가치가 반감되었다 할 것이다. 노무현 전 대통령이 서울이 아니라 고향으로 간 것 자체가 우리나라 대통령사에 있어서 큰 의미를 가지고 있다. 이는 지역균형 발전이라는 철학의 실천이기도 하지만 우리나라 역대 대통령 중에서는 처음이라는 사실 때문이다(김형권, 대통령의 퇴임 이후, 살림, 2013, 6-7면 참조).

16) 서울중앙지방법원 형사22부(재판장 김세윤 부장판사)는 2018년 4월 6일 박근혜 전 대통령에 대한 선고공판을 열고 징역 24년과 벌금 180억원을 선고했다. 재판부는 뇌물수수·직권남용 등 18개 혐의 중 16개 '유죄'로 판단했고, 최순실과 공모관계 모두 인정했다. 오후 2시 10분부터 1시간 40분간 진행된 선고공판은 TV로 생중계됐으며, 박근혜 전 대통령은 불출석 사유서를 내고 법정에 나오지 않았다. 국정농단 사건의 주범인 박근혜 전 대통령이 2017년 3월 10일 헌법재

므로 「전직대통령 예우에 관한 법률」 규정에 따라 당연히 예우가 금지된다. 이명박 전 대통령[17] 또한 17년 징역형이 확정되어 전직대통령에 대한 예우가 금지됐다.

판소 결정으로 파면된 지 393일, 뇌물수수와 직권남용 등의 혐의로 2017 4월 17일 구속 기소된 지 354일 만에 1심 재판이 마무리되었다. 서울중앙지법 형사32부(재판장 성창호 부장판사)는 2018년 7월 20일 특활비 사건 공판에서 특정범죄가중처벌법상 국고 등 손실 혐의를 유죄로 인정해 박근혜 전 대통령에게 징역 6년에 추징금 33억원을 선고했다. 2018년 8월 24일 국정농단 사건의 주범 박근혜 전 대통령 항소심에서 서울고법 형사4부(재판장 김문석 부장판사)는 국정농단 사건의 주범 박근혜 전 대통령에게 징역 25년과 벌금 200억원을 선고했다. 징역 24년에 벌금 180억원 이었던 1심보다 형량이 늘어났다. 2017년 10월 16일 이후 재판 출석을 거부해온 박근혜 전 대통령은 항소심 선고공판에도 법정에 나오지 않았다. 항소심에서 징역 25년에 벌금 200억원을 선고받은 박근혜 전 대통령이 상고를 포기했다. 박근혜 전 대통령은 상고 기한인 2018년 8월 31일까지 담당 재판부에 상고장을 내지 않았다. 박근혜 전 대통령은 수감 중인 서울구치소 측에도 상고장을 제출하지 않은 것으로 알려졌다. 이와 별개로 앞서 검찰이 2심 판결에 불복해 상고했기 때문에 박근혜 전 대통령은 대법원서 최종 판단을 받게 된다. 박근혜 전 대통령은 사실상 재판을 보이콧하고 있다. 박근혜 전 대통령은 지난해 10월 1심 재판부가 구속영장을 추가로 발부하자 "헌법과 양심에 따라 재판할 것이란 재판부에 대한 믿음이 더는 의미 없다는 결론에 이르렀다"며 재판 거부에 들어간 바 있다. 2018년 4월 1심 선고 뒤엔 동생인 박근령 전 육영재단 이사장이 항소장을 냈지만, 박근혜 전 대통령이 직접 자필로 "항소를 포기한다"는 의견서를 제출했다(경향신문, 2018년 9월 3일 참조).

17) 서울중앙지법 형사27부(재판장 정계선 부장판사)는 2018년 10월 5일 이명박 전 대통령의 1심 선고 공판에서 이명박 전 대통령에게 징역 15년에 벌금 130억원, 추징금 82억여원을 선고했다. 2018년 4월 구속 상태로 재판에 넘긴 지 179일 만이다. 이명박 전 대통령은 전두환·노태우·박근혜 전 대통령에 이어 퇴임 후 법정에서 유죄를 선고받은 4번째 전직대통령이 됐다. 이명박 전 대통령이 '뇌물수수·횡령' 등 혐의에 대해 징역 15년을 선고한 1심 판결에 불복해 2018년 10월 12일 항소했고, 검찰은 10월 11일 항소했다. 2심인 서울고등법원은 2020년 2월 19일 징역 17년·벌금 130억원·추징금 578억원 선고했다. 2020년 10월 29일 대법원은 뇌물과 횡령 등 혐의로 기소된 이명박 전 대통령에게 징역 17년과 벌금 130억 원, 추징금 57억 8천여만 원을 선고한 원심판결을 확정했다.

2. 국가장 대상자의 제한 문제

현행 「국가장법」은 국가장 대상자를 규정하고 있으면서도 군사반란과 내란죄를 비롯하여 횡령이나 배임죄 등과 같은 중범죄를 저질러 금고이상의 형이 확정된 전직 대통령이나 탄핵(彈劾)당한 대통령은 국가장에서 제외된다는 명시적 규정이 없다. 이 러다 보니 「국가장법」은 국민들로부터 존경받지 못하는 범법자에 불과하며 일개 자 연인에 불과한 사람들을 한 때 대통령으로 재임했다는 이유만으로 국민의 세금을 들 여 국가장으로 장례를 거행한다는 것은 국민들 정서와도 배치되는 모순이 발생한다 할 것이다.

「전직대통령 예우에 관한 법률」에서는 전직대통령으로 예우를 받지 못하게 규정해 놓고 다른 한편으로는 「국가장법」에서 사망하면 전직대통령 자격으로 국가장으로 장례의 예우를 받을 수 있는 길을 열어놓은 것은 법체계상으로도 일관성이 결여되어 있다.

현행 「국가장법」은 국가 또는 사회에 현저한 공훈을 남겨 국민의 추앙을 받는 사람 이 서거한 경우 그 장례를 경건하고 엄숙하게 집행함으로써 국민 통합에 이바지 하는 것을 목적으로 하고 있다. 그러나 내란죄, 군사반란죄, 뇌물죄 등을 저지른 전직대통 령의 경우나 「헌법재판소법」에 따라 탄핵결정을 받은 전직대통령까지 국가장의 대 상자에 포함시키는 것은 국가장법의 궁극적 목적인 '국민 통합'을 저해할 우려가 분 명 존재한다. 이러한 문제를 입법적으로 해결하기 위해 20대 국회에는 국가장법 일부 개정법률안[18]이 제출·회부된 바 있다.

---

18) 박용진의원 대표발의안(제4152호, 제안일 2016.12.7), 김해영의원 대표발의안(4175호, 제안일 2016.12.7), 추혜선의원 대표발의안(제4606호, 2016.12.26)이다. '박용진의원 대표발의안'은 대통령이 탄핵을 당하거나 탄핵소추의결서가 송달된 후 스스로 사임한 경우에는 국가장으로 할 수 없도록 함으로써 국가 또는 사회에 현저한 공훈을 남겨 국민의 추앙을 받는 사람이 서거 (逝去)한 경우에 그 장례를 경건하고 엄숙하게 집행함으로써 국민 통합에 이바지하려는 법의 정신을 살리려는 내용이다. '김해영의원 대표발의안'은 「형법」에 따른 내란, 내란목적의 살인, 이적, 간첩 등의 죄로 실형을 선고받고 그 형이 확정된 사람의 경우 국가장의 대상자에서 제외 되도록 법에 명시하고자 하는 내용이다. '추혜선의원 대표발의안'은 「헌법재판소법」에 따른 대통령 탄핵결정을 받은 경우에 해당하는 전직대통령은 국가장의 영예를 훼손할 수 있으므로 국가장 대상에서 제외하도록 명시적으로 법률에 규정하고자 하는 내용이다.

개정안들은 탄핵결정으로 퇴임한 전직대통령, 탄핵소추 의결서를 송달받은 후 사임한 전직대통령, 내란 또는 외환의 죄로 금고 이상의 실형이 확정되었고 그 형의 확정 사실에 있어 민주화운동 관련자가 아닌 자에 대하여는 국가장을 할 수 없도록 하려는 것이다.

현행 「국가장법」 제2조에서 국가장 대상자를 규정하면서도 국가장 결격사유에 대해서는 규정하고 있지 않는데 이에 대한 문제를 입법적으로 국가장 대상자 예외규정을 명시하자는데 적극적인 입장에서는 ① 전직대통령에 대한 국가장은 재임 시의 업적과 덕망으로 국민적 추앙을 받는 고인에 대한 국민적 추모정서를 함양하고 국가·사회 통합에 기여하는 의의가 있다고 할 것인데, 탄핵소추가 의결되거나 내란 또는 외환의 죄로 금고 이상의 형이 확정된 경우까지 예우를 하는 것은 타당성을 인정하기 어려운 측면이 있고, ② 행정부 수반이자 국가 원수로서 국정의 최고 책임자인 대통령에 대하여 국민의 대표기관인 국회가 중대한 헌법·법률 위반에 대한 판단을 하였음에도 자진 사임하였다는 이유로 국가장의 대상이 된다면 국민의 법 감정 및 정서에 맞지 않으며, ③ 특히 탄핵결정으로 파면된 경우 또는 내란·외환의 죄로 금고 이상의 형이 확정된 경우에는 「전직대통령 예우에 관한 법률」(제7조 제2항)·「국립묘지의 설치 및 운영에 관한 법률」(제5조 제4항)에서 예우나 국립묘지 안장을 배제하는 입법례가 있다는 주장이 가능할 수 있을 것이다. 반면에 국가장 대상자 예외규정을 두는 개정안들의 내용에 소극적인 입장에서는 ① 헌법재판소가 탄핵을 인용하여 파면결정을 선고하기 전에는 대통령이 헌법·법률을 위반하여 직무를 집행한 점이 확정되었다고 볼 수 없는 불확정한 상태이므로 국가장이라는 예우를 배제하는 것에 지나친 측면이 있을 수 있고, ② 이 법 시행 당시 이미 탄핵결정을 받아 퇴임하거나 탄핵소추의결서를 송달받은 후 스스로 사임한 경우에까지 예우를 배제하는 박용진의원안의 부칙(제2조)은 사실상 불이익한 처분을 소급 적용하는 요소가 있으며, ③ 과거 안전행정위원회 법안심사 과정에서 "탄핵결정으로 파면된 자, 내란 또는 외환의 죄를 범하여 형사처벌이 확정된 자"를 국가장 대상결격 사유로 명시하자는 의견을 특정인을 대상으로 한 것으로 사회적 논란을 초래할 소지가 있다는 이유로 채택하지 않은 바 있다는 지적이 제시될 수 있을 것이다.[19]

---

19) 「국가장법 일부개정법률안 검토보고서:(박용진의원 대표발의안(제4152호) 김해영의원 대표

3. 소결

「전직대통령 예우에 관한 법률」에서는 전직대통령으로 예우를 받지 못하게 규정해 놓고 다른 한편으로는「국가장법」에서 사망하면 전직대통령 자격으로 국가장으로 장례의 예우를 받을 수 있는 길을 열어놓은 것은 법체계상으로도 일관성이 결여되어 있다.

국가장법의 입법 목적이 국가 또는 사회에 현저한 공훈을 남겨 국민의 추앙을 받는 사람이 서거(逝去)한 경우에 그 장례를 경건하고 엄숙하게 집행함으로써 국민 통합에 이바지하기 위함이다. 이처럼 국민들로부터 추앙받는 전직대통령들의 장례를 엄숙하게 집행하여 국민통합에 기여하기 위함이지만, 군사반란·쿠데타 등으로 헌법질서를 파괴하고, 뇌물죄 등 중범죄를 저지른 사람들을 단지 대통령을 지냈다는 이유만으로 국가장으로 장례를 거행하는 것은 국민통합에 도움이 안 되며 국민 법 감정이나 정의(正義)관념에도 어긋나는 것이다.

역사를 바로세우고 정의사회를 만들어 간다는 면에서도 처벌받은 전직대통령들에 대한 국가장 장례 예우는 배제해야 한다. 따라서 전직대통령들에 대한 국가장 제한은 입법적으로 국가장법을 개정하여 탄핵결정으로 파면당한 전직대통령, 내란죄 또는 외환죄로 금고 이상의 실형이 확정되었고, 뇌물죄 등으로 실형이 확정된 전직대통령은「국가장법」상 국가장 대상자에서 제외되도록 명문화해야 한다.

발의안(제4175호) 추혜선의원 대표발의안(제4606호))」, 국회 안전행정위원회 수석전문위원 박수철, 2017.7, 8-10면.

결론

사람이 태어나 성년이 되고 혼인을 하는 등의 과정을 거쳐 마지막으로 통과하는 관문이 죽음이고, 이를 처리하는 의례가 상례(喪禮)이다. 다른 의례들과는 달리 상례는 고인이 직접 의례를 주도할 수 없기 때문에 살아남은 자들이 의례를 주도하는 것이 특징이다. 그러므로 상례는 외형상 죽음을 처리하기 위한 의례처럼 보이지만 실제로는 고인의 영혼을 조상신으로 승화시키고, 상주의 제사계승권(祭祀繼承權) 인정 등 살아남은 자를 위한 의례의 성격이 더 강하다고 할 수 있다.[20]

일반 가정에서도 부모님 장례의 형식이나 절차를 두고 형제간에 대립이나 갈등으로 골이 패이기도 하고, 한 동안 소원했던 관계가 회복되어 화해하기도 한다. 국가 또는 사회에 현저한 공훈을 남겨 국민의 존경과 추앙을 받는 인물이 대상이 되는 국가장의 거행이 사회의 대립이나 갈등을 치유하여 국민 통합의 분위기를 만들기도 하지만, 한편으로는 국가장의 집행과정에서 사회적 갈등과 분열을 심화시키기도 한다.[21]

---

20) 김시덕, 『한국의 상례문화』, 민속원(2012), 12면.
21) 김구 임정주석과 노무현 전 대통령의 경우 정부가 공권력으로 국민들의 분향소 조문을 제한하여 사회적 대립과 긴장을 심화시키는 결과를 가져왔다. 김구 선생은 당시 북진통일정책을 주장했던 이승만 자유당정권과 대립구도를 보이던 상황에서 정치적 목적에 의해 암살당했다. 선생의 암살과 관련 이승만과 자유당의 배후 의혹이 제기되면서 국민의 집결을 두려워 한 정부는 경찰을 배치해 국민들의 경교장 조문을 방해했다. 지방에서 올라오는 조문객들의 차량을 중도에서 막기도 하고, 효창원에서 열린 장례식 때도 조문객의 행렬을 통제를 했다. 결국 이승만은 영결식에 참석하지 못하고 이시영부통령이 조사를 대독하는 등 대립 양상을 보였다. 그리고 2009년 노무현 전 대통령의 충격적인 서거 소식에 봉하마을의 빈소와 덕수궁의 분향소에는 연일 국민들의 통곡과 조문이 이어졌다. 사인에 대해 의혹을 제기하는 여론이 형성되자 정부는 덕수궁 대한문 앞 임시 분향소를 전경차로 둘러싸고 시민들의 분향을 제지했다. 그리고 불법집회를 사전에 방지한다는 명분으로 집회가 예상되는 시청 앞 광장과 청계광장 등을 경찰력을 동원 장벽을 치고 긴장된 분위기를 조성했다([국가장 특집-④기고] "국가장으로 국민을 통합할 것인가? 분열할 것인가?", 「뉴시스」 2013년 4월 5일).

미국의 퇴임 대통령들이 현직 대통령이 있는 워싱턴 하늘을 떠나 각자의 고향이나 연고가 있는 곳으로 돌아가 자신의 이름을 딴 도서관, 기념관, 박물관, 연구 센터 등을 짓고 공익과 지역사회에 기여하고 있는 것은 미국 정치사에 있어 큰 의미를 가지고 있다. 특히, 국가 균형 발전과 지역 주민에 대한 봉사라는 효용성 측면이다. 무엇보다 최고의 공직에 있었던 대통령이 고향으로, 자연인으로 돌아간 것은 민주주의 원리의 실천을 단적으로 보여 주었다는 점이다. 대통령직을 비롯한 모든 공직은 영원한 것이 아니며 국민들에 의해 일시적으로 위임받은 자리라는 점을 확인하는 결과가 되었다.[22] 대한민국 대통령들도 임기를 마치면, 미국 대통령들처럼 연고지나 고향으로 돌아가는 것이다. '대통령을 배출한 생가(生家)와 선영(先塋)'은 당연 길지(吉地)이다. 고향으로 돌아간다면 그곳은 새로운 관광지가 되며, 죽으면 고향으로 간다는 '귀향장(歸鄕葬)'의 모범이 될 것이다.[23]

대한민국 헌정사에서 전직대통령은 11명이 존재했고, 생존하는 전직대통령은 전두환·노태우·이명박·박근혜 4명이다. 전두환·노태우 전직대통령은 군사반란과 내란죄로 처벌받았고, 박근혜 대통령은 탄핵당하여 대통령직에서 파면되었고, 국정농단(國政壟斷)과 관련한 뇌물 혐의 등으로 구속되었고 대법원에서 징역형이 확정되어 수감중이다. 이명박 전 대통령도 뇌물죄·횡령죄·조세포탈죄 등의 죄목으로 대법원에서 최종 유죄판결을 받아 수감 중에 있다. 이러다 보니 퇴임 후 국민들부터 존경 받는 전직대통령이 없다.[24]

---

22) 김형권, 『대통령의 퇴임 이후』, 살림(2013), 10면.

23) 김두규의 國運風水, "박정희 前대통령 묘소는 '냉혈의 땅'?… 박근혜 前대통령에게 영향 줬나", 「조선일보」 2018년 4월 21일, B3면.

24) 전직대통령 가운데 헌정사상 처음으로 검찰에 소환된 건 노태우 전 대통령이다. 노태우 전 대통령은 4000억원대 비자금을 조성한 혐의로 1995년 11월 두 차례(1일·15일) 검찰에 불려 나와 강도 높은 조사를 받았다. 총 27시간 조사를 받은 후 특정범죄가중처벌법상 뇌물수수 혐의로 구속됐다. 같은 해 12월 검찰은 전두환 전 대통령에게도 내란죄 등의 혐의로 출석을 통보했다. 하지만 전두환 전 대통령은 서울 연희동 자택 앞에서 '골목성명'을 발표한 채 조사를 거부했다. "종결된 사안의 수사는 진상 규명을 위한 게 아니라 정치적 필요에 따른 것으로 어떠한 조치에도 협조하지 않을 생각"이라는 내용이었다. 전두환 전 대통령은 고향인 경남 합천에 내려가 버티기에 들어갔지만 검찰은 법원으로부터 사전 구속영장을 발부받아 12월 3일 구속했다. 노무현 전 대통령은 2009년 4월 30일 뇌물수수 혐의로 소환돼 12시간 조사를 받았다. 검찰 수사 후

현행 「국가장법」은 국가 또는 사회에 현저한 공훈을 남겨 국민의 추앙을 받는 사람이 서거한 경우 그 장례를 경건하고 엄숙하게 집행함으로써 국민 통합에 이바지 하는 것을 목적으로 하고 있다. 그러나 내란죄, 군사반란죄, 뇌물죄 등을 저지른 전직대통령의 경우나 「헌법재판소법」에 따라 탄핵결정을 받은 전직대통령까지 국가장의 대상자에 포함시키는 것은 「국가장법」의 궁극적 목적인 '국민 통합'을 저해할 우려가 분명 존재한다. 따라서 전두환·노태우 등 전직대통령들의 사후 국가장 집행과정에서 사회적 갈등과 분열, 사회적 혼란이 이는 것을 막기 위해서도 「국가장법」 개정을 통하여 전직대통령이라 할지라도 국가장 제외 대상자를 명확히 규정해야 한다.

노무현 전 대통령이 스스로 목숨을 끊으면서 무리한 수사라는 지적이 나왔다. 국정농단 사건으로 탄핵당한 박근혜 전 대통령은 2017년 3월 21일 검찰에 소환됐다. 박근혜 전 대통령은 현직 시절 국정농단 사건의 피의자로 입건됐지만 검찰 조사에 수차례 응하지 않았다. 하지만 파면 이후 검찰이 소환에 나서면서 어쩔 수 없이 포토라인에 섰다. 21시간이 넘는 조사를 받은 박근혜 전 대통령은 소환 열흘 뒤 구속됐다. 이명박 전 대통령은 검찰 조사를 받는 역대 5번째 전직대통령이 됐다. 그리고 2018년 3월 22일 저녁 구속영장이 발부되어 3월 23일 새벽 서울 동부구치소에 수감되어 5월 23일 첫 공식재판이 진행되었다.

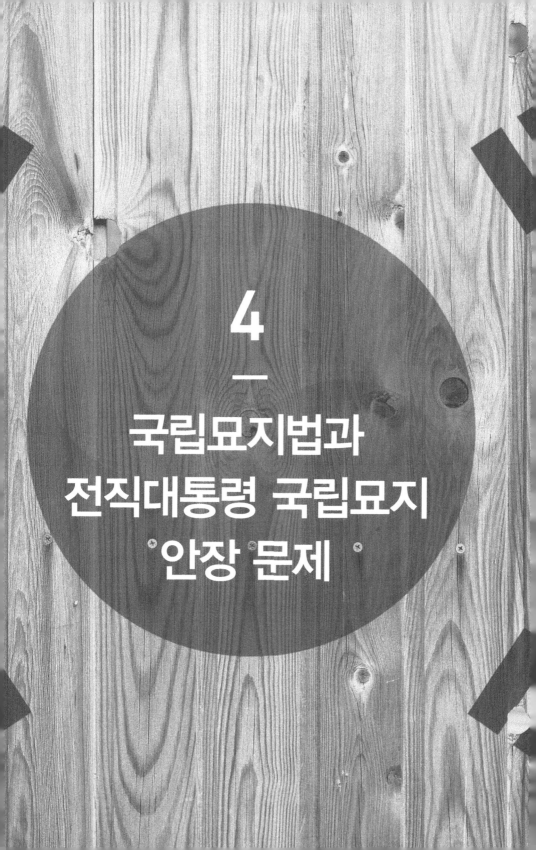

4
—
국립묘지법과
전직대통령 국립묘지
안장 문제

"국립묘지의 공간적 질서는 공동체가 마땅히 공유해야 할 가치 혹은 정신적 값어치를 도드라지게 해주는 미학적 장치다. 그리고 저 공간이 드러내고자 하는 정신의 불멸성은 꼼수나 타협이 아닌 구성원들의 유예없는 동의 위에서만 구현될 수 있을 것이다."

- 최윤필, 『겹겹의 공간들』, 을유문화사(2014), 209면 -

서 언

국립묘지는 한 국가와 민족 혹은 국민이 탄생하고 변천해 오는 동안 겪은 가장 상징적이고 격렬한 시간들이 응축된 공간이다. 또 국가나 민족이 지탱해 온 이념이나 철학 혹은 가치들이 가장 간결하고 결연하게 전시된 곳이기도 하다.[1] 또한, 국립묘지는 죽은 자와 산 자가 소통할 수 있는 유일한 공간으로 죽은 자에게는 예우에 맞는 안장을, 산 자에게는 깨달음과 감동을 주는 기억의 장소로서 상징적 의미를 가지고 있다. 국립묘지는 국민의 나라사랑정신과 호국보훈의식을 고양하는 교육적 기능과 함께 국가와 민족을 위해 희생한 순국선열, 애국지사, 국가유공자 등의 호국정신을 상징화하여 국민통합의 기능을 효과적으로 수행할 수 있는 실질적 장소로서, 민족이라는 공동체의 발전을 위해 국가보훈의 주요 상징역할을 수행하는 대표적인 상징적 공간이라 할 수 있다.[2]

'국립묘지의 설치 및 운영에 관한 법률'은 국립묘지의 설치와 운영에 관한 사항을 규정함으로써 국가나 사회를 위하여 희생·공헌한 사람이 사망한 후 그를 안장(安葬)하고 그 충의(忠義)와 위훈(偉勳)의 정신을 기리며 선양(宣揚)하는 것을 목적으로 한다(국립묘지의 설치 및 운영에 관한 법률 제1조).

국립묘지는 국립서울현충원, 국립대전현충원, 국립4·19민주묘지, 국립3·15민주묘지, 국립5·18민주묘지, 국립호국원, 국립신암선열공원으로 구분한다(국립묘지의 설

---

1) 최윤필, 『겹겹의 공간들』, 을유문화사(2014), 211면.
2) 하상복·형시영, 「국립묘지와 보훈- 추모와 기억의 상징성」, 필코in(2013.2), 8면.

치 및 운영에 관한 법률 제3조 제1항). '국립묘지의 설치 및 운영에 관한 법률'은「장
사 등에 관한 법률」보다 우선하여 적용한다(국립묘지의 설치 및 운영에 관한 법률
제4조).

우리나라의 국립묘지는 최초 군인묘지로 설치되어 계급적 차이를 인정한 것으로
보이며, 안장대상이 확대되어 국립묘지로 승격되었음에도 불구하고 안장제도에 대
한 차이가 인정되고 있다.[3] 현재 우리의 국립묘지의 안장제도에서는 안장방법, 묘지
면적[4], 비석 및 상석 등의 크기[5]와 모양 등에 있어서 안장대상자의 신분이나 계급에
따라 차별을 두고 있어 전근대적인 신분 사회에서 볼 수 있는 비민주주의적 요소를
안고 있다. 자유와 평등 이념의 민주주의를 정체로 하고 있고 민주화가 성숙해 가는
시대적 조류에서 민주주의 수호를 위해 숭고한 생명을 바친 안장대상자를 가장 비민
주주의적으로 계급과 신분을 구분하고 이에 따라 안장에 차별을 두고 있다는 것은 큰
모순이 아닐 수 없다.[6] 국립묘지를 선진적으로 운영하고 있는 국가 특히, 민주주의국

---

3) 김성봉, 국립묘지 운영 및 관리형황과 개선과제, 이슈와 논점 제1232호(2016.11.25), 국회입법
   조사처, 4면.
4) 국립묘지의 설치 및 운영에 관한 법률 제12조(묘의 면적 등) ① 제5조 제1항에 따른 안장 대상
   자의 1기(基)당 묘의 면적은 다음 각 호와 같다.
   1. 대통령의 직에 있었던 사람: 264제곱미터 이내
   2. 대통령의 직에 있었던 사람 외의 사람: 3.3제곱미터
   ② 제1항에도 불구하고 제5조 제1항 제1호 가목의 대상자 중 대통령 외의 사람이나 같은 호 파
   목의 사람은 위원회에서 묘의 면적을 따로 정할 수 있다. 이 경우 묘의 면적은 26.4제곱미터를
   넘을 수 없다. ③ 제5조 제3항에 따라 배우자를 함께 안장하는 경우에도 그 합장 후의 묘의 면
   적은 제1항과 제2항에 따른 1기당 묘의 면적을 넘을 수 없다.
5) 국립묘지의 설치 및 운영에 관한 법률 시행령 제14조(묘의 형태와 묘비 등의 규격) ① 국립묘
   지 내에 조성하는 묘 및 묘비 등 부속구조물 등의 시설은 국립묘지관리소장이 설치한다. ② 묘
   는 평장(平葬)으로 한다. 다만, 법 제8조에 따른 시신 안장대상자의 묘는 봉분을 설치하되, 대
   통령이 아닌 사람의 묘는 평분으로 조성하고, 그 높이는 지표면에서 20센티미터 이하로 한다.
   ③ 묘에는 유골이나 시신을 유골함이나 관에 넣어 매장하되, 그 깊이는 지표면에서 70센티미
   터 이상으로 한다. ④ 묘에는 묘비를 설치하되, 법 제8조에 따른 시신 안장대상자의 묘에는 상
   석(床石)과 묘두름돌 등을 설치할 수 있다.
6) 우리의 국립묘지가 계급에 따라 차별을 두고 있음에도, "'월남전의 영웅' 채명신 장군이 "파월
   장병이 묻힌 사병묘역에 안장해 달라"는 유언을 남겨 새삼 군인정신을 일깨우고 있다"("씨줄

가에서 안장대상자를 신분이나 계급으로 구분하지 않고, 단지 국가에 대한 공헌도에 따라 구분하고 있다. 즉, 미국 알링턴 국립묘지(Arlington National Cemetery)의 경우 안장대상자를 국가공헌도에 따라 구분하여 시신안장 대상과 화장유골의 납골당 안치 대상자로만 구분하고 있을 뿐, 동일대상자에 대해 국가원수를 제외하고는 계급이나 신분에 따라 차별을 두고 있지 않다. 즉, 신분에 따른 안장제도의 차이가 아닌 고인의 생전의 명예와 업적이 일반국민의 기억 속에 오래 동안 자리를 잡게 되는 것이며, 무엇보다도 모든 안장자의 헌신은 생전의 신분이나 계급에 다라 가치가 다르지 않고 모두 평등하다는 인식이 내면에 깊숙이 뿌리 박혀 있는 것이다. 따라서 안장방법, 묘의 면적, 묘의 형태, 비석의 크기 및 형태 등의 모든 차별을 원칙적으로 폐지하고 현재 일반 사병의 기준을 동일하게 적용하는 것을 검토하여야 한다.[7][8] 2005년 제정 시행되고 있는 '국립묘지 설치 및 운영에 관한 법률'에 따라 당시 '장군묘역이 모두 채워질 때까지 안장 방법과 묘지의 면적은 기존의 법령을 적용한다.'는 한시적 규정이 종료됨에 따라 생전 계급에 따른 사후 차등 대우는 없어지게 됐다.[9]

날줄 -장군의 묘,", 「서울신문」 2013년 11월 29일, 31면 참조).

7) 김주용, 국립묘지 기능 강화 및 관리 활성화 방안 연구, 과장급 국회훈련결과보고서, 국가보훈처(2014.6), 119-120면.

8) 우리나라의 국립묘지는 최초 군인묘지로 설치되어 계급적 차이를 인정한 것으로 보이며, 안장 대상이 확대되어 국립묘지로 승격되었음에도 불구하고 안장제도에 대한 차이가 인정되고 있다. 이와 관련 묘지면적이나 안장방법 등에 있어 신분이나 계급에 따라 차별을 둠으로써 형평성문제에 대한 지적이 제기되어 왔다. 외국의 경우 신분이나 계급에 따라 묘지면적에 차별을 두는 국가는 없으며, 국가에 대한 공헌도에 따라 안장방법 및 묘역구분에 따른 차이만을 인정하고 있다. 국가에 대한 공헌도 측면에서 국가원수의 경우 그 자체로 역사성이나 상징성이 있으므로 예외를 인정할 필요가 있으나, 그 외의 묘에 대해서는 면적과 안장방법을 동일하게 적용할 필요가 있다는 것이 일반적인 견해이다. 따라서 장군묘에 대해서도 장교나 사병과 같이 동일한 묘지면적에 유골형태로 평장하는 것을 고려할 필요가 있다(김성봉, 국립묘지 운영 및 관리형황과 개선과제, 이슈와 논점 제1232호(2016.11.25), 국회입법조사처, 4면).

9) 2005년 '국립묘지 설치 및 운영에 관한 법률'이 제정되어 대통령(묘지 규모 264㎡) 외에는 계급 구분없이 모두 3.3㎡ 규모의 면적에 안장되도록 규정했다(동법 제12조). 다만, 동법은 장군 묘역이 모두 채워질 때까지 안장 방법과 묘지의 면적은 기존의 법령을 적용한다는 한시적 규정을 뒀다. 이 한시적 규정은 2020년 10월 27일 장군 묘역이 만장되면서 종료됐다. 국가보훈처는 2020년 11월 5일에 국립대전현충원 장병 묘역에 장병(장교·병사)과 똑같이 1평(3.3㎡) 면적

전두환 전 대통령 부인 이순자씨가 자서전[10]을 통해 전두환 전 대통령의 국립현충원 안장 의사를 밝혀 논란이 되었다.[11] 현행 '국가장법'에 의하면 전두환·노태우 두 사람이 사망하는 경우 '전직대통령'의 자격으로 국가장의 대상이 된다(국가장법 제2조 제1호).[12] 전직대통령의 경우 국내 국립묘지 중에서도 '국립현충원'에 안장될 수

의 장군 묘가 들어섰다고 밝혔다. 또한 보훈처는 앞으로 장군과 장병에 대해 묘역 넓이, 비석 크기, 장례 방식 등 예우 차이를 두지 않겠다고도 했다.

10) 이순자 자서전, 『당신은 외롭지 않다』, 자작나무숲(2017.10) 참조.

11) "노태우 전 대통령은 현재 건강이 좋지 않은 것으로 전해졌다. 그는 국립묘지에 안장되는 게 마지막 소원이라는 이야기를 해왔다."(조성관, 죽어서도 차별받는 대한민국-美·英은 장성도 사병도 4.49㎡, 「주간조선」 2285호, 2013.12.9, 50면); "노태우 전대통령 그간 측근을 통해 사후 국립묘지에 안장되고자 하는 뜻을 피력해왔다. 노태우 전 대통령은 전체 추징금 2628억원 가운데 2382억원가량을 납부했다. 2205억원의 추징금을 선고받아 533억여원을 납부한 전두환 전 대통령보다 비교적 성실하게 납부해온 것. 노태우 전 대통령이 자신의 비자금으로 만든 회사를 되찾기 위해 동생 재우씨와 조카를 상대로 한 주주확인 청구 소송을 올 7월 취하한 것 역시 국립묘지 안장 의지와 무관하지 않다는 해석이 지배적이다."(정유림, "전두환·노태우 전 대통령 국립묘지 안장 논란: 김형욱 겨냥했던 반국가행위법 위헌 판결로 내란죄 저질러도 국립묘지 행 가능", 「신동아」 54권 12호 통권 627호(2011년 12월), 161면).

12) 2012년 6월 13일 같은 날, 박홍근 의원과 장병완 의원이 각각 국가장법 일부개정법률안을 대표발의 했다. 박홍근 의원 개정안(의안번호 제1900114)은 전·현직 국가원수에 대하여는 국무회의 의결만으로 장례절차 지원과 조기게양 등의 예우를 하도록 하고 있어 1996년 대법원에서 군사반란 등 죄명으로 각각 무기징역과 17년형이 확정됐고, 2006년에는 12·12 쿠데타 주역들과 함께 서훈이 취소된 바 있는 전두환·노태우 전 대통령도 국가장의 대상에 포함돼 논란이 예상되므로, 이에 '국가장법'의 목적이 온전히 달성될 수 있도록 반국가범죄자에 대하여는 국가장의 대상에서 제외하고자 하는 내용이다(안 제2조 제1호 단서 신설). 장병완 의원 개정안(의안번호 제1900120)은 국가장 대상자에 대한 제한 규정이 미비하여 국가장법의 취지인 국민통합의 목적을 저해할 우려가 존재함에 따라, 법률에 이를 명확히 규정할 필요가 있음. 이에 「국가유공자 등 예우 및 지원에 관한 법률」 제79조 제1항 제2호에 따라 내란죄 등 반국가범죄를 저질러 국가 유공자 자격이 제외된 자는 국가장의 영예를 훼손할 수 있으므로 국가장 대상에서 제외되도록 명시적으로 법률에 규정하고자 하는 내용이었다(안 제2조). 아쉽게도 두 개정법률안은 임기만료로 폐기되었다. 20대 국회에서는 박용진의원 대표발의(2016.12.7, 의안번호 제4152호), 김해영의원 대표발의(2016.12.7., 의안번호 제4175호), 추혜선의원 대표발의(2016.12.26, 의안번호 제4606호)로 국가장법 일부개정법률안이 발의돼 있다. 현행 국가장법은 국가장 대상자를 규정하는 입법방식을 취하면서 대상자의 결격 사유에 대해서는 정하고 있·

있다. 국립묘지의 설치 및 운영에 관한 법률에 의하면 대통령, 국회의장, 대법원장 또는 헌법재판소장의 직에 있었던 사람과 국가장(國家葬)으로 장례된 사람 등은 현충원 안장이 가능하다(동법 제5조 제1항 제1호 가목 및 국가장법 제2조).[13] 그러나 전직대

지 않은데, 개정안들은 탄핵결정으로 퇴임한 전직대통령(박용진의원안·추혜선의원안), 탄핵소추의결서를 송달받은 후 사임한 전직대통령(박용진의원안), 내란 또는 외환의 죄로 금고 이상의 실형이 확정되었고 그 형의 확정 사실에 있어 민주화운동 관련자가 아닌 자(김해영의원안)에 대하여는 국가장을 할 수 없도록 하려는 것이다. 이러한 개정안들의 내용과 관련해서는 견해를 달리하는 논거들이 제시될 수 있다고 생각되는바, 먼저, 적극적인 입장에서는 ① 전직대통령에 대한 국가장은 재임 시의 업적과 덕망으로 국민적 추앙을 받는 고인에 대한 국민적 추모정서를 함양하고 국가·사회 통합에 기여하는 의의가 있다고 할 것인데, 탄핵소추가 의결되거나 내란 또는 외환의 죄로 금고 이상의 형이 확정된 경우까지 예우를 하는 것은 타당성을 인정하기 어려운 측면이 있고, ② 행정부 수반이자 국가 원수로서 국정의 최고 책임자인 대통령에 대하여 국민의 대표기관인 국회가 중대한 헌법·법률 위반에 대한 판단을 하였음에도 자진 사임하였다는 이유로 국가장의 대상이 된다면 국민의 법 감정 및 정서에 맞지 않으며, ③ 특히 탄핵결정으로 파면된 경우 또는 내란·외환의 죄로 금고 이상의 형이 확정된 경우에는 「전직대통령 예우에 관한 법률」(제7조 제2항)·「국립묘지의 설치 및 운영에 관한 법률」(제5조 제4항)에서 예우나 국립묘지 안장을 배제하는 입법례가 있다는 주장이 가능할 수 있을 것임. 한편, 개정안들의 내용에 소극적인 입장에서는 ① 헌법재판소가 탄핵을 인용하여 파면결정을 선고하기 전에는 대통령이 헌법·법률을 위반하여 직무를 집행한 점이 확정되었다고 볼 수 없는 불확정한 상태이므로 국가장이라는 예우를 배제하는 것에 지나친 측면이 있을 수 있고, ② 이 법 시행 당시 이미 탄핵결정을 받아 퇴임하거나 탄핵소추의결서를 송달받은 후 스스로 사임한 경우에까지 예우를 배제하는 박용진의원안의 부칙(제2조)은 사실상 불이익한 처분을 소급 적용하는 요소가 있으며, ③ 과거 우리 위원회 법안심사 과정에서 "탄핵결정으로 파면된 자, 내란 또는 외환의 죄를 범하여 형사처벌이 확정된 자"를 국가장 대상결격 사유로 명시하자는 의견을 특정인을 대상으로 한 것으로 사회적 논란을 초래할 소지가 있다는 이유로 채택하지 않은 바 있다는 지적이 제시될 수 있을 것임(<국가장법 일부개정법률안 검토보고서:(박용진의원 대표발의안(제4152호) 김해영의원 대표발의안(제4175호) 추혜선의원 대표발의안(제4606호))>, 국회 안전행정위원회 수석전문위원 박수철, 2017.7, 8-10면).

13) '국가장법'은 국가 또는 사회에 현저한 공훈을 남겨 국민의 추앙을 받는 사람이 서거(逝去)한 경우에 그 장례를 경건하고 엄숙하게 집행함으로써 국민 통합에 이바지하는 것을 목적으로 한다(동법 제1조). 국가장의 대상자는 ① 전직·현직 대통령, ② 대통령당선인, ③ 국가 또는 사회에 현저한 공훈을 남겨 국민의 추앙을 받는 사람이 서거한 경우에는 유족 등의 의견을 고려하여 행정안전부장관의 제청으로 국무회의의 심의를 마친 후 대통령이 결정하는 바에 따라 국가

통령이더라도 '탄핵이나 징계처분에 따라 파면 또는 해임된 사람'에 대해서는 안장을 금지한다. 국립묘지의 '영예성'을 훼손한다고 인정될 시 안장이 금지될 수 있다. 그러나 처벌받은 전직대통령이라도 사면·복권된 경우 국립묘지 안장 여부에 대한 명확한 규정이 없다.

아래에서는 '국립묘지의 설치 및 운영에 관한 법률'을 중심으로 내란죄, 군사반란죄 등으로 처벌받은 전직대통령들이 국립묘지에 안장될 수 있는지 여부를 논구(論究)한다.

II

국립묘지별 안장대상자

국립묘지에는 다음 각 호의 구분에 따른 사람의 유골이나 시신을 안장한다. 다만, 유족이 국립묘지 안장을 원하지 아니하는 경우에는 그러하지 아니하다(국립묘지의 설치 및 운영에 관한 법률 제5조 제1항). 국립묘지에 안장된 사람의 배우자는 본인이나 유족의 희망에 따라 합장할 수 있으며, 배우자의 요건을 보면, ① 안장 대상자의 사망 당시의 배우자. 다만, 배우자가 사망한 후에 안장 대상자가 재혼한 경우에는 종전의 배우자도 포함하고, 안장 대상자가 사망한 후에 다른 사람과 혼인한 배우자는 제외한다. ② 안장 대상자와 사망 당시에 사실혼 관계에 있던 사람. 이 경우 합장은 제10조에 따른 안장대상심의위원회의 결정에 따른다. 다만, 제6조 제2항에 따라 영정(影幀)이나 위패로 봉안된 사람의 배우자는 그와 함께 위패로 봉안하거나 유골의 형태로 안치할 수 있다(국립묘지의 설치 및 운영에 관한 법률 제5조 제3항).

제주특별자치도에 설치하는 국립호국원에는 국립묘지의 설치 및 운영에 관한 법률 제1항 제1호부터 제4호까지의 어느 하나에 해당하는 사람의 유골이나 시신을 안장한다. 다만, 유족이 국립묘지 안장을 원하지 아니하는 경우에는 그러하지 아니하다(국립묘지의 설치 및 운영에 관한 법률 제5조 제2항).

장(國家葬)으로 할 수 있다(동법 제2조).

1. 국립서울현충원 및 국립대전현충원

국립서울현충원 및 국립대전현충원에 안장되는 사람으로는 ㉮ 대통령·국회의장·대법원장 또는 헌법재판소장의 직에 있었던 사람과 「국가장법」 제2조에 따라 국가장으로 장례된 사람, ㉯ 「독립유공자예우에 관한 법률」 제4조에 따른 순국선열과 애국지사로서 사망한 사람, ㉰ 현역군인(「병역법」 제2조 제1항 제4호 및 제7호의 군간부후보생과 전환복무자를 포함한다)과 소집 중인 군인 및 군무원(「국가유공자 등 예우 및 지원에 관한 법률」 제74조 제1항 각 호의 어느 하나에 해당하는 자를 포함한다)으로서 사망한 사람, ㉱ 「상훈법」 제13조에 따른 무공훈장을 수여받은 사람으로서 사망한 사람[14], ㉲ 장성급(將星級) 장교 또는 20년 이상 군에 복무(복무기간 계산은 「군인

---

14) 외국인이 「상훈법」 제13조에 따른 무공훈장을 수여받은 후 사망한 경우, 「국립묘지의 설치 및 운영에 관한 법률」 제5조 제1항 제1호 라목에 따라 국립서울현충원 및 국립대전현충원에 안장될 수 있는지? 【회답】 외국인이 「상훈법」 제13조에 따른 무공훈장을 수여받은 후 사망한 경우, 「국립묘지의 설치 및 운영에 관한 법률」 제5조 제1항 제1호 라목에 따라 국립서울현충원 및 국립대전현충원에 안장될 수 있는 것은 아니라 할 것입니다. 【이유】 「국립묘지의 설치 및 운영에 관한 법률」 (이하 "국립묘지법"이라 함) 제5조 제1항 제1호 라목에서는 「상훈법」 제13조에 따른 무공훈장을 수여받은 사람으로서 사망한 사람은 국립서울현충원 및 국립대전현충원에 안장한다고 규정하고 있는데, 같은 조 제4항 제1호에서는 대한민국 국적을 상실한 사람(같은 조 제1항 제1호 나목 및 자목에 해당하는 사람은 제외함)은 같은 조 제1항에도 불구하고 국립묘지에 안장될 수 없다고 규정하고 있습니다. 먼저, 법령을 해석할 때에는 가능한 한 법률에 사용된 문언의 통상적인 의미에 충실하게 해석하는 것을 원칙으로 하되, 법률의 입법 취지와 목적, 그 제·개정 연혁, 법질서 전체와의 조화, 다른 법령과의 관계 등을 고려하는 체계적·논리적 해석방법을 추가적으로 동원함으로써 앞서 본 법해석의 요청에 부응하는 타당한 해석이 되도록 하여야 할 것인데(대법원 2009.4.23. 선고 2006다81035 판결례 참조), 국립묘지법령의 입법체계 및 문언을 살펴보면 국립묘지법 제5조 제1항 제1호에서 국립서울현충원 및 국립대전현충원 안장대상자를 열거하면서 같은 호 파목에서만 "외국인을 포함한다"고 명시적으로 규정하고 있는 점에 비추어 볼 때, 같은 호 다른 목에 해당되는 사람에는 외국인이 포함되지 않는 것으로 해석하는 것이 타당하다 할 것입니다. 또한, 국립묘지법 제5조 제4항 제1호에서는 대한민국 국적을 상실한 사람은 제1항에도 불구하고 국립묘지에 안장될 수 없으나, 같은 조 제1항 제1호 나목(「독립유공자예우에 관한 법률」 제4조에 따른 순국선열과 애국지사로서 사망한 사람) 및 같은 호 자목(「국가유공자 등 예우 및 지원에 관한 법률」 제4조 제1항 제9호에 따른 6·25참전재일학도의용군인으로서 사망한 사람)에 해당하는 사람은 국적을 상실하여도 안

장대상자가 될 수 있다고 규정하고 있는데, 이는 국립묘지법 제5조 제1항 제1호 나목 및 자목 외의 사람인 경우 본인의 의사로 국적을 포기하지 않는 한 국적이 상실되지 않으나, 순국선열과 애국지사 또는 6·25참전재일학도의용군인은 시대적 배경상 불가피하게 국적을 상실하는 경우가 발생할 수 있으므로, 이를 고려하여 국적을 상실하여도 국립묘지에 안장될 수 있도록 한 규정으로 보인다는 점에 비추어 볼 때, 국립묘지법 제5조 제4항 제1호는 같은 조 제1항 제1호 파목과 같이 명시적으로 외국인도 포함된다고 규정하지 않은 이상 같은 호 파목 외의 경우에는 대한민국 국적자만 국립묘지 안장이 가능한 것을 전제로 하고 있다고 볼 수 있고, 국적을 상실하더라도 안장될 수 있는 예외적인 사유를 명시적·제한적으로 규정하고 있는 것으로 보이므로, 무공훈장을 수여받은 외국인은 국립묘지법 제5조 제1항 제1호 라목에 따른 국립묘지 안장대상자가 될 수 없다고 해석하는 것이 입법체계에 부합하는 해석이라 할 것입니다. 더욱이, 입법연혁을 살펴보면, 구 「국립묘지령」 (2006.2.16. 대통령령 제19347호로 타법폐지되기 전의 것으로 이하 "구 국립묘지령"이라 함) 제3조 제1항에서는 국립묘지 안장대상자를 열거하면서, 외국인에 대하여는 별도의 호로 분리하여 "대한민국에 공로가 현저한 외국인 사망자 중 국방부장관의 제청에 의하여 국무회의의 심의를 거쳐 대통령이 지정한 자"(제7호)의 경우에만 예외적으로 국립묘지에 안장할 수 있도록 규정하고 있었는데, 종전에 국립묘지 관련법령에는 대통령령인 「국립묘지령」, 「국립4·19묘지규정」 및 「국립5·18묘지규정」이 있었으나 국립묘지의 설치 및 운영에 관한 기본적인 사항을 규정한 법률이 존재하지 아니하므로 국립묘지의 설치 및 운영에 관한 법률적 근거를 마련하기 위해 국립묘지법이 제정(국립묘지의 설치 및 운영에 관한 법률안 제정이유서 참조)되었다는 점에 비추어 볼 때, 국립묘지법은 구 국립묘지령의 원칙을 계승했다고 보는 것이 합리적인바, 그렇다면 대한민국 국적을 가진 자만 국립서울현충원 및 국립대전현충원의 안장대상이 되는 것이 원칙이라 할 것이고, 외국인은 국립묘지법 제5조 제1항 제1호 파목에 따른 국가나 사회에 현저하게 공헌한 사람 중 사망한 사람으로서 대통령령으로 정하는 요건을 갖춘 경우에만 예외적으로 국립서울현충원 및 국립대전현충원에 안장될 수 있다고 보는 것이 구체적 타당성을 갖는 해석이라 할 것입니다. 한편, 「상훈법」 제1조에 따르면 외국인도 훈장을 수여받을 수 있으나, 「상훈법」은 대한민국에 공로가 뚜렷한 사람에 대한 서훈에 관한 사항을 규정하기 위해 제정된 법률이고, 국립묘지법은 국가나 사회를 위하여 희생·공헌한 사람이 사망한 후 그를 안장하고 그 충의와 위훈의 정신을 기리며 선양하는 것을 목적으로 하는 법률(제1조)로서, 두 법은 그 입법취지 및 규율대상을 달리하는 법률이라 할 것인바, 국립묘지법은 그 입법목적에 따라 「상훈법」과는 별도로 국립묘지 안장대상자의 범위를 정할 수 있다고 할 것이므로, 이 사안과 같이 외국인이 「상훈법」 제13조에 따른 무공훈장을 수여받았다 하여 국립묘지법 제5조 제1항 제1호 라목에 따라 국립서울현충원 및 국립대전현충원에 안장될 수 있다고 단정할 수는 없다 할 것입니다. 따라서, 외국인이 「상훈법」 제13조에 따른 무공훈장을 수여받은 후 사망한 경우, 국립묘지법 제5조 제1항 제1

연금법」 제16조를 준용하되, 사관학교 등 군 양성교육기간을 포함한다)한 사람 중 전역·퇴역 또는 면역된 후 사망한 사람, ㉶ 전투에 참가하여 전사하였거나 임무 수행 중 순직한 예비군대원 또는 경찰관, ㉷ 군인·군무원 또는 경찰관으로 전투나 공무 수행 중 「국가유공자 등 예우 및 지원에 관한 법률」 제4조 제1항 제4호, 제6호 또는 제15호에 따른 상이(傷痍)를 입고 전역·퇴역·면역 또는 퇴직한 사람[「국가유공자 등 예우 및 지원에 관한 법률」 제74조에 따라 전상군경(戰傷軍警) 또는 공상군경(公傷軍警)으로 보아 보상을 받게 되는 사람을 포함한다]으로서 사망한 사람, ㉸ 화재 진압, 인명 구조, 재난·재해 구조, 구급 업무의 수행 또는 그 현장 상황을 가상한 실습훈련과 「소방기본법」 제16조의2 제1항 제1호부터 제4호까지의 소방지원활동 및 제16조의3 제1항의 생활안전활동 중 순직한 소방공무원과 상이를 입고 「국가유공자 등 예우 및 지원에 관한 법률」 제6조의4에 따른 상이등급을 받은 소방공무원으로서 사망한 사람, ㉹ 「국가유공자 등 예우 및 지원에 관한 법률」 제4조 제1항 제9호에 따른 6·25참전재일학도의용군인으로서 사망한 사람, ㉺ 「의사상자 등 예우 및 지원에 관한 법률」 제2조 제2호 및 제3호에 따른 의사자(義死者) 및 의상자(義傷者)로서 사망한 사람 중 대통령령으로 정하는 요건을 갖춘 사람, ㉻ 산불진화·교정업무 등 위험한 직무를 수행하는 공무원으로서 대통령령으로 정하는 요건에 해당하는 직무 수행 중 사망하여 관계 기관의 장이 순직공무원으로 안장을 요청한 사람, ㉼ 「국가유공자 등 예우 및 지원에 관한 법률」 제4조 제1항 제14호 및 제15호에 따른 순직공무원과 공상공무원(「국가유공자 등 예우 및 지원에 관한 법률」 제6조의4 제1항에 따라 상이등급 1급·2급·3급에 해당하는 부상을 입은 공상공무원에 한한다)으로서 카목의 대통령령으로 정하는 요건의 직무에 준하는 위험한 직무수행 중 사망 또는 부상하였다고 인정하여 제10조에 따른 안장대상심의위원회가 안장 대상자로 결정한 사람(경찰공무원과 소방공무원은 제외한다)15), ㉽ 국가나 사회에 현저하게 공헌한 사람(외국인을 포함한다) 중

호 라목에 따라 국립서울현충원 및 국립대전현충원에 안장될 수 있는 것은 아니라 할 것입니다(국가보훈처 - 무공훈장을 수여받고 사망한 외국인이 국립묘지 안장 대상자에 포함되는지 여부(「국립묘지의 설치 및 운영에 관한 법률」 제5조 등 관련)[법제처 12-0320, 2012.6.28, 국가보훈처]).

15) 「국립묘지의 설치 및 운영에 관한 법률」 제3조에 따라 국립묘지는 국립현충원과 국립호국원 등으로 나뉘는바, 직무 수행 중 사망하여 「국가유공자 등 예우 및 지원에 관한 법률」 제4조 제1

사망한 사람으로서 대통령령으로 정하는 요건을 갖춘 사람, ㉼「독도의용수비대 지원법」제2조 제1호에 따른 독도의용수비대의 대원으로서 사망한 사람이다.

2. 국립4 · 19민주묘지 및 국립3 · 15민주묘지

국립4·19민주묘지 및 국립3·15민주묘지에는 「국가유공자 등 예우 및 지원에 관한 법률」제4조 제1항 제11호부터 제13호까지의 규정에 따른 4·19혁명사망자와 4·19혁명부상자 또는 4·19혁명공로자로서 사망한 사람의 유골이나 시신을 안장한다.

3. 국립5 · 18민주묘지

국립5·18민주묘지에는 「5·18민주유공자예우에 관한 법률」제4조 제1호부터 제3호까지의 규정에 따른 5·18민주화운동사망자와 5·18민주화운동부상자 또는 그 밖의 5·18민주화운동희생자로서 사망한 사람의 유골이나 시신을 안장한다.

4. 국립호국원

국립호국원에는 ㉮「국가유공자 등 예우 및 지원에 관한 법률」제4조 제1항 제3호 또는 제5호에 해당하는 사람과 같은 항 제4호·제6호 또는 제7호에 해당하는 사람으

항 제5호에 따라 순직군경으로 등록된 소방공무원(지방소방공무원)이 「국립묘지의 설치 및 운영에 관한 법률」제5조 제1항 제1호 타목에 따른 국립현충원 안장을 위한 안장대상심의위원회 심의 대상이 되기 위한 요건인 ""국가유공자 등 예우 및 지원에 관한 법률」제4조 제1항 제13호에 따른 순직공무원"에 해당할 수 있는지? 【회답】직무 수행 중 사망하여 「국가유공자 등 예우 및 지원에 관한 법률」제4조 제1항 제5호에 따라 순직군경으로 등록된 소방공무원(지방소방공무원)은, 국립묘지법 제5조 제1항 제4호에 따라 국립묘지인 국립호국원 안장대상이 되는 것은 별론으로 하고, 국립묘지법 제5조 제1항 제1호 타목에 따른 국립묘지인 국립현충원 안장을 위한 안장대상심의위원회 심의 대상이 되기 위한 요건인 ""국가유공자 등 예우 및 지원에 관한 법률」제4조 제1항 제13호에 따른 순직공무원"에 해당할 수 없습니다(국가보훈처 - 순직군경으로 등록된 소방공무원이 「국립묘지의 설치 및 운영에 관한 법률」에 따른 안장대상심의위원회 심의 요건인 순직공무원에 해당할 수 있는지 여부(「국립묘지의 설치 및 운영에 관한 법률」제5조 제1항 제1호 타목 등)[법제처 11-0638, 2011.12.8, 국가보훈처]).

로서 사망한 사람, ㉣「참전유공자 예우 및 단체설립에 관한 법률」제2조 제2호에 따른 참전유공자로서 사망한 사람, ㉤「제대군인지원에 관한 법률」제2조 제1항 제2호에 따른 장기복무 제대군인으로서 사망한 사람의 유골이나 시신을 안장한다.

5. 국립신암선열공원

국립신암선열공원에는 「독립유공자예우에 관한 법률」제4조에 따른 순국선열 또는 애국지사로서 사망한 사람의 유골이나 시신을 안장한다.

국립묘지 안장대상 제외자

국립묘지의 설치 및 운영에 관한 법률은 안장대상자 뿐만 아니라 안장대상 제외자를 명문으로 규정하고 있다(국립묘지의 설치 및 운영에 관한 법률 제5조 제4항).[16]

국립묘지에 안장될 수 없는 사람으로는 ① 대한민국 국적을 상실한 사람. 다만, 제1항 제1호 나목 및 자목에 해당하는 사람은 제외한다. ② 국립묘지의 설치 및 운영에 관한 법률 제1항 제1호 다목의 사람(「국가유공자 등 예우 및 지원에 관한 법률」제4조 제

---

16) 국립묘지법 제5조 제4항 제5호는 심의위원회에 국립묘지 안장 대상자의 부적격 사유인 국립묘지의 영예성 훼손 여부에 대한 심의 권한을 부여하면서도 심의 대상자의 범위나 심의 기준에 관해서는 따로 규정하고 있지 않다. 국립묘지법이 국가나 사회를 위하여 희생·공헌한 사람이 사망한 때에는 국립묘지에 안장하여 그 충의와 위훈의 정신을 기리며 선양하는 것을 목적으로 하고 있음에 비추어 볼 때, 비록 그 희생과 공헌만으로 보면 안장 대상자의 자격요건을 갖추고 있더라도 다른 사유가 있어 그 망인을 국립묘지에 안장하면 국립묘지의 영예성을 훼손한다고 인정될 경우에는 안장 대상에서 제외함으로써 국립묘지 자체의 존엄을 유지하고 영예성을 보존하기 위하여 심의위원회에 다양한 사유에 대한 광범위한 심의 권한을 부여하고 있는 것이다. 따라서 영예성 훼손 여부에 대한 심의위원회의 결정이 현저히 객관성을 결여하였다는 등의 특별한 사정이 없는 한 그 심의 결과는 존중함이 옳다(대법원 2012. 5. 24. 선고 2011두8871 판결, 대법원 2013. 12. 26. 선고 2012두19571 판결 등).

1항 제3호 나목과 같은 항 제5호 나목에 해당하는 사람은 제외한다)으로서 복무 중 전사 또는 순직 외의 사유로 사망한 사람, ③「국가유공자 등 예우 및 지원에 관한 법률」제79조 제1항 제1호부터 제4호[17]까지 어느 하나에 해당하는 사람. 다만, 수형 사실 자

---

17) 국가유공자 등 예우 및 지원에 관한 법률 제79조(이 법 적용 대상으로부터의 배제) ① 국가보훈처장은 이 법을 적용받고 있거나 적용받을 국가유공자가 다음 각 호의 어느 하나에 해당하면 이 법의 적용 대상에서 제외하고 이 법 또는 다른 법률에 따라 국가유공자, 그 유족 또는 가족이 받을 수 있는 모든 보상을 하지 아니한다.
  1. 「국가보안법」을 위반하여 금고 이상의 실형을 선고받고 그 형이 확정된 사람
  2. 「형법」 제87조부터 제90조까지, 제92조부터 제101조까지 또는 제103조를 위반하여 금고 이상의 실형을 선고받고 그 형이 확정된 사람
  3. 다음 각 목의 어느 하나에 해당하는 죄를 범하여 금고 1년 이상의 실형을 선고받고 그 형이 확정된 사람
    가. 「형법」 제250조부터 제253조까지의 죄 또는 그 미수죄, 제264조의 죄, 제279조의 죄 또는 그 미수죄, 제285조의 죄 또는 그 미수죄, 제287조, 제288조(결혼을 목적으로 제288조 제1항의 죄를 범한 경우는 제외한다), 제289조(결혼을 목적으로 제289조 제2항의 죄를 범한 경우는 제외한다), 제290조, 제291조, 제292조(결혼을 목적으로 한 제288조 제1항 또는 결혼을 목적으로 한 제289조 제2항의 죄로 약취, 유인 또는 매매된 사람을 수수 또는 은닉한 경우 및 결혼을 목적으로 한 제288조 제1항 또는 결혼을 목적으로 한 제289조 제2항의 죄를 범할 목적으로 사람을 모집, 운송 또는 전달한 경우는 제외한다) 및 제294조(결혼을 목적으로 제288조 제1항 또는 결혼을 목적으로 제289조 제2항의 죄를 범한 경우의 미수범, 결혼을 목적으로 한 제288조제1항 또는 결혼을 목적으로 한 제289조 제2항의 죄로 약취, 유인 또는 매매된 사람을 수수 또는 은닉한 죄의 미수범은 제외한다)의 죄, 제297조부터 제301조까지, 제301조의2, 제302조, 제303조와 제305조의 죄, 제332조의 죄(제329조부터 제331조까지의 상습범으로 한정한다) 또는 그 미수죄, 제333조부터 제336조까지의 죄 또는 그 미수죄, 제337조부터 제339조까지의 죄 또는 제337조·제338조 전단·제339조의 미수죄, 제341조의 죄 또는 그 미수죄, 제351조(제347조, 제347조의2, 제348조, 제350조, 제350조의2의 상습범으로 한정한다)의 죄 또는 그 미수죄, 제363조의 죄
    나. 삭제 <2016.1.6>
    다. 「특정범죄가중처벌 등에 관한 법률」 제5조, 제5조의2, 제5조의4 및 제5조의5의 죄
    라. 「특정경제범죄 가중처벌 등에 관한 법률」 제3조의 죄
    마. 「성폭력범죄의 처벌 등에 관한 특례법」 제3조부터 제10조까지 및 제15조(제3조부터 제9조까지의 미수범으로 한정한다)의 죄

체가 「민주화운동 관련자 명예회복 및 보상 등에 관한 법률」 제2조 제2호[18])에 해당하는 사람으로서의 공적(功績)이 되는 경우에는 국립묘지에 안장할 수 있다. ④ 탄핵이나 징계처분에 따라 파면 또는 해임된 사람,[19]) ⑤ 그 밖에 제10조에 따른 안장대상심의위

바. 「아동·청소년의 성보호에 관한 법률」 제7조, 제8조, 제11조부터 제16조까지 및 제17조 제1항의 죄

4. 「국가공무원법」 제2조 및 「지방공무원법」 제2조에 규정된 공무원과 국가나 지방자치단체에서 일상적으로 공무에 종사하는 대통령령으로 정하는 직원으로서 재직기간 중 직무와 관련된 「형법」 제129조부터 제133조까지, 제355조부터 제357조까지의 죄, 「특정범죄 가중처벌 등에 관한 법률」 제2조 및 제3조의 죄를 범하여 금고 1년 이상의 형을 선고받고 그 형이 확정된 사람

18) 민주화운동 관련자 명예회복 및 보상 등에 관한 법률 제2조(정의) 이 법에서 사용하는 용어의 뜻은 다음과 같다. 1. "민주화운동"이란 1964년 3월 24일 이후 자유민주적 기본질서를 문란하게 하고 헌법에 보장된 국민의 기본권을 침해한 권위주의적 통치에 항거하여 헌법이 지향하는 이념 및 가치의 실현과 민주헌정질서의 확립에 기여하고 국민의 자유와 권리를 회복·신장시킨 활동을 말한다.

2. "민주화운동 관련자"(이하 "관련자"라 한다)란 다음 각 목의 어느 하나에 해당하는 사람 중 제4조에 따른 민주화운동관련자명예회복및보상심의위원회에서 심의·결정된 사람을 말한다.

가. 민주화운동과 관련하여 사망하거나 행방불명된 사람

나. 민주화운동과 관련하여 상이(傷痍)를 입은 사람

다. 민주화운동으로 인하여 대통령령으로 정하는 질병을 앓거나 그 후유증으로 사망한 것으로 인정되는 사람

라. 민주화운동을 이유로 유죄판결을 받거나 해직되거나 학사징계를 받은 사람

19) 「국립묘지의 설치 및 운영에 관한 법률」 제5조 제4항 제4호에 따르면 탄핵이나 징계처분에 따라 파면 또는 해임된 사람은 국립묘지에 안장될 수 없도록 하고 있는바, 「비상시경찰관특별징계령」(1950.7.22. 대통령긴급명령 제8호로 제정·시행되어 1963.4.17.폐지된 것을 말함) 제3조에 따라 징계처분으로서 면직처분을 받은 사람은 「국립묘지의 설치 및 운영에 관한 법률」 제5조 제4항 제4호에 따른 "징계처분에 따라 파면 또는 해임된" 것으로 보아 국립묘지(국립호국원)에 안장될 수 없는지? 【회답】「비상시경찰관특별징계령」(1950. 7. 22. 대통령긴급명령 제8호로 제정·시행되어 1963.4.17.폐지된 것을 말함) 제3조에 따라 징계처분으로서 면직처분을 받은 사람은 「국립묘지의 설치 및 운영에 관한 법률」 제5조 제4항 제4호에 따른 "징계처분에 따라 파면 또는 해임된" 것으로 보아 국립묘지(국립호국원)에 안장될 수 없다고 할 것입니다. 【이유】「국립묘지의 설치 및 운영에 관한 법률」(이하 "국립묘지법"이라 함) 제5조에서는 국립현충원, 국립민주묘지, 국립호국원 등의 국립묘지 종류별 안장 대상자를 규정하면서 같은

원회가 국립묘지의 영예성(榮譽性)을 훼손한다고 인정한 사람[20][21]이다.

조 제4항 제4호에서 탄핵이나 징계처분에 따라 파면 또는 해임된 사람은 국립묘지에 안장될 수 없도록 규정하고 있습니다. 한편, 「비상시경찰관특별징계령」(1950.7.22. 대통령긴급명령 제8호로 제정·시행되어 1963.4.17.폐지된 것을 말하며, 이하 같음) 제1조에서는 "비상사태계속 중 경찰관의 징계는 본령에 의한다. 단, 본령의 규정에 저촉하지 아니하는 국가공무원법의 징계에 관한 규정 및 공무원징계령의 규정은 본령에 의한 징계에도 적용한다"고 규정하고 있고, 같은 영 제3조제1호에서는 경찰관의 징계사유로 "국가공무원법 제45조 각호에 해당하는 소위가 있을 때"를 규정하고 있으며, 같은 영 제4조에서는 비상사태에서의 경찰관의 징계처분을 "면직, 강위, 정직, 감봉, 근신 또는 견책"으로 정하고 있고, 「비상시경찰관특별징계령」이 시행되던 때의 구「국가공무원법」(1950.3.3. 법률 제103호로 개정·시행된 것을 말함) 제45조에서는 징계처분으로서 "면직, 정직, 감봉 또는 견책"의 처분을 할 수 있다고 규정하고 있는바, 「비상시경찰관특별징계령」 제3조에 따라 "면직"의 징계처분을 받은 자는 국립묘지법 제5조 제4항 제4호에 따른 "징계처분에 따라 파면 또는 해임된" 것으로 보아 국립묘지(국립호국원)에 안장될 수 없는지가 문제됩니다. 먼저, 국립묘지법은 국립묘지의 설치와 운영에 관한 사항을 규정함으로써 국가나 사회를 위하여 희생·공헌한 사람이 사망한 후 그를 안장(安葬)하고 그 충의(忠義)와 위훈(偉勳)의 정신을 기리며 선양(宣揚)하는 것을 목적으로 하고 있고(제1조), 같은 법 제5조 제4항 제5호에서는 안장대상심의위원회가 국립묘지의 영예성(榮譽性)을 훼손한다고 인정한 사람을 안장대상자에서 제외하도록 하고 있는바, 이러한 규정들을 종합하여 볼 때 국립묘지법상 국립묘지 안장대상은 일반국민의 존경과 헌양의 대상으로 높은 도덕성 등을 갖춘 자로 제한되어야 할 것입니다. 그렇다면, 국립묘지법 제5조 제4항 제4호의 취지는 이러한 도덕성 등의 요건을 갖추지 못한 자를 국립묘지 안장대상에서 제외하려는 것으로, 특히 "징계처분에 따른 파면 또는 해임"은 "공무원징계령" 상 중징계 중에서도 가장 중한 처분들 중 하나로서 본인의 의사와 관계 없이 직권으로 공무원의 신분을 박탈하는 것, 즉, 통상 징계면직을 말하는 것이므로 이러한 중한 징계처분을 받은 자를 명시적으로 국립묘지 안장대상에서 배제한 것이라고 볼 수 있고, 「비상시경찰관특별징계령」 상 징계처분으로서 "면직"도 당시 가장 중한 징계처분으로서 본인의 의사와 관계없이 직권으로 경찰관의 신분을 박탈하는 것, 즉 징계면직하는 것이어서 국립묘지 안장대상자에서 제외하고 있는 사유인 "징계처분에 따른 파면 또는 해임"과 본질적으로 같다고 할 것이므로, "면직"의 징계처분을 받은 사람도 국립묘지 안장대상자에서 제외된다고 볼 수 있습니다. 따라서, 「비상시경찰관특별징계령」 제3조에 따라 징계처분으로서 면직처분을 받은 사람은 국립묘지법 제5조 제4항 제4호에 따른 "징계처분에 따라 파면 또는 해임된" 것으로 보아 국립묘지(국립호국원)에 안장될 수 없다고 할 것입니다(국가보훈처 - 징계처분으로 면직처분을 받은 자의 국립묘지 안장 여부(「국립묘지의 설치 및 운영에 관한 법률」 제5조 제4항 제4호 등 관련)[법제처 13-0074, 2013.4.15, 국가보훈처]).

그러나 국립묘지의 설치 및 운영에 관한 법률 제5조 제1항 제1호 나목, 제1항 제2호 또는 제1항 제3호의 안장 대상자가 안장 제외 대상에 해당하더라도, 수형 사실 자

---

20) (가) '국립묘지의 설치 및 운영에 관한 법률' (2008.3.28. 법률 제9078호로 개정된 것, 이하 '국립묘지법'이라 한다) 제1조의 입법목적과 제5조 제3항 제3호, 제19조 제1항, 제20조 제1항, 제22조 제2항 등을 함께 고려하면, 이 사건 법률조항의 '영예성'은 국가나 사회를 위하여 희생·공헌한 점뿐만 아니라, 그러한 희생·공헌의 점들이 그 전후에 이루어진 국가나 사회에 대한 범죄 또는 비행들로 인하여 훼손되지 아니하여야 한다는 것을 의미한다고 할 것인바, 그렇다면 '영예성의 훼손'은 국립묘지의 존엄 및 경건함을 해할 우려가 있는 반국가적·반사회적인 범죄 등을 저지른 경우에 해당하여야 한다고 충분히 예측할 수 있고, 그 심의를 담당하는 안장대상심의위원회는 다양한 분야에서 전문적인 지식을 가진 20명 이내의 위원들의 3분의 2 이상 찬성으로 의결하고 있어, 아무런 기준 없이 자의적으로 법적용을 할 수 있을 정도로 안장대상심의위원회에 지나치게 광범위한 재량권을 부여하고 있다고 볼 수 없으므로, 이 사건 법률조항들은 헌법상 명확성의 원칙에 위배되지 아니한다. (나) 이 사건 법률조항은 안장대상자의 부적격 사유인 '영예성 훼손' 여부를 심의위원회에서 인정할 수 있는 권한을 법률로써 직접 부여하고 있고, 안장대상자 부적격 여부에 대한 보다 구체적인 내용을 대통령령 등으로 정하도록 입법위임하고 있다고는 볼 수 없어, 포괄위임입법금지원칙에 위배되지 아니한다. 다. 국가유공자에 대한 생활의 유지·보장을 위한 예우의 측면이 강한 '국가유공자 등 예우 및 지원에 관한 법률'상의 국가유공자에 대한 대우와 국립묘지 자체의 경건함·엄숙함·영예성 역시 강조되고 있는 국립묘지법상의 국가유공자에 대한 대우는 그 입법목적 등에 따른 차이가 있다고 할 것이어서, 양 법에서 국가유공자를 다르게 대우하고 있다고 하여 차별이 존재한다고 보기 어려워, 헌법상 평등원칙에 위배되지 아니한다(헌재 2011.10.25, 2010헌바272).

21) 국가나 사회를 위하여 희생·공헌한 망자를 국립묘지에 안장함으로써 그의 정신을 기리며 선양하기 위한 국립묘지의 설치 및 운영에 관한 법률의 입법 목적에 비추어 국가기관은 국가나 사회를 위하여 희생·공헌한 망자에 대하여 그의 정신을 기리며 선양할 정도에 이르렀는지 여부를 판단할 필요가 있는 점, 그런데 이를 판단하는 경우 망자의 국가나 사회에 대한 공헌도를 비롯하여 인품, 그에 대한 역사적인 평가, 여론, 그가 끼친 악영향 등의 다양한 요소를 종합적으로 평가하여야 하므로 영예성을 훼손하는 경우를 법령에 모두 기술하는 것은 입법기술상 불가능하거나 곤란해 보이는 점, 위 국립묘지의 설치 및 운영에 관한 법률의 입법 목적 및 국립묘지에 안장될 수 없는 자를 정하고 있는 같은 법 제5조 제3항 제1 내지 4호의 내용 등에 비추어 국립묘지의 영예성을 훼손하는지 여부를 판단할 수 있는 대강의 기준이 제시되고 있다고 보이는 점 등을 종합하면, 국립묘지의 설치 및 운영에 관한 법률 제5조 제3항 제5호가 입법재량권을 일탈하였다거나 포괄위임입법금지원칙에 위반된다고 할 수 없다(서울행정법원 2010.6.4. 선고 2009구합56501 판결 : 항소 [국립묘지안장거부처분취소]).

체가 독립유공자, 국가유공자, 5·18민주유공자로서의 공적이 되는 경우에는 국립묘지에 안장할 수 있다(국립묘지의 설치 및 운영에 관한 법률 제5조 제5항). 또한 국립묘지의 설치 및 운영에 관한 법률 제5조 제4항 제1호 본문에도 불구하고 대한민국 국적을 가지지 아니한 사람은 대통령령으로 정하는 기준에 따라 제10조에 따른 안장대상심의위원회의 심의·결정으로 국립묘지에 안장할 수 있다(국립묘지의 설치 및 운영에 관한 법률 제5조 제6항).

국립묘지 안장대상심의위원회의 설치와 운영

1. 국립묘지 안장대상심의위원회의 설치

(1) 안장대상심의위원회의 심의 · 의결사항

다음 각 호의 사항을 심의하기 위하여 국가보훈처에 안장대상심의위원회를 둔다(국립묘지의 설치 및 운영에 관한 법률 제10조 제1항).

1. 국립묘지의 설치 및 운영에 관한 법률 제5조 제1항 제1호 차목(「의사상자 등 예우 및 지원에 관한 법률」 제2조 제2호 및 제3호에 따른 의사자(義死者) 및 의상자(義傷者)로서 사망한 사람 중 대통령령으로 정하는 요건을 갖춘 사람), 타목(국가유공자 등 예우 및 지원에 관한 법률」 제4조 제1항 제13호 및 제14호에 따른 순직공무원과 공상공무원(「국가유공자 등 예우 및 지원에 관한 법률」 제6조의4 제1항에 따라 상이등급 1급·2급·3급에 해당하는 부상을 입은 공상공무원에 한한다)으로서 카목의 대통령령으로 정하는 요건의 직무에 준하는 위험한 직무수행 중 사망 또는 부상하였다고 인정하여 제10조에 따른 안장대상심의위원회가 안장 대상자로 결정한 사람) 및 파목(국가나 사회에 현저하게 공헌한 사람(외국인을 포함한다) 중 사망한 사람으로서 대통령령으로 정하는 요건을 갖춘 사람)에 해당하는 사람의 안장 대상 해당 여부

2. 국립묘지의 설치 및 운영에 관한 법률 제5조 제3항 제2호(안장 대상자와 사망 당시에 사실혼 관계에 있던 사람. 이 경우 합장은 제10조에 따른 안장대상심의위원회의

결정에 따른다.)에 따른 사실혼 관계에 있던 사람의 안장 대상 해당 여부

　3. 국립묘지의 설치 및 운영에 관한 법률 제5조 제4항 제5호(그 밖에 제10조에 따른 안장대상심의위원회가 국립묘지의 영예성(榮譽性)을 훼손한다고 인정한 사람)에 따른 국립묘지의 영예성 훼손 여부

　3의2. 국립묘지의 설치 및 운영에 관한 법률 제5조 제6항(제4항 제1호 본문에도 불구하고 대한민국 국적을 가지지 아니한 사람은 대통령령으로 정하는 기준에 따라 제10조에 따른 안장대상심의위원회의 심의·결정으로 국립묘지에 안장할 수 있다.)에 해당하는 사람의 안장 대상 해당 여부

　4. 국립묘지의 설치 및 운영에 관한 법률 제12조 제2항(제1항에도 불구하고 제5조 제1항 제1호 가목의 대상자 중 대통령 외의 사람이나 같은 호 파목의 사람은 위원회에서 묘의 면적을 따로 정할 수 있다. 이 경우 묘의 면적은 26.4제곱미터를 넘을 수 없다.)[22]에 따른 묘의 면적 결정사항

　5. 국립묘지의 설치 및 운영에 관한 법률 제15조[23]에 따른 60년이 지난 후의 영구안장 또는 위패봉안 여부

　6. 그 밖에 안장 대상의 선정과 관련된 사항

---

22)　국립묘지의 설치 및 운영에 관한 법률 제12조(묘의 면적 등) ① 제5조 제1항에 따른 안장 대상자의 1기(基)당 묘의 면적은 다음 각 호와 같다.
　　1. 대통령의 직에 있었던 사람: 264제곱미터 이내
　　2. 대통령의 직에 있었던 사람 외의 사람: 3.3제곱미터
　　② 제1항에도 불구하고 제5조 제1항 제1호 가목의 대상자 중 대통령 외의 사람이나 같은 호 파목의 사람은 위원회에서 묘의 면적을 따로 정할 수 있다. 이 경우 묘의 면적은 26.4제곱미터를 넘을 수 없다. ③ 제5조 제3항에 따라 배우자를 함께 안장하는 경우에도 그 합장 후의 묘의 면적은 제1항과 제2항에 따른 1기당 묘의 면적을 넘을 수 없다. ④ 묘의 형태와 묘비 등 묘의 부속 구조물의 종류와 규격은 대통령령으로 정한다.
23)　국립묘지의 설치 및 운영에 관한 법률 제15조(안장기간) ① 국가보훈처장은 국립묘지의 안장(위패봉안의 경우는 제외한다)기간을 60년으로 하고, 60년이 지난 후에는 심의위원회의 심의를 거쳐 영구안장 또는 위패봉안 여부를 결정한다. 다만, 유족의 이장 요청이 있는 경우에는 그러하지 아니하다. ② 제1항에 따른 안장기간은 사망일부터 기산(起算)한다. 다만, 이 법 시행 전에 사망한 사람의 안장기간은 이 법 시행일부터 기산하고, 배우자를 합장하는 경우에는 나중에 사망한 사람을 기준으로 하여 기산한다.

(2) 안장대상심의위원회의 구성과 운영

1) 안장대상심의위원회의 구성

안장대상심의위원회는 위원장 1명을 포함한 20명 이내의 민·관 위원으로 구성한다(국립묘지의 설치 및 운영에 관한 법률 제10조 제4항). 안장대상심의위원회의 위원장은 국가보훈처 차장이 되고, 위원은 관련 중앙행정기관의 장의 추천을 받은 사람으로 한다(국립묘지의 설치 및 운영에 관한 법률 제10조 제5항).

안장대상심의위원회의 위원은 다음 각 호의 사람을 국가보훈처장이 성별을 고려하여 임명하거나 위촉한다(국립묘지의 설치 및 운영에 관한 법률 시행령 제8조 제1항).

1. 법무부장관, 국방부장관, 행정자치부장관, 문화체육관광부장관, 보건복지부장관, 국무조정실장 및 국가보훈처장이 소속 고위공무원 중에서 추천·지명하는 7명
2. 학식과 경험이 풍부한 사람으로서 관계 중앙행정기관의 장이 추천하는 사람 중 9명

안장대상심의위원회의 위원장은 심의위원회를 대표하고, 심의위원회를 소집한다. 다만, 심의위원회의 위원장이 부득이한 사유로 그 직무를 수행할 수 없을 때에는 국가보훈처장이 지정하는 심의위원회의 위원이 그 직무를 대행한다(국립묘지의 설치 및 운영에 관한 법률 시행령 제8조 제2항). 국립묘지의 설치 및 운영에 관한 법률 시행령 제8조 제1항 제2호의 심의위원회 위원의 임기는 2년으로 한다(국립묘지의 설치 및 운영에 관한 법률 시행령 제8조 제3항).[24]

---

24) 국립묘지의 설치 및 운영에 관한 법률 시행령 제8조의2(심의위원회 위원의 해임 및 해촉) 국가보훈처장은 제8조 제1항 제1호 및 제2호에 따른 위원이 다음 각 호의 어느 하나에 해당하는 경우에는 해당 위원을 해임하거나 해촉(解囑)할 수 있다.
  1. 심신장애로 인하여 직무를 수행할 수 없게 된 경우
  2. 직무와 관련된 비위사실이 있는 경우
  3. 직무태만, 품위손상이나 그 밖의 사유로 인하여 위원으로 적합하지 아니하다고 인정되는 경우
  4. 위원 스스로 직무를 수행하는 것이 곤란하다고 의사를 밝히는 경우

2) 안장대상심의위원회의 운영과 회의

안장 대상자의 선정에 관한 안장대상심의위원회의 심의는 접수 후 30일 이내에 끝내야 한다(국립묘지의 설치 및 운영에 관한 법률 제10조 제2항). 안장대상심의위원회는 심의에 필요한 때에는 관계인을 출석시키거나 조사할 수 있으며, 국가·지방자치단체, 그 밖의 공공기관에 관계 사항의 보고나 자료 제출을 요구할 수 있다(국립묘지의 설치 및 운영에 관한 법률 제10조 제3항).

안장대상심의위원회의 회의는 위원 9명 이상의 출석으로 개의하고, 출석위원의 3분의 2 이상의 찬성으로 의결한다. 다만, 회의에 부치는 안건의 내용이 경미하거나 회의를 소집할 시간적 여유가 없는 경우에는 서면으로 의결할 수 있다(국립묘지의 설치 및 운영에 관한 법률 시행령 제9조 제1항). 안장대상심의위원회의 위원장은 회의를 소집하려면 회의 개최 5일 전까지 회의 일시·장소 및 안건을 위원에게 알려야 한다. 다만, 긴급한 경우나 부득이한 사유가 있는 경우에는 그러하지 아니하다(국립묘지의 설치 및 운영에 관한 법률 시행령 제9조 제2항). 안장대상심의위원회에 안건 관리 및 회의록 기록 등의 업무를 처리할 간사 1명을 두되, 간사는 국가보훈처 소속 공무원 중에서 위원장이 임명한다(국립묘지의 설치 및 운영에 관한 법률 시행령 제9조 제3항).

2. 국립묘지 안장대상심의위원회 운영규정

국립묘지 안장대상심의위원회 운영규정은 「국립묘지의 설치 및 운영에 관한 법률」 제10조 및 같은 법 시행령 제8조에 따라 국립묘지안장대상심의위원회의 운영에 관하여 위임된 사항과 그 시행에 필요한 사항을 규정함을 목적으로 한다(동 운영규정 제1조).[25][26]

---

25) [국가보훈처훈령 제1189호, 2017.11.22., 일부개정][시행 2017.11.22.].

26) "구 국립묘지안장대상심의위원회 운영규정(2010. 12. 29. 국가보훈처 훈령 제956호로 개정되기 전의 것)은 국가보훈처장이 심의위원회의 운영에 관하여 구 국립묘지의 설치 및 운영에 관한 법률(2011. 8. 4. 법률 제11027호로 개정되기 전의 것) 및 시행령에서 위임된 사항과 그 시행에 필요한 사항을 규정함을 목적으로 하여 국가보훈처 훈령으로 제정된 것으로서, 영예성 훼손 여부 등에 관한 판단의 기준을 정한 행정청 내부의 사무처리 준칙이다. 이는 대외적으로 국민이나 법원을 기속하는 효력이 없으므로, 그에 따른 처분의 적법 여부는 위 기준만이 아니라 관계 법령의 규정 내용과 취지에 따라 판단해야 한다. 따라서 위 기준에 부합한다고 하여 곧바

(1) 국립묘지 안장대상심의위원회의 구성

「국립묘지의 설치 및 운영에 관한 법률 시행령」 제8조 제1항 제1호에 따른 안장대상심의위원회의 공무원인 위원은 국무조정실 일반행정정책관, 국가보훈처 보훈예우국장, 법무부 법무심의관, 국방부 인사기획관, 행정안전부 의정관, 문화체육관광부 정책기획관, 보건복지부 사회서비스정책관의 직위에 있는 사람으로 한다(국립묘지 안장대상심의위원회 운영규정 제2조 제1항).

「국립묘지의 설치 및 운영에 관한 법률 시행령」 제8조 제1항 제2호에 따른 학식과 경험이 풍부한 사람으로서 관계 중앙행정기관의 장이 추천하는 위원은 ① 학계, 보훈단체, 법조계 등 국립묘지 관리·운영·안장 및 제도 관련 분야 전문가, ② 국가보훈업무 관련 분야에서 공무원 경력이 20년 이상인 사람으로 한다(국립묘지 안장대상심의위원회 운영규정 제2조 제2항).

국가보훈처장은 위촉 위원 후보자별로 위원으로서의 직무 적합성 여부를 확인하기 위하여 후보자가 작성한의 직무윤리 사전진단서(별지 제6호 서식)를 진단한 후 그 결과에 따라 위원을 위촉하여야 한다(국립묘지 안장대상심의위원회 운영규정 제3조의2 제1항). 위원을 신규 위촉하는 경우에는 위원회 업무의 공정한 직무 수행을 위하여 직무윤리서약서(별지 제7호 서식)를 작성하게 하여야 한다(국립묘지 안장대상심의위원회 운영규정 제3조의2 제2항).

국가보훈처장이 국립묘지 안장대상심의위원회의 위원장 직무대행자를 미리 지정하지 아니한 때에는 국가보훈처 보훈예우국장이 그 직무를 대행한다(국립묘지 안장대상심의위원회 운영규정 제2조 제3항). 국립묘지 안장대상심의위원회의 간사는 국가보훈처 예우정책과장으로 한다. 다만, 간사가 부득이한 사유로 그 직무를 수행할 수 없을 때에는 국립묘지에 관한 업무를 담당하는 공무원이 그 직무를 대행할 수 있다(국립묘지 안장대상심의위원회 운영규정 제2조 제4항).

로 당해 처분이 적법한 것이라고 할 수는 없지만, 위 기준 자체로 헌법 또는 법률에 합치되지 않거나 이를 적용한 결과가 처분사유의 내용 및 관계 법령의 규정과 취지에 비추어 현저히 부당하다고 인정할 만한 합리적인 이유가 없는 한, 섣불리 위 기준에 따른 처분이 재량권의 범위를 일탈하였거나 재량권을 남용한 것이라고 판단해서는 안 된다."(대법원 2013.12.26, 2012두19571).

(2) 안장실무운영위원회 구성

안장심의실무운영위원회의 위원장은 국가보훈처 보훈예우국장으로 하고 실무운영위원회의 위원은 국무조정실 일반행정정책관실 과(팀)장, 국가보훈처 예우정책과장, 법무부 법무심의관실 검사, 국방부 인사기획관실 과장, 행정안전부 의정담당관, 문화체육관광부 기획행정담당관, 보건복지부 사회서비스자원과장으로 한다(국립묘지 안장대상심의위원회 운영규정 제3조 제1항). 국립묘지 안장대상심의위원회의 위원장이 위촉하는 실무위원은 제2조 제2항의 규정을 준용한다. 이 경우 "위원"은 "실무위원"으로 본다(국립묘지 안장대상심의위원회 운영규정 제3조 제2항). 실무운영위원회 간사는 국가보훈처 국립묘지업무 담당사무관으로 한다(국립묘지 안장대상심의위원회 운영규정 제3조 제3항).

(3) 국립묘지 안장대상심의위원회의 심의 · 의결사항

국립묘지 안장대상심의위원회가 심의·의결하는 사항은 다음 각 호와 같다(국립묘지 안장대상심의위원회 운영규정 제4조 제1항).

1. 국립묘지의 설치 및 운영에 관한 법률 제5조 제1항 제1호 차목의 의사상자와 타목의 순직·공상공무원 및 파목의 국가사회공헌자의 안장대상 해당여부
2. 국립묘지의 설치 및 운영에 관한 법률 제12조 제2항에 따라 국회의장, 대법원장, 헌법재판소장, 국가장으로 장례된 사람(대통령은 제외한다) 및 국가사회공헌자의 묘의 면적 결정에 관한 사항
3. 국립묘지의 설치 및 운영에 관한 법률 제5조 제3항에 따라 사실혼 관계에 있던 배우자의 안장대상 해당여부
4. 다음 각 목의 어느 하나에 해당되는 경우에 법 제5조 제4항 제5호의 규정에 따른 영예성 훼손여부
   가. 금고 이상의 형의 선고를 받고 그 형이 확정된 사람
   나. 그 밖에 국가보훈처장 또는 국방부장관이 안장대상심의위원회에서 심의가 필요하다고 인정하는 경우
5. 국립묘지의 설치 및 운영에 관한 법률 제15조에 따라 안장기간 60년이 경과한 후 영구안장 또는 위패봉안여부
6. 그 밖에 국가보훈처장이 필요하다고 인정하여 위원회에 부의하는 사항

실무운영위원회에서는 국립묘지 안장대상심의위원회 운영규정 제4조 제1항의 제1호 또는 제4호의 안건에 대해 검토한 후 국립묘지 안장대상심의위원회에 그 결과를 보고할 수 있다(국립묘지 안장대상심의위원회 운영규정 제4조 제2항).

국립묘지 안장대상심의위원회 운영규정 제4조 제1항 제4호에 따른 영예성 훼손여부는 ① 과실의 경중 또는 우발적인 행위여부, ② 상대방이 입은 피해의 경중 또는 생계형 범죄여부, ③ 피해자와 합의 및 변제 등 적극적인 피해구제 노력여부, ④ 입대 이전 범행여부, ⑤ 안장대상자 자격요건 취득(유공시점 기준) 이전 범행여부, ⑥ 사면·복권 여부, ⑦ 병적말소, 행방불명 및 전역사유 미확인자 등 병적사항이상 여부, ⑧ 국가적·사회적 법익에 반하는 범죄로써 큰 피해를 발생시켰는지 여부, ⑨ 누범·상습범인지 여부, ⑩ 국가·사회에 기여한 정도(상훈법에 따른 훈·포장자, 정부 표창규정에 따른 표창자, 상이정도, 전쟁 참여 등)의 정상참작 사유를 종합적으로 고려하여 심의·의결한다(국립묘지 안장대상심의위원회 운영규정 제4조 제3항).

(4) 국립묘지 안장대상심의위원회의 회의방법과 회의소집

1) 국립묘지 안장대상심의위원회의 회의방법

국립묘지 안장대상심의위원회의 회의는 소집회의와 서면회의로 구분하여 개최한다(국립묘지 안장대상심의위원회 운영규정 제5조 제1항). 국립묘지 안장대상심의위원회 위원장은 소집회의의 개최가 어렵다고 판단하는 경우나 회의를 소집할 시간적 여유가 없는 경우에는 서면회의로 개최할 수 있다(국립묘지 안장대상심의위원회 운영규정 제5조 제2항). 소집회의 진행방식은 안건 제안자 측의 안건 설명, 토론, 의견 수렴 또는 표결, 의결의 순으로 진행한다(국립묘지 안장대상심의위원회 운영규정 제5조 제3항). 소집회의 시 안건의 "보류"는 사실관계에 대한 조사가 미진하거나 반드시 필요한 전문가의 의견청취를 하지 못한 경우 등 보완될 수 있는 사유가 있는 경우에만 할 수 있다(국립묘지 안장대상심의위원회 운영규정 제5조 제4항). 국립묘지 안장대상심의위원회를 운영함에 있어 위원들이 민주적이고 자율적으로 의사표시를 할 수 있도록 중립적이고 공정하게 운영하여야 한다(국립묘지 안장대상심의위원회 운영규정 제5조 제5항). 소집회의는 비공개를 원칙으로 한다(국립묘지 안장대상심의위원회 운영규정 제5조 제6항).

2) 국립묘지 안장대상심의위원회의 회의소집

국립묘지 안장대상심의위원회의 회의 개최는 위원장이 회의개최 5일전까지 회의 일정과 안건을 국립묘지 안장대상심의위원회 위원에게 통보하여야 한다. 다만, 긴급한 경우나 부득이 한 사유로 위원회를 개최할 필요가 있는 경우에는 그러하지 아니한다(국립묘지 안장대상심의위원회 운영규정 제6조 제1항). 국립묘지 안장대상심의위원회의 소집회의에 공무원인 위원으로 대리 참석할 수 있는 위원은 과(팀)장급 이상으로 하며, 회의진행 중 즉석에서 상정된 안건에 대하여는 의결 권한이 없다(국립묘지 안장대상심의위원회 운영규정 제6조 제2항). 서면회의 개최를 위원들에게 통보를 할 때에는 회의일시, 서면의결서 제출기간, 안건을 명확하게 기재한 통보 문서를 작성해서 위원장의 결재를 받아 시행하여야 한다(국립묘지 안장대상심의위원회 운영규정 제6조 제3항).

(5) 안건의 검토

국립묘지 안장대상심의위원회의 간사는 심의가 필요하여 회부된 안건을 위원회에서 심의하기 전에 구비서류 완비여부 및 내용 등을 미리 검토한 후, 안건제안서를 작성하여야 한다. 다만, 검토결과 미비사항이 발견되었을 때에는 필요한 기간을 정하여 관련 기관과 유족 등 이해관계인으로부터 관계 자료를 제출받아 보완 작성하여야 한다(국립묘지 안장대상심의위원회 운영규정 제7조 제1항). 국립묘지 안장대상심의위원회의 간사는 내용검토를 마친 때에는 심의 의결서를 작성하여 안건제안서와 함께 심의위원회에 회부하여야 한다(국립묘지 안장대상심의위원회 운영규정 제7조 제2항). 국립묘지 안장대상심의 위원은 안건에 대하여 심의 의결서를 작성하여 연월일을 기재하고 기명날인 또는 서명하여 제출하여야 한다(국립묘지 안장대상심의위원회 운영규정 제7조 제3항).

(6) 기타

국립묘지 안장대상심의위원회의 간사는 회부된 안건에 대한 위원의 의사를 수합하고 서식에 따른 결정서를 작성하여야 한다(국립묘지 안장대상심의위원회 운영규정 제8조). 국립묘지 안장대상심의위원회에서는 심의·의결된 사항을 별지 제4호 서식에 따른 심의결과통보서나 공문으로 심의 의결자 명단을 붙여 해당기관에 송부하여야 한다(국립묘지 안장대상심의위원회 운영규정 제9조). 국립묘지 안장대상심의위원회의 간사는 회의록을 작성·비치하여야 한다(국립묘지 안장대상심의위원회 운영규정 제10조).

국립묘지 안장대상심의위원회의 안건처리는 서면으로 심의함을 원칙으로 하되 필요하다고 판단되는 경우에는 이해관계인을 출석하게 하여 의견을 들을 수 있다(국립묘지 안장대상심의위원회 운영규정 제11조 제2항).

국립묘지 안장에 관한 판례의 동향과 검토

국립묘지 안장대상심의위원회의 '국립묘지 안장거부처분 취소청구' 또는 '국립묘지 안장(이장) 비대상 결정 취소청구' 관련 대법원과 하급법원 판례의 동향을 살펴본다. 국립묘지 안장 유무는 국립묘지 '영예성' 훼손여부에 따라 결정된다고 볼 수 있다.

1. 국립묘지 안장에 관한 판례의 동향과 검토

「국립묘지의 설치 및 운영에 관한 법률」 제5조와 제10조는, 안장대상심의위원회의 설치 근거를 마련하고 안장 제외사유인 '국립묘지의 영예성 훼손 여부'에 대한 판단 권한을 부여하고 있다. 이처럼 '영예성 훼손'이라는 불확정개념을 사용하면서도 구체적 심사 기준은 따로 마련되어 있지 않아서 처분의 적법성에 대한 논란이 분분하게 되었다.[27]

국립묘지법의 입법취지와 국립묘지 안장은 국가유공자와 그 유족에 대한 응분의 예우만이 아니라 국민들의 애국정신 함양에도 중점을 두고 있는 바, '영예성'이라는 개념이 판단의 여지가 있는 추상적이고 포괄적인 개념이기는 하지만 이를 법령에 구체적으로 모두 기술하는 것은 입법기술상 불가능하거나 곤란해보이므로 국가기관이 국립묘지 설치의 취지를 살려 해석하고 판단하고 있다.

---

27) 박성철, "판례해설-국가유공자 국립묘지 안장 대상자 결정 사건", 「법률신문」, 2016.4.20.

대법원을 비롯하여 각급법원의 판례를 보면, ① 전역사유 미확인자를 국립묘지 안장대상에서 제외하도록 한 구 국립묘지안장대상심의위원회 운영규정 제4조 제4항 제2호가 구 국립묘지의 설치 및 운영에 관한 법률의 취지에 맞는 합리적인 것인지 여부 및 그에 따라 이루어진 안장거부처분이 재량권을 일탈·남용하여 위법한 것이라는 점에 관한 증명책임의 소재에 대하여, 대법원은 "일반적으로 구 국립묘지안장대상심의위원회 운영규정(2010.12.29. 국가보훈처 훈령 제956호로 개정되기 전의 것, 이하 '운영규정'이라 한다) 제4조 제4항 제2호 규정에서 정한 것과 같은 병적의 이상이 있는 경우에는 안장이 신청된 망인에게 국립묘지의 영예성을 훼손할 사유가 존재할 가능성이 높고, 나아가 그러한 사유가 있더라도 영예성이 훼손되지 않는다고 볼 수 있는 특별한 사유가 인정되는 경우에는 안장대상에서 제외하지 않도록 규정한 점에 비추어, 위 규정은 구 국립묘지의 설치 및 운영에 관한 법률(2011.8.4. 법률 제11027호로 개정되기 전의 것)의 취지에 부합하는 합리적인 것이라고 할 수 있다. 그리고 6·25전쟁 당시의 사회상 등에 비추어 병적에서 전역사유가 확인되지 않는 경우라면 정상적인 전역이 이루어지지 않았을 가능성이 높고, 정상적인 전역이 이루어졌음에도 병적기록 등이 잘못되어 있다면 망인 측에서 다른 방법으로 이를 증명할 수도 있는 점 등의 사정을 고려해 볼 때, 안장대상에서 일단 제외되는 범위에 전역사유 미확인자를 포함시킨 부분 역시 객관적 합리성을 갖춘 것으로 볼 수 있다. 그러므로 위와 같은 운영규정에 따라 이루어진 안장거부처분은 특별한 사정이 없는 한 재량권 범위 내의 것으로 적법하고, 그것이 재량권을 일탈·남용하여 위법한 것이라는 점은 그 처분의 효력을 다투는 당사자가 구체적으로 그 사유를 주장·증명해야 한다."[28]판시하고 있다. ② 군용 휘발유를 횡령하여 군용물횡령죄로 선고유예 판결을 받고 그로 인해 군에서 제적된 원고에 대하여 국립묘지의 영예성을 훼손한다는 이유로 원고의 국립묘지 안장 신청을 거부한 것은 적법하다(서울행정법원 2016. 7. 15. 선고 2016구합51269).[29]

---

28) 대법원 2013.12.26, 2012두19571[국립묘지안장거부처분취소].
29) 원고 주장과 같이 망인이 범행에 소극적으로 가담한 사정이 참작되어 선고유예 판결을 받았고, 군 복무 기간 중 월남전에 참전하였으며, 지휘관으로부터 수차례 표창 등을 받았다는 사정이 있다고 하더라도 과실범이 아니고 정상 전역한 경우에도 해당하지 아니하므로 횡령의 유죄 판결에 따른 제적에도 불구하고 망인을 국립묘지에 안장할 특별한 사정이 있다고 보기 어렵다고 보아 망인을 국립묘지의 영예성을 훼손한 경우에 해당한다고 한 안장대상심의위원회의 결

③ 망인은 전시도망죄의 범죄사실로 징역 5월에 집행유예 1년을 선고받았다. 망인이 범죄로 금고 이상의 형의 선고를 받고 그 형이 확정된 점, 망인이 전시상 도망상태에 있었던 기간은 약 9개월로서 이를 단순히 우발적인 행위로 평가하기는 어렵고, …중략… 비록 망인이 특별사면을 받았고 약 30년간 군복무를 성실히 수행하였으며 월남전에 참전하여 무공훈장을 받는 등 그 희생과 공헌만으로 보면 안장 대상자의 자격요건을 갖추고 있다고 하더라도, 앞서 본 사정을 고려하여 망인을 국립묘지에 안장하는 것이 국립묘지의 영예성을 훼손한다고 판단한 심의위원회의 결정이 현저히 객관성을 결여하였다고 보기는 어렵다(서울행정법원 2016.3.18, 2015구합9766). ④ 전상군경 3급의 국가유공자로 등록된 망인에게 상습도박과 무고 등으로 2회에 걸쳐 형의 집행유예를 받은 전력이 있어 국립묘지의 영예성을 훼손하였다는 이유로 국립묘지 안장신청을 거부한 처분은 국립묘지의 설치 및 운영에 관한 법률의 입법목적에 비추어 재량권을 일탈·남용한 것으로 볼 수 없다(서울행정법원 2010.6.4, 2009구합56501). ⑤ A의 의료법위반 행위[30]는 그 불법에 대한 비난가능성이 적지 않을 뿐만 아니라 국립묘지법의 입법취지와 국립묘지 안장은 국가유공자와 그 유족에 대한 응분의 예우만이 아니라 국민들의 애국정신 함양에도 중점을 두고 있는 점 등을 고려하여 보면, A을 국립묘지에 안장하는 것은 국립묘지의 영예성(榮譽性)을 훼손한다고 보아 망인을 국립묘지안장비대상자로 결정한 피고의 이 사건 처분이 그 정당성과 객관성을 상당히 결여하여 위법하다고 볼 수 없다(서울행정법원 2009.1.14, 2008구합40332). ⑥ 망인이 사기죄 등의 범죄사실로 기소되어 두 차례에 걸쳐 징역형을 선고받았고,[31] 각

정이 현저히 합리성을 상실하여 재량권의 범위를 일탈하였거나 재량권을 남용하였다고 보기도 어렵다(서울행정법원 2016.7.15, 2016구합51269).

30) A은 "의사면허가 없음에도 불구하고, 1967. 11. 24.경 강원 XX읍 XX리 소재 자신의 집에서 OOO로부터 임신 2개월의 태아의 낙태수술을 의뢰받고 질경구에 '부지'를 넣고 주사기를 사용하여 '리바노루' 20cc를 주입하고 치료비조로 금 1,000원을 교부받아 의료업을 하였다"는 범죄사실(이하 '이 사건 범죄'라 한다)로 춘천지방법원 강릉지원67고XXXX호로 기소되어 1968. 2. 23. 같은 법원에서 징역 6월에 집행유예 2년의 형을 선고받았고, 그 무렵 위 판결이 확정되었다(서울행정법원 2009.1.14, 2008구합40332).

31) 망인이 위 75노8112 사건에서 피해자의 남편을 취직시켜주겠다고 기망하여 피해자로부터 150,000원을 편취하였다는 범죄사실로 기소되어 징역 10월을 선고받은 사실, 위 79노3367 사건에서 피해자 명의의 월부매매계약서를 위조하고, 이를 행사한 사실 및 이를 이용하여 시가

범행의 위법성 및 비난가능성이 작지 않은 점, 국립묘지의 설치 및 운영에 관한 법률의 입법 목적, 국립묘지의 안장이 국가유공자와 그 유족에 대한 응분의 예우뿐만 아니라 국민들의 애국정신 함양에도 중점을 두고 있는 점 등을 종합해 볼 때, 망인을 국립묘지에 안장하는 것이 국립묘지의 영예성을 훼손한다고 보아 망인을 국립묘지안장 비대상자로 결정한 처분이 정당성과 객관성을 현저히 결여하여 재량권을 일탈·남용하였거나 달리 위법하다고 볼 수 없다(수원지법 2011.3.24, 2010구합15651판결:확정). ⑦ 전상군경 국가유공자로 등록되었던 부친이 사망하여 자녀가 망인을 국립묘지인 국립이천호국원에 안장해 줄 것을 신청하였으나, 공무집행방해죄 및 상해죄로 징역 6월을 선고받아 형이 확정[32]된 적이 있는 망인의 안장은 국립묘지의 영예성을 훼손한다는 내용의 국립묘지안장대상심의위원회 의결에 따라 국립이천호국원장이 국립묘지안장 비대상자 결정 통지를 한 사안에서, 망인의 범행이 우발적이고 가담 정도가 경미하며 피해 정도도 크지 아니한 점, 망인이 초범이고 범행 이후 전과 없이 성실하게 살아온 것으로 보이는 점, 망인이 평생 신체적 고통을 겪었고 경제적 어려움 속에 살아온 점 등 여러 정상참작 사유와 국립묘지의 설치 및 운영에 관한 법률의 입법 목적을 종합적으로 고려해 보면, 위 처분이 재량권을 일탈·남용하여 위법하다(수원지법 2011.8.11, 2011구합2607판결:확정).

대법원을 비롯하여 각급 법원은 안장대상자로 신청된 자가 상당히 무거운 범죄경력이 있는 경우에 그 정당성과 객관성이 상당히 결여되어 있다고 볼 만한 특별한 사정이 없는 이상, '국립묘지안장대상심의위원회'의 국립묘지안장 비대상자 결정처분은 위법하지 않다고 보고 있다.

80,000원 상당의 고려인삼녹용환 2개를 편취하였다는 범죄사실로 기소되어 징역 10월을 선고받은 사실을 인정할 수 있다(수원지법 2011.3.24, 2010구합15651판결:확정).

32) 한편 위 형이 확정된 공무집행방해죄 및 상해죄의 범죄 사실은 "1960. 9. 27. 20:20경 봉화경찰서 직할파출소 순경 소외 2가 경북 봉화군 봉화면 포저리 소재 세무서 앞 노상에서 소외 3이 소외 4와 싸움을 한다는 신고를 접하고 그곳에 임하여 싸움을 만류하자, 소외 3은 음주한 기분으로 '네가 무어냐, 경찰관이면 제일이냐'는 등 협박하면서 주먹으로 얼굴을 2회 구타하였고, 그곳에 있던 망인 역시 음주한 기분으로 이에 가세하여 소외 2의 얼굴을 주먹으로 2회 구타하고, 다시 소외 3이 소외 2를 땅에 넘어뜨린 후 얼굴과 다리를 1회씩 발로 차서, 직무를 집행하는 공무원 소외 2를 폭행 및 협박함과 동시에 전치 1주일을 요하는 상해를 가하였다."는 것이다(수원지법 2011.8.11, 2011구합2607판결:확정).

2. 국립묘지안장대상심의위원회 활동과 회의록 공개 문제

강창성 의원[33])의 유족이 국가보훈처 안장대상심의위원회 회의록 공개하라고 소송을 제기한 것은, 전두환 전 대통령 비자금 조성 관련 뇌물 수수 및 방조죄로 징역 2년 6월의 실형을 선고받은 고 안현태 전 청와대 경호실장이 2011년 국립묘지에 안장됐기 때문이다. 신군부와 대립했다는 이유로 강창성씨는 국립묘지에 안장되지 못한 반면 신군부 세력이었던 안현태씨는 뇌물죄를 저지르고도 국립묘지에 버젓이 안장되는 소식을 접하고 국립묘지 안장이 거부당한 이유를 알고 싶다며 국가보훈처 안장 대상 심의위원회 회의록을 보여 달라고 보훈처에 요청했다. 보훈처는 거부했고, 유족들은 심의위 회의록을 보여 달라고 소송을 냈다.[34])

대법원 특별1부는 고(故)강창성 전 의원의 유족이 "국립묘지 안장 대상자를 정한 심의위원회의 회의록을 공개하라"며 국가보훈처를 상대로 낸 정보공개청구 불허가 처분 취소소송 상고심(2014두43356)에서 원고일부승소 판결한 원심을 깨고 원고패소 취지로 2015년 2월 26일 사건을 서울고법으로 돌려보냈다.[35])

---

33) 1949년 육군사관학교 8기로 임관한 고 강창성 보안사령관은 한국전쟁에 참전해 화랑무공훈장 2개, 충무무공훈장 1개를 받았다. 육사 동기 중 가장 먼저 대령을 달았던 그는 장군도 가장 먼저 됐다. 1971년 보안사령관이 된 강씨는 1973년 '윤필용 사건' 수사를 담당해 군내 불법 사조직 '하나회'를 적발했다. 윤필용 사건은 1973년 4월 윤필용 당시 수도경비사령관이 이후락 중앙정보부장에게 '박정희 대통령이 노쇠했으니 형님이 후계자가 돼야 한다'는 발언을 했다가 쿠데타 모의 혐의로 전두환 등 후배 군간부들까지 처벌받은 사건이다. 강씨는 1976년 예편한 뒤 해운항만청장 등을 지냈다. 1990년대 들어서는 민주당 국회의원으로 정치에 입문해 민주당 총재 권한대행, 1997년에는 한나라당 총재 권한대행도 역임했다. 그러다 2006년 2월 강씨는 76세로 사망했다. 강씨는 국립묘지에 안장되지 못했다. 이유는 실형을 선고받았기 때문이다. 강씨는 1980년 하나회를 중심으로 한 신군부가 정권을 잡은 뒤 3년형을 선고받아 2년6개월가량 옥고를 치렀다. 해운업계로부터 뇌물을 받았기 때문이지만 하나회 수사 이력 등 신군부와 대립한 것도 원인이었다. 당시에는 금고 이상의 형을 선고받은 자는 국립묘지에 안장될 수 없었다(5공 비리인사 묻힌 국립묘지, 신군부 맞선 장군은 못가,「경향신문」, 2015년 3월 2일, 2면).

34) "5공 비리인사 묻힌 국립묘지, 신군부 맞선 장군은 못가",「경향신문」, 2015년 3월 2일, 2면.

35) "[판결] 대법원 "국립묘지 안장 심의위 회의록 비공개는 정당"-고(故) 강창성 전 의원 유족 정보공개訴 원고패소 취지 파기환송", 법률신문, 2015년 3월 2일 참조.

대법원은 "국립묘지의 설치 및 운영에 관한 법률 제5조, 제10조 제1항, 국립묘지의 설치 및 운영에 관한 법률 시행령 제13조에 의하면, 안장 대상으로 신청된 사람이 위 관계 법령이 규정한 일정한 사유에 해당하여 피고 등이 심의위원회에 심의를 의뢰한 경우 심의위원회는 그 사람의 국립묘지 안장이 국립묘지의 영예성을 훼손하는지 여부 등을 심의하여 그 결과를 심의를 의뢰한 피고 또는 국방부장관에게 통보하여야 하고, 이를 통보받은 피고 또는 국방부장관은 그 안장 여부 등을 결정하고 그 결과를 안장신청을 한 유족 등에게 통보하여야 하는데, 위와 같은 관계 규정의 취지와 내용에 따르면 심의위원회의 심의는 피고 등이 안장 대상으로 신청된 사람의 안장 여부를 결정하기 위한 절차의 하나일 뿐이어서 의사결정과정에 있는 사항에 준하여 비공개정보에 포함될 수 있고, 이에 대한 신청당사자의 알권리는 일정 부분 제한될 수밖에 없는 한계를 지니고 있다.…중략…설령 원심 판단과 같이 이 사건 각 회의록 자체만 놓고 보면 그 내용이 공개되더라도 심의위원들의 공정한 업무수행에 지장이 될 내용이 포함되어 있지 않다 하더라도, 심의위원들로서는 장차 회의록이 공개될 가능성이 있음을 인식하는 것만으로도 솔직하고 자유로운 의사교환에 제한을 받을 수밖에 없을 것이고, 특히 한 사람의 일생의 행적에 대한 평가 과정에서 심의위원들이 한 발언에 대하여는 유족들이 매우 민감한 반응을 보일 가능성이 높으므로 심의위원들이 이를 의식하고 허심탄회한 의견교환을 꺼리게 됨으로써 공정한 심의업무의 수행이 전반적으로 곤란해지게 될 것이며, 이와 같은 문제점은 이 사건 각 회의록을 익명으로 처리한다 하더라도 충분히 해소되기 어렵다. 이 사건 각 회의록의 공개에 의하여 보호되는 알권리의 보장과 비공개에 의하여 보호되는 업무수행의 공정성 등의 이익 등을 위와 같이 비교·교량 하여 볼 때, 이 사건 각 회의록은 정보공개법 제9조 제1항 제5호에서 정한 '공개될 경우 업무의 공정한 수행에 현저한 지장을 초래한다고 인정할 만한 상당한 이유가 있는 정보'에 해당한다고 보아야 할 것이다."[36][37]라며 회의록 비공

---

36) 대법원 2015.2.26, 2014두43356 판결.

37) "원심판결 및 원심이 인용한 제1심판결 이유에 의하면, 원심은 국가보훈처 안장대상심의위원회(이하 '심의위원회'라 한다)가 망 소외 1 및 망 소외 2를 국립묘지에 안장할지 여부를 각 심의·의결함에 있어 그 심의·의결 과정 및 위원들의 발언 내용을 기록한 이 사건 각 회의록에 관하여, ① 소외 1은 국회의원, 소외 2는 육군참모총장을 각 역임한 사람들로 일반적인 국립묘지 안장대상자들보다 강한 공인(공인)의 지위에 있는 점, ② 위 각 회의록은 회의의 진행방식과 내

개가 타당하다는 입장이다.

대법원은 각종 정부에서 운영되는 위원회의 의사결정에는 심사위원들의 전문적·주관적 판단이 상당 부분 개입될 수밖에 없고, 공개를 염두에 두지 않은 상태에서의 심사가 더욱 자유롭고 활발한 토의를 거쳐 객관적이고 공정한 심사결과에 이를 개연성이 크다며 회의록에 공개로 인해 사회적으로 불필요한 논란을 불러일으키거나, 심사위원들로서도 심리적 부담으로 인해 심사에 제한을 받을 수밖에 없을 것으로 보여 회의록은 비공개 대상 정보에 해당한다며 회의록 공개에 부정적인 판결(대법원 2014.7.24, 2013두20301[38]; 대법원 2015.2.26, 2014두43356등)로 일관하고 있다.

용 등에 비추어 그 내용이 공개되더라도 심의위원들의 공정한 업무수행에 지장이 될 내용을 포함하고 있지 않은 점, ③ 심의위원들의 명단과 발언자를 익명으로 할 경우 회의록의 공개가 심의위원들에게 주는 부담을 상당 부분 감쇄할 것으로 보이는 점 등을 고려하면, 위 각 회의록의 경우에는 공개로 인한 국민의 알권리 보장의 필요성이 비공개로 인하여 보호되는 이익보다 크므로, 이 사건 각 회의록 중 발언자 이름 및 발언자의 신원을 유추할 수 있는 참석대상자·참석자·불참자의 수 및 그 이름, 소속, 직위에 대한 부분을 제외한 나머지 부분은 정보공개법 제9조 제1항 제5호에서 정한 비공개정보에 해당하지 아니한다고 판단하였다"(대법원 2015.2.26, 2014두43356 판결).

38) 공적심사위원회의 심사는 피고가 영전 수여 추천 여부를 결정하기 위한 절차의 하나일 뿐이어서(대법원 2001. 10. 23. 선고 2001두4764 판결 등 참조) 신청당사자의 알권리는 일정 부분 제한될 수밖에 없는 한계를 지니고 있다. 한편 독립유공자 등록신청을 받은 피고는 독립유공자에 해당하는지 여부를 심사한 후 그 심사 결과의 구체적 사유를 밝혀 신청당사자에게 통보하여야 하므로(독립유공자예우에 관한 법률 시행령 제4조 제2항 참조), 이로써 신청당사자의 알권리가 어느 정도 보장된다고 볼 수 있다. 이와 같이 독립유공자 등록에 관한 신청당사자의 알권리 보장에는 불가피한 제한이 따를 수밖에 없고 관계 법령에서 그 제한을 다소나마 해소하기 위한 조치를 마련하고 있다고 볼 수 있다. (2) 독립유공자 등록의 요건인 일제의 국권침탈 전후로부터 1945년 8월 14일까지 국내외에서 국권침탈을 반대하거나 독립운동을 위하여 일제에 항거한 사실은 오래된 과거의 사실로서 그 객관적인 사실 확인도 어려울 뿐더러 일제의 국권침탈이 오랜 기간 전면적으로 이루어졌으므로 위 기간 동안의 객관적 행위사실을 어떻게 평가할 것인가의 가치판단의 문제가 불가피하게 남게 된다(헌법재판소 2010. 6. 24. 선고 2009헌바111 전원재판부 결정 참조). 이와 아울러 등록신청 대상자의 독립운동 이후 사망 시까지 행적 또한 평가의 대상이 되는 점까지 감안하면, 공적심사위원회의 심사에는 심사위원들의 전문적·주관적 판단이 상당 부분 개입될 수밖에 없다. 이러한 심사의 본질에 비추어 공개를 염두에 두지 아니한 상태에서의 심사가 그렇지 아니한 경우보다 더욱 자유롭고 활발한 문답과 토의를

그러나 회의록을 공개하면 공정한 업무 수행에 지장을 초래할 수 있다[39]는 것은 권위주의 시절의 사고방식이라고 본다. 책임행정 구현이라고 하는 점에서 회의록은 공개하는 것이 타당하고, 공개를 염두에 두지 않는 심사는 무성의, 무책임과 같은 또 다른 문제를 내포할 수 있다 할 것이다. 기록이 외부에 공개된다고 할 때 보다 더 책임 있는 판단과 기록이 남겨진다는 사실에서 보다 더 신중하고 객관적인 판단을 할 수 있다고 본다. 회의록의 비공개가 만능은 아니라고 본다.

거쳐 객관적이고 공정한 심사 결과에 이를 개연성이 크다고 할 것이다. (3) 반면 위와 같은 공적심사위원회의 광범위한 심사내용 및 심사의 본질 등을 고려하면, 이 사건 회의록에 심사위원들의 대립된 의견이나 최종 심사 결과와 세부적인 면에서 차이가 나는 내용이 포함되어 있을 경우 그 공개로 인하여 신청당사자에게는 물론 사회적으로도 불필요한 논란을 불러일으키거나 외부의 부당한 압력 내지 새로운 분쟁에 휘말리는 상황이 초래될 우려가 높고, 심사위원들로서도 공개될 경우에 대한 심리적 부담으로 인하여 솔직하고 자유로운 의사교환에 제한을 받을 수밖에 없을 것으로 보인다. 또한 이는 이 사건 회의록을 익명으로 처리하는 방법으로 해소될 문제는 아니라 할 것이다(대법원 2014.7.24, 2013두20301 판결[행정정보공개청구거부처분취소]).

39) "무릇 역사적 사안을 다루는 사람들은 자신의 이름을 걸지 않으면 안 된다. 이름을 내걸 자신이 없으면 스스로 그 자리에서 물러나는 것이 역사 앞에 죄를 짓지 않는 길이다. 특히 고위 공직자들은 자신의 이름에 책임을 져야 한다. …중략…익명의 그늘에 숨어 찬성표를 던진 고위 공직자들이 역겹다."(경향신문 사설 "국립묘지 안장심의위원 명단 숨길 이유 없다", 「경향신문」, 2011년 9월 22일, 31면).

제5공화국 신군부 관련자와 국립묘지 안장 여부의 검토

국립 대전 현충원에는 안현태를 포함해 12·12 군사반란 및 5·18 내란 사건 관련자들이 안장되어 있다. 김호영(대령, 전 2기갑여단 16전차 대대장), 유학성(대장, 전 국방부 군수차관보), 정도영(소장, 전 보안사 보안처장 역임), 정동호(준장, 전 청와대 경호실장 대리) 등 4명의 군인들이다. 특히, 유학성은 2심에서 징역 6년형을 선고받았지만 대법원에서 형이 확정되기 이전에 사망함으로써 공소 기각되어 대전 현충원 장군묘역에 안장되었다.[40]

2017년 3월 전두환 전 대통령 부인 이순자씨가 자서전을 통해 전두환 전 대통령의 국립현충원 안장 의사를 밝혀 논란이 일고 있다. 전직대통령의 경우 국내 국립묘지 중에서도 '국립현충원'에 안장될 수 있다. 국립묘지의 설치 및 운영에 관한 법률에 의하면 대통령, 국회의장, 대법원장 또는 헌법재판소장의 직에 있었던 사람과 국가장(國家葬)으로 장례된 사람 등은 현충원 안장이 가능하다. 그러나 전직대통령이더라도 '탄핵이나 징계처분에 따라 파면 또는 해임된 사람'에 대해서는 안장을 금지한다. 국립묘지의 '영예성'을 훼손한다고 인정될 시 안장이 금지될 수 있다. 처벌받은 전직대통령이라도 사면·복권된 경우 국립묘지 안장 여부에 대한 명확한 규정이 없다.

안현태의 국립묘지 안장은 궁극적으로 전두환과 노태우 두 전직대통령의 안장 문제와 연결되어 있다는 면에서 사안의 중대성을 띠고 있다. 안현태의 안장과 동일한 경로를 밟게 된다면 전두환과 노태우 두 전직대통령의 국립 현충원 안장 또한 가능해진다. 그들은 내란죄 등을 범했지만 사면·복권[41]되었기 때문에 안현태의 경우와 마찬가지로 그들의 안장이 국립묘지의 영예성에 부합하지 않는가의 여부를 판단하기 위해 국립묘지 안장대상 심의위원회를 개최할 수 있다. 안현태의 사례가 보여주듯이

---

40) 주정립, 「12·12 군사반란자들의 국립묘지 안장 실태」, 『친일·반민주 인사 국립묘지 안장반대 시민행동 발족식 겸 국립묘지법 개정 공청회』 자료집(2012), 13: 하상복, 『죽은 자의 정치학』, 모티브북(2014). 435면.
41) 전두환과 노태우 전직대통령들에 대한 사면(赦免)의 부당성에 대한 비판으로는 이철호, "헌법상 사면권과 전·노赦免논의에 대한 瞥見", 「아·태공법연구」 제4집(1997), 109-130면 참조.

국가보훈처 국립묘지 안장대상 심의위원회의 결정으로 두 전직대통령의 현충원 안장이 가능해질 수 있다.[42]

아래에서 안현태의 국립묘지 안장 과정을 살펴보고, 12·12군사반란 및 5·18쿠데타[43]로 처벌받은 전직대통령의 국립묘지 안장 문제를 검토하기로 한다.

1. 안현태의 국립묘지 안장 과정과 부당성

12·12 및 5·18사건 관련자의 국립묘지 안장 문제를 낳게 된 근본적인 원인은 김영삼 문민정부 시절 정치적 의도에서 광주학살 책임자에 대한 전면적 수사가 아니라, 시작부터 정해진 처벌대상자 범위에 맞춘 수사가 진행되어진 것에서 비롯된 것이다.[44]

2011년 8월 6일 오전 11시 전두환 전 대통령의 경호실장 이었던 안현태가 국립 대전 현충원 장군 제2묘역에 묻혔다. 그는 그해 6월 25일에 사망했지만 바로 안장되지는 못했다. 사망한지 40일이 지나서야 안장이 가능했던 것은, 안장 자격을 둘러싼 합의가 이루어지지 못했기 때문이다. 그는 국가보훈처에서 안장을 결정한 다음 날 서둘

---

42) 하상복, 『죽은 자의 정치학』, 모티브북(2014). 451면 각주 8).

43) 12.12,5.18쿠데타에 대한 처벌과정은 한상범外2인 편저, 『12·12, 5·18재판과 저항권』, 법률행정연구원(1997)참조.

44) 이처럼 진실규명이 미흡한 상태에서 애초 5·18의 처리를 '역사에 맡기자'고 했던 김영삼 정권이 정치적 의도에 따라 책임자 처벌에 나서게 됨으로써 그 한계는 처음부터 예상될 수 있는 것이었다. 김영삼 대통령은 '주모자만 처벌'한다는 지시를 하달했고 이에 따라 광주학살 책임자에 대한 전면적 수사가 아니라, 시작부터 정해진 처벌대상자 범위에 맞춘 수사가 진행되었다. '처벌 최소화'를 바라는 대통령의 뜻에 따라 "밝혀진 시민학살의 책임자도 기소하지 않고 그밖에 다른 수많은 범죄들, 예컨대 상무대로 끌고 간 시민들을 고문하여 폭도로 만든 재판과 김대중 내란음모사건을 비롯하여 전국에서 이루어진 조작된 재판들, 삼청교육대, 언론통폐합, 언론인과 공직자 해직 따위의 범죄와 피해자에 대하여 언급도 하지 않을 수" 있었다(안종철 외 2010.140). 이처럼 주요한 공범과 방조범에 대해 조사를 포기함으로써 12·12 및 5·18의 책임자 처벌은 역사적 정의를 바로세우기를 염원하던 국민들의 기대에 크게 못 미치는 수준에서 마무리되었고 이로한 문제점이 오늘날 12·12 및 5·18 사건 관련자의 국립묘지 안장 문제를 낳게 된 한 원인으로 작용한다(주정립, 「12·12 군사반란자들의 국립묘지 안장 실태」, 『친일·반민주 인사 국립묘지 안장반대 시민행동 발족식 겸 국립묘지법 개정 공청회』 자료집(2012), 14면).

러 국립묘지로 들어갔다. 그렇지만 그는 안장 이후에도 그를 이장해야 한다는 목소리 때문에 경건한 사자의 대우를 받지 못했다.[45]

안현태는 육군사관학교를 졸업한 뒤 수도경비사령부 30경비단장과 공수여단장을 지냈다. 1985년 1월 소장으로 예편한 뒤 그해부터 1988년까지 대통령 경호실장을 지냈다. '국립묘지의 설치 및 운영에 관한 법률' 제5조(국립묘지별 안장대상자)는 국립 서울 현충원과 국립 대전 현충원에 안장될 자격 중 "장관급 장교 또는 20년 이상 군에 복무한 사람 중 전역·퇴역 또는 면역된 후 사망한 사람"을 포함하고 있다. 이때 "장관급 장교"는 장군을 의미하기 때문에 소장으로 전역한 안현태는 법률적으로는 국립묘지에 안장될 자격이 있다. 그러나 법률은 대한민국 국적을 상실했거나 탄핵이나 징계처분에 따라 파면이나 해임된 사람 등은 국립묘지에 안장될 수 없다고 규정하고 있는데, 그 금지 규정에는 '국가 유공자 등 예우 및 지원에 관한 법률 제79조 제1항 제1호부터 제4호까지의 어느 하나에 해당되는 사람'이 포함되어 있다. 법률 제79조는 국가 유공자 예우 및 지원을 받을 수 없는 사람들로, 국가보안법을 위반해 실형을 선고받고 형이 확정된 사람을 필두로 '특정범죄가중처벌 등에 관한 법률'을 위반해 금고 1년 이상의 실형을 선고 받아 형이 확정된 사람을 포함하고 있다. 이와 같은 법률적 기준에 비춰볼 때 안현태는 안장 자격을 상실한다. 5공화국 비자금 조성에 개입한 혐의로 '특정범죄가중처벌 등에 관한 법률'(뇌물 수수 및 방조죄)에 근거해 1997년 2년 6개월의 실형을 받았기 때문이다. 그런데 '국립묘지의 설치 및 운영에 관한 법률' 제10조는 안장 대상자의 안장 여부를 심의하기 위한 '안장대상심의위원회'의 설치와 운영을 규정하고 있다. 그리고 '국립묘지의 설치 및 운영에 관한 법률 시행령'은 심의위원회의 심의사항을 명시하고 있는데 제13조(심의위원회의 심의) 제3항은 "국립묘지 안장 신청을 받은 국가보훈처장 또는 국방부장관은 안장 등의 대상으로 신청된 사람이 다음 각 호의 어느 하나에 해당되는 경우에는 심의위원회에 심의를 의뢰"할 수 있음을 명시하고 있다. "다음 각 호" 중 3호의 내용이다. "금고 1년 이상의 실형을 선고받은 경우와 국가보훈처장과 국방부장관이 협의하여 정하는 바에 따라 법 제5조 제4항 제5호에 해당하는지 여부에 대한 판단이 필요하다고 인정되는 경우"다. "법 제5조 제4항 제5호"는 국립묘지의 영예성 훼손 여부에 관한 규정이다.[46]

---

45) 하상복, 앞의 책, 15면.

유족이 국립 대전 현충원 안장을 신청한 안현태는 1년 이상의 실형을 선고받았지만, 그의 안장이 국립묘지의 영예성을 훼손하는가의 여부를 판단하기 위해 심의위원회의 심의 대상이 될 수 있다. 안장 신청을 받은 국립 대전 현충원은 2001년 6월 30일 국립묘지안장대상심의위원회에 심사를 의뢰했다. 국립묘지의 설치 및 운영에 관한 법률 시행령 제8조를 근거로 구성된 심의위원회는 2011년 7월 8일과 7월 29일에 회의를 소집해 안현태의 국립묘지안장대상 여부를 심의했으나 위원들 간의 이견으로 결정을 못했다. 의결이 보류된 상태에서 심의위원회는 "회의에 부치는 안건의 내용이 경미하거나 회의를 소집할 시간적 여유가 없는 경우에는 서면으로 의결할 수 있다." 는 동법 시행령 제9조를 근거로 같은 해 8월 4일 서면심의를 개최했다. 2011년 8월 5일 국가보훈처는 "국립묘지안장대상심의위원회가 서류심사를 통해 안씨를 국립묘지 안장대상자로 심의·의결했음"을 밝혔다. 전체 15명의 심의위원들 중 9명이 표결에 참여해 정부위원 6명과 민간위원 2명이 찬성하고 1명이 반대했으며, 민간위원 3명은 서면심의에 반발해 사퇴의사를 밝힌 것으로 알려졌다.[47] 언론 보도를 보면, 다음과 같은 점들이 안장의결의 이유였다. 첫째, 1998년 특별 복권되었다는 점, 둘째, 베트남에 파병돼 국위를 선양한 점, 셋째, 1968년 1·21사태 때 청와대 침투 무장공비를 사살해 화랑무공훈장을 받은 점, 넷째, 대통령 경호실장을 지내며 국가안보에 기여한 점 등이다. 또한 안장심의 회의록 내용에 관한 언론 보도에 따르면 심의위원들은 "대통령 경호실장으로서 저지른 범죄가 아니었다면 훌륭한 군인으로 남았을 것"이라는 의견을 들어 안장을 승인했다.[48][49]

---

46) 하상복, 앞의 책, 16-17면.

47) 안현태의 경우 서면(e메일)으로 진행된 심의에서 15명의 위원 중 9명의 답신을 해, 그중 8명이 찬성하고 1명이 반대했다. 정부당연직 8명 중 6명은 안씨 국립묘지 안장에 찬성했다. 나머지 2명은 표결에 불참했다. 민간위원 중 안장을 찬성한 사람은 2명이었고 1명은 반대했다. 나머지 4명은 불참했고 그 중 3명은 항의 표시로 심사위원직 사의를 표명했다. 국가보훈처가 심의위원들에게 안건자료를 보내면서, 재향군인회, 성우회 등이 제공한 '안장 찬성의견서'는 첨부하고 반대 자료는 첨부하지 않은 것 역시 논란이 됐다. 하지만 국가보훈처는 "심의위원 15명 중 참여한 9명 중 8명이 찬성했으므로 3분의 2가 넘었다"며 국가보훈처의 처리가 적법하다고 주장했다(정유림, "전두환·노태우 전 대통령 국립묘지 안장 논란: 김형욱 겨냥했던 반국가행위법 위헌 판결로 내란죄 저질러도 국립묘지 행 가능", 「신동아」 54권 12호 통권627호, 2011년 12월, 160면).

2. 처벌받은 전직대통령의 국립묘지 안장 문제

'국립묘지의 설치 및 운영에 관한 법률'의 규정에 따라 내란죄로 각각 무기징역과 징역 17년을 선고받았던 전두환·노태우 전직대통령은 국립묘지 안장 대상에서 제외된다(동법 제5조 제4항). 그러나 12·12군사반란 및 5·18민주화운동과 관련한 헌정질서 파괴범죄 행위자들이 사면(赦免)·복권을 받았을 경우 국립묘지법과 국가장법 등에 이에 대한 명시적 규정이 없다.

따라서 현행 '국립묘지의 설치 및 운영에 관한 법률'의 규정에 따라 헌정질서 파괴범(내란죄, 군사반란죄, 뇌물죄)들로 처벌받고 사면·복권된 전두환·노태우 전직대통령들이 사후에 그 유족들이 국립묘지 안장을 신청해 국가보훈처 안장대상심의위원회가 안장을 승인하는 경우 국립묘지에 안장할 수 있게 되는 문제가 발생할 수 있다.

지금 이 문제를 입법적으로 정리해 놓지 않으면 향후 이들의 사망 직후 우리 사회는 국론분열과 소모적 논쟁으로 국가적 낭비를 경험하게 될 것이다.

2012년 김성준 의원이 대표 발의한 15명의 국회의원이 발의자로 참여(대표발의:

---

48) 하상복, 앞의 책, 17-18면.
49) 2011년 당시 안현태씨의 국립묘지 안장에 반대하는 민간 심의위원들이 사퇴 의사를 밝히는 등 강하게 반발했지만 국가보훈처는 이례적으로 서면심의를 통해, 전두환 정권의 비자금 조성에 깊이 관여하고 뇌물죄로 처벌됐던 안씨의 국립묘지 안장을 결정한 바 있다. 이날 국회 정무위원회 소속 조영택 민주당 의원이 공개한 국가보훈처의 제8, 9회 국립묘지안장대상 심의위원회 회의록과 서면심의 결과 자료를 보면, 상당수 심의위원들이 '안씨가 대기업으로부터 받은 뇌물이 떡값 수준이었고, 전두환 전 대통령의 경호실장으로서 저지른 범죄가 아니었다면 훌륭한 군인으로 남았을 것'이라는 등의 이유를 들어 안씨의 국립묘지 안장을 주장했다. 2011년 6월 25일 숨진 안현태 전 청와대 경호실장 지난 7월 8일과 29일 두 차례 열린 회의에서 ㄷ위원은 "안씨가 받은 5천만원의 뇌물은 부하직원들을 위해 사용됐고, 뇌물 성격보다는 떡값 정도의 수준"이라며 "도덕성을 위배하거나 반사회적 범죄자로 보기는 어렵다"고 말했다. ㄴ위원은 "(안씨의 범죄가) 주범인 전두환 전 대통령의 경호실장이었기 때문에 행한 범죄"라고 주장했고, ㅋ위원도 "(안씨의 행위는) 종범에 해당하는 범죄"라며 안씨의 안장에 찬성했다. 특히 ㅌ위원은 "안씨가 청와대 경호실장이 아니었다면 범죄는 없었을 것"이라며 "군인으로 복무했던 공적을 검토해야 한다"고 말했고, ㅅ위원은 "정경유착은 개인의 문제보다도 구조적 문제로 봐야 한다"는 주장을 펼치기도 했다(전두환 경호실장 안현태씨, 어떻게 국립묘지 안장됐나 했더니…, 「한겨레신문」 2011년 9월 21일, 2면).

진성준)한 '국립묘지의 설치 및 운영에 관한 법률 일부개정 법률안'은 그와 같은 '사태'를 방지하기 위한 장치로 고안되었다. 제안 이유가 그 점을 말해준다. "현행법은 대한민국 국적을 상실하거나 형법상 특정한 범죄를 저지른 사람 등에 대하여 국립묘지에 안장될 수 없도록 명시하여 자격을 갖추지 못한 사람의 안장을 원칙적으로 배제하고 있음. 또한 사면법에 따라 사면·복권을 받았다 하더라도 범죄사실이 말소되는 것이 아님에도 불구하고, 안장대상심의위원회가 사면·복권을 이유로 국립묘지의 영예성을 훼손할 수 있는 부적격자 일부를 일관성 없이 안장대상자로 결정하는 부적절한 사례가 발생하고 있으므로, 법률에 이를 명확히 규정할 필요가 있음."(「국립묘지의 설치 및 운영에 관한 법률 일부개정법률안」 (의안번호 98: 2012년 6월 12일) 국회-의안정보시스템). 발의안은 현행 국립묘지법 제5조의2(사면·복권을 받은 자의 안장 금지), 즉 "제5조제4항제3호의 본문- 조항의 내용은 "국가유공자 등 예우 및 지원에 관한 법률 제79조 제1항 제1호부터 제4호까지의 어느 하나에 해당하는 사람" 이다-에 해당하는 사람은 사면법에 따라 사면·복권을 받았더라도 안장대상자가 될 수 없다" 는 조항을 신설할 것을 제안했다.[50) 그러나 진성준의원이 대표 발의한 「국립묘지의 설치 및 운영에 관한 법률 일부개정법률안」은 임기만료로 폐기되었다.

2017년 6월 천정배 의원이 '5·18민주화운동 등에 관한 특별법 일부 개정 법률안'을 대표 발의했다. 개정안은 전두환·노태우 전 대통령 등 12·12와 5·18 등 헌정 파괴 행위로 유죄를 확정 받은 사람이 사면·복권 받아도 국립묘지에 안장되지 못하도록 하는 조항을 신설했다.[51)

「사면법」이 '형의 선고에 따른 기성(旣成)의 효과는 사면, 감형과 복권으로 인하여 변경되지 않는다'고 규정하고 있다는 점과 '사면·복권의 효력은 장래를 향하여 형선

---

50) 하상복, 앞의 책, 451면 각주) 8번.
51) 전남일보, 6월 14일자 "헌정파괴 전두환, 국립묘지 안장 금지해야"- 천정배 의원, 5·18특별법 개정 대표발의 참조.

현 행	개 정 안
〈신 설〉	제8조(국립묘지 안장 금지) 「국립묘지의 설치 및 운영에 관한 법률」 제5조에도 불구하고 제2조의 죄로 유죄를 선고받고 그 형이 확정된 이후 사면·복권을 받은 사람은 국립묘지에 안장될 수 없다.

고가 상실되거나 자격이 회복되는 것으로 소급효가 인정되지 않는다'는 판례[52]에 따라 안장대상 결격사유가 사면·복권으로 해소되지 않는다는 의견이 있고, 「국립묘지법」에도 불구하고 국립묘지 안장 자격이 사면·복권으로 회복된다는 의견[53] 또한 제시되어 있는데, 개정안은 이를 법률에 명시적으로 규정하여 안장 제외자의 사면·복권과 관련한 논란 발생을 차단하려는 것[54]이다.

강창일 위원이 2017년 5월 대표 발의한 '국립묘지의 설치 및 운영에 관한 법률 일부개정법률안'(의안번호6990, 발의연월일 : 2017.5.23)도 사면·복권된 경우와 관련하여서는 현행 '국립묘지의 설치 및 운영에 관한 법률'의 명확한 규정이 없어 내란죄 등으로 무기징역을 선고받았다가 사면·복권 된 전 대통령의 경우 전직대통령으로서 국립묘지에 안장될 수 있다고 판단될 우려가 있어, 「국가유공자 등 예우 및 지원에 관한

---

52) 「사면법」 제5조 제1항 제1호 소정의 '일반사면은 형의 언도의 효력이 상실된다'는 의미는 형법 제65조 소정의 '형의 선고는 효력을 잃는다'는 의미와 마찬가지로 단지 형의 선고의 법률적 효과가 없어진다는 것일 뿐 형의 선고가 있었다는 기왕의 사실 자체의 모든 효과까지 소멸한다는 뜻은 아니다(대법원 1995.12.22. 선고 95도2446). 사립학교교원에 대한 징계해임처분이 무효라면 학교경영자가 해임처분의 유효를 주장하여 교원의 근무를 사실상 거부한다고 하더라도 해임된 교원은 해임 처분 시부터 여전히 계속하여 교원의 지위를 유지하고 있는 것이라 할 것이고, 그 교원이 복직되지 아니한 기간 동안 금고 이상의 형을 받았다면 사립학교법 제57조, 교육법 제77조제1호, 국가공무원법 제33조제1항제3호, 제4호, 제5호에 의하여 당연 퇴직된다 할 것이며, 그 후 특별사면에 의하여 위 금고 이상의 형의 선고의 효력이 상실되었다 할지라도 사면법 제5조제2항에 의하면 형의 선고에 관한 기성의 효과는 사면으로 인하여 변경되지 않는다고 되어 있고 이는 사면의 효과가 소급하지 아니함을 의미하는 것이므로, 당연 퇴직으로 말미암아 상실된 교원의 지위가 다시 회복되는 것은 아니다(대법원 1993.6.8. 선고 93다852).

53) 2009년 제35회 국무회의(2009.8.19.)시 김경한 법무부장관 발언. 「국립묘지의 설치 및 운영에 관한 법률」을 보면 국가보안법 위반 행위로 금고 이상의 실형을 선고받아 그 형이 확정된 자 그리고 형법 제250조 내지 제253조를 범한 자 등은 국립묘지에 안장될 수 없다고 되어 있지만, 김대중 前 대통령의 경우 국가보안법 위반 행위에 대해 사면복권을 받은 바 있음. 법무부는 사면복권이 선거권과 피선거권 그리고 국립묘지에 안장될 자격도 회복시켜 주는 것이라고 판단하였음(「5·18민주화운동 등에 관한 특별법 일부개정법률안(천정배의원 대표발의, 제7361호) 검토보고서」(법사위 수석전문위원 박수철, 2017.11 재인용).

54) 「5·18민주화운동 등에 관한 특별법 일부개정법률안(천정배의원 대표발의, 제7361호) 검토보고서」(법사위 수석전문위원 박수철, 2017.11).

법률」 제79조 제1항 제1호부터 제4호까지의 어느 하나에 해당하는 사람의 경우 형의 확정 이후에 사면·복권을 받았더라도 국립묘지 안장대상자에서 제외되도록 명확히 하여 국립묘지의 영예성을 보호하려는 것을 내용으로 하고 있다(안 제5조 제4항 제3호).[55] 강창일 의원 개정안 또한 형의 확정 이후에 사면·복권을 받았더라도 국립묘지 안장대상에서 이들이 제외되도록 명확히 함으로써 형을 선고받고 그 형이 확정된 후 사면·복권된 사람의 국립묘지 안장여부에 대한 논란을 종식하려는 취지이다.[56]

전두환·노태우 두 전직대통령 국립묘지 안장 여부에 대한 문제를 사전에 해결하기 위한 방법은 관련 법률을 개정하여 입법적으로 해결하는 것이 가장 논리적이고 명쾌하다.

---

55) 「국립묘지 설치 및 운영에 관한 법률 일부개정법률안(강창일 의원 대표발의, 의안번호 제6990호)참조.

현 행	개 정 안
제5조(국립묘지별 안장 대상자) ① ~ ③ (생 략)	제5조(국립묘지별 안장 대상자) ①~③(현행과 같음)
④ 제1항에도 불구하고 다음 각 호의 어느 하나에 해당하는 사람은 국립묘지에 안장될 수 없다.	④ ------------------------------- -----------------------------.
1.·2. (생 략)	1.·2. (현행과 같음)
3.「국가유공자 등 예우 및 지원에 관한 법률」 제79조제1항제1호부터 제4호까지의 어느 하나에 해당하는 <u>사람</u>. 다만, 수형 사실 자체가 「민주화운동 관련자 명예회복 및 보상 등에 관한 법률」 제2조제2호에 해당하는 사람으로서의 공적(功績)이 되는 경우에는 국립묘지에 안장할 수 있다.	3. --------------------------- --------------------------------- ------<u>사람(형이 확정된 이후 사면·복권을 받은 사람을 포함한다).</u> ---------------------- --------------------------------- --------------------------------.

56) 「국립묘지 설치 및 운영에 관한 법률 일부개정법률안(강창일 의원 대표발의, 의안번호 제6990호) 검토보고서」 정무위원회 전문위원 정운경, 2017.9).

결 론

한국사회는 '책임을 묻지 않는 사회'라 할 것이다. 책임을 묻지 않는 사회는 장래 희망이 없다. 지금 독일에서는 나치 지휘체계의 최하층에서 복무했던 이들까지 단죄 하고 있다. 아우슈비츠(Auschwitz)수용소에서 의무병으로 일했던 95살 노인이 기소 되고 경비병이었던 94살 노인이 법정에 섰다. 통신 업무를 담당했던 여성 친위대원도 2015년 91살의 나이로 기소됐다. 수감자들의 소지품 분류 등 행정 업무를 했던 94살 노인은 2015년 징역형을 선고받았다.[57]

독재를 경험한 나라들에서는 독재자들의 묘역이전이나 국립묘지 이장 승인이 정 치·사회적 논쟁의 대상이 되고 있다. 필리핀 대법원이 독재자 페르디난드 마르코스 (Ferdinand Marcos) 전 대통령의 마닐라 국립묘지 묘역 이장을 승인해 논란이 되었 으며, 스페인의 '전몰자의 계곡'(Basílica Menor de la Santa Cruzdel Valle de los Caídos)은 1930년대 10만 여명의 내전 희생자 가운데 수천 명이 잠든 곳인데 가해자 인 독재자 프란시스코 프랑코(Francisco Paulino Hermenegildo Teódulo Franco y Bahamonde) 총통이 내전 희생자들과 함께 묻혀 있는 것은 부당하다는 지적이 오랫 동안 있어왔다.[58] 2019년 4월 24일 스페인 최고법원은 재판부의 만장일치 결정으로 프랑코 유족들이 프랑코 총통의 묘를 수도 중심가에 있는 알무데나 대성당의 가족묘 로 이장해야 한다며 제기한 항소를 기각했다. 스페인 최고법원은 정부의 뜻대로 밍고 루비오 공동묘지로 이장하도록 승인했다. 2019년 10월 24일 스페인의 독재자 프란시 스코 프랑코 총통의 관이 '전몰자의 계곡' 묘역에 있는 마우솔레움(mausoleum)에서 마드리드 시내 밍고루비오 공동묘지로 이장됐다.

1997년 4월 17일 전두환·노태우 전직대통령들은 내란죄와 군사반란죄, 수뢰죄 등 의 죄명으로 각각 무기징역과 17년 형을 선고받았다.[59] 교도소에 복역 중 대법원 판

---

57) 유레카-늙은 전범들의 재판, 「한겨레신문」 2016년 2월 15일, 30면.
58) "스페인서 장기독재자 프랑코 묘역 이전 논의 재점화", 「연합뉴스」, 2017년 2월 12일; "필리핀 대법원, 마르코스 전 대통령 국립묘지 이장 승인", 「경향신문」 2016년 11월 9일, 23면 참조.
59) 쿠데타로 집권한 전직대통령인 전두환과 노태우에게 내란죄 유죄판결을 내려 단죄함으로써

결문의 잉크도 마르기 전인 1997년 12월 22일 특별사면·복권됐다.

현행 '국립묘지의 설치 및 운영에 관한 법률'은 형법에 따른 내란죄 등을 저지르고 금고 이상의 실형이 확정된 경우 국립묘지에 안장될 수 없도록 하고 있지만(동법 제5조 제4항), 사면·복권된 자에 대해서는 관련 규정을 두지 않고 있다.

이 같은 법적 미비를 틈타 2011년 전두환 경호실장 출신 안현태 씨가 뇌물죄 등으로 징역형을 선고 받았지만, 1998년 복권됐고, 국가안보에 기여한 점을 고려한 국가보훈처 '국립묘지 안장대상심의위원회'의 안장 결정으로 대전 현충원 국립묘지에 안장됐다.

우리 사회 수구 기득권세력들은 전두환·노태우 5공 신군부 우두머리들이 대통령을 역임했으므로 전직대통령 예우차원에서 국립묘지에 안장해야한다는 입장이다. 이처럼 '(중)범죄를 저질렀지만 대통령을 역임했으니 용인하자'는 '괴변(怪變)의 논리'[60]는 우리 사회 곳곳에서 똬리를 틀고 역사의 진전을 가로막고, 사회 발전의 방향을 왜곡하고 있다.

국방부 및 국가보훈처에서는 현재 「사면법」 제5조 제2항에 따라 형을 선고받은 자가 사면·복권이 되더라도 형의 선고에 따른 기성(旣成)의 효과는 변경되지 않는 것으로 보아 「국가유공자 등 예우 및 지원에 관한 법률」 제79조 제1항 제1호부터 제4호까지의 어느 하나에 해당하는 형을 선고받고 그 형이 확정된 사람은 사면·복권 후에도 국립묘지 안장에서 배제하고 있다.[61]

일단 쿠데타 정권을 인정할 수 없음은 분명히 했다. 그런데 그들에 대한 사면 석방과 그들의 부정한 재산과 기득권에 대한 처리의 미미함은 아직도 군정 지배를 나쁘게 보지 않고 멍청하니 기정사실로 인정하는 결과를 남겼다. 흔히 전직대통령을 어떻게 처벌하겠냐고 한다. 바로 그들이 쿠데타로 대통령이 됐기 때문에 잘못된 것인데도 말이다. 헌정파괴자는 개인이든 집단이든 어느 누구도 치외법권 지역에 놓아두어서 안 되며, 그런 사람들은 미친 개 때려잡듯이 취급해야 한다. 바로 그것이 아리스토텔레스 이래로 내려온 폭군방벌론(暴君放伐論)이 아닌가(한상범·이철호,『법은 어떻게 독재의 도구가 되었나』, 삼인, 2012, 200면).

60) 이 '괴변의 논리'가 문학계에도 널리 퍼져 작동되고 있음을 국문학자 천정환은 다음과 같이 표현하고 있다. "표절에도 불구하고 작품성이 훌륭하다, 일본을 위한 전쟁에 죽으라 선동했음에도 소설은 좋다, 이승만·박정희가 한 모든 일과 전두환을 찬양하는 시를 썼음에도 불구하고 모국어의 마술사다, 상습 성추행범이었음에도 뛰어난 예술가며 민족 시인이다"([정동칼럼]한국현대문학사와 문단, 「경향신문」, 2018년 2월 14일, 31면).

국립묘지 안장과 관련된 판례들을 보아도, 그 동안 사기죄·의료법·전시도망죄·상습도박과 무고죄 등의 위반으로 처벌받은 국립묘지 안장 신청과 관련하여 국립묘지 안장대상심의위원회는 국립묘지의 '영예성'을 훼손한다는 이유로 안장을 불허하고 있다. 하물며 전두환·노태우는 이러한 범죄들과는 비교할 수조차 없는 중죄(重罪)인 내란죄와 군사반란죄, 뇌물수뢰죄 등의 범죄로 처벌받은 중죄인들이다.

국립묘지는 군 장성을 지냈거나, 국가에 일정한 공로가 있다고 아무나 묻히는 곳이 아니다. 애국애족의 행적이 뚜렷하고, 평생을 국가에 헌신한 사람 가운데서도 범죄를 저지르지 않은 존경받는 인물이 사후에 국가의 보살핌을 받는 공간인 것이다. 따라서 헌정파괴를 자행하고, 파렴치 범죄와 반인륜 범죄를 저지른 이를 국립묘지에 안장하는 것은 국가의 수치이자 애국선열을 욕보이는 짓이다.[62]

전두환 씨는 5·18 민주화운동 당시 계엄군에게 발포 명령을 내린 당사자로 지목되고 있다. 그러나 그는 사죄는커녕 회고록[63][64]을 통해 발포 명령을 부인하고, 5·18에

---

61) 「국립묘지 설치 및 운영에 관한 법률 일부개정법률안(강창일 의원 대표발의, 의안번호 제6990호) 검토보고서」 정무위원회 전문위원 정운경, 2017.9, 4면).

62) '5공 비리' 안현태씨 국립묘지 안장 철회하라, 「경향신문」, 2011년 8월 6일, 23면.

63) '전두환 회고록'(자작나무숲)은 2017년 4월 3일 총3권으로 출간됐다. 전두환은 회고록에서 5·18광주민주화운동을 폭동으로 규정했다. 그리고 그는 5·18당시 계엄군의 발포 명령은 존재하지 않았고 자신은 '광주사태'의 치유와 위무를 위한 '씻김굿의 제물'이었다고 주장했다. 이에 5·18 기념재단 등 5월 단체들은 전두환 회고록 중 '전두환 전 대통령이 5·18에 전혀 관여하지 않았다는 주장(27쪽)' '5·18 당시 헬기 사격이 없었다는 주장(379쪽)' '계엄군이 광주 시민에게 총을 겨누지 않았다는 주장(382쪽)' '1980년 5월 21일 전남도청 앞 집단 발포 직전 시위대의 장갑차에 치여 계엄군이 사망했다는 주장(470쪽)' '5·18은 북한군이 개입한 반란이자 폭동이라는 주장(535쪽)' 등 33군데가 사실과 다르다며 전두환 회고록 1권 '혼돈의 시대'에 대한 출판 및 배포금지 가처분 신청(1차 가처분 신청)을 냈다. 광주지방법원 제21민사부(부장판사 박길성)는 2017년 8월 4일 가처분 신청 인용결정을 내렸다. 왜곡한 내용을 삭제하지 않고 회고록을 출판하거나 배포할 경우 전두환 전 대통령 측이 5·18 단체 등에 1회당 500만원을 지급하라고 명령했다. 출판사 등은 법원이 문제 삼은 곳만 검은 색으로 덧칠한 뒤 회고록을 10월 13일 재발간했다. 이에 반발한 5·18 기념재단 등 5월 단체는 암매장 부인, 무기 피탈 시각 조작, 광주교도소 습격 왜곡 등 40여 곳의 또 다른 허위 사실 내용을 찾아내 2차 가처분 소송을 제기했다. 광주지법은 2018년 1월 31일 재발간된 전두환 회고록 1권 '혼돈의 시대'에 대해 5·18기념재단 등이 제기한 '출판 및 배포 금지 가처분'(2차 가처분 신청) 소송의 최종 심문 기일을 열었다.

북한군이 개입했다고 주장하는 등 역사를 왜곡했다. 그는 또한 12·12 군사 반란을 통해 집권 기반을 다지는 등 헌정질서를 유린했다. 그런 자들을 사면·복권을 이유로 신성한 국립묘지에 묻히게 해서는 안 된다. 전두환·노태우 사후에 우리 사회 국론분열과 사회적 혼란이 이는 것을 막기 위해서라도 전두환·노태우에 대한 국립묘지 안장 기준을 지금 확실하게 해둘 필요가 있다.[65] 이를 방기한다면 역사의 파렴치 세력들은 '국립묘지의 설치 및 운영에 관한 법률'의 허점을 비집고 들어와 국립묘지 안장을 추진하게 될 것이다.[66]

---

64) 2017년 4월 펴낸 회고록에서 전두환은 5·18 민주화운동 당시 헬기 사격을 목격했다고 증언한 고(故) 조비오 신부를 '가면을 쓴 사탄'과 '파렴치한 거짓말쟁이'라고 표현해 사자(死者) 명예 훼손죄로 재판에 넘겨졌고, 검찰은 결심공판에서 전두환 씨에 대해 징역 1년 6개월을 구형했다. 광주지방법원은 2020년 11월 30일 열린 1심 선고 공판에서 "목격자 진술과 군 일부 진술, 군 자료 등을 보면 1980년 5월 21일 무장상태의 헬기가 위협사격 이상을 했음을 인정한다."며 전두환 씨에 대해 징역 8개월에 집행유예 2년을 선고했다. 2020년 12월 3일 광주지방검찰청은 전두환 씨의 1심의 형량이 너무 가볍다고 판단하고 1심 판결에 불복하며 광주지방법원에 항소장을 제출했고, 전두환 씨 또한 법원 결정에 불복해 법률대리인 정주교 변호사를 통해 2020년 12월 7일 오전 광주지방법원에 항소장을 제출했다.

65) '전두환 국립묘지 안장 금지' 당연하다, 「전남일보」 2017년 6월 15일.

66) 늦었지만 차제에 전두환·노태우 이들에 대한 '무궁화대훈장' 서훈 취소도 함께 추진해야 한다. 우리 사회는 '5·18민주화운동 등에 관한 특별법'의 제정과 대법원에서 처벌을 통해 '12·12군사쿠데타'와 5.18광주민주화운동을 무력으로 탄압하고 불법적으로 성립한 전두환·노태우 두 정권의 역사적 정당성을 부인하였다. 이러함에도 지난 2006년 신군부세력의 서훈 취소 대상에서 전두환·노태우의 '무궁화대훈장'의 경우는 대통령 재임 자체를 부정하게 되는 문제가 있다며 제외됐었다. 하지만 무궁화대훈장을 취소한다고 해서 재임 자체가 부정되는 것은 아니며, 다른 훈장들은 취소하면서 무궁화대훈장을 남겨둔 것은 그 자체가 이들의 헌정질서를 유린한 불법적 행동을 용인(容認)하는 것이다(이철호, 한국사회의 '훈장잔치'와 역사바로세우기, 「법무사」 2014년 4월호, 5면; Lee cheol-ho, The Story of the "Order of Merit Party" and the Cancellation of Awards Issued to Chun Doo-Hwan's New Military, 「DONGGUK LAW REVIEW」 Vol.4(2014.5), pp.151-183 참조).

닫는 글

원래 민주주의에서는 어느 특정인의 장기집권을 정당화할 수 있는 이데올로기가 애당초 존립할 수 없게 되어 있다. 민주주의 제도하의 권력자란 자체가 인간을 불완전한 존재로 보아서 권력의 자리는 선거된 공직자가 임기기간에만 차지하고 임기중에도 책임을 지면 물러나야 하며 어느 누구도 장기집권을 못한다고 하고 있다. '최고통치권자'(最高統治權者)란 말은 지금도 대통령의 절대적 권위와 특권을 정당화하는 논리로 악용되고 있다. 그런데 우리 헌법 어디에도 대통령은 최고통치권자가 되어 있다는 근거가 없다. 또 대통령을 상징하는 표시로서 봉황 무늬 같은 전제군주를 권위지우는 용과 봉황새의 상징을 가지고 통용시키고 있는 전근대적 사고방식[1]이 우리의 의식을 지배하고 있다.

우리 사회에 대통령은 하늘이 낸다고 하는 속신(俗信)은 아직도 의외로 뿌리가 깊다. 민주주의 국가라고 하면서 여전히 부지불식간에 대통령을 「최고통치권자(最高統治權者)」라고 해서 법에도 없는 말을 써서 그 권위를 절대화하고 있다.[2]

올바른 헌정운영이 되기 위해서는 권위주의와 관료주의를 배제해야 한다. '최고통치권자'라는 단어 속에 감추어진 상징조작의 의식을 청산해야 한다. 그러한 한 가지가 전직대통령에 대한 과도한 예우 문제라 할 것이다.

헌법 제11조 제1항은 '사회적 신분'에 의한 차별을 명시적으로 금지하고 있고[3], 이

---

1) 한상범, 『바보놀이 공화국-한국사회의 노예 구조』 법률행정연구원(1996), 193면.
2) 한상범, "한국의 입헌주의와 유교통치문화", 『現代公法의 諸問題』(서주실 박사 화갑기념논문집), 1992, 401면.
3) 헌법 제11조 ①모든 국민은 법 앞에 평등하다. 누구든지 성별·종교 또는 사회적 신분에 의하여 정치적·경제적·사회적·문화적 생활의 모든 영역에 있어서 차별을 받지 아니한다. ②사회적 특수계급의 제도는 인정되지 아니하며, 어떠한 형태로도 이를 창설할 수 없다. ③훈장등의 영전은 이를 받은 자에게만 효력이 있고, 어떠한 특권도 이에 따르지 아니한다.

조차도 예시적인 것이어서 차별은 더욱 광범위한 조건 하에서 헌법적으로 문제될 수 있다. 대통령이라는 최고위직 공직자 신분에 재직하였다는 이유만으로, 일반 시민들의 평균소득, 보편적 생활수준 등과 동떨어져 너무나 높은 수준에서 너무 장기간에 차이를 둔 예우 체계는 차이가 아니라 차별이며, 헌법이 허용하는 '합리적 차별'이라 보기 어렵다. 일반 시민의 삶과 지나치게 동떨어진 전직대통령의 과도한 귀족생활이 국격(國格)을 의미하는 것일 리도 없다. 너무 과도한 예우는 특권과 특혜이고, 특권과 특혜가 종신으로 설정되어 있다면 이는 헌법 제11조 제2항이 금지하고 있는 특수계급이 되는 것이기도 하다. 헌법 제85조와 전직대통령 예우에 관한 법률은 '전직대통령 명문가', 왕족에 준하는 '대통령家'를 형성하는 것을 사실상 허용하고 뒷받침하는 반민주적 폐단을 낳고 있다.[4]

  2005년 제정 시행되고 있는 '국립묘지 설치 및 운영에 관한 법률'에 따라 당시 '장군묘역이 모두 채워질 때까지 안장 방법과 묘지의 면적은 기존의 법령을 적용한다.'는 한시적 규정이 종료됨에 따라 국립묘지에서 생전 계급에 따른 사후 차등 대우는 없어지게 됐다. 그러나 신분에 따른 차등 대우는 여전히 남아 있다. '국립묘지 설치 및 운영에 관한 법률'은 대통령의 직에 있었던 사람의 묘지면적은 264제곱미터 이내로 규정하고 있다(동법 제12조 제1항 제1호). 전직대통령 외에는 계급 구분 없이 모두 3.3㎡ 규모의 면적에 안장되도록 규정했다. 대통령 묘역은 80평이고, 장병들은 불가능한 주검 매장과 봉분도 가능하다(동법 제12조 제4항 및 시행령 제14조). 병사 묘역 면적은 대통령에 견줘 80분의 1 수준이고, 비석 단가는 병사 56만7천원, 대통령 740만원이다. 전직대통령에 대한 과도한 예우를 줄이는 사회적인 논의가 필요하다.[5] 전직대통령에 대한 국민들의 예우는 묘지 크기나 사저(私邸)의 크기, 기념사업에서 나오는 것이 아니다. 재임기간 국민을 위해 어떤 정치를 했고 어떤 업적을 남겼으며 퇴임 후 어떠한 행보를 했느냐에 달려 있다고 할 것이다. 우리 전직대통령들은 객관적 평가에 맞지 않는 대통령을 지냈다는 이유만으로 너무 과도한 예우를 받고 있다. 전직대통령 예우에 관한 전반적인 공론화가 필요하다.

---

4) 이경선, "「전직대통령 예우에 관한 법률」 입법비평", 홍익법학 제20권 제1호(2019), 353-354면.

5) 한겨레신문 사설 "장군도 병사도 '1평 안장', '차등 없는 예우' 첫발 뗐다", 2020년 11월 20일, 23면.

앞서 살펴보았지만, 전직대통령 예우에 관하여 규정하고 있는 법률은 「전직대통령 예우에 관한 법률」과 「국가장법」 및 「국립묘지의 설치 및 운영에 관한 법률」이다. 전직대통령 예우와 관련하여 현행 법제는 법체계상으로 일관성이 결여되어 있다. 생전 예우를 규정하고 있는 「전직대통령 예우에 관한 법률」이 재직 중 탄핵결정을 받아 퇴임한 경우나, 금고 이상의 형이 확정된 경우 등에 대하여 전직대통령에 대한 예우를 제외하고 있으면서도(동법 제6조 및 제7조), 사후 예우를 규정하고 있는 「국가장법」과 「국립묘지의 설치 및 운영에 관한 법률」에서는 이 문제를 명확히 규정하고 있지 않다. 이 문제는 우리 사회 갈등과 국론분열의 소지를 안고 있다.

현행 '국가장법'에 의하면 전두환·노태우 두 사람이 사망하는 경우 '전직대통령'의 자격으로 국가장의 대상이 된다. 전직대통령의 경우 국내 국립묘지 중에서도 '국립현충원'에 안장될 수 있다. 다만, 전직대통령이더라도 금고 이상의 형이 확정된 경우, 탄핵이나 징계처분에 따라 파면 또는 해임된 사람에 대해서는 국립묘지 안장을 금지한다. 그러나 「국립묘지의 설치 및 운영에 관한 법률」에 처벌받은 전직대통령이라도 사면·복권된 경우 국립묘지 안장 여부에 대한 명확한 규정이 없다.

헌정파괴를 자행하고, 파렴치 범죄와 반인륜 범죄를 저지른 이들을 국립묘지에 안장시켜서는 안 된다. 헌정질서를 유린했던 사람들이 사면과 복권을 이유로 국립묘지에 묻히지 못하도록 국립묘지 안장 기준과 국가장으로 장례를 치루는 것을 금지하는 것을 지금 입법적으로 확실히 해둘 필요가 있다.

다시 강조하지만, 지금 이 문제를 입법적으로 정리해 놓지 않으면 향후 전두환, 노태우 이들의 사망 직후 우리 사회는 심각한 국론분열과 소모적 논쟁으로 국가적 낭비를 경험하게 될 것이다.

미국의 많은 정치평론가들은 지미 카터(James Earl[Jimmy]Carter, 재임기간 1977-1981)전 미국 대통령을 "가장 위대한 퇴임 대통령"이라고 부른다.[6] 카터 전 대통령은 재임 시절 무능하다는 평가를 받았다. 1979년 이란 테헤란의 미국대사관 직원 90명이 인질로 잡혔다. 파견된 특수부대는 작전에 실패하고 미국인 8명이 사살됐다. 미국인들은 자존심에 크게 상처를 입었다. 카터의 재선 실패는 당연지사였다. 카터는 퇴

6) 레너드 버나도·제니퍼 와이스, 『미국 대통령의 역사』, 시대의 창(2012), 22면.

직한 뒤 정치 쪽과는 거리를 두었다. 그는 갈등과 분열을 부추기는 선동적인 발언을
하지 않았다. 대신 사회사업과 인권운동에 전념했다. 엔지니어 출신답게 빈민층을 위
한 집짓기 운동에 동참했다. 빛나는 전직, 카터는 2002년 전직 미국 대통령으로는 최
초로 노벨평화상을 받았다. 정치엔 실패했지만 인생 이모작엔 성공하고 있다.[7]

호세 무히카(Jose Alberto Mujica Cordano, 재임기간 2010.3-2015.3) 우루과이
(Uruguay) 전 대통령은 재임 중 사회적 난제의 하나인 소득 양극화 문제를 해결하기
위해 부(富)를 많이 가진 고소득층을 설득하고 소득 재분배를 직접 실천하기 위해 자
신부터 매월 대통령 월급의 90%를 NGO단체에 기부했다. 또 대통령궁을 노숙자 쉼
터로 활용토록 했다. 호세 무히카는 대통령재임 중에 특별한 경호원 없이 거리를 거
닐고, 운전기사 없이 직접 차를 운전하고 다니는 등 국민들과 스스럼없이 지냈다. 퇴
임 후에는 대통령 재임 전에 살았던 허름한 농가(農家)로 돌아가 직접 농사를 지으며
손수 운전하며 살고 있다.

저자는 재임기간 내내 국민들의 높은 지지와 사랑을 받았고, 퇴임이 가까워올수록
지지율이 취임 때(52%)보다 훨씬 높아지고, 퇴임 때에는 무려 65%의 높은 지지율을
기록한 호세 무히카같은 대통령을 우리나라 국민들도 가질 수 있기를 희원(希願)해
본다.

미국 대부분의 대통령들은 퇴임 후 각자의 고향이나 연고가 있는 곳으로 돌아가 자
신의 이름을 딴 '기념 도서관'이나 '연구 센터' 등을 짓고 국가와 지역사회에 기여하
는 활동을 하고 있다. 대한민국 대통령들도 임기를 마치면, 고향이나 연고지로 돌아
가 국가와 지역사회를 위해 봉사하는 모습을 보고 싶고, 그런 전직대통령을 가지고
싶다.

---

7) "[설왕설래]전직대통령", 「세계일보」 2009년 2월 16일.

부록

부록 1

전직대통령 예우에 관한 법률
제3조 위헌확인

[전원재판부 95헌마325, 1997. 1. 16.]

【전문】

【판시사항】
헌법소원 심판계속중 법률이 개정되어 권리보호의 이익이 없다고 한 사례

【결정요지】
전직대통령예우에관한법률이 형사처벌을 받은 전직대통령에 대하여도 필요한 기간의 경호 및 경비를 제외한 기타의 예우까지 계속하도록 규정하고 있는 것은 국민의 행복추구권 등을 침해한 것이라고 주장하며 제기한 헌법소원심판의 계속 중 위 법률이 개정되어 전직대통령에게 금고 이상의 형이 확정된 경우 경호·경비의 예우를 제외하고 기타의 예우는 하지 아니하도록 규정한 이상 권리보호의 이익이 소멸 또는 제거된 것이다.

【참조조문】
헌법재판소법 제68조 제1항
구 전직대통령예우에관한법률(1969. 1. 22. 법률 제2086호로 제정되고 1995. 12. 29. 법률 제5118호로 최종 개정되기 전의 것) 제3조

【참조판례】
1994. 7. 29. 선고, 91헌마137 결정
1994. 8. 31. 선고, 92헌마126 결정

청 구 인 이 ○ 연

【주 문】

이 사건 심판청구를 각하한다.

【이 유】

1. 사건의 개요 및 심판의 대상

가. 사건의 개요

1995. 전직대통령 노태우가 재임기간 중 국내 기업체들로부터 통치자금 명목으로 5천억원의 금원을 수령한 사실에 대하여 수사가 진행되자, 변호사인 청구인은 전직 대통령에 대하여 제한없이 예우를 하게 되어 있는 전직대통령예우에관한법률 제3조가 헌법에 위반된다는 이유로 1995. 11. 8. 이 사건 헌법소원심판을 청구하였다.

나. 심판의 대상

따라서 이 사건 심판의 대상은 전직대통령예우에관한법률(1995. 12. 29. 법률 제5118호로 최종 개정되기 전의 것, 이하 "예우법"이라 한다) 제3조(단 예우법 제6조 제3항 제1호에 의한 필요한 기간의 경호·경비를 제외한 부분 ; 이하 "이 사건 법률조항"이라 한다.)의 위헌 여부로서 그 내용은 다음과 같다.

제3조(적용범위) 이 법은 전직대통령 또는 그 유족에 대하여 적용한다.

【관련법률조항】

제3조의2(신분) ① 직전대통령은 국가원로자문회의의 의장이 되고, 그 외의 전직대통령은 대통령이 위촉하는 경우 국가원로자문회의의 원로위원이 된다.

② 전직대통령은 국가의 원로로서 그에 상응한 예우를 받는다.

제4조(연금) ① 전직대통령에 대하여는 연금을 지급한다.

② 제1항의 규정에 의한 연금지급액은 지급당시의 대통령보수연액의 100분의 95 상당액으로 한다.

제5조(유족에 대한 연금) ① 전직대통령의 유족 중 배우자에 대하여는 유족연금을 지급하되, 그 연금액은 지급당시의 대통령보수액의 100분의 70 상당액으로 한다.

② 전직대통령의 유족 중 배우자가 없거나 제1항의 규정에 의하여 유족연금을 받던 배우자가 사망한 경우에는 그 연금을 전직대통령의 30세 미만의 유자녀와 30세 이상의 유자녀로서 생계능력이 없는 자에게 지급하되, 지급대상자가 수인인 경우에는 그 연금을 균분하여 지급한다.

제5조의2(기념사업의 지원) 전직대통령을 위한 기념사업을 민간단체 등이 추진하는 경우에는 관계법령이 정하는 바에 따라 필요한 지원을 할 수 있다.

제6조(기타 예우) ① 전직대통령은 비서관 3인을 둘 수 있다.

② 제1항의 비서관은 전직대통령이 추천하는 자 중에서 임명하되, 1인은 1급상당 별정직국가공무원으로, 2인은 2급상당 별정직국가공무원으로 한다.

③ 전직대통령 또는 그 유족에 대하여는 관계 법령이 정하는 바에 따라 다음의 예우를 할 수 있다.

1. 필요한 기간의 경호·경비
2. 교통·통신 및 사무실의 제공 등의 지원
3. 본인 및 그 가족에 대한 가료
4. 기타 전직대통령으로서의 필요한 예우

 2. 청구인의 주장 요지

   가. 대통령은 국가의 원수이고 국정의 최고책임자이므로 퇴임 후에도 그에 상응한 법적 예우를 하는 것은 당연하지만, 이러한 대통령의 지위와 권한은 어디까지나 헌법과 법률을 준수하면서 국민의 자유와 복리의 증진을 위하여 부여된 것이므로, 대통령이 그 재직 중의 비리와 관련하여 형사처벌을 받는 경우에는 달리 취급하여야 할 것이다. 그런데 이 사건 법률조항은 비록 전직대통령이 재직 중 직무와 관련하여 형사처벌을 받았다고 하더라도 그에 관계없이 전직대통령 모두를 그 적용대상으로 하고 있다. 따라서 이 사건 법률조항은 직무상 비리와 관련하여 처벌받은 대통령을 합리적 근거 없이 우대함으로써 헌법상의 평등의 원칙에 위반된다.

   나. 또한 대통령이 형사처벌을 받는 경우 국민의 입장에서는 대·내외적으로 국가의 위신이 떨어지고 국정의 혼란이 야기되어 정신적 고통을 받게 되는바, 이러한 대

통령에 대하여도 예우법 제6조 제3항 제1호에 정한 필요한 기간의 경호 및 경비를 제외하고 예우법 소정의 여타 예우를 한다는 것은 국민의 행복추구권을 침해하는 것이며, 나아가 국민의 세금으로 이러한 대통령을 위와 같은 예우를 한다는 것은 납세의 의무를 지고 있는 국민의 재산권과 납세자로서의 행복추구권을 침해하는 것으로서 과잉금지의 원칙에 위반된다.

3. 판 단

헌법재판소법 제68조 제1항에 의한 헌법소원은 주관적 권리구제절차의 일종이므로 그 심판청구가 적법하기 위해서는 청구인에게 주관적 권리보호의 이익이 있어야 한다. 그리고 헌법소원심판청구 당시 권리보호의 이익이 인정되더라도 심판 계속 중에 생기는 사정변경, 즉 사실관계 또는 법제의 변동으로 말미암아 권리보호의 이익이 소멸 또는 제거된 경우에는 원칙적으로 심판청구는 부적법하게 된다는 것이 헌법재판소의 판례이다(1994. 7. 29. 선고, 91헌마137 결정 ; 1994. 8. 31. 선고, 92헌마126 결정 참조).

이 사건 예우법을 보건대, 그 제7조(권리의 정지)는 이 법의 적용대상자가 공무원에 취임한 경우에는 그 기간 그 제4조(연금) 및 제5조(유족에 대한 연금)의 규정에 의한 연금의 지급을 정지한다는 규정만을 두고 있었을 뿐, 전직대통령이 일정한 형사처벌을 받는 경우에 예우를 중단한다는 규정을 두고 있지 아니하였다. 그러나 1995. 12. 29. 법률 제5118호로 위 제7조가 개정되어 전직대통령이 재직 중 탄핵결정을 받아 퇴임한 경우, 금고 이상의 형이 확정된 경우, 형사처분을 회피할 목적으로 외국정부에 대하여 도피처 또는 보호를 요청한 경우, 대한민국의 국적을 상실한 경우 등에는 예우법에 의한 예우를 하지 아니하며, 다만 필요한 경우의 경호·경비의 예우만을 할 수 있게 규정하였다(제2항).

그렇다면 이 사건 예우법이 이 사건 심판청구 이후 위와 같이 개정된 이상, 청구인으로서는 이 사건 법률조항에 대하여 이 사건 헌법소원심판으로 인한 권리보호의 이익이 소멸 또는 제거되었다고 할 것이다. 그러므로 이 사건 심판청구는 권리보호의 이익의 결여로 부적법하다.

4. 결론

이에 이 사건 심판청구는 이를 각하하기로 하여 주문과 같이 결정한다.

이 결정은 관여재판관 전원의 일치된 의견에 의한 것이다.

재판장 재판관 김 용 준
주 심 재판관 김 진 우
재판관 김 문 희
재판관 황 도 연
재판관 이 재 화
재판관 조 승 형
재판관 정 경 식
재판관 고 중 석
재판관 신 창 언

부록 2

전직대통령에 대한
검사의 구치소 방문조사 위헌확인

헌 법 재 판 소
제1지정재판부
결   정

사   건   2017헌마428   전직대통령에 대한 검사의 구치소 방문조사 위헌확인

청 구 인   진○현

결 정 일   2017. 5. 2.

주   문

이 사건 심판청구를 각하한다.

이   유

공권력의 행사로 인한 기본권 침해를 이유로 헌법소원을 청구하려면 공권력행사 그 자체에 의하여 자유의 제한, 의무의 부과, 권리 또는 법적 지위의 박탈이 생긴 경우여야 한다(헌재 1992. 11. 12. 91헌마192 참조).

청구인은 전직대통령에 대한 피의자신문을 목적으로 한 검사의 구치소 방문조사에 대하여 헌법소원심판을 청구하였으나, 그로 인하여 청구인에게 구체적으로 어떠한

자유의 제한이나 의무의 부과, 권리 또는 법적 지위의 박탈이 발생한다고 볼 수 없으므로, 기본권침해가능성 및 자기관련성을 인정할 수 없다.

 이 사건 심판청구는 부적법하므로 헌법재판소법 제72조 제3항 제4호에 따라 이를 각하한다.

재판장 　 재판관 　 김이수
재판관 　 김창종
재판관 　 서기석

부록 3

전두환, 노태우 전대통령에 대한 특별사면 위헌확인

(1998. 9. 30. 97헌마404 전원재판부)
[판례집 10-2, 563~566]

【판시사항】

1. 헌법재판소법 제68조 제1항에 의한 헌법소원에 있어서 '기본권을 침해받은 자'의 의미
2. 전두환, 노태우 전대통령에 대한 특별사면에 대하여 일반국민의 지위에서 기본권 침해의 자기관련성 및 직접성이 인정되는지 여부(소극)

【결정요지】

1. 기본권을 침해받은 자라 함은 공권력의 행사 또는 불행사로 인하여 자기의 기본권이 현재 그리고 직접적으로 침해받은 자를 의미하며 단순히 간접적, 사실적 또는 경제적인 이해관계가 있을 뿐인 제3자는 이에 해당하지 않는다.
2. 청구인들은 대통령의 특별사면에 관하여 일반국민의 지위에서 사실상의 또는 간접적인 이해관계를 가진다고 할 수는 있으나 대통령의 청구외인들에 대한 특별사면으로 인하여 청구인들 자신의 법적이익 또는 권리를 직접적으로 침해당한 피해자라고 볼 수 없으므로 이 사건 심판청구는 자기관련성, 직접성이 결여되어 부적법하다.

【참조조문】

헌법재판소법 제68조 제1항

【참조판례】
헌재 1993. 3. 11. 91헌마233, 판례집 5-1, 104
헌재 1993. 7. 29. 89헌마123, 판례집 5-2, 127
헌재 1994. 6. 30. 92헌마61, 판례집 6-1, 680

【당 사 자】

청 구 인   임 ○ 외 1인
               청구인들 대리인   공증인가 중원종합법무법인
               담당변호사   임   호

【주   문】
청구인들의 심판청구를 각하한다.

【이   유】
1. 청구인들의 주장

청구외 전두환, 노태우 전대통령들은 내란죄, 내란목적살인죄 및 특정범죄가중처벌등에 관한 법률위반 (뇌물죄) 등으로 무기징역 및 징역 17년의 형을 각 선고받고 그 판결이 확정되었는데, 대통령은 1997. 12. 22. 이들을 특별사면하였다.

그러나 국헌을 문란하게 한 내란죄의 주범이며 천문학적 숫자의 뇌물을 기업들로부터 받은 그들이 오직 전직대통령들이라는 이유만으로서 특별사면의 대상이 된다면, 그들보다 낮은 신분으로서 그들보다 가벼운 죄를 저지른 자들과의 관계에서 평등권을 본질적으로 침해하는 것이고, 이는 청구인의 양심의 자유와 행복추구권을 본질적으로 침해한 것이기도 하다. 뿐만 아니라 그들에 대하여 중형을 선고한 사법권의 행사는 헌법정신 및 법과 양심에 따라 이루어진 것인데도 아무런 사정변경이 없이 대통령이 그들을 특별사면 한 것은 권력분립의 원칙상 행정권이 사법권의 본질적 내용을 훼손한 것으로서 위헌무효이다.

2. 법무부장관의 의견

청구인들의 이 사건 헌법소원은 자기관련성, 직접성을 결여한 청구로서 헌법소원의 요건을 갖추지 못한 청구일 뿐 아니라 사법적 심사의 대상이 되지 않는 것이어서 부적법하므로 마땅히 각하되어야 하고, 그렇지 않다고 하더라도 대통령의 이 사건 사면권행사는 적법하고 적정한 것이므로 마땅히 기각되어야 한다.

3. 판 단

헌법재판소법 제68조 제1항에 의하면 헌법소원심판은 공권력의 행사 또는 불행사로 인하여 헌법상 보장된 기본권을 침해받은 자가 청구하여야 한다고 규정하고 있는바, 여기에서 기본권을 침해받은 자라 함은 공권력의 행사 또는 불행사로 인하여 자기의 기본권이 현재 그리고 직접적으로 침해받은 자를 의미하며 단순히 간접적, 사실적 또는 경제적인 이해관계가 있을 뿐인 제3자는 이에 해당하지 않는다는 것이 우리 재판소의 확립된 판례이다 (헌재 1993. 3. 11. 91헌마233, 판례집 5-1, 104, 111; 1993. 7. 29. 89헌마123, 판례집 5-2, 127, 134; 1994. 6. 30. 92헌마61, 판례집 6-1, 680, 684 등 참조).

이 사건의 경우, 청구인들은 대통령의 특별사면에 관하여 일반국민의 지위에서 사실상의 또는 간접적인 이해관계를 가진다고 할 수는 있으나 대통령의 청구외인들에 대한 특별사면으로 인하여 청구인들 자신의 법적이익 또는 권리를 직접적으로 침해당한 피해자라고는 볼 수 없으므로, 이 사건 심판청구는 자기관련성, 직접성이 결여되어 부적법하다.

3. 결 론

따라서 청구인들의 심판청구를 각하하기로 하여 관여재판관 전원의 일치된 의견으로 주문과 같이 결정한다.

재판관 김용준(재판장) 김문희 이재화 조승형 정경식 고중석 신창언 이영모
    한대현(주심)

부록 4

훈장치탈의무불이행 위헌확인

(1998. 9. 30. 97헌마263 전원재판부)
[판례집 10-2, 558~562]

【판시사항】

이른바 12·12 사건 등에 관련하여 유죄판결을 받은 전직대통령 전두환, 노태우 등에 대하여 상훈법에 따른 훈장치탈을 하지 않는 것이 청구인의 기본권을 침해하는 것이 되어 헌법재판소법 제68조 제1항에 의한 헌법소원심판 청구사유에 해당하는지 여부(소극)

【결정요지】

청구외인들에게 수여한 모든 훈장을 치탈하지 아니하고 있는 것만으로는 청구인들의 행복추구권 등 헌법상 보장된 기본권이 침해받을 여지가 없다고 할 것이므로 청구인들로서는 헌법재판소법 제68조 제1항에 의한 헌법소원심판을 청구할 수 없다.

【참조조문】

상훈법 제8조(치탈)①서훈된 자가 다음 각호의 1에 해당할 때에는 그 서훈을 취소하며, 훈장과 이에 관련하여 수여한 물건과 금전은 이를 치탈하고, 외국훈장은 그 패용을 금지한다.

1. 서훈공적이 허위임이 판명된 때
2. 국가안전에 관한 죄를 범한 자로서 형을 받았거나 적대지역으로 도피한 때
3. 사형·무기 또는 3년 이상의 징역이나 금고의 형을 받은 자로서 대통령령으로 정하는 죄를 범한 자

② 전항의 규정에 의하여 훈장을 치탈하거나, 패용을 금지하고자 할 때에는 국무회의의 심의를 거쳐야 한다.

헌법재판소법 제68조 제1항

【당 사 자】
청 구 인 　　　1. 법무법인 정일종합법률사무소
　　　　　　　　　대표변호사　이홍록 외 1인
　　　　　　　　　구성원변호사　한정화 외 3인
　　　　　　　　2. 강철선(변호사)
　　　　　　　　　피청구인　대통령

【주　　　문】
이 사건 심판청구를 각하한다.

【이　　　유】
1. 청구인들의 주장

　청구외 전ㅇ환, 노ㅇ우, 황ㅇ시, 정ㅇ용, 허ㅇ평, 이ㅇ봉, 허ㅇ수, 이ㅇ성, 최ㅇ창, 주ㅇ복, 차ㅇ헌, 장ㅇ동, 신ㅇ희, 박ㅇ규 등 14명은 이른바 12·12반란과 5·18내란 및 뇌물수수죄 등의 죄로 기소되어 모두 징역 3년 이상의 형을 선고받고 그 판결이 확정되었다.

　그러므로 위 청구외인들은 훈장치탈사유를 규정한 상훈법 제8조 제1항 제2호 소정의 '국가안전에 관한 죄를 범하여 형을 받은 자' 및 같은 조항 제3호 소정의 '사형·무기 또는 3년 이상의 징역이나 금고의 형을 받은 자로서 대통령령으로 정하는 죄를 범한 자'에 해당하므로 훈장치탈권자인 피청구인은 위 청구외인들에게 수여한 일체의 훈장을 치탈하여야 할 것임에도 불구하고 위 청구외인들에 대한 판결이 확정 된지 4개월 이상이 지나도록 훈장치탈의무를 불이행하고 있다.

　법은 만민에게 평등하고, 모든 국민은 행복을 추구할 권리가 있으며, 국민의 행복추구권은 법의 평등하고 공정한 집행에 의하지 않고서는 보장될 수 없는바, 청구인들은 피청구인이 위 청구외인들에게 특혜를 베푸는 차별적 대우에 대하여 몹시 불쾌한 감정을 느끼고 있으므로 이는 곧 청구인들의 행복추구권을 침해하는 것이다.

2. 관계기관의 의견

가. 총무처 장관의 의견

(1) 적법요건에 관하여

(가) 헌법소원은 공권력의 행사 또는 불행사로 인하여 기본권을 침해받은 자만이 제기할 수 있는데, 청구인들은 청구외인들에 대한 훈장치탈에 관하여 법적인 이해관계인이 아니라고 할 것이므로 자기관련성이 없다.

(나) 행정권력의 부작위에 대한 헌법소원의 경우에 있어서는, 공권력의 주체에게 헌법에서 유래하는 작위의무가 특별히 구체적으로 규정되어 이에 의거하여 기본권의 주체가 행정행위 내지 공권력의 행사를 청구할 수 있음에도 공권력의 주체가 그 의무를 해태하는 경우에 허용된다 할 것인데, 피청구인에게 청구인들 주장과 같은 작위의무가 헌법에서 직접 파생된다고 할 수 없으므로 이 사건 헌법소원심판청구는 부적법하다.

(2) 본안에 관하여

(가) 정부는 국민의 권익을 제한하거나 박탈하는 처분에 관한 법해석을 가급적 엄격히 한다는 원칙에 따라 그 동안 허위공적의 경우에는 일관되게 치탈하여 왔으나 그 밖의 치탈요건에 대해서는 엄격하게 이를 적용하여 3년 이상 형의 선고 등 기타 치탈사유로는 훈장을 치탈한 선례가 없다.

(나) 타인의 훈장에 대한 치탈여부가 청구인들의 행복추구권 내용에 포함된다고 보기 어려우며, 정부가 훈장치탈과 관련하여 청구인들의 생명권, 신체를 훼손당하지 않을 권리, 평화적 생존권 등을 침해한 사실이 없고 청구인들에 대하여 어떠한 의무나 제재를 부과한 바 없으므로 행복추구권이 침해되었다는 청구인들의 주장은 부당하다.

나. 국방부장관의 의견

헌법소원의 청구는 공권력의 행사 또는 불행사로 인하여 기본권의 침해를 받은 자만이 이를 제기할 수 있는데, 청구인들은 대통령의 상훈치탈의무 불이행으로 인하여 직접적으로 자기의 기본권을 침해당하였다고 할 수 없으므로 이 사건 헌법소원은 청구적격이 없는 자들에 의하여 제기된 것으로서 부적법하다.

다. 법무부장관의 의견

총무처 장관의 의견과 대체로 같다.

3. 판 단

헌법재판소법 제68조 제1항의 규정에 의하면, 헌법소원은 공권력의 행사 또는 불행사로 인하여 헌법상 보장된 기본권을 침해받은 자만이 청구할 수 있는 제도인바, 이사건의 경우 피청구인이 위 청구외인들에게 수여한 모든 훈장을 치탈하지 아니하고 있는 것만으로는 청구인들이 주장하는 바와 같이 행복추구권 등 헌법상 보장된 청구인들의 기본권이 침해받을 여지가 없다고 할 것이므로 청구인들로서는 헌법소원심판을 청구할 수 없는 것이다(헌재 1996. 11. 28. 96헌마207, 공보 19, 106).

4. 결 론

그렇다면 이 사건 심판청구는 부적법하므로 이를 각하하기로 하여, 관여재판관의 일치된 의견으로 주문과 같이 결정한다.

재판관 김용준(재판장) 김문희 이재화 조승형 정경식 고중석 신창언 이영모
한대현(주심)

부록 5

불기소처분(1998.7.21. 98헌마234)

헌 법 재 판 소
제1지정재판부
결   정

【사   건】 98헌마234 불기소처분취소
【청 구 인】 김 ○ 욱
【피청구인】 서울지방검찰청 검사
【주   문】 이 사건의 심판청구를 각하한다.
【이   유】

1. 사건의 개요

가. 청구인은 1998. 3. 19. 서울지방검찰청에 전직대통령 김영삼을 경제위기를 초래
　　하였다는 이유로 직무유기죄 등으로 고발하였고, 피청구인은 3. 21. 이를 각하하
　　였다.

나. 청구인은 이에 불복하여 항고·재항고하였으나 모두 기각되자, 1998. 7. 10. 이 사
　　건 헌법소원심판을 청구하였다.

2. 판단

직권으로 이 사건 심판청구의 적법여부에 관하여 살펴본다.

헌법재판소법 제68조 제1항에 의한 헌법소원은 공권력의 행사 또는 불행사로 인하
여 헌법상 보장된 기본권을 직접 그리고 현재 침해받은 자만이 이를 청구할 수 있는
것이고, 따라서 자기가 직접피해자가 아닌 범죄사실에 대한 고발인은 그 사건에 관한
불기소처분에 대하여 자기관련성이 없어서 헌법소원을 제기할 수 없다는 것이 헌법
재판소의 확립된 판례이다(헌재1989. 12. 12. 89헌마145, 판례집 1, 413 ; 1990. 9. 3.
89헌마90, 판례집 2, 487). 그런데 이 사건 청구인은 고발인이므로 청구인 적격이 없

다 할 것이다.

　따라서 이 사건 심판청구는 부적법하므로 각하하기로 하여 관여재판관 전원의 일치
된 의견으로 주문과 같이 결정한다.

1998. 7. 21.

　재판장　재판관　김　용　준＿＿＿＿＿＿＿＿＿＿＿

　　　　　　재판관　고　중　석＿＿＿＿＿＿＿＿＿＿＿

　　　　　　재판관　신　창　언＿＿＿＿＿＿＿＿＿＿＿

부록 6

불기소처분취소

(1995. 1. 20. 94헌마246 전원재판부)

[판례집 7권1집, 15~111]

【판시 사항】

1. 헌법소원심판청구(憲法訴願審判請求)로 인한 공소시효(公訴時效)의 정지(停止)
여부

2. 헌법(憲法) 제84조에 의하여 대통령(大統領) 재직중(在職中)에는 공소시효(公訴時效)의 진행(進行)이 당연히 정지(停止)되는지 여부

3. 검사(檢事)의 소추재량권(訴追裁量權)의 성질(性質)과 한계(限界)

4. 검사(檢事)가 기소편의주의(起訴便宜主義)에 따라 소추권(訴追權)을 행사함에 있어서의 참작사항(參酌事項)

5. 이른바 12·12 사건(事件)에 대한 검사(檢事)의 처분(處分)이 기소편의주의(起訴便宜主義)가 예정하고 있는 재량범위(裁量範圍)를 벗어난 것인지 여부

【결정 요지】

1. 검사(檢事)의 불기소처분(不起訴處分)에 대한 헌법소원(憲法訴願)이 재판부(裁判部)의 심판(審判)에 회부된 경우에도 그로 인하여 그 처분(處分)의 대상(對象)이 된 피의사실(被疑事實)에 대한 공소시효(公訴時效)의 진행(進行)이 정지(停止)되는 것은 아니다.

2. 우리 헌법(憲法)이 채택하고 있는 국민주권주의(國民主權主義)(제1조 제2항)와 법(法) 앞의 평등(平等)(제11조 제1항), 특수계급제도(特殊階級制度)의 부인(否認)(제11조 제2항), 영전(榮典)에 따른 특권(特權)의 부인(否認)(제11조 제3항) 등의 기본적 이념(理念)에 비추어 볼 때, 대통령(大統領)의 불소추특권(不訴追特權)에 관한 헌법(憲法)의 규정(헌법(憲法) 제84조)이 대통령(大統領)이라는 특수한 신분

(身分)에 따라 일반국민(一般國民)과는 달리 대통령(大統領) 개인(個人)에게 특권(特權)을 부여한 것으로 볼 것이 아니라 단지 국가(國家)의 원수(元首)로서 외국(外國)에 대하여 국가(國家)를 대표하는 지위(地位)에 있는 대통령(大統領)이라는 특수한 직책(職責)의 원활한 수행을 보장하고, 그 권위(權威)를 확보하여 국가(國家)의 체면과 권위를 유지하여야 할 실제상의 필요 때문에 대통령(大統領)으로 재직중(在職中)인 동안만 형사상(刑事上) 특권(特權)을 부여하고 있음에 지나지 않는 것으로 보아야 할 것이다. 위와 같은 헌법(憲法) 제84조의 규정취지와 함께 공소시효(公訴時效)제도나 공소시효정지(公訴時效停止)제도의 본질(本質)에 비추어 보면, 비록 헌법(憲法) 제84조에는 "대통령(大統領)은 내란(內亂) 또는 외환(外患)의 죄(罪)를 범한 경우를 제외하고는 재직중(在職中) 형사상(刑事上)의 소추(訴追)를 받지 아니한다"고만 규정되어 있을 뿐 헌법(憲法)이나 형사소송법(刑事訴訟法) 등의 법률(法律)에 대통령(大統領)의 재직중(在職中) 공소시효(公訴時效)의 진행(進行)이 정지(停止)된다고 명백히 규정되어 있지는 않다고 하더라도, 위 헌법규정은 바로 공소시효진행(公訴時效進行)의 소극적(消極的) 사유(事由)가 되는 국가(國家)의 소추권행사(訴追權行使)의 법률상(法律上) 장애사유(障碍事由)에 해당하므로, 대통령(大統領)의 재직중(在職中)에는 공소시효(公訴時效)의 진행(進行)이 당연히 정지(停止)되는 것으로 보아야 한다.

3. 모든 국민(國民)의 법(法) 앞에서의 평등(平等)(헌법(憲法) 제11조 제1항), 형사피해자(刑事被害者)의 재판절차(裁判節次)에서의 진술권(陳述權)(헌법(憲法) 제27조 제5항), 범죄피해(犯罪被害) 국민(國民)의 구조청구권(救助請求權)(헌법(憲法) 제30조) 등을 보장하고 있는 헌법정신(憲法精神)과, 검사(檢事)의 불편부당한 공소권행사(公訴權行使)에 대한 국민적(國民的) 신뢰(信賴)를 기본적 전제로 하는 기소편의주의(起訴便宜主義)제도 자체의 취지(趣旨)와 목적(目的)에 비추어 보면, 형사소송법(刑事訴訟法) 제247조 제1항에서 규정하는 검사(檢事)의 소추재량권(訴追裁量權)은 그 운용에 있어 자의(恣意)가 허용되는 무제한의 자유재량(自由裁量)이 아니라 그 스스로 내재적(內在的)인 한계(限界)를 가지는 합목적적(合目的的) 자유재량(自由裁量)으로 이해함이 마땅하고, 기소편의주의(起訴便宜主義) 혹은 소추재량권(訴追裁量權)의 내재적 제약은 바로 형법(刑法) 제51조에 집약되어 있는 것으로 판단되며, 따라서 형법(刑法) 제51조에 규정된 사항(事項)들이나 이

러한 사항들과 동등하게 평가(評價)될 만한 사항 이외의 사항에 기한 검사(檢事)의 기소유예처분(起訴猶豫處分)은 소추재량권(訴追裁量權)의 내재적 한계를 넘는 자의적(恣意的) 처분(處分)으로서 정의(正義)와 형평(衡平)에 반하고 헌법(憲法)상 인정되는 국가(國家)의 평등보호의무(平等保護義務)에 위반된다.

4. 검사(檢事)가 기소편의주의(起訴便宜主義)에 따라 소추권(訴追權)을 행사함에 있어서 참작하여야 할 형법(刑法) 제51조에 규정된 사항들은 단지 예시적(例示的)인 것에 불과하고 피의자(被疑者)의 전과(前科) 및 전력(前歷), 법정형(法定刑)의 경중(輕重), 범행(犯行)이 미치는 사회적 영향, 사회정세(社會情勢) 및 가벌성(可罰性)에 대한 평가(評價)의 변화(變化), 법령(法令)의 개폐(改廢), 공범(共犯)의 사면(赦免), 범행(犯行) 후 시간(時間)의 경과(經過) 등과 같이 위 법조에 예시되지 아니한 사항도 참작(參酌)의 요소(要素)가 될 수 있다.

5. 이른바 12·12 사건(事件)의 처리에 있어 충실한 과거(過去)의 청산(淸算)과 장래(將來)에 대한 경고(警告), 정의(正義)의 회복(回復)과 국민(國民)들의 법감정(法感情)의 충족(充足) 등 기소사유(起訴事由)가 갖는 의미도 중대하지만 이 사건을 둘러싼 사회적 대립(社會的 對立)과 갈등(葛藤)의 장기화(長期化) 또한 가볍다고만 단정할 수는 없을 것이고, 양자간의 가치(價値)의 우열(優劣)이 객관적으로 명백(明白)하다고 보기도 어렵다. 그렇다면 가치의 우열이 명백하지 아니한 상반되는 방향으로 작용하는 두 가지 참작사유 중에서 검사(檢事)가 그 어느 한 쪽을 선택하고 다른 사정도 참작하여 기소(起訴)를 유예(猶豫)하는 처분(處分)을 하였다고 하여 그 처분(處分)이 형사소송법(刑事訴訟法) 제247조 제1항에 규정된 기소편의주의(起訴便宜主義)가 예정하고 있는 재량(裁量)의 범위(範圍)를 벗어난 것으로서 헌법재판소(憲法裁判所)가 관여할 정도로 자의적인 결정이라고 볼 수 없다.

재판관 김진우, 재판관 조승형의 보충의견(補充意見)

헌법(憲法) 제84조는 대통령(大統領)직에 있는 자연인(自然人)이 범(犯)한 내란(內亂) 또는 외환죄(外患罪) 이외의 죄(罪)에 대하여는 공소권(公訴權)행사를 할 수 없는 것으로, 즉 유효한 공소권(公訴權)행사에 대하여 법률(法律) 그것도 헌법(憲法)에 장애사유(障碍事由)로 규정하고 있으므로, 위 규정(規定)은 비록 직설적으로 대통령

(大統領)으로 재직(在職)하는 기간 동안 공소시효(公訴時效)가 정지된다고 규정하지는 아니하였으나 공소시효(公訴時效)의 진행(進行)에 대한 소극적(消極的) 요건(要件)을 규정한 것이므로, 공소시효(公訴時效)의 정지(停止)를 규정(規定)한 규정이라고 보기에 족하다. 또한 헌법(憲法) 제84조에 의하여 내란(內亂) 또는 외환죄(外患罪)를 제외한 범죄(犯罪)에 대한 공소시효(公訴時效)가 대통령(大統領) 재직기간(在職期間) 중 정지(停止)된다고 하여도 이러한 범죄(犯罪)에 대하여 소추(訴追)당할 수 있는 기간(期間)은 일반국민과 동일하고 더 길어지는 것이 아니므로 법률상 대통령(大統領)이 더 불리하다고 할 수도 없다.

재판관 이재화, 재판관 조승형의 반대의견(反對意見)

1. 공소시효(公訴時效)의 진행(進行)이 정지(停止)되는 경우는 형사소송법(刑事訴訟法)이 공소시효(公訴時效) 정지(停止)제도 자체를 인정하고 있는 이상 명문(明文)에 그 정지(停止)규정이 있는 여부를 가리지 아니하고 공소시효(公訴時效)제도의 법리(法理)에 따라 공소시효(公訴時效)의 진행(進行)이 정지(停止)되는 경우를 인정할 수 있고 형사소송법(刑事訴訟法)에 명문규정(明文規定)을 두는 경우가 있다 하더라도 이는 위 법리(法理)를 확인함에 불과하다 할 것이므로, 검사(檢事)의 불기소처분취소(不起訴處分取消)를 구하는 헌법소원심판청구(憲法訴願審判請求)가 적법요건(適法要件)의 심사(審査)를 거친 후 심판(審判)에 회부되었다면 그 때부터 불기소처분(不起訴處分)에 대한 취소(取消)결정이 있을 때까지 공소시효(公訴時效)의 진행(進行)이 정지(停止)된다고 봄이 마땅하다.

재판관 김문희, 재판관 황도연의 반대의견(反對意見)

2. 헌법(憲法) 제37조 제2항의 정신(精神)에 비추어 공소시효(公訴時效)의 정지(停止)는 반드시 법률(法律)로써 명문(明文)의 규정(規定)을 둔 경우에 한하여 인정되는 것으로 보아야 하고, 그러하지 아니하는 한 공소시효(公訴時效)의 진행(進行)은 방해받지 아니한다고 하여야 함이 법치주의원칙(法治主義原則)에 당연한 귀결이다. 만일 헌법(憲法) 제84조의 뜻을 다수의견과 같이 풀이할 때에는, 공소

시효(公訴時效)제도의 실질(實質)이 형사피의자(刑事被疑者)의 이익(利益)을 위한 제도임에도 불구하고 그 진행(進行)을 정지(停止)시킬 수 있는 예외적인 사유(事由)를 법률(法律)로써 명문(明文)으로 규정하지 아니한 경우에도 헌법(憲法)이나 법률(法律)의 해석(解釋)을 통하여 이를 인정하는 것으로 되고, 따라서 공소시효(公訴時效)제도에 의하여 보장되는 피의자(被疑者)의 법적(法的) 이익(利益)을 법률(法律)의 근거 없이 침해(侵害)하는 것으로 되어 우리 헌법(憲法)의 기본이념의 하나인 법치주의(法治主義)에 반하는 결과에 이르게 되고, 헌법재판소(憲法裁判所)의 결정(決定)으로 새로운 공소시효(公訴時效)의 정지사유(停止事由)를 신설하는 내용의 적극적인 입법(立法)을 하는 것으로 되기 때문에 권력분립(權力分立)의 원칙(原則)에 따른 헌법재판제도(憲法裁判制度)의 한계(限界)를 벗어난 것이 아닌가 하는 문제가 생길 수 있다.

재판관 조승형의 반대의견(反對意見)

5. 이 사건에서 피청구인(被請求人)이 내세우는 기소방향(起訴方向)으로 작용하는 사유(事由)에 대한 논증(論證)은 있었으나 기소유예(起訴猶豫) 방향(方向)으로 작용하는 사유(事由)에 대하여는 아무런 논증(論證)이 없고, 가사 그에 대한 논증이 있다고 가정하더라도 기소방향(起訴方向)으로 작용하는 참작사유(參酌事由)의 가치(價值)가 그 반대사유(反對事由)의 가치(價值)에 비하여 현저히 그리고 명백하게 우월(優越)하므로, 피청구인(被請求人)의 기소유예처분(起訴猶豫處分)은 검사(檢事)의 합리적인 재량(裁量)의 한계(限界)를 일탈(逸脫)한 부당한 처분(處分)이며 그로 인하여 청구인(請求人)들의 평등권(平等權)과 재판절차진술권(裁判節次陳述權)을 침해하였으므로 마땅히 취소(取消)되어야 할 것이다.

재판관 고중석의 반대의견(反對意見)

5. 이 사건 범행(犯行)의 동기(動機), 수단(手段), 결과(結果), 법정형(法定刑)과 범행(犯行) 후(後) 피의자의 태도(態度), 피해자(被害者)에 대한 관계(關係) 등은 이 사건 기소(起訴) 여부를 결정(決定)함에 있어서 다른 어느 사항 보다도 중요(重要)하

고 크게 참작(參酌)해야 할 사항(事項)임에 비하여, 피청구인(被請求人)이 불기소사유(不起訴事由)로 들고 있는 사유(事由)는 객관적으로 근거(根據)가 없거나 기소(起訴) 여부를 결정함에 있어서 기소사유(起訴事由)에 비하여 정상참작사항(情狀參酌事項)으로서의 중요성(重要性)이나 가치(價値)가 훨씬 덜함에도 불구하고, 피청구인(被請求人)이 피의자(被疑者)에 대하여 기소유예처분(起訴猶豫處分)을 한 것은 기소편의주의(起訴便宜主義)의 재량권(裁量權) 행사(行使)의 한계(限界)를 벗어난 자의적(恣意的)의 검찰권(檢察權)의 행사(行使)라 아니할 수 없고, 그로 말미암아 청구인(請求人)들은 헌법(憲法)상 보장되는 재판절차 진술권(裁判節次陳述權) 및 평등권(平等權)을 침해받았으므로 피청구인(被請求人)의 기소유예처분(起訴猶豫處分)은 마땅히 취소(取消)되어야 한다.

【당 사 자】

청 구 인 　　　　정 　ㅇ　 화 외 21인 (별지 1 청구인 명단과 같음)
대리인 　　　　변호사 홍 성 우 외 12인 (별지 2 대리인 명단과 같음)
피청구인 　　　　서울지방검찰청 검사

【참조 조문】

헌법(憲法) 제1조 제2항, 제11조, 제27조 제5항, 제30조, 제84조

형사소송법(刑事訴訟法) 제247조 (기소편의주의(起訴便宜主義)와 공소불가분(公訴不可分))
① 검사(檢事)는 형법(刑法) 제51조의 사항(事項)을 참작(參酌)하여 공소(公訴)를 제기(提起)하지 아니할 수 있다.
② 생략

【참조 판례】

1. 1993.9.27. 선고, 92헌마284 결정
4. 대법원 1980.5.20. 선고, 80도306 판결

【주　문】

청구인들의 이 사건 심판청구 중, 내란수괴죄, 내란목적살인죄 및 내란목적살인미수죄에 관한 부분은 이를 모두 각하하고, 그 나머지 죄들에 관한 부분은 이를 모두 기각한다.

【이　유】

(이유설시의 순서)

아래와 같은 순서로 이유설시를 한다.

1. 사건의 개요와 심판의 대상
　　가. 사건의 개요
　　나. 심판의 대상
2. 고소사실의 요지
3. 불기소이유의 요지
　　가. "혐의없음"처분의 이유
　　나. "기소유예"처분의 이유
4. 당사자의 주장
　　가. 청구인들의 주장
　　　　(1) 청구인적격
　　　　(2) "혐의없음"처분의 위법성
　　　　(3) "기소유예"처분의 위법성
　　　　(4) 공소시효의 기산점과 정지에 관한 주장
　　나. 피청구인의 답변
　　　　(1) "혐의없음"처분의 정당성
　　　　(2) "기소유예"처분의 정당성
　　　　(3) 공소시효의 기산점과 정지에 관한 청구인들의 주장에 대하여
5. 판단
　　가. 공소시효의 정지 여부에 관한 판단

(1) "헌법소원심판청구"로 공소시효가 정지되는지의 여부

(2) "대통령 재직중"에는 그의 범행에 대한 공소시효가 정지되는지의 여부

나. "혐의없음"처분의 당부에 관한 판단

(1) 형법상의 내란수괴, 내란목적살인 및 내란목적살인미수의 점에 대하여

(2) 군형법상의 반란목적군용물탈취 및 일반이적의 점에 대하여

다. "기소유예"처분의 당부에 관한 판단

6. 결론

7. 재판관 김진우, 재판관 조승형의 보충의견

8. 반대의견

가. 재판관 이재화, 재판관 조승형의 의견

(주문기재의 "각하"부분에 대하여, 이 부분도 본안판단을 해야 한다는 의견)

나. 재판관 김문희, 재판관 황도연의 의견

(주문기재의 "기각"부분에 대하여, 이 부분도 모두 각하해야 한다는 의견)

다. 재판관 조승형의 의견

(주문기재의 "기각"부분에 대하여, 그 중 "기소유예"처분의 취소를 구하는 부분은 인용되어야 한다는 의견)

라. 재판관 고중석의 의견

(위 "다"와 같은 의견)

1. 사건의 개요와 심판의 대상

가. 사건의 개요

이 사건 기록과 증거자료(서울지방검찰청 1993년 형제51255, 53173, 67689, 81259, 82885, 85737, 101660호, 1994년 형제32230호 각 수사기록)에 의하면, 다음과 같은 사실이 인정된다.

(1) 청구인들은 1993.7.19. 대검찰청에 이른바 12·12 사건에 관하여 청구외 전두환 외 33명(별지3 피고소인 명단과 같음)을 고소하였는바, 그 고소사실의 요지는 아래 2 기재와 같다.

(2) 피청구인은, 대검찰청으로부터 청구인들이 낸 위 고소장을 송부 받아 수사하는 한편 12·12 사건에 관련된 다른 고소·고발사건도 함께 수사한 후, 1994.10.29. 청구

인들의 위 고소사건(서울지방검찰청 1993년 형제81259호)을 포함한 8건의 고소·고발사건(서울지방검찰청 1993년 형제 51255, 53173, 67689, 82885, 85737, 101660호, 1994년 형제32230호)의 피고소인 및 피고발인들에 대하여 별지4 피의자별 죄명별 처분내용기재와 같이 "혐의없음", "기소유예" 또는 "공소권 없음"의 각 불기소처분(이하, "이 사건 불기소처분"이라 한다)을 하였다.

(3) 청구인들은, 위 불기소처분 중 피의자 전두환에 대한 부분("혐의없음"처분 및 "기소유예"처분)에 불복하여 검찰청법의 규정에 따라 항고 및 재항고를 하였으나 모두 이유 없다고 기각되자(1994.11.10. 항고기각 서울고등검찰청 94불항2952, 같은 달 18. 재항고기각 대검찰청 94재항1961), 피의자 전두환에 대한 피청구인의 위 불기소처분은 매우 자의적인 검찰권의 행사로서 범죄피해자인 청구인들의 헌법상 보장된 기본권, 즉 평등권, 재판청구권, 재판절차진술권 등을 침해하였다는 이유로 1994.11.24. 이 사건 헌법소원심판청구를 하였다.

나. 심판의 대상

그러므로 이 사건 심판의 대상은, 위에서 본 이 사건 불기소처분 중 피의자 전두환에 대한 부분, 즉 동 피의자의 내란수괴(형법 제87조 제1호), 내란목적살인(형법 제88조), 내란목적살인미수(형법 제89조, 제88조), 반란목적군용물탈취(군형법 제6조) 및 일반이적(군형법 제14조 제8호)의 점에 대한 각 "혐의없음"의 처분과 반란수괴(군형법 제5조 제1호), 불법진퇴(군형법 제20조), 지휘관계엄지역수소이탈(군형법 제27조 제2호), 상관살해(군형법 제53조 제1항), 상관살해미수(군형법 제63조, 제53조 제1항) 및 초병살해(군형법 제59조 제1항)의 점에 대한 각 "기소유예"의 처분이, 헌법상 보장된 청구인들의 위 기본권을 침해하였는지의 여부이다.

2. 고소사실의 요지

가. 이른바 12·12 사건 당시의 시대적 배경

1979.12.12. 당시는 같은 해 10.26. 궁정동에서 발생한 중앙정보부장 김재규의 박정희 대통령 살해사건으로 통치권의 공백이 초래되었으나, 곧 위 김재규에 대한 체포와 기소가 이루어졌고 대통령 권한대행체제에 이어 당시 헌법에 따라 국무총리 최규하가 대통령에 취임하여 정국이 상당한 안정을 되찾는 한편 정상적인 여야의 논의에 의한 개헌과 민주발전이 기대되고 있던 시점이었다.

나. 범행의 모의 및 준비과정

별지 3 기재의 피고소인들은, 피고소인(이하, "피의자"라 한다) 전두환이 국군보안사령관으로서 1979.10.26. 박정희 대통령 살해사건 이후 계엄사령부 합동수사본부(이하, "합수부"라 약칭한다)의 본부장 직위에 오름을 기화로 같은 해 11월 중순경부터 국군보안사령부(이하, "보안사"라 약칭한다) 및 군내 불법 사조직인 "하나회"구성원 등의 인맥을 이용하는 한편 "보안사"내 간부들의 보좌를 받아 계엄사령관 정승화를 박정희 대통령 살해사건에 연루된 것처럼 꾸며 납치하고 이를 통해 정상적인 지휘계통을 제거하는 한편 궁극적으로는 국가권력을 탈취할 목적으로 내란 및 반란을 공모하고,

(1) 1979.12.12. 18:30경 수도경비사령부(이하, "수경사"라 약칭한다) 제30경비단 단장실에 피의자 노태우(9사단장), 동 유학성(국방부군수차관보), 동 차규헌(수도군단장), 동 황영시(제1군단장), 동 박희도(제1공수여단장), 동 최세창(제3공수여단장), 동 장기오(제5공수여단장), 동 백운택(71방위사단장), 동 박준병(20사단장), 동 김진영(수경사 제33경비단장), 동 장세동(수경사 제30경비단장)등이 집결하여, "보안사"에 있는 위 전두환, 피의자 허화평(보안사령관 비서실장), 동 허삼수(보안사 인사처장), 동 이학봉(보안사 대공처장)과 함께 지휘부를 구성하고,

(2) 피의자 조홍(수경사 헌병단장) 등은 위 전두환 등의 지시에 의하여 육군본부(이하, "육본"이라 약칭한다) 직할부대 주요 지휘관들을 격리하기 위한 사전계획에 따라 같은 시각에 정병주 특수전사령부(이하, "특전사"라 약칭한다) 사령관, 장태완 수경사령관, 김진기 육본 헌병감 등을 연희동 소재 음식점으로 유인하여 각 그 소속 부대로부터 격리시켰다.

다. 범행의 실행경위

(1) 피의자 전두환은 1979.12.12. 공식적 승인을 얻거나 법적 절차를 밟지도 아니한 채 위 허삼수, 피의자 우경윤(육본 헌병감실 범죄수사단장) 등에게 계엄사령관 겸 육군참모총장 정승화의 납치를 지시하고, 이에 따라 위 허삼수, 우경윤, 피의자 성환옥(육본 헌병감실 기획과장), 동 최석립(수경사 33헌병대장), 동 이종민(육본 헌병대장) 등은 같은 날 18:50경 "합수부"에 배속된 33헌병대와 "보안사" 수사관 등을 이끌고 육군참모총장 공관에 이르러 무기로 경비병을 위협하여 그 무장을 해제시키고, 이어 그 공관 안에 들어가 정승화 총장을 총기로 위협하여 강제로 "보안사" 서빙고분실

로 납치하고, 이에 저항하는 총장부관 이재천 소령과 경호장교 김인선 대위 등에게 총격을 가하여 각 상해를 입히고,

(2) 위 전두환은, 같은 날 18:30경 국방부장관을 경유하지 아니한 채 중요보고가 있다는 구실로 대통령 면담요청을 하여 최규하 대통령이 당시 머물던 총리공관에 위 이학봉을 대동하고 찾아가 동 대통령에게 정승화 총장의 연행·조사조치에 대한 재가를 요구하였으나 국방부장관을 경유하지 아니하였다는 이유로 거절당하자, 피의자 정동호(청와대 경호실장 직무대리), 동 고명승(청와대 경호실작전과장)이 같은 날 21:30경 대통령경호실 병력을 무단 동원하여, 총리공관 특별경호대장 구정길 등을 총으로 위협하여 경비병들의 무장을 해제시키고 대통령 임시관저인 총리공관을 장악하고 있는 상태에서, 다시 위 유학성, 황영시, 차규헌, 박희도, 백운택 등을 대동하고 집단으로 최규하 대통령을 방문하여 재차 정승화 총장 연행·조사에 대하여 재가해줄 것을 요구하였으나 역시 거절당하자, 병력을 동원하여 그 위력을 과시하는 한편 육군 정식지휘계통을 제압하기로 위 지휘부 구성원들과 상호 공모하여, 위 전두환은 같은 날 23:00경, 위 박희도에게는 육군본부와 국방부를 점령, 국방부장관을 "보안사"로 연행해 올 것을, 위 최세창에게는 정병주 특전사령관의 체포와 휘하 병력의 경복궁 출동을, 위 장기오에게는 휘하 병력의 육군본부 출동을 각 지시하고, 위 노태우는 피의자 구창회(9사단 참모장)에게 휘하 병력의 중앙청 출동을 지시하고, 위 황영시는 피의자 박희모(30사단장)에게 휘하 병력의 고려대학교 진주를 지시하고, 위 황영시, 백운택 등은 피의자 이상규(1군단 제2기갑여단장)에게 전차부대의 중앙청 출동을 지시하고, 피의자 정도영(보안사 보안처장) 등은 피의자 김정룡(특전사 보안부대장), 동 신우식(특전사 작전참모)에게 정병주 특전사령관 체포작전시 그 휘하 병력이 대응하지 못하도록 지원을 각 지시하고, 위 정도영, 허화평, 허삼수 등은 위 전두환 등 지휘부에 수시로 그때 그때의 상황을 보고하는 한편 26사단, 30사단, 수도기계화사단 등의 지휘관, 참모 및 보안부대장 등에게 "합수부"측의 위와 같은 조치에 동조하여 줄 것을 요청하였다. 이에 따라,

(가) 위 최세창, 피의자 박종규(제3공수여단 5대대장)등은 같은 날 23:50경 위 김정룡, 신우식 등의 지원하에 특전사령관실에 제3공수여단 제5대대 병력을 투입, 총격을 가하여 특전사령관 비서실장 김오랑 소령을 현장에서 사망케 하고 정병주 특전사령관에게 상해를 입힌 후 그를 "보안사" 서빙고분실로 강제 연행하는 한편, 다음날인

12.13. 02:00경 제3공수여단 병력을 경복궁에 진주시키고,

(나) 위 박희도, 피의자 서수열(제1공수여단 2대대장), 동 박덕화(제1공수여단 5대 대장) 등은 12.13. 00:30경 제1공수여단 병력을 출동시켜 육군본부와 국방부를 점령하고 노재현 국방부장관을 총리공관으로 연행하는 한편, 국방부근무 초병인 정선엽 병장에게 총격을 가하여 그를 현장에서 사망케 하고,

(다) 위 장기오는 같은 날 03:00경 제5공수여단 병력을 효창운동장에 진주시키고,

(라) 위 구창회, 피의자 이필섭(9사단 29연대장)등은 같은 날 01:30경 9사단 29연대 병력을 출동시켜 03:30경 중앙청을 점령하고,

(마) 위 박희모, 피의자 송응섭(30사단 90연대장)등은 같은 날 03:30경 30사단 90연대 병력을 고려대학교에 진주시키고,

(바) 위 이상규는 같은 날 01:30경 제2기갑여단 제16전차대대병력을 출동시켜 03:30경 중앙청을 점령하고,

(사) 위 조홍, 피의자 신윤희(수경사 헌병단 부단장) 등은 같은 날 03:40경 수경사 령관실에 진입, 하소곤 육군본부 작전참모부장에게 총격을 가하여 상해를 입게 한 후 육군본부 수뇌부의 무장을 해제시키고, 윤성민 육군참모차장, 장태완 수경사령관, 문홍구 합참 대간첩대책본부장 등을 "보안사" 서빙고 분실로 연행하였다.

3. 불기소이유의 요지

이 사건에서 심판의 대상이 된 피의자 전두환에 대한 불기소처분("혐의없음"처분 및 "기소유예"처분)의 이유의 요지는 다음과 같다.

가. "혐의없음"처분의 이유

(1) 형법상의 내란수괴, 내란목적살인 및 내란목적살인미수의 점에 대하여 이른바 12·12 사건과 관련하여 피의자 전두환 등이 병력을 동원하여 국방부와 육군본부 등을 점령하고 육군참모총장 등 군 수뇌부를 체포한 사실 등은 인정되나, 이는 국가기관인 자연인 또는 구체적인 정부기관에 대한 침해행위에 불과하여 헌법이나 헌법이 정한 정부조직제도 자체를 파괴한 것이라고는 볼 수 없고, 또 위 피의자들이 군 수뇌부의 경질을 통하여 결국 군의 주도권을 장악하였다고 하더라도 당시의 대통령과 국무총리 등 헌법기관이 그대로 유지된 점에 비추어 그것만으로는 국헌문란의 목적이 있었다고 보기 어려우며, 달리 그들에게 국헌문란의 목적이 있었다고 인정할 만한 뚜

렷한 증거가 없어, 형법상의 내란(제87조), 내란목적살인(제88조) 및 내란목적살인미수(제89조, 제88조)의 점은 모두 범죄의 혐의가 없다.

(2) 군형법상의 반란목적군용물탈취 및 일반이적의 점에 대하여

반란목적의 군용물탈취죄(군형법 제6조)는 인정되나 이는 반란죄(군형법 제5조)에 흡수되어 피의자 전두환에 대한 반란죄를 인정하는 이상 별도로 위 죄는 성립하지 아니하며, 또 일반이적죄(군형법 제14조 제8호)에 관하여는 위 피의자에게 어떠한 이적의 범의가 있었다고 볼 증거가 없고 또한 동 피의자의 행위를 군사상 이적행위로 볼 수도 없으므로 법리상 위 죄는 성립하지 아니하여, 모두 범죄의 혐의가 없다.

나. "기소유예"처분의 이유

피의자 전두환에 대한 군형법상의 반란수괴(제5조 제1호), 불법진퇴(제20조), 지휘관계엄지역수소이탈(제27조 제2호), 상관살해(제53조 제1항), 상관살해미수(제63조, 제53조 제1항), 초병살해(제59조 제1항)의 점은 모두 범죄의 혐의가 인정되나, 다음과 같은 이유로 이들 범죄에 대하여는 "기소유예"처분을 함이 상당하다.

즉, 위 피의자 등이 하극상에 의한 군사반란사건을 일으킴으로써 우리 헌정사를 후퇴시켰고, 지금도 이 사건의 정당성을 주장하고 있음에도 불구하고 이들을 관용하는 것은 정의에 반하고 국민의 법 감정상으로도 용납되지 아니하므로, 이들에 대하여 공소를 제기함으로써 우리 사회에 법과 정의가 살아 있음을 보여 주고, 나아가 제2, 제3의 불법적 군사행동이나 하극상 사건의 재발을 방지하여야 한다는 견해도 있다. 그러나,

(1) 위 피의자 등을 기소하는 경우, 재판 과정에서 과거사가 반복 거론되고 법적 논쟁이 계속되어 국론분열과 대립양상을 재연함으로써 불필요하게 국력을 소모할 우려가 있고, 이러한 혼란상은 결국 장래적으로 국가안정을 저해하고 자칫하면 국가발전에도 지장을 초래하는 결과를 야기할 수 있음을 고려하지 아니할 수 없다.

(2) 또한, 검찰이 이 사건의 진상을 철저히 규명하고 그것이 범법행위이었음을 명백히 인정한 이상 불행하였던 과거를 청산하고 불법적 실력행사를 경고하는 냉엄한 역사적 교훈을 남겨 역사발전의 계기가 될 것이므로, 이 사건에 대한 역사적인 평가는 후세에 맡기고 관련자들에 대한 사법적 판단은 이번 검찰의 결정으로 마무리하는 것이 바람직하다고 할 것이며, 대다수 국민들도 더 이상 지난 일로 갈등과 반목을 지속하여 국가적 혼란을 초래함으로써 국가발전에 지장을 주는 것을 바라지 아니할 것이다.

(3) 한편, 위 피의자 등이 지난 14년간 우리나라를 통치하면서 나름대로 국가발전에 기여한 면이 있음을 인정하지 아니할 수 없고, 또 이 사건이 선거의 쟁점으로 부각되었던 제13대 대통령선거에서 이 사건의 주역의 한 사람인 대통령후보가 당선되고, 이른바 5공 청문회를 거치는 등으로 이미 국민적 심판을 받았다고도 볼 수 있으며, 특히 전직대통령 등을 법정에 세워 단죄하는 경우에는, 그 동안 형성된 제반 기성질서와 관련하여 국민에게 심정적으로 혼돈을 느끼게 할 우려가 있는 점 등 여러 가지 정황도 참작하지 아니할 수 없다.

(4) 아울러 지금은 전 국민이 힘을 합하여 치열한 국제경쟁을 이겨내고 숙원인 남북통일에 대비해야 할 시기이고, 이러한 시기에 그 어떤 명제보다도 가장 절실히 요구되는 것은 국민화합을 토대로 정치와 사회의 안정을 기하고 이를 바탕으로 국가 경쟁력을 강화하여 지속적인 국가발전을 도모하는 것인 바, 이러한 시점에서 과거에 집착하여 미래를 그르치는 것은 결코 바람직하지 아니하다는 점을 심각하게 고려하지 아니할 수 없다.

(5) 이에, 어떤 결정을 하는 것이 국가의 장래를 위하여 최선인가 하는 관점에서 위와 같은 제반 요소를 종합적으로 검토한 결과, 사회안정과 국가발전을 위하여 위 피의자등에 대한 소추처분을 유예하기로 결정하였다.

4. 당사자의 주장
가. 청구인들의 주장
(1) 청구인적격
청구인들은 이른바 12·12 사건 당시 육군참모총장 겸 계엄사령관이었던 청구인 정승화를 정점으로 하는 군의 정규지휘계통에 속하는 지휘관 및 참모들로서, 피의자 전두환을 수괴로 하는 피의자들이 작당하여 저지른 이 사건 내란 및 반란행위로 인하여 청구인들의 위 반란세력에 대한 적법한 군령권행사가 거부되고 또 직접 신체상 피해를 입는 등 위 범행으로 인한 피해자들이므로 이 사건 불기소처분에 대하여 헌법소원을 제기할 수 있는 청구인자격이 있다.

(2) "혐의없음"처분의 위법성
형법상의 내란죄 등 부분에 대한 피청구인의 "혐의없음"처분의 논거는, 요컨대 내란죄가 성립하려면 정권탈취의 목적이 있어야 하는데 12·12 사건으로 헌법이나 헌법이 정한 정부조직제도 자체가 파괴된 것이 아니고 당시 대통령과 국무총리 등 헌법기관이 그대로 유지되었기 때문에 국헌문란의 목적이 있었다고 보기는 어렵다는 데에 있다. 그러나 위와 같은 검찰의 논거는 다음과 같은 이유로 내란죄의 법리를 오해한 위법이 있다.

첫째, 피청구인은 이른바 12·12라는 역사적 사건은 그 이후 진행된 일련의 사건들의 출발점이라는 점에서 그 후 피의자들이 1980년 정권을 장악할 때까지 벌였던 연속적 사건들과 독립하여 평가할 수 없다는 점을 간과하였다. 즉, 12·12 이후의 진행과정을 보면 1980.4.16. 보안사령관 전두환은 군인으로서는 취임할 수 없는 중앙정보부장 서리를 겸직하고, 5.17. 비상계엄 전국확대, 5.18. 김대중·김종필·이후락 등 26명 연행, 광주민중에 대한 무차별 살상, 5.31. 국가보위비상대책위원회 설치, 상임위원장에 전두환 보안사령관 취임, 8.27. 통일주체국민회의에서 전두환을 새대통령으로 선출, 9.1. 전두환의 제11대 대통령 취임, 10.27. 제5공화국 헌법 발효, 국회·정당·통일주체국민회의의 해산, 국가보위입법회의 발족 등으로 정권을 탈취하였는바, 이러한 일련의 사태의 단초는 12·12 에서 찾아야 할 것이므로 12·12 사건으로 헌법이나 헌법이 정한 정부조직제도 자체가 파괴된 것이 아니고 당시 대통령과 국무총리 등 헌법기관이 그대로 유지되었기 때문에 국헌문란의 목적이 있었다고는 보기 어렵다는 검찰의 견해는 내란죄의 법리를 오해한 것이라 아니할 수 없다.

둘째, 12·12 사건 자체만 보더라도, 검찰이 인정한 사실에 따르면 당시 신군부측은 사전 모의 아래 계엄사령관을 강제로 연행하였을 뿐만 아니라 그 밖의 주요 군지휘관을 연행하고 주요 군지휘부를 점거하여 그 기능을 마비시키고, 이와 아울러 대규모 병력을 동원하여 중앙청과 총리공관(최규하 대통령 관저) 등 주요시설을 점거하는 한편 계엄사령관 연행에 대한 재가를 얻기 위하여 국방부장관을 연행하고, 최규하 대통령에게 집단으로 (전두환, 유학성, 황영시, 차규헌, 백운택, 박희도 등) 몰려가 재가를 요구하는 등으로 군지휘 계통을 마비시키고, 최고헌법기관인 대통령으로 하여금 그 권능행사를 불가능하게 한 사실을 검찰 스스로 인정하는 한 형법상 내란죄의 성립은 부인할 수 없는 것이다.

국군통수권을 가진 대통령의 권한행사를 무력화시키지 않은 채 군사권만을 장악한다는 것은 경험칙이나 논리칙에 반할 뿐더러 아울러 대통령과 국무총리 등 헌법기관이 그대로 유지되었다는 검찰의 논거도 당시 대통령이 자유롭게 정상적인 국정수행을 할 수 없었던 상태라는 점을 감안할 때, 바로 그러한 상태를 예상하여 형법 제91조는 헌법에 의하여 설치된 국가기관을 강압에 의하여 전복 또는 "그 권능행사를 불가능하게 하는" 경우도 "국헌문란"의 태양의 하나로 적시한 점을 간과한 것이라 아니할 수 없다.

그러므로, 결국 피의자 전두환에 대한 피청구인의 이 사건 "혐의없음"처분은 형법상 내란죄의 법리를 오해한 것으로서 위법함이 명백하고 그로 인하여 헌법상 보장된 청구인들의 기본권(즉 평등권, 재판청구권, 형사피해자의 재판절차진술권 등)이 침해되었으므로 위 처분은 마땅히 취소되어야 한다.

(3) "기소유예"처분의 위법성

군형법상의 반란죄 등에 대한 피청구인의 "기소유예"처분의 논거는, 요컨대 이 사건 피의자들을 기소할 경우 재판과정에서 과거의 일이 재론되는 등 법적 논쟁이 계속되어 국론분열과 대립양상을 재연함으로써 국력을 소모할 우려가 있는데다가 이들이 이미 5공 청문회 등을 통해 국민적 심판을 받은 것으로 볼 수 있고, 특히 전직대통령을 법정에 세워 단죄할 경우 그 동안 형성된 제반질서와 관련해 국민에게 심정적 혼돈을 느끼게 할 우려가 있는 점 등을 감안하여 기소를 유예한다는 데 있다.
그러나 위와 같은 검찰의 처분은 다음과 같은 이유로 공소권을 남용한 것으로서 위법, 부당함이 명백하다.

첫째, 형사소송법 제247조 제1항에 의하면 피의사건이 범죄의 혐의가 충분하고 소송요건을 구비하였더라도 형법 제51조에 규정된 사항을 참작하여 형사정책적 차원에서 검사는 공소를 제기하지 아니할 수 있다고 규정되어 있으나, 피청구인이 이 사건에서 기소유예의 사유로 적시하고 있는 점 등은 위와 같은 형법 및 형사소송법의 규정을 참작한 것이 아니고 그의 독단적인 정치적 견해에 그 근거를 두고 있음이 명백하다.

둘째, 우리나라 검찰조직 및 작용원리를 규정하는 검사동일체의원칙, 기소독점주의 및 기소편의주의는 검찰조직의 준사법기관으로서의 특수성을 감안하여 정치권력 등 외압으로부터 독립된 독자적인 검찰권 행사를 가능케 함으로써 국가적 입장에서 공소권 행사의 공정성과 합리성을 보장하려는 데 그 본래의 뜻이 있는 것이지, 검찰권 행사를 법적 기속으로부터 해방시켜 정치적 판단에 종속시키는 것은 제도의 본래의 취지에 반하는 것인바, 이 사건 "기소유예"처분은 기소독점주의 및 기소편의주의의 내재적 한계를 명백히 일탈, 남용한 것이다.

셋째, 피청구인이 이 사건 "기소유예"처분의 사유로 적시하는 것들은 기소편의주의의 이념을 왜곡하는 것이다. 즉, 검찰의 논지는 모든 재판이 과거사의 재론을 전제로 하는 법적 논쟁이라는 점을 간과한 단견이고, 더 나아가 재판기능 자체가 법의 해석 적용을 통하여 국법질서를 통일함으로써 국론분열을 막는 데 있음을 간과한 것이라 아니할 수 없다. 또한 원처분이 적시한 "피고소인들이 이미 5공 청문회를 통해 국민적 심판을 받은 것으로 볼 수 있고, 전직대통령을 법정에 세워 단죄할 경우 사회 안정과 국가발전에 저해가 된다"는 이유는 지극히 피상적인 견해에 불과하다. 요컨대, 피청구인이 적시한 사유들은 수사기관이 고려해야 할 법적인 정상참작의 사유가 아니다.

넷째, 피의자 전두환에게는 형법 제51조에 규정된 정상참작의 사유가 없다. 그는 지난 14년간 나라의 발전을 위해 기여한 바 없으며, 그를 비롯한 피의자 등의 이 사건 소위는 집권 이래 지속적인 국민적 반발을 초래하였을 뿐만 아니라 그는 이 사건 고소과정에 이르기까지 반성의 뜻을 표하기는커녕 허위의 주장과 자신의 정당성만을 강변하였는바, 그러한 자에게 면죄부를 부여하는 검찰의 처분은 결과적으로 모든 국민의 국가행위로부터 균등한 대우를 받을 권리(평등권) 및 범죄로부터 보호받을 권리(재판청구권, 형사피해자의 재판절차진술권, 범죄피해자의 구제청구권 등)등의 헌법상 기본권을 훼손, 방치하는 것일 뿐만 아니라 국민 대다수의 법 감정에도 배치되는 것이다.

그러므로, 결국 피의자 전두환에 대한 피청구인의 이 사건 "기소유예"처분은 공소권(불기소처분권)을 명백히 남용한 것으로서 위법함이 명백하고 그로 인하여 헌법상 보장된 청구인들의 기본권(즉 평등권, 재판청구권, 형사피해자의 재판절차진술권 등)이 침해되었으므로 위 처분도 마땅히 취소되어야 한다.

(4) 공소시효의 기산점과 정지에 대한 주장

(가) 형법상의 내란죄 등 부분에 대한 공소시효의 기산점은 내란죄의 범죄행위가 종료된 1981.4.로 보아야 하므로 그 공소시효는 1996.4.에 완성된다.

즉, 이른바 12·12 사건은 그 이후의 피의자 전두환 등의 정권찬탈과정과 포괄하여 내란죄로 평가되어야 하고 따라서 그 후 내란수행과정의 역사적 전개과정에 비추어 보면 그 내란행위는 1981.4. 마지막으로 개최된 국가보위입법회의 제25차 본회의시까지 계속된 것으로 보아야 한다.

(나) 군형법상의 반란죄 등 부분에 대한 공소시효는 피의자 전두환이 대통령으로 재직한 7년 5개월 24일간은 진행이 정지되는 것이므로 2002.4.4.에 완성된다.

즉, 헌법 제84조는 "대통령은 내란 또는 외환의 죄를 범한 경우를 제외하고는 재직중 형사상의 소추를 받지 아니한다"고 규정하고 있으므로 피의자 전두환이 대통령으로 재직중 형사상 소추할 수 없었던 범죄에 대하여는 소추할 수 없었던 기간 동안은 공소시효의 진행이 정지된다고 보아야 하고, 이는 위 헌법규정의 해석과 시효에 관한 총칙적 법리상 명백하다.

따라서 피의자 전두환의 군형법상의 반란죄 등에 대한 공소시효는 그가 대통령직에 취임한 1980.9.1.부터 그 임기가 종료된 1988.2.24.까지의 7년 5개월 24일간은 정지되었다가 차기 대통령이 취임한 1988.2.25.부터 정지된 공소시효가 다시 진행되었다 할 것이므로 그 반란행위가 있었던 날로부터 22년 5개월 24일이 되는 2002.4.4.에 공소시효가 완성된다.

(다) 헌법소원의 제기로 인하여 공소시효가 정지되지 아니한다는 종래의 헌법재판소 결정은 폐기되어야 하고, 따라서 피의자 전두환의 이 사건 모든 범행에 관하여는 이 사건 헌법소원심판청구로 공소시효가 정지된다고 보아야 한다.

나. 피청구인의 답변

(1) "혐의없음"처분의 정당성

청구인들은 이른바 12·12 사건의 사실관계를 오인하였거나 내란죄의 법리를 오해한 잘못이 있다. 즉, 첫째, 우선 청구인들은 이 사건 고소장에서 12·12 사건에 관하여서만 피의자의 처벌을 요구한 이외에 그 이후의 일련의 과정에 관련하여 내란죄에 해당한다는 주장을 한 바 없으며, 또한 이 사건 이후의 일련의 사건에 대하여는 관련자들이 별도로 고소·고발장을 제출하여 현재 수사 중에 있으므로, 그에 관하여는 따로 판단하는 것이 타당하다 할 것이다.

둘째, 피청구인은 이 사건 수사를 함에 있어 과연 피의자들에게 이 사건 범행 당시 "국헌을 문란할 목적"이 있었는지의 여부를 가장 중요한 수사사항으로 판단하고 수사의 전 과정에 걸쳐 국헌문란의 목적 유무에 관하여 집중 수사한 바 있으나, 피의자들에게 이 사건 당시 국헌문란의 목적이 있었다는 아무런 증거도 발견할 수 없었으므로 부득이 12·12사건은 내란죄에 해당하지 않는다는 결론을 내리게 되었던 것이다. 또한 청구인들은 이 사건 이후의 일련의 사건의 전개과정을 종합하면 이 사건 당시 피의자들에게 국헌문란의 목적이 있었음을 인정할 수 있다는 취지의 주장을 하고 있으나, 피의자들이 내란의 범의를 일관하여 강력하게 부인하고 있는 점에 비추어 사건 당시가 아닌 사건 이후에 새로이 발생한 사정만을 근거로 하여 이 사건 범행 당시 피의자들에게 국헌문란의 목적이 있었다고 단정하기는 어렵다 할 것이다.

셋째, 형법은 국헌을 문란할 목적으로 폭동한 자를 내란죄로 처벌하고 있으며(형법 제87조), 헌법에 의하여 설치된 국가기관을 강압에 의하여 전복 또는 그 권능행사를 불가능하게 하는 것을 "국헌문란"으로 정의하고 있는바(형법 제91조), 이 사건에서 헌법에 의하여 설치된 국가기관의 권능행사를 불가능하게 한다는 것은 단순히 대통령의 구체적·개별적인 권한행사를 외적 요인에 의해 지장을 주고 방해를 한다거나 하급자가 대통령의 지시·명령을 정당한 이유 없이 이행하지 않는 것을 말하는 것이 아니라, 국가기관 자체를 강압에 의하여 전복하는 것과 맞먹을 정도로, 즉 국가기관의 존재자체를 부정할 정도로 국가의 기본조직으로서의 헌법기관을 파괴 또는 변혁하는 정도에 이르는 것을 말한다고 해석하는 것이 상당하다. 그런데 증거에 의하여 이 사건 당시의 상황을 살펴보면 결국 이 사건 당시 대통령이 개별적·구체적 권한을 행사함에 있어 다소간의 지장이 있었다고는 할 수 있을지 모르나, 국가기관으로서의 대통령의 존재를 부정할 정도로 그 권능행사가 불가능하게 되었다고는 할 수 없으며, 더구나 피의자들에게 그 당시 대통령 등 국가의 기본조직을 파괴 또는 변혁하고 헌법과 법률에 정한 절차에 의하지 않고 정권을 탈취할 목적이 있었다고 할 수는 없으므로, 피청구인은 피의자들에게 국헌을 문란할 목적을 인정하지 아니한 것이다.

따라서 청구인들의 위 주장은 이 사건의 사실관계를 오인하였거나 내란죄의 법리를 오해한 데 기인하는 것으로 이유 없는 것이다.

(2) "기소유예"처분의 정당성

현행 형사소송법은 제247조 제1항에서 "검사는 형법 제51조의 사항을 참작하여 공소를 제기하지 아니할 수 있다"라고 규정하여 범죄의 혐의가 인정되더라도 형사정책적인 고려에 의하여 피의자에 대한 공소를 제기하지 아니할 수 있도록 하는 이른바 기소편의주의를 채택하고 있는바, 검사가 합리적인 판단에 따라 "기소유예"처분을 한 경우에는 이로써 헌법상의 평등권 등 기본권을 침해하는 것이 아니라고 할 것이다(일본 최고재판소 판례).

형법 제51조는 "기소유예"처분을 함에 있어서 고려하여야 할 사항으로 범인의 연령, 성행, 지능과 환경, 피해자에 대한 관계, 범행의 동기, 수단의 결과, 범행 후의 정황 등을 규정하고 있는바, 범행 후의 정황이라 함은 단순히 범인과 피해자에 대한 관계에 있어서의 정황만을 의미하는 것이 아니라 사회와 관련된 것으로서 정치·사회정세, 국민감정의 변화, 범행 후의 경과기간 등을 포함하는 것이고, 또한 형법 제51조에 열거된 양형조건은 모든 양형조건을 망라하여 규정한 것이 아니고 단지 양형조건을 예시해 놓은 데 불과할 뿐이므로, 검사는 형법 제51조에 열거된 양형조건 이외의 다른 요소들도 종합적으로 고려하여 기소 여부를 결정하여야 한다는 것이 우리나라와 일본의 통설인 점에 비추어 피청구인인 검사가 준사법기관이자 최고의 형사정책기관으로서 범인, 피해자, 사회와 관련된 제반 요소를 종합적으로 고려하여 이 사건 피의자들에 대하여 "기소유예"처분을 한 것은 아무런 잘못이 없다고 할 것이다.

결국 피청구인이 위에서 적시한 제반 요소를 고려하여 피의자들에게 "기소유예" 처분을 한 것은 정치적인 고려에 의하여 정치적 판단을 한 것이 아니고 형법 제51조에서 규정하고 있는 범행 후의 정치·사회적인 정황과 사회정세 등 이 사건과 관련하여 고려하여야 할 제반 요소를 고려하여 법적 판단을 한 것이다. 따라서 피청구인이 이러한 제반 요소를 종합적으로 고려하여 합리적인 판단에 따라 피의자들을 "기소유예"처분한 것은 적법하고 정당하며, 이를 두고 피청구인이 자의적인 판단에 따라 정치적으로 결정을 하였다거나 기소편의주의의 한계를 일탈하여 공소권을 남용하였다고는 할 수 없다.

(3) 공소시효의 기산점과 정지에 관한 청구인들의 주장에 대하여

(가) 청구인들의 주장과 같이 이 사건 범행에 국헌문란의 목적이 있었다고 인정되어 내란죄가 성립된다면 내란죄의 기수시기의 법리상 이 사건 범행은 1994.12.12.로 그 공소시효가 완성되었다 할 것이고, 이 사건 범행 당시 국헌문란의 목적이 있었다고 인정되지 않는다면 가사 이 사건 이후에 내란행위가 있었다고 하더라도 이 사건 범행은 그 내란행위의 경과사실이 될 수는 있을지언정 그 내란행위의 실행의 착수에 해당된다고는 볼 수 없다.

(나) 공소시효의 제도는 범죄행위가 종료한 후 공소가 제기되지 않고 일정한 기간이 경과되었다는 객관적인 사실상의 상태를 존중하여 국가의 형벌권을 소멸시킴으로써 형사피의자에게 법적 지위의 안정을 부여하고자 하는 것으로서 형사피의자의 이익을 보호하는 제도이므로, 이 제도를 해석함에 있어서는 형사피의자의 이익을 우

선적으로 고려하여 엄격하게 해석하여야 한다.

한편, 공소시효제도의 실질은 국가 형벌권의 소멸이라는 점에서 형의 시효와 마찬가지로 실체법적 성격을 갖고 있는 것이므로 그 예외로서 시효가 정지되는 경우는 특별히 법률로써 명문의 규정을 둔 경우에 한하여야 한다는 것은 헌법상의 죄형법정주의, 적법절차주의 등에 비추어 명백하다 할 것이다(헌법재판소 1993.9.27. 선고, 92헌마284 결정 참조). 따라서 공소시효가 정지된다는 법률의 명문규정이 없음에도 불구하고 다른 제도에 관한 헌법 또는 법률규정을 유추 적용하여 공소시효의 정지를 인정하는 것은, 법률상 근거 없이 형사피의자의 법적 지위의 안정을 침해하는 것이 되고 나아가서는 죄형법정주의, 적법절차주의에 반하여 기소하고 처벌하는 결과가 된다 할 것이며(위 헌법재판 결정 참조), 또 헌법재판소가 그 권한의 한계를 넘어 사실상의 입법행위를 하는 결과를 초래하게 된다 할 것이다.

우리 헌법 제84조는 국가원수로서의 대통령의 권위를 존중하고 대통령 재직기간 중의 원활한 직무수행을 보장하기 위하여 대통령에게 부여한 형사상의 특권을 규정한 것에 불과하고 공소시효의 정지를 규정하고 있는 것이 아님은 그 문리상 명백하다. 이를 공소시효의 정지규정으로 해석하는 것은 법률상 근거 없이 형사피의자의 법적 지위의 안정을 침해하는 것으로서 공소시효제도의 취지에 반할 뿐만 아니라 죄형법정주의 등 헌법상의 기본권 보장규정에도 위배된다.

5. 판단

헌법소원의 제도는 국민의 기본권 침해를 구제하여 주는 제도이므로 그 제도의 목적상 권리보호의 이익이 있어야 이를 제기할 수 있는바, 검사의 불기소처분에 대한 헌법소원에 있어서도 그 대상이 된 범죄에 대한 공소시효가 완성되었을 때에는 권리보호의 이익이 없어 헌법소원을 제기할 수 없으며(당재판소 1989.4.17. 선고, 88헌마3; 1990.4.2. 선고, 89헌마185 각 결정 등 참조). 또 헌법소원 제기 후에 그 공소시효가 완성된 경우에도 역시 그 심판청구는 권리보호의 이익이 없어 부적법하다는 것이 당재판소의 확립된 판례이다(당재판소 1992.7.23. 선고, 92헌마103; 1992.12.24. 선고, 92헌마186 각 결정 등 참조).

그런데 이 사건에 있어서, 청구인들은 피의자 전두환의 위 모든 피의사실에 관하여 "헌법소원심판청구"로 인하여, 또 그의 군형법상의 범죄에 관하여는 그가 "대통령으로 재직한 기간" 동안은 각 그 공소시효의 진행이 정지된다고 주장하고 있고, 피청구인은 이와 반대의 견해를 표명하고 있는바, 이를 어떻게 보느냐에 따라 공소시효의 완성시점이 달라지며, 또 그에 따라 위 판례대로 심판청구에 관한 권리보호이익의 유무판단이 달라지게 된다.

그러므로, 우선 공소시효의 정지 여부에 관한 청구인들의 주장에 대하여 살펴보고, 그 다음에 위 피의자에 대한 이 사건 "혐의없음" 처분과 "기소유예"처분의 당부에 관하여 차례로 판단하기로 한다.

가. 공소시효의 정지여부에 관한 판단

(1) "헌법소원심판청구"로 공소시효가 정지되는지의 여부

청구인들은 재판진행 중에 시효가 완성된다는 법리는 있을 수 없으므로 헌법소원의 제기가 있어도 공소시효가 정지되지는 아니한다는 헌법재판소의 종전 판례는 폐기·변경되어야 한다고 주장한다.

살피건대, 당재판소는, 1993.9.27. 선고, 92헌마284 결정에서, 검사의 불기소처분에 대한 헌법소원이 재판부의 심판에 회부된 경우에도 형사소송법 제262조의2의 규정의 유추적용으로 당해 피의사실에 대한 공소시효가 정지된다고는 볼 수 없다고 판시하면서 그 논거를 다음과 같이 밝힌 바 있다. 즉 "이 문제는 결국 법에서 명문으로 규정하고 있지 아니한 공소시효의 정지를 법률의 유추적용으로 인정할 수 있겠는가 하는 문제라 할 것이다. 생각건대 공소시효제도는 시간의 경과에 의한 범죄의 사회적 영향이 약화되어 가벌성이 소멸되었다는 주된 실체적 이유에서 일정한 기간의 경과로 국가가 형벌권을 포기함으로써 결과적으로 국가형벌권의 소멸과 공소권의 소멸로 범죄인으로 하여금 소추와 처벌을 면하게 함으로써 형사피의자의 법적 지위의 안정을 법률로써 보장하는 형사소송조건에 관한 제도이다. 비록 절차법인 형사소송법에 규정되어 있으나 그 실질은 국가형벌권의 소멸이라는 점에서 형의 시효와 마찬가지로 실체법적 성격을 갖고 있는 것이다. 그러므로 그 예외로서 시효가 정지되는 경우는 특별히 법률로써 명문의 규정을 둔 경우에 한하여야 할 것이다. 법률에 명문으로 규정되어 있지 아니한 경우 다른 제도인 재정신청에 관한 위 법조의 규정을 피의자에게 불리하게 유추적용하여 공소시효의 정지를 인정하는 것은 유추적용이 허용되는 범위를 일탈하여 법률이 보장한 피의자의 법적 지위의 안정을 법률상의 근거 없이 침해하는 것이 되고, 나아가서는 헌법 제12조 제1항, 제13조 제1항이 정하는 적법

절차주의, 죄형법정주의에 반하여 기소되고 처벌받는 결과도 생길 수 있을 것이다. 뿐만 아니라 이는 당재판소가 사실상의 입법행위를 하는 결과가 된다. 그러므로 형사소송법 제262조의2의 규정의 유추적용으로 고소사건에 대한 헌법소원이 심판에 회부된 경우도 공소시효가 정지된다고 인정함은 허용되지 않는다고 보아야 할 것으로 생각된다."라고 설시하였던 것이다.

검사의 불기소처분에 대한 헌법소원이 재판부의 심판에 회부된 경우(헌법재판소법 제72조 제4항 참조)에도 그로 인하여 그 처분의 대상이 된 피의사실에 대한 공소시효의 진행이 정지되는 것은 아니라고 하는 위 결정의 결론은 지금도 이를 변경해야 할 필요성이 있다고 보지 아니하고 또 이를 변경해야 할 사정변경이 있다고도 인정되지 아니하므로 위 판례는 이를 그대로 유지하기로 한다. 따라서 위 판례의 폐기·변경을 구하는 청구인들의 주장을 이를 받아들일 수 없다. 다만, 이 부분 결론에 관하여는, 위 판례가 변경되어야 한다는 재판관 이재화, 재판관 조승형의 아래 "8가" 기재와 같은 반대의견이 있다.

(2) "대통령 재직중"에는 그의 범행(내란 또는 외환의 죄 이외의 범죄)에 대한 공소시효가 정지되는지의 여부

(가) 청구인들은 피의자 전두환의 군형법상의 반란죄 등에 대한

공소시효는 그가 대통령으로 재직한 기간인 7년 5월 24일간은 진행이 정지되므로 현재 공소시효가 완성되지 아니하였다고 주장하는데 대하여, 피청구인은 대통령 재직 중 그의 범행에 대한 공소시효가 정지된다는 명문규정이 없으므로 위 각 범죄행위에 대하여도 그 공소시효가 완성되는 날은 1994.12.12.이라고 주장하고 있다.

피의자 전두환은 1980.9.1. 대통령에 취임하여 1988.2.24. 임기가 만료되었는데, 위 피의자가 대통령으로 재직하는 동안 시행된 헌법인 1972.12.27. 개정 헌법 제62조와 1980.10.27. 개정 헌법 제60조는 각 "대통령은 내란 또는 외환의 죄를 범한 경우를 제외하고는 재직중 형사상의 소추를 받지 아니한다"고 규정하고 있었다(1988.2.25. 부터 시행된 현행 1987.10.29. 개정 헌법 제84조에도 똑같이 규정되어 있다). 헌법 제84조에 의하면 대통령은 내란 또는 외환의 죄를 범한 경우를 제외하고는 재직 중 형사상의 소추를 받지 아니하게 되어 있으므로 대통령으로 재직하는 기간 동안 소추할 수 없는 범죄행위에 대하여는 그 공소시효의 진행이 정지된다고 보아야 할 것인지의 여부가 문제로 된다. 즉 위 헌법규정은 단지 대통령은 내란 또는 외환의 죄를 범한 경

우를 제외하고는 재직 중 소추되지 아니한다고만 규정하고 있을 뿐, 형사상의 책임이 면제된다고는 규정하지 아니하고 있는바, 위 헌법규정 이외에 헌법이나 형사소송법 등 다른 법률에 대통령의 재직 중 공소시효의 진행이 정지되는지의 여부에 관하여 명백히 규정되어 있지 않기 때문에, 대통령의 재직 중 공소시효의 진행이 정지되지 않는 것으로 봄으로써 대통령의 재직기간보다 공소시효의 기간이 짧은 대통령의 범죄행위에 대하여 실질적으로 형사상의 책임을 면제해 주는 결과가 되는 해석이 가능한지가 문제로 되는 것이다.

(나) 이 문제는 일반적으로 대통령의 헌법상 "불소추특권"이라고 일컬어지고 있는 위 헌법규정 자체의 근본취지와 함께 공소시효와 공소시효의 정지 등 제도의 존재이유를 규명함으로써 해결될 수 있는 문제라고 생각된다.

국가의 원수에 대하여 형사상 특권을 인정할 것인지의 여부에 관하여는 미국과 같이 헌법에 전혀 규정하고 있지 아니한 국가를 제외하고는, 각국의 헌법이 대통령의 형사상 특권의 범위등 내용에 관하여 대체로 다음과 같은 세 가지의 형태로 규정하고 있다.

첫째, 프랑스·이태리 등의 헌법과 같이 특정한 범죄(예컨대 대역죄 등)를 제외하고는 직무집행 중에 행한 행위에 대하여 일체의 형사상의 책임을 지지 아니하도록 규정하고 있으나, 직무와 관련이 없는 범죄에 대하여는 전혀 규정하고 있지 않은 경우,

둘째, 우리나라·자유중국·필리핀·케냐·1991년 개정 전의 싱가폴 등의 헌법과 같이 특정한 범죄를 제외한 나머지 범죄에 대하여 재직 중의 소추만을 금지할 뿐, 형사상의 면책이나 재직 후의 소추금지를 규정하고 있지는 않은 경우(케냐 헌법은 재직기간 동안의 공소시효의 정지를 명문으로 규정하고 있다),

셋째, 그리스·싱가폴·1987.2.11.개정 전의 필리핀 등의 헌법과 같이 재직중의 직무행위에 대한 형사상의 면책과 그 이외의 행위에 대한 재직중의 소추의 금지만을 규정하고 있는 경우(싱가폴 헌법은 불소추기간에 관하여는 공소시효의 정지를 명문으로 규정하고 있다).

위에서 본 바와 같이 우리나라를 비롯한 세계의 많은 나라가 헌법에서 국가의 원수에 대한 형사상 특권을 규정하고 있는데, 이는 어디까지나 대통령의 직무집행과 관련된 행위에 대한 형사책임의 면제나 재직중의 형사상 소추의 유예에 그치고 있음을

알 수 있다. 이는 바로 오늘날 자유민주주의를 기본질서로 삼고 있는 국가에서 국가의 원수에 대한 형사상 특권을 어느 범위 내에서 부여할 것인지에 관한 문제는, 과거 절대주의적 전제왕정제하의 국가에서 국가나 법과 국왕의 존재를 혼동하거나 동일시하여 국왕이 곧 법이라는 사상적 배경으로부터 국왕에게 부여되었던 면책특권과는 그 존재이유나 이념적 기초를 달리 하고 있음을 보여주는 것이다.

우리 헌법이 채택하고 있는 국민주권주의(제1조 제2항)와 법 앞의 평등(제11조 제1항), 특수계급제도의 부인(제11조 제2항), 영전에 따른 특권의 부인(제11조 제3항) 등의 기본적 이념에 비추어 볼 때, 대통령의 불소추특권에 관한 헌법의 규정이, 대통령이라는 특수한 신분에 따라 일반국민과는 달리 대통령 개인에게 특권을 부여한 것으로 볼 것이 아니라, 단지 국가의 원수로서 외국에 대하여 국가를 대표하는 지위에 있는 대통령이라는 특수한 직책의 원활한 수행을 보장하고, 그 권위를 확보하여 국가의 체면과 권위를 유지하여야 할 실제상의 필요 때문에 대통령으로 재직중인 동안만 형사상 특권을 부여하고 있음에 지나지 않는 것으로 보아야 할 것이다.

헌법 제84조의 근본취지를 이와 같이 해석하는 한, 그 규정에 의하여 부여되는 대통령의 형사상 특권은 문언 그대로 "재직중 형사상의 소추를 받지 아니하는" 것에 그칠 뿐, 대통령에게 일반국민과는 다른 그 이상의 형사상 특권을 부여하고 있는 것으로 보아서는 안 될 것이다. 그런데 만일 헌법 제84조 때문에 대통령의 재직중 국가의 소추권행사가 금지되어 있음에도 불구하고, 대통령의 범죄행위에 대한 공소시효의 진행이 대통령의 재직 중에도 정지되지 않는다고 본다면, 대통령은 재직 전이나 재직 중에 범한 대부분의 죄에 관하여 공소시효가 완성되는 특별한 혜택을 받게 되는 결과 일반국민이 누릴 수 없는 특권을 부여받는 셈이 되는 것이다. 이와 같은 결과가 앞에서 본 헌법 제84조의 근본취지의 그 어느 것에 비추어 보더라도 정당성이 뒷받침될 수 없음은 분명하다고 할 것이다. 또 만일 대통령의 재직 중에도 공소시효가 진행된다고 해석한다면 임기 중에 공소시효가 완성되는 범죄가 상당히 있게 되어 정의와 형평에 반하는 결과가 될 것이다.

우리 헌법은 법치주의를 기본적인 이념의 하나로 삼고 있고, 특히 제69조에서는 "대통령은 취임에 즈음하여 다음의 선서를 한다. '나는 헌법을 준수하고 국가를 보위하며 조국의 평화적 통일과 국민의 자유와 복리의 증진 및 민족문화의 창달에 노력하여 대통령으로서의 직책을 성실히 수행할 것을 국민 앞에 엄숙히 선서합니다.'"고 규정하고 있는 만큼(1972.12.27. 개정 헌법 제46조와 1980.10.27. 개정 헌법 제44조에도 같은 취지로 규정되어 있다), 대통령은 누구보다도 성실히 헌법상의 법치주의의 이념에 따라 헌법과 법률을 준수할 의무가 있다고 할 것인바, 우리 헌정사의 경험에 비추어 대통령이 그 직책을 수행함에 있어서 헌법을 준수하여 법치주의의 이념을 실현하도록 하기 위하여도 헌법 제84조를 위와 같이 해석하여야 할 것이다.

(다) 다음으로 공소시효제도나 공소시효정지제도의 본질에 비추어, 헌법 제84조에 따라 대통령의 재직중 소추를 할 수 없는 범죄에 대하여 공소시효의 진행이 정지되어야 한다는 해석이 타당한 것인지의 여부에 대하여 살펴본다.

형사소송법이 일정한 기간의 경과를 이유로 범인에 대한 처벌을 면제하는 공소시효제도를 채택하고 있는 근본취지는, 다른 시효제도와 마찬가지로 일정한 기간의 경과에 따른 사실상태의 존중, 다시 말하면 법적 안정성을 고려함에 있다고 할 것이다. 즉 공소시효제도의 존재이유는, 오랜 동안 형사상의 소추권이 행사되지 않았다는 것은 결국 국가가 소추권의 행사를 게을리 한 것에 다름 아닌데도 그 불이익을 오로지 범인만이 감수하여야 한다는 것은 부당하다는 점, 유죄의 증거이든 무죄의 증거이든 오랜 기간의 경과로 증거가 산일(散逸)됨으로써 공정한 재판을 기대하기 어렵다는 점, 시간의 경과에 따라 범죄의 사회적 영향력이 미약해 질뿐만 아니라 많은 경우 범인의 범행에 대한 후회나 처벌에 대한 불안 등으로 오랜 기간 동안 범인이 처벌을 받은 것과 비슷한 상태가 계속되어 형벌이 기대하는 범인의 인격의 변화가 기대될 수 있음에 반하여, 처벌한다고 하더라도 형벌이 기대하는 범인에 대한 형벌의 감화력을 기대하기 어렵다는 점, 오래 전의 범죄에 대한 수사나 재판의 필요를 면제함으로써 국가의 부담의 경감을 도모할 수 있다는 점 등을 들 수 있을 것이다.

그러나 이상과 같은 여러 가지 이유가 공소시효제도의 정당성을 뒷받침하고 있다 하더라도, 죄를 범한 자는 반드시 처벌되어야 한다는 형사사법적 정의의 기본적인 요청에 따라 특정한 범죄에 관하여는 아예 공소시효 자체의 적용을 배제하는 규정을 두고 있는 입법례도 있다(예컨대 독일에 있어서 모살죄, 프랑스에 있어서 각종 군사범죄 등).

한편 시효제도의 근본적인 존재이유가 오랜 동안 권리의 행사를 게을리 함으로써 생긴 새로운 사실상태를 존중한다는 데 있는 것이므로, 검사가 법률상의 장애사유로 인하여 소추권을 행사할 수 없는 경우에는, 공소시효가 진행하지 않는 것이 원칙이다. 입법례에 따라서는 소추권의 행사에 법률상의 장애사유가 있는 경우 공소시효의 진행이 정지된다는 일반원칙을 명문화함과 아울러 소추권행사에 있어서의 개개 사실상 장애사유까지도 공소시효의 정지사유로 규정하고 있는 경우도 있지만(예컨대 독일), 그것이 법률상의 장애사유이건 사실상의 장애사유이건 간에 입법의 미비로 인하여 공소시효의 정지에 관한 위 일반원칙에 어긋나는 구체적 사례가 나타나는 경우 명문의 규정이 없이도 위 원칙을 적용하여 공소시효진행의 정지를 판례로써 인정하고 있는 경우도 있다(예컨대 프랑스).

위에서 살펴 본 바와 같은 공소시효제도나 공소시효정지제도의 본질에 비추어 보면, 비록 헌법 제84조에는 "대통령은 내란 또는 외환의 죄를 범한 경우를 제외하고는 재직중 형사상의 소추를 받지 아니한다"고만 규정되어 있을 뿐 헌법이나 형사소송법 등의 법률에 대통령의 재직중 공소시효의 진행이 정지된다고 명백히 규정되어 있지는 않다고 하더라도, 위 헌법규정의 근본취지를 대통령의 재직중 형사상의 소추를 할 수 없는 범죄에 대한 공소시효의 진행은 정지되는 것으로 해석하는 것이 원칙일 것이다. 즉 위 헌법규정은 바로 공소시효진행의 소극적 사유가 되는 국가의 소추권행사의 법률상 장애사유에 해당하므로, 대통령의 재직중에는 공소시효의 진행이 당연히 정지되는 것으로 보아야 한다.

(라) 이에 대해 공소시효제도는 결과적으로 범인으로 하여금 소추와 처벌을 면하게 함으로써 그 법적 지위의 안정을 법률로써 보장하는 제도이므로, 공소시효의 정지를 명문으로 규정하고 있는 경우 이외에 함부로 그 공소시효의 정지를 인정하는 것은 자칫 헌법상에 규정된 적법절차주의(제12조 제1항)나 죄형법정주의(제13조 제1항)에 위반되는 결과가 생길 수도 있어 극히 신중을 기하지 않으면 안 될 것인데, 헌법에는 물론 형사소송법이나 다른 어느 법률에도 대통령의 재직중 공소시효의 진행이 정지된다고 명문으로 규정되어 있지는 않기 때문에, 위와 같이 해석한다면 대통령에 대하여는 헌법이 보장하는 적법절차주의나 죄형법정주의의 예외를 인정하여 일반국민보다 오히려 불이익하게 취급하는 것이 아닌가 하는 의문이 생길 수 있다.

그러나 헌법 제84조 자체가 대통령이 퇴직한 후에는 일반국민과 마찬가지로 범죄에 대한 형사상의 소추를 할 수 있는 것을 당연한 전제로 하여, 대통령에 대하여는 재직중에 한하여 형사상의 소추를 유예함으로써 대통령이라는 특수한 직책의 원활한 수행을 도모하고 있는 것일 뿐이므로, 위 헌법규정이 대통령에 대하여 형사상의 소추를 유예하는 이외에, 소추권의 행사가 금지되어 있음에도 불구하고 공소시효가 계속 진행되는 것으로 봄으로써 대통령의 재직중 공소시효가 완성되는 범죄에 대한 형사상의 책임을 면제해 주는 특권을 부여하는 규정이라고 볼 수 없다 함은 이미 살펴본 바와 같다. 또한 이 문제는 대통령에 한하여 재직중 일정한 범죄에 대하여는 형사상의 소추를 할 수 없다고 규정한 헌법 제84조 자체에서 말미암은 것으로서, 위 헌법규정이 대통령에 한하여 적용되는 것이므로 공소시효의 진행이 정지되는지의 여부도 대통령에 한하여 문제로 되는 것은 당연한 결과라고 할 것이고, 그렇게 본다고 하여 일반국민에 비하여 대통령을 형사상 특별히 불리하게 취급하는 것으로 보기는 어렵다고 할 것이다. 헌법이 대통령에 대하여 재직중 형사상의 소추를 유예한다는 특권을 부여하였다면 그로 인한 일반국민과 대통령 사이의 불평등을 해소하기 위한 조치로서 형사상의 소추가 유예되는 동안은 공소시효의 진행이 정지된다고 보는 것이 오히려 헌법상의 국민주권주의와 평등주의에 합치되는 해석이 될 것이다. 더욱이 헌법 제84조가 적용되는 사람은 오로지 대통령 1인 뿐이므로 설사 헌법이나 법률에 명문으로 규정되어 있지 아니함에도 불구하고 위 헌법규정 자체의 해석만으로 공소시효의 정지를 인정한다고 하더라도, 그것 때문에 일반국민의 법적 안정성을 해할 우려가 있다고는 보기 어려운 것이다.

따라서 헌법 제84조에 따라 소추가 불가능한 경우에는 공소시효의 진행이 정지되어야 한다는 것은 위와 같은 당연하고도 정당한 법리가 적용된 결과일 뿐이라고 할 것이므로 헌법상의 적법절차주의나 죄형법정주의에 반한다고 할 수 없다.

(마) 결론적으로 피의자 전두환에 대한 군형법상의 반란죄 등에 관한 공소시효는 그가 대통령으로 재직한 7년 5월 24일간은 진행이 정지되었다고 할 것이므로, 2001년 이후에야 완성된다고 할 것이다.

다만 이 부분 결론에 관하여는, 아래 "7" 기재와 같은 재판관 김진우, 재판관 조승형의 보충의견이 있고, 대통령 재직중에도 위 각 범행에 대한 공소시효가 정지되지 아니한다는 재판관 김문희, 재판관 황도연의 아래 "8나" 기재와 같은 반대의견이 있다.

나. "혐의없음"처분의 당부에 관한 판단

(1) 형법상의 내란수괴, 내란목적살인 및 내란목적살인미수의 점에 대한 "혐의없음"처분에 관하여 본다.

먼저, 이 부분에 대한 심판청구에 관하여, 권리보호의 이익이 있는지의 여부를 살펴본다.

헌법소원의 제도는 국민의 기본권침해를 구제하여 주는 제도이므로 그 제도의 목적상 권리보호의 이익이 있어야 이를 제기할 수 있는바, 검사의 불기소처분에 대한 헌법소원에 있어서도 그 대상이 된 범죄에 대한 공소시효가 완성되었을 때에는 권리보호의 이익이 없어 헌법소원을 제기할 수 없으며 또 헌법소원 제기 후에 그 공소시효가 완성된 경우에도 역시 그 심판청구는 권리보호의 이익이 없어 부적법하다는 것이 당재판소의 확립된 판례임은, 이미 위에서 본 바와 같다.

그런데 형법상의 내란수괴죄(제87조 제1호), 내란목적살인죄(제88조) 및 내란목적살인미수죄(제89조, 제88조)의 법정형은 형법 제87조 제1호, 제88조, 제89조에 의하여 모두 사형, 무기징역 또는 무기금고이므로 형사소송법 제249조 제1항 제1호, 제250조에 의하여 그 공소시효의 기간은 모두 15년이고, 공소시효의 기산점은 범죄행위가 종료한 때이다(형사소송법 제252조).

청구인들은, 이른바 12·12 사건은 그 이후의 피의자 전두환 등의 정권찬탈과정과 포괄하여 내란죄로 평가되어야 하므로 그 후의 역사적 전개과정에 비추어 볼 때 내란죄는 1981.4. 마지막으로 개최된 국가보위입법회의 제25차 본회의의 시점까지 계속된 것으로 보아야 할 것이고 따라서 내란죄의 공소시효의 기산점은 내란죄의 범죄행위가 종료된 1981.4.이라고 주장한다.

그러나 형법상의 내란죄는 국토를 참절하거나 국헌을 문란할 목적으로 폭동을 함으로써 성립하는 것이고(형법 제87조) 여기서 폭동이라 함은 다수인이 결합하여 폭행·협박을 하는 것을 말하며 그 폭행·협박의 정도는 한 지방의 평온을 해할 정도의 것임을 요하고 그 폭동행위로서의 집단행동이 한 지방의 평온을 해할 정도에 이르렀을 때에 기수(既遂)로 된다고 하는 것이 통설과 판례(대법원 1980.5.20. 선고, 80도306 판결 참조)의 견해인바, 이 사건 수사기록과 청구인들이 낸 고소장의 기재에 의하면 이 사건 피의자들은 피의자 전두환 등 지휘부의 지시로 각자 분담한 바에 따라 1979.12.12. 18:50경 병력을 이끌고 육군참모총장 공관에 이르러 무기로 경비병을 위협하여 무장을 해제시키고 육군참모총장 겸 계엄사령관 정승화를 총기로 위협하여 같은 날 19:27경 "보안사" 서빙고분실로 강제 연행하고(그 과정에서 이에 저항하는 총장부관 이재천 소령과 경호장교 김인선 대위 등에게 총격을 가하여 각 상해를 입게 하였다), 같은 날 21:30경 대통령경호실 병력을 무단 동원하여 총리공관 특별경호대장 구정길 등을 총으로 위협하여 경비병들의 무장을 해제시키고 대통령 관저인 총리공관을 장악하였으며, 피의자 전두환 등이 최규하 대통령으로부터 정승화 총장의 연행·조사에 대한 재가를 얻지 못하자 병력을 동원하여 그 위력을 과시하는 한편 육군 정식 지휘계통을 제압하기로 하고, 같은 날 23:00경부터 그 다음날인 12.13. 03:40경까지 사이에 "합수부"측 병력을 동원하여 이에 저항하는 정병주 특전사령관 등을 제압하고 (12.12. 23:50경 특전사령관 연행과정에서 총격을 가하여 특전사령관 비서실장 김오랑 소령을 현장에서 살해하고 위 정병주 특전사령관에게는 상해를 입게 하였다), 윤성민 육군참모차장, 장태완 수경사령관, 문홍구 합참 대간첩대책본부장 등을 비롯한 육군 주요지휘관 및 참모들을 체포하고 국방부장관을 연행하는 한편 육군본부와 국방부 및 중앙청 등의 주요기관을 점령하고, 경복궁과 고려대학교 등 서울시내 주요지역에 병력을 진주시킨 다음 (12.13. 00:30경 국방부 점령과정에서 국방부 근무 초병인 정선엽 병장에게 총격을 가하여 현장에서 그를 살해하고, 같은 날 03:40경 수경사령관실에 진입, 하소곤 육본 작전참모부장에게 총격을 가하여 상해를 입게 하였다), 마지막으로 12.13. 05:10경 최규하 대통령으로 하여금 위와 같은 사태에 관한 보고문서에 서명하도록 하고, 같은 날 아침 노재현 국방부장관으로 하여금 군이 10·26 사건과 관련하여 정승화 총장을 연행·조사하는 한편 그에 관련된 일부 군장성들도 구속수사 중이라는 취지의 특별담화문을 발표하게 한 사실 등을 인정할 수 있으므로, 내란죄의 객관적 구성요건인 폭동행위로서의 집단행동은 늦어도 12.13. 아침 국방부장관이 담화문을 발표한 시점 무렵에, 내란목적살인죄 및 동 미수죄의 각 객관적 구성요건인 살해 또는 그 미수의 행위는 위 각 총격이 있었던 시점 무렵에 각각 범행이 종료되었다고 보아야 할 것이다.

그러므로 피해자 김오랑에 대한 내란목적살인 및 피해자 이재천, 김인선, 정병주 등에 대한 내린목적살인미수의 각 피의사실에 대한 공소시효는 1979.12.12.부터, 내란수괴 및 피해자 하소곤 등에 대한 내란목적살인미수의 각 피의사실에 대한 공소시효는 그 다음날인 12.13.부터 각 진행된다 할 것이고, 그로부터 각 15년이 경과된

1994.12.11. 및 같은 해 12.12. 위 각 피의사실에 대한 공소시효가 모두 완성되었다 할 것이다.

그렇다면 결국 이 사건 심판청구 중 내란수괴, 내란목적살인 및 내란목적살인미수의 점에 관한 부분은 위 각 죄의 피의사실에 대한 공소시효가 이미 완성되어 권리보호의 이익이 없다 할 것이므로, 본안(이들 범죄의 성립 여부)에 관하여 판단할 것도 없이, 부적법하여 이를 모두 각하하여야 할 것이다.

다만, 이 부분 결론에 관하여는, 위 각 범죄에 대한 공소시효는 아직 완성되지 아니하였으므로 본안에 들어가 판단해야 한다는 재판관 이재화, 재판관 조승형의 아래 "8가" 기재와 같은 반대의견이 있다.

(2) 군형법상의 반란목적군용물탈취 및 일반이적의 점에 대한 "혐의없음"처분에 관하여 본다.

피청구인은 이 부분 피의사실에 관하여, 반란목적의 군용물탈취죄(군형법 제6조)는 인정되나 이는 반란죄(군형법 제5조)에 흡수되어 피의자 전두환에 대한 반란죄를 인정하는 이상 별도로 위 죄는 성립되지 아니하며, 또 일반이적죄(군형법 제14조 제8호)에 관하여는 위 피의자의 행위를 곧 군사상 이적행위로는 볼 수 없으며 달리 동 피해자에게 이적(利敵)의 범의를 인정할 증거가 없다 하여, 모두 "혐의없음"의 처분을 하였는바, 기록에 의하여 검토하여도 위 인정, 판단에 잘못이 있다고 할 수 없고 달리 피청구인이 이 부분 피의사실(고소사실)에 관하여 현저히 정의와 형평에 반하는 수사를 하였다거나 헌법의 해석, 법률의 적용 또는 증거판단에 있어서 위 "혐의없음"처분의 결정에 영향을 미친 중대한 잘못을 저질렀다고도 볼 수 없으므로, 위 처분으로 인하여 청구인들 주장의 그 기본권 등이 침해되었다고 할 수 없다.

따라서 청구인들의 이 부분 심판청구는 이유 없어 이를 모두 기각하여야 할 것이다. 다만, 이 부분 결론에 관하여는, 이 부분 심판청구도 위 두 범죄에 대한 공소시효의 완성으로 권리보호의 이익이 없이 이를 각하해야 한다는 재판관 김문희, 재판관 황도연의 아래 "8나" 기재와 같은 반대의견이 있다.

다. "기소유예"처분의 당부에 관한 판단

(1) 우리 형사소송법 제247조 제1항은 사인의 소추를 허용하지 아니하고, 공소는 오로지 공익의 대표자인 검사만이 제기하여 수행하도록 공소권자를 검사로 한정함과 아울러 원칙적으로 검사는 형법 제51조의 사항을 참작하여 공소를 제기하지 아니

할 수 있도록 규정하고 있다.

"기소유예"처분은 위와 같이 검사가 위 법조항에 규정된 기소편의주의에 근거하여 공소를 제기하지 아니하는 처분으로서, 공소를 제기하고 유지하기에 충분한 범죄의 혐의가 있고 소추요건이 모두 갖추어져 있음에도 불구하고 공소권자인 검사가 형사정책적인 재량에 의하여 행하는 불기소처분이라는 점에서, 범죄의 혐의가 불충분하거나 소추요건을 갖추지 못하는 등의 객관적인 소추장애사유 때문에 하는 그 밖의 불기소처분과는 근본적으로 성격이 다르다.

(2) 기소편의주의를 규정한 형사소송법 제247조 제1항은 "검사는 형법 제51조의 사항을 참작하여 공소를 제기하지 아니할 수 있다"고만 규정하고 있을 뿐, 다른 제한은 가하지 않고 있으므로, 공소를 제기할 것인지의 여부는 기본적으로 검사의 "재량"에 속하는 것으로 판단된다.

그러나 모든 국민의 법률 앞에서의 평등권(헌법 제11조 제1항), 형사피해자의 재판절차에서의 진술권(헌법 제27조 제5항), 범죄피해 국민의 구조청구권(헌법 제30조) 등을 보장하고 있는 헌법정신과, 검사의 불편부당한 공소권행사에 대한 국민적 신뢰를 기본적 전제로 하는 기소편의주의제도 자체의 취지와 목적에 비추어 보면, 위와 같은 검사의 소추재량권은 그 운용에 있어 자의가 허용되는 무제한의 자유재량이 아니라 그 스스로 내재적인 한계를 가지는 합목적적 자유재량으로 이해함이 마땅하다.

그런데 형사소송법 제247조 제1항은 그 조항에서 규정하고 있는 기소편의주의의 운용기준이라고 할 참작사항으로서 형법 제51조에 규정된 "양형의 조건"이 되는 사항들을 제시하고 있으므로, 앞서 본 기소편의주의 혹은 소추재량권의 내재적 제약은 바로 형법 제51조에 집약되어 있는 것으로 판단되고, 따라서 위 법조에 규정된 사항들이나 이러한 사항들과 동등하게 평가될 만한 사항 이외의 사항에 기한 검사의 "기소유예"처분은 소추재량권의 내재적 한계를 넘는 자의적인 처분으로서 정의와 형평에 반하고 헌법상 인정되는 국가의 평등보호의무에 위반되는 것으로 귀착된다.

(3) 형사소송법 제247조 제1항은 "검사는 형법 제51조의 사항을 참작하여 공소를 제기하지 아니할 수 있다"고 규정하고, 형법 제51조에는 검사가 공소를 제기할 것인지의 여부를 결정함에 있어서 판단의 기준이 될 사항으로서 "1. 범인의 연령, 성행, 지능과 환경, 2. 피해자에 대한 관계, 3. 범행의 동기, 수단과 결과, 4. 범행후의 정황"이 규정되어 있다.

　검사가 기소편의주의에 따라 소추권을 행사함에 있어서 참작하여야 할 사항은 형법 제51조에 규정된 네 가지 유형의 사항들에만 한정되는 것인가에 대하여 한정적 열거조항이라고 해석하는 견해가 없지는 아니하나, 형법 제51조에 규정된 사항들은 단지 예시적인 것에 불과하고 피의자의 전과 및 전력, 법정형의 경중, 범행이 미치는 사회적 영향, 사회정세 및 가벌성의 평가의 변화, 법령의 개폐, 공범의 사면, 범행 후 시간의 경과 등과 같이 위 법조에 예시되지 아니한 사항도 참작의 요소가 될 수 있다고 보는 것이 상당하다.

　또 형법 제51조에 규정된 네 가지 유형의 사항 중, 다의적 개념인 "범행 후의 정황"은 범행 후 판결 선고에 이르기까지의 피고인의 행태, 범행 후의 범인의 태도, 범행 후의 회오, 피해회복 또는 피해회복을 위한 노력, 소송중 피고인의 태도 등은 물론, 당해 범죄가 사회일반에 미치는 영향, 범죄 이후의 사회정세의 변화, 범행 후의 시간적 경과, 법령의 개폐, 형의 변경, 사면 등도 포함하는 개념으로 이해함이 상당하다.

　그리고 검사가 소추권을 행사함에 있어서 참작하여야 할 형법 제51조에 규정된 사항 중 기소방향으로 작용하는 사유 즉, 기소하여야 할 사유와 불기소방향으로 작용하는 사유 즉, 기소를 유예할 만한 사유가 서로 경합할 경우에 어느 사유를 선택할 것인지는 원칙적으로 검사의 "재량"의 범위에 속한다.

　다만 그와 같은 선택에 명백하게 합리성이 결여된 경우, 예컨대 기소방향으로 작용하는 참작사유가 중대한 데 비하여 불기소방향으로 작용하는 사유는 경미함에도 불구하고 기소를 유예하거나, 그 반대로 기소방향으로 작용하는 사유가 불기소방향으로 작용하는 사유에 비하여 경미한 것이 객관적으로 명백함에도 기소를 하는 것은, 어느 것이나 소추재량권의 남용으로서 기소편의주의의 내재적 한계를 넘는 "자의"적인 처분이라고 보아야 할 것이다.

　기소편의주의의 한계를 위와 같이 이해한다면 이 사건에 있어서는, 첫째 검사가 "기소유예"의 이유에서 제시하고 있는 사항이 과연 형법 제51조에 예시적으로 규정되어 있는 사항에 포함되거나 이와 동등하게 볼 수 있는 사항인지의 여부와, 둘째 기소방향으로 작용하는 참작사유가 중대함에 비하여 불기소방향으로 작용하는 사유가 현저하게 경미한 것인지의 여부 등 두 가지 점이 문제로 된다.

　(4) 이 사건 "기소유예"처분의 당부에 대하여 판단을 함에 있어서는 평가가 달라질 수 있는 다음과 같은 두 가지 사실이 고려되어야 할 것이다.

첫째는 피의자들의 범행이 군권(軍權)의 장악을 목적으로 불법한 병력동원과 무력행사를 통하여 인명을 살상하고 저질러진 하극상의 군사반란으로서 국민들로 하여금 좌절감과 굴욕감을 느끼게 하였고, 우리 헌정사에는 왜곡과 퇴행의 오점을 남기게 한 범죄행위이며, 피의자들이 범행의 직접적인 피해자인 청구인들에 대하여는 물론이고 궁극적인 피해자인 국민들에 대하여 잘못을 시인하고 용서를 구한 바 없었다는 사실이고, 둘째는 그러나 그럼에도 불구하고, 이 사건 범행이 계기가 되어 피의자들 중 두 사람은 대통령으로서, 나머지 피의자들은 그 보조자로서 혹은 국회의원 등으로서 십수년간을 국정운영의 중추적 역할을 담당하면서 이 나라를 이끌어 왔고, 그 기간 동안 형성된 질서는 이미 우리 역사의 일부로서 자리 잡아 크든 작든 그리고 싫든 좋든 오늘날의 정치·경제·사회의 전반에 걸친 기성질서의 근간을 이루고 있음을 부인할 수 없으며, 이 사건 범행의 핵심적 주역 중의 한 사람인 피의자 전두환은 대통령으로서 임기를 마치고 퇴임하였고, 같은 노태우는 국민들의 손에 의하여 직접 대통령으로 선출되었을 뿐만 아니라, 이 사건 범행의 처리와 관련되어 국회의 소위 "5공비리청문회"를 통하여 한차례의 여과과정을 거쳤다는 사실이다.

그런데 위와 같은 두 가지의 사실은 피의자 전두환의 범행에 대하여 공소를 제기할 것인지의 여부를 결정함에 있어서 다음과 같은 서로 상반된 평가를 받게 된다.

첫번째 사실은 이 사건 범행의 동기, 수단과 방법, 피의자들의 태도 및 우리 역사에 미친 영향 등에 비추어 기소방향으로 작용하는 사유라고 봄이 상당하다. 이러한 범죄행위에 대하여 공소를 제기하지 아니하는 것은 잘못된 과거의 청산에 철저하지 못할 뿐 아니라, 통상적인 중죄의 처리결과와 대비하여 균형을 잃게 되어 형사사법(刑事司法)의 정의에 반하고, 국민들의 일반적인 법감정상으로도 용납될 수 없으며, 제2, 제3의 군사반란에 대한 충분한 경고가 되지 못한다고 판단되기 때문이다.

그러나 다른 한편 두 번째 사실은 이 사건을 계기로 새로운 정권이 창출되고, 그 정권과 국민의 타협으로 그 다음 정권이 들어서고, 다시 새로운 정권과 야당의 연합으로 현재의 정부가 들어서게 되었다는 역사적 현실에 대한 인식을 그 판단의 출발점으로 하여, 현재의 헌법과 골격을 같이하는 헌법 아래서 그 헌법에 의하여 대통령직을 수행하고 혹은 각료나 국회의원으로서 일한 피의자들이 사법적 판단에 의하여 범죄자로 규정되어 처벌된다면, 지난 십수년동안 그들이 직무상 행한 수많은 결정과 처분의 정당성이 한꺼번에 부정됨으로써 국정전반이 불확실한 상태에 놓이게 되고, 국제적으로도 국위와 국익에 대한 중대한 손상이 생길 우려가 있을 뿐만 아니라, 피의자들의 통치 아래 십수년간을 살아 왔고 그들 중의 한사람을 직접 대통령으로 선출하였던 국민들의 자존심과 체면에 회복할 수 없는 상처를 가하게 됨은 물론, 장기간의 재판과정에 필연적으로 수반될 어둔 과거사의 재연(再演)으로 사회적 대립과 갈등이 증폭됨으로써 국민정서의 혼란과 국력의 낭비가 초래될 가능성이 크다는 사실을 시사하고 있으므로 불기소방향으로 작용하는 사유라고 봄이 상당하다.

(5) 검사의 "기소유예"처분 이유에 의하면, 요컨대 검사는 이 사건 범행에 대한 기소 여부를 결정함에 있어서 위와 같이 상반되는 방향으로 작용하는 두 가지 사실과 평가 중에서 불기소방향으로 작용하는 두 번째의 사실과 그에 대한 평가를 채택하여 피의자들에 대한 기소를 유예한 것으로 판단된다.

청구인들은 검사가 "기소유예"처분의 이유로 들고 있는 사유들은 형사소송법 제247조 제1항과 형법 제51조에 의하여 인정되는 소추재량권의 운용기준에 부합하지 아니한 정치적 이유에 불과하다고 주장하고 있으나, 형법 제51조에 규정된 사항은 예시적인 것이고, 또한 형법 제51조 제4호에 규정된 "범행 후의 정황"에는 범죄 이후의 사회정세의 변화, 시간의 경과, 가벌성 평가의 변화 등의 제반사항도 포함되는 것으로 해석하여야 함은 이미 살펴본 바와 같으므로, 검사가 불기소이유의 근거로 삼은 두 번째의 사실은 형법 제51조에 규정된 "범행 후의 정황"에 속하는 사유들로서 파악하여야 할 것이고 따라서 청구인들의 위 주장은 받아들일 수 없다.

또 청구인들이 주장하는 바와 같이 검사가 범행 후의 정치적 사정 등을 고려하여 "기소유예"처분을 하였다고 하더라도, 검사가 인정한 범죄사실로 미루어보면 검사가 이 사건과 아무런 관련이 없는 정치적 이유로 관용하려고 한 것은 아니라고 판단된다.

따라서 이제 검사가 불기소방향으로 작용하는 것으로 참작한 사유가 기소방향으로 작용하는 사유들에 비하여 객관적으로 보아 현저하게 가벼운 것인지의 여부만이 문제로 남는다.

그러나 앞서 두 가지 사실의 대비에서 본 바와 같이, 충실한 과거의 청산과 장래에 대한 경고, 정의의 회복과 국민들의 법감정의 충족 등 기소사유가 갖는 의미도 중대하지만, 이 사건을 둘러싼 사회적 대립과 갈등의 장기화, 국력의 낭비, 국민의 자존심의 손상 등 불기소사유가 갖는 의미 또한 가볍다고만 단정할 수는 없을 것이고, 양자간의 가치의 우열이 객관적으로 명백하다고 보기도 어렵다.

그렇다면 가치의 우열이 명백하지 아니한 상반되는 방향으로 작용하는 두 가지 참작사유 중에서 검사가 그 어느 한 쪽을 선택하고 다른 사정도 참작하여 기소를 유예하는 처분을 하였다고 하여 그 처분이 형사소송법 제247조 제1항에 규정된 기소편의주의가 예정하고 있는 "재량"의 범위를 벗어난 것으로서 헌법재판소가 관여할 정도로 자의적인 결정이라고 볼 수 없으므로, 이 점에 대한 청구인들의 주장은 받아들일 수 없다.

다만, 이 부분 결론에 관하여는, 이 "기소유예"처분은 공소권을 남용한 것으로서 마땅히 취소되어야 한다는 재판관 조승형, 재판관 고중석의 아래 "8다" "8라" 기재와 같은 반대의견과 이 부분에 관한 심판청구도 공소시효의 완성으로 권리보호의 이익이 없어 이를 각하해야 한다는 재판관 김문희, 재판관 황도연의 아래 "8나" 기재와 같은 반대의견이 있다.

6. 결론

이 사건 심판의 대상은 피청구인의 피의자 전두환에 대한 불기소처분으로서 그 내용은 동인의 내란수괴(형법 제87조 제1호), 내란목적살인(형법 제88조), 내란목적살인미수(형법 제89조, 제88조), 반란목적군용물탈취(군형법 제6조) 및 일반이적(군형법 제14조 제8호)의 점에 대한 각 "혐의없음"의 처분과 기타 군형법위반의 점(반란수괴, 불법진퇴, 지휘관계엄지역수소이탈, 상관살해, 상관살해미수 및 초병살해)에 대한 각 "기소유예"의 처분인바, 위에서 본 바와 같이 그 중 ① 내란수괴, 내란목적살인 및 내란목적살인미수의 점에 관한 심판청구는 위 각 죄의 피의사실에 대한 공소시효가 완성되어 권리보호의 이익이 없다 할 것이므로 부적법하여 이를 모두 각하하여야 할 것이고, ② 반란목적군용물탈취 및 일반이적의 점에 관한 심판청구는 이유 없는 것이므로 이를 모두 기각하여야 할 것이며, ③ 기타 군형법위반의 점에 대한 "기소유예"처분의 취소를 구하는 심판청구도 이유 없는 것이어서 이를 모두 기각하여야 할 것이다.

따라서, 청구인들의 이 사건 심판청구 중 내란수괴, 내란목적살인 및 내란목적살인미수죄에 관한 부분은 이를 모두 각하하고 그 나머지 범죄들(군형법위반의 각 범죄)에 관한 부분은 이를 모두 기각하기로 하여, 이에 주문과 같이 결정한다.

이 결정에는 재판관 김진우, 재판관 조승형의 위 다수의견에 대한 아래 "7" 기재와 같은 보충의견이 있는 외에, 위 ①부분 결론에 관하여 재판관 이재화, 재판관 조승형의 아래 "8가" 기재와 같은, ②부분 결론에 관하여 재판관 김문희, 재판관 황도연의 아래 "8나" 기재와 같은, ③부분 결론에 관하여 재판관 조승형, 재판관 고중석의 아래 "8다", "8라" 기재와 같은, 재판관 김문희, 재판관 황도연의 아래 "8나" 기재와 같은, 각 반대의견이 있다.

7. 재판관 김진우, 재판관 조승형의 보충의견

대통령의 재직기간 중에는 내란 또는 외환죄를 제외한 죄에 대한 공소시효가 진행되지 않는다는 다수의견에 대한 재판관 김진우, 동 조승형의 보충의견은 다음과 같다.

(1) 민사법상의 시효제도는 유효하게 권리행사를 하는데 장애가 없음에도 권리행사를 하지 않은 채 오랜 세월을 방치하여 권리위에 잠자는 자보다 오랜 세월 동안 계속된 사실상태 위에 이루어진 법률관계를 보호하자는 제도이고, 형사법상의 시효제도도 유효하게 공소권행사를 하는 데 장애가 없음에도 불구하고 장구한 세월동안 이를 하지 않은 채 오랜 세월을 지낸 경우 그 공소권을 소멸시키는 제도이다. 그러므로 시효의 진행은 민사법에서는 권리행사를, 형사법에서는 공소권행사를 유효하게 하는데 장애가 없는 것을 요건으로 하는 것이다. 따라서 공소권행사를 유효하게 할 수 없는 장애는 공소시효진행의 소극적 요건이고, 공소권행사를 유효하게 할 수 없는 법률상 장애규정은 바로 공소시효의 진행을 정지시키는 규정이라고 할 것이다. 그런데 헌법 제84조에는 "대통령은 내란 또는 외환의 죄를 범한 경우를 제외하고는 재직중 형사상의 소추를 받지 아니한다."라고 규정하여 대통령직에 있는 자연인이 범한 내란 또는 외환죄 이외의 죄에 대하여는 공소권행사를 할 수 없는 것으로, 즉 유효한 공소권행사에 대하여 법률 그것도 헌법에 장애사유로 규정하고 있다. 그러므로 위 규정은 비록 직설적으로 대통령으로 재직하는 기간 동안 공소시효가 정지된다고 규정하지는 아니하였으나 공소시효의 진행에 대한 소극적 요건을 규정한 것이므로, 공소시효의 정지를 규정한 규정이라고 보기에 족하다고 할 것이다.

(2) 이렇게 볼 때 헌법규정에 근거하여 공소시효의 정지를 인정하는 것이므로 법률이나 헌법의 근거 없이 공소시효의 정지를 인정하는 것도 아니고 법률규정을 유추

적용하는 것도 아니요, 확대해석하는 것도 아니며 더구나 법률을 소급적용하는 것도 아니므로 죄형법정주의에 반하지도 아니하고, 법치주의에 반하지도 아니한다. 이렇게 보지 아니할 때에는 도리어 대통령직에 있는 자연인이 범한 범죄 중 공소시효기간이 대통령의 임기보다 짧은 범죄나 대통령 재직 전에 범한 죄로서 대통령직 취임 전에 진행하고 남은 공소시효기간이 대통령의 임기보다 짧은 범죄에 대하여는 영영 소추되지 아니하여 대통령은 이러한 범죄를 범하여도 처벌받지 아니하는 결과가 됨으로써 대통령은 이러한 범죄들에 관한 법은 지키지 않아도 된다는 것이 되고 그러한 법 중에는 대통령의 직무에 관한 것도 포함되므로 결국 대통령의 직무수행이 법치주의에 정면으로 반하는 것을 허용하는 결과가 될 수도 있다.

(3) 혹은 헌법 제84조는 대통령에게 특권을 규정한 것인데도 대통령 재직중에는 내란 또는 외환의 죄를 제외하고는 공소시효가 정지된다고 할 때에는 도리어 일반국민보다 공소시효기간이 늘어나는 결과가 되어 오히려 대통령직에 있는 자연인에게 불리하다고 할 지 모르나 헌법 제84조에 의하여 내란 또는 외환죄를 제외한 범죄에 대한 공소시효가 대통령 재직기간 중 정지된다고 하여도 이러한 범죄에 대하여 소추당할 수 있는 기간은 일반국민과 동일하고 더 길어지는 것이 아니므로 법률상 더 불리하다고 할 수 없다. 오히려 헌법 제11조 제1항의 "모든 국민은 법 앞에 평등하다."는 규정의 모든 국민 속에는 대통령직에 있는 자연인도 포함되는 것이므로 이렇게 보아야만 소추당할 수 있는 기간에 있어 대통령직에 있는 자연인과 일반국민이 동 헌법 조항에 정한바 법 앞에 평등한 것이 된다. 그리고 내란 또는 외환죄를 제외한 범죄에 대하여 공소시효기간이 대통령의 임기보다 짧거나 대통령 재직 전에 범한 범죄로서 공소시효기간이 대통령직 취임 전에 진행하고 남은 기간이 대통령임기보다 짧은 범죄에 대하여도 일반국민과 똑같이 소추될 수 있다는 점에서도 대통령직에 있는 자연인도 일반국민과 법 앞에 평등하다는 위 헌법 조항에 합치하게 되는 것이다.

이상으로 헌법 제84조에 의하여 내란 또는 외환죄를 제외한 나머지 죄에 대하여는 대통령 재직기간 중 공소시효가 정지된다는 다수의견을 보충하는 바이다.

8. 반대의견

가. 재판관 이재화, 재판관 조승형의 의견

우리는 다수의견 중 내란죄 등에 대한 "혐의없음" 불기소처분의 취소청구부분이 공소시효완성으로 권리보호의 이익이 없어 각하한다는 의견에 대하여 다음과 같이 반대한다.

(1) 우리 헌법재판소가 판례로 확립하고 있는 1993.9.27. 선고 92헌마284 불기소처분취소사건의 결정 중 "헌법소원이 심판에 회부된 경우도 공소시효가 정지된다고 인정함은 허용되지 않는다"라는 판시부분은 다음과 같은 이유로 변경되어야 한다.

첫째, 우리 헌법재판소의 위 판례는 불기소처분취소를 구하는 헌법소원심판절차에서 공소시효의 진행이 정지되느냐라는 문제를 공소시효제도의 법리에서 찾지 아니하고 형사소송법 제262조의2의 유추적용문제로 보았기 때문에 오류를 범한 것이며 이런 오류는 위 사건의 다수의견과 소수의견이 모두 범한 것이다.

검사의 불기소처분의 취소를 구하는 헌법소원의 경우에는 헌법소원 당시 검사가 기소를 하지 않겠다는 의사가 확정적으로 나타나 있고, 헌법소원심판절차가 진행되는 동안에는 검사가 기소를 하리라는 것에 대하여 기대가능성이 없다 할 것이므로 비록 형식적 법효력상으로는 헌법소원심판절차가 진행 중에 검사가 기소를 함에 장애사유가 없다고 하더라도 소추권을 행사할 수 없는 경우와 가치적으로 등가로 평가하여야 할 것이다. 따라서 소추권을 유효하게 행사할 수 없는 경우에 공소시효의 진행이 정지되듯이 실질적으로 검사의 기소가 기대가능성이 없는 경우에도 공소시효의 진행이 정지된다고 보아야 할 것이다. 이와 같은 법리에 따르면 위의 공소시효의 진행이 정지되느냐는 문제는 공소시효제도의 법리에서 판단되어질 뿐 형사소송법상의 재정신청에 관한 규정의 유추적용이 문제로 되지 아니한다.

둘째, 위 사건의 다수의견은 공소시효제도의 본질이 국가형벌권의 소멸이라는 점에서 실체법적 성격을 가지고 있는 것이어서 그 예외로서 공소시효의 진행이 정지되는 경우는 특별히 법률로써 명문의 규정을 둔 경우에 한하여야 하고 명문이 없는 경우에 형사소송법상의 재정신청에 관한 규정을 유추 적용하여 공소시효의 정지를 인정하는 것은 헌법상의 적법절차주의, 죄형법정주의에 반한다는 견해이나, 현행 형사소송법 제326조 제3호는 공소의 시효가 완성되었을 때에는 판결로써 면소의 선고를 하여야 한다라고 규정하고 있는바, 다수의견과 같이 현행 형사소송법상의 공소시효제도의 본질이 실체법적 성격을 가지고 있는 것이라면 공소시효가 완성되었을 때에는 반드시 무죄판결을 선고해야 한다고 규정했어야 할 것임에도 불구하고 면소판결을 선고해야 한다고 규정하고 있는 취지는 공소시효제도의 본질이 실체법적 성격을 가지는 것이 아니라는 취지임이 명백하다.

따라서 형사소송법상 명문이 없는 경우에 공소시효가 정지되는 경우를 공소시효제도의 법리에 따라 인정한다고 하더라도, 형사소송법은 죄와 형을 정하는 실체법이 아니므로 헌법상의 죄형법정주의나 적법절차주의에 반하지 아니한다.

셋째, 공소시효제도의 법리는 프랑스판례에서 "시효는 유효하게 소추할 수 없는 사람에 대하여 진행하지 아니한다"라는 법언을 적용하고 있듯이 국가의 소추권이 유효하게 행사될 수 있는 경우에만 공소시효가 진행된다 할 것이다.

이상에서 본 바와 같이 공소시효의 진행이 정지되는 경우는 형사소송법이 공소시효정지제도 자체를 인정하고 있는 이상 명문에 그 정지규정이 있는 여부를 가리지 아니하고 공소시효제도의 법리에 따라 공소시효의 진행이 정지되는 경우를 인정할 수 있고 형사소송법에 명문규정을 두는 경우가 있다 하더라도 이는 위 법리를 확인함에 불과하다 할 것이므로, 검사의 불기소처분취소를 구하는 헌법소원심판청구가 적법요건의 심사를 거친 후 심판에 회부되었다면 그때부터 불기소처분에 대한 취소결정이 있을 때까지 공소시효의 진행이 정지된다고 봄이 마땅하다. 그렇다면 앞서 본 우리 헌법재판소의 결정 중 위 판시사항은 우리의 견해대로 변경되어야 한다고 믿는다.

(2) 따라서 이 사건의 경우를 보면

"혐의없음" 불기소처분이 된 내란죄 등은 1994.11.29. 우리 헌법재판소의 심판에 회부되었으므로 그 때부터 동죄 등의 공소시효의 진행이 정지된다 할 것이고, 1979.12.13. 기수에 이른 동죄 등의 공소시효기간인 15년이 1994.11.29. 현재까지 경과되지 아니하였음이 명백하므로 동죄 등에 대한 "혐의없음" 불기소처분의 당부·위헌여부 등 본안심리에 들어갈 것이지 청구각하의 결정을 할 성질의 것은 아니다.

나. 재판관 김문희, 재판관 황도연의 의견

우리는, 청구인들의 이 사건 심판청구는 권리보호의 이익이 없으므로 부적법하여 모두 각하되어야 한다고 생각한다. 따라서 주문기재의 "각하" 부분에는 찬성하지만, 그 "기각" 부분에 대하여 반대하는 것이다.

즉, 앞서 본 바에 의하면, 피의자 전두환의 이 사건 피의사실은 그것이 형법상의 "내란의 죄"에 해당하는 것이든 군형법위반의 죄에 해당하는 것이든 모두 그 죄의 법정형에 "사형"이 선택형이나 단일형(單一刑)으로 규정되어 있으므로 그 공소시효의 기간은 모두 15년이고(형사소송법 제249조 제1항 제1호, 제250조), 이 사건 수사기록에 의하면 위 모든 범행은 1979.12.12. 또는 그 다음날인 12.13.에 각 종료되었다고 인정되므로 그로부터 15년이 경과된 1994.12.11. 또는 그 다음날인 12.12.에 각 그 공소시효가 완성되었다 할 것이며, 이러한 경우에는 그 범행에 대한 불기소처분의 취소를 구하는 헌법소원은, 그 공소시효의 완성시점이 헌법소원의 제기 전이든 또는 제기 후든 막론하고, 권리보호의 이익이 없다는 것이 우리재판소의 판례이므로, 이 사건 심판청구는 모두 부적법하여 각하되어야 한다는 것이, 우리의 의견이다.

그런데, 이 점에 관한 다수의견과 우리의 의견이 갈리는 점은 피의자 전두환의 이 사건 군형법위반의 각 범죄에 대하여 다수의견은 그가 대통령으로 재직한 기간 동안 이들 범행에 대한 공소시효의 진행이 정지된다는 것이고 우리의 견해는 정지되지 않는다는 것이며, 이러한 견해의 차이가 생기는 것은 우리 헌법 제84조의 해석론과 공시시효제도 및 그 정지제도에 관한 인식이 피차 다르기 때문이라고 보여 지므로, 이 점에 관한 우리의 견해와 그 논거를 밝히기로 한다.

(1) 공소시효제도의 본질과 공소시효의 정지

(가) 공소시효제도는 범죄행위가 종료한 뒤 공소가 제기되지 아니하고 일정한 기간이 경과한 사실상의 상태를 존중하여 국가의 형벌권의 행사를 못하게 하는 제도이다. 공소시효제도는 위와 같이 범죄행위가 종료한 뒤 일정한 기간이 경과한 사실상의 상태를 존중하는 제도이기 때문에 그 기간이 경과한 원인이 무엇인지를 가리지 않는 것이 원칙이고, 그 제도의 존재이유가 범죄행위가 종료한 뒤 시간의 경과로 말미암아, 범죄의 사회적 영향력이 미약하게 됨에 따른 가벌성의 감소에 있든, 증거가 흩어지고 없어짐에 따라 공정한 재판의 실현이 어렵게 되었기 때문이든, 위 두 가지 이유가 모두 보태어져 그런 것이든, 결국 일정한 기간이 경과한 사실상의 상태를 존중하여 국가의 형벌권의 행사를 못하도록 함으로써 형사피의자의 법적·사회적 지위의 안정을 부여하려는 제도임에는 틀림이 없다.

위와 같은 기능을 가진 공소시효제도는 기본적으로는 죄를 범한 자는 반드시 처벌되어야 한다는 범인필벌(犯人必罰)의 요청과 비록 죄를 범한 자라고 하더라도 언제까지나 소추에 관하여 불안정한 상태에 두어서는 안 된다는 법적 안정성의 요청을 정책적으로 조화시킨 제도라고 할 수 있다. 그렇다면 공시시효제도의 중핵을 이루는 것은 요컨대 처벌의 필요성과 범인의 법적 안정성을 어느 선에서 어떻게 조정할 것인가 하는 점에 있다 할 것이고, 따라서 그 조정선(調整線)의 결정은 앞서 본 공소시효제도의 존재이유 외에도 그 나라의 역사와 문화, 형사사법제도, 범죄 및 그 처벌에 관한 국민의 정서, 인권의식의 정도, 형사정책적 고려 등 제반사정을 참작하여 입법자가 이를 결정할 수밖에 없는 성질의 것이므로, 어떤 범죄가 공소시효의 적용대상이 되는지의 여부(즉, 공소시효의 적용대상을 모든 범죄로 할 것인가 아니면 그 중 일정한 범죄는 이를 제외할 것인가의 문제)와 그 시효기간의 장단이라든가 또는 그 중단 또는 정지 사유 등은 모두 입법자의 입법형성의 자유에 속하는 사항이라 할 것이다.

그러므로 공소시효의 기간은 물론 그 정지사유도 나라마다 그 내용이 다른 수밖에 없는 것이므로 어떠한 사유가 그 정지사유가 되는지의 여부는 오로지 그 나라의 실정법 체계 안에서 밝힐 수밖에 없는 성질의 것이다.

(나) 형사법상의 시효제도는, 제도사적(制度史的)으로 볼 때, 한편으로는 민사법상의 시효제도의 법이론·법기술에 의존하여 발전하고, 다른 한편으로는 형사법의 독자성을 기초로 하여 민사법에의 의존에서 벗어나 현재와 같은 제도로 발전한 것이다. 민사법상의 시효이든 형사법상의 시효이든 모두 "시간의 경과"를 "일정한 법률관계의 소멸"과의 사이에 원인·결과의 관계로 결합시키고 있는 점은 공통되나, 이 둘 사이의 실질적 내용은 형식의 유사성과는 달리 대조적인 면이 많다.

한마디로 말하면, 민사법상의 소멸시효가 주관주의적인 입장에서 있음에 반하여, 형사법상의 공소시효는 객관주의적인 입장에 서 있다고 할 수 있다. 민사법의 소멸시효는 소멸되는 대상인 법률관계가 개인의 일정한 "재산적 청구권"이고, 청구권자의 주관적 지위를 주된 착안점으로 하여 시간의 경과를 파악함을 그 특징으로 한다. 따라서 소멸시효제도의 근거는 청구권자가 청구권의 행사를 게을리 하였다는 데에 있고, 그 당연한 결과로 법률상 권리행사의 장애사유는 바로 소멸시효의 중단 또는 정지의 사유가 된다.

이에 반하여, 형사법상의 공소시효의 대상이 되는 권리는 일정한 범죄에 대한 국가의 "소추청구권"으로서 공공적인 권리이고, 공소시효의 기간을 결정하는 기준은 객관적인 것이기 때문에, 소추권자가 그 소추권의 행사를 게을리 한 것이라든가 범죄사실에 따르는 특수사정, 예를 들면 범행의 동기·정상 등의 사실이나 범죄자의 인격에 관련되는 주관적 사정 등은 공소시효의 기간을 결정하는 요인이 되지 아니하고,

오로지 법정형에 따라 일률적으로 정해지는 것이 상례이다. 그러므로 시효의 기산점 또한 민법이 "소멸시효는 권리를 행사할 수 있는 때로부터 진행한다"(민법 제166조 제1항)라고 규정하고 있는 것과는 달리 형사소송법은 "시효는 범죄행위의 종료한 때로부터 진행한다."(형사소송법 제252조 제1항)라고 규정하여, 공소시효가 객관적인 기준에 서 있음을 밝히고 있다.

(다) 공소시효제도는 범죄행위가 끝난 뒤 공소가 제기되지 않고 일정한 기간이 경과되면 국가의 소추권행사를 못하도록 한 제도이므로 그것이 피의자의 법적 지위에 안정을 가져다주는 이로운 제도인 것은 의문의 여지가 없다. 공소시효가 완성되면 소추를 금지하도록 한 것은, 피의자에게 이익이 되는 것이지 결코 불이익을 가져오는 것은 아니기 때문이다. 형사소송법은 시효기간의 계산에 있어서 기간의 초일은 시간을 계산함이 없이 1일로 산정하고, 기간의 말일이 공휴일에 해당하는 경우에도 그 기간에 산입하도록 규정(형사소송법 제66조 제1항 단서, 제3항 단서)함으로써 이를 뒷받침하고 있다. 공소시효제도가 범인필벌이라는 공공의 이익과 형사피의자의 법적 안정이라는 인권보장적인 측면을 서로 조화시킨 정책적 제도인 점을 생각할 때, 공소시효의 정지사유를 어떻게 정할 것인가의 문제 역시 입법정책의 문제임은 분명하다. 그러나 공소시효의 진행이 정지되는 경우에는 그 정지된 기간 만큼 바로 시효기간을 연장하는 것으로 되어 피의자가 공소시효제도에 의하여 보장받는 법적이익(즉, 자기의 범행에 대한 소추와 처벌을 면제받는 이익)을 침해당하는 결과가 되므로, 이러한 경우에는 헌법 제37조 제2항의 정신에 비추어 반드시 법률로써 공소시효의 진행이 정지된다는 명문의 규정을 둔 경우에 한하여 정지되는 것으로 보아야 하고 그러하지 아니하는 한 공소시효의 진행은 방해받지 아니한다고 하여야 함이, 법치주의원칙의 당연한 귀결이다.

그런데 형사소송법을 비롯한 우리의 실정법은 공소시효의 정지사유를 원칙적으로 "공소의 제기에 의하여서만" 비로소 시효가 정지될 수 있음을 밝히고 있을 뿐, 공소의 제기가 법률의 규정으로 말미암아 제한을 받는 경우 즉 검사가 법률상의 장애사유로 인하여 소추권을 행사할 수 없는 경우에도 이를 공소시효의 정지사유로 규정하고 있지 아니하다. 형사소송법 제253조 제1항은 "시효는 공소의 제기로 진행이 정지되고 공소기각 또는 관할위반의 재판이 확정된 때로부터 진행된다"라고 규정하여 이 점을 분명히 하고 있다. 다만, 예외적으로 재정신청(형사소송법 제262조의2), 소년보호사건의 심리개시결정(소년법 제54조)에 의하여 공소시효가 정지된다고 규정하고 있으나, 재정신청의 경우에는 심리의 결과 법원의 심판에 부하는 결정이 있으면 공소의 제기가 있는 것으로 간주되며, 소년보호사건의 심리개시결정 역시 공소의 제기에 준하는 것이라 볼 수 있기 때문에 위 원칙을 존중한 것이라 볼 수 있다.

(라) 이 점에 관하여, 다수의견은 "시효제도의 근본적인 존재이유가 오랜 동안 권리의 행사를 게을리 함으로써 생긴 새로운 사실 상태를 존중한다는 데 있는 것이므로, 검사가 법률상의 장애사유로 인하여 소추권을 행사할 수 없는 경우에는, 공소시효가 진행하지 않는"다는 것이, 공소시효의 정지에 관한 "일반원칙" 또는 "당연하고도 정당한 법리"라는 취지로 주장하고 있으나, 우리는 이에 찬동할 수 없다.

우선 다수의견의 위 전단부분 설시는 "소멸시효는 권리를 행사할 수 있는 때로부터 진행한다"(민법 제166조 제1항)든가 "채권은 10년간 행사하지 아니하면 소멸시효가 완성한다"(민법 제162조 제1항)는 민법규정에서 보듯 민사법상의 소멸시효제도의 존재이유를 설명한 것으로서, 그것이 어떻게 형사법상의 공소시효정지제도에 적용될 법리가 된다는 것인지 알 수 없다. 또한 이러한 민사법상의 소멸시효제도의 존재이유를 근거로, 중세 유럽에서는 "소를 제기할 수 없는 자에 대하여는 시효가 진행하지 아니한다."는 법원칙이 광범위하게 인정되어 왔으나, 이러한 원칙이 확대 적용된 결과 법적 안정성의 침해가 문제되었고 점차로 이에 대한 비판이 강하게 대두하자 입법자들은 근대 민법전을 제정함에 있어 민사상의 소멸시효에 대한 정지사유도 개별적으로 법률로 정하고, 그에 따라 법률에 규정되어 있지 아니한 소멸시효의 정지를 인정하지 아니하게 된 것이 근대 민법의 발상지라고 할 수 있는 유럽제국의 입법연혁임은 주지의 사실이다. 그렇다면 다수의견의 위 설시는 국가의 소추권행사에 대하여 법률적 장애가 있으면 곧바로 공소시효가 정지되는 것이 공소시효제도의 원칙이라고 판단함으로써, 우선 근대 민법전의 제정에 의하여 폐기된 중세법상의 민사상 시효제도에 관한 원칙을 곧바로 현대 형사법상의 공소시효나 그 정지제도의 일반원칙이나 법리로 착각하고 있는 잘못을 범하고 있다 할 것이고, 또 앞서 본 바와 같이 객관주의적인 입장에 서 있는 공소시효제도의 성격에도 정면으로 위배된다 할 것이다.

(2) 헌법 제84조의 뜻

(가) 헌법 제84조는 "대통령은 내란 또는 외환의 죄를 범한 경우를 제외하고는 재

직중 형사상을 소추를 받지 아니한다"라고 규정하고 있고, 위 헌법조항의 입법목적이 다수의견이 지적한 것처럼 국가의 원수로서 외국에 대하여 국가를 대표하는 지위에 있는 대통령이라는 특수한 직책의 원활한 수행을 보장하고, 그 권위를 확보하여 나라의 체면을 유지해야 한다는 실제상의 필요에 있음은 분명하고, 그렇기 때문에 위 조항에 의한 대통령의 형사상의 불소추특권은 대통령으로 재직하고 있는 동안에만 인정하여야 한다 함은 당연하다.

그러나 우리는 위 헌법조항의 뜻은 글자 그대로 대통령은 내란 또는 외환의 죄를 범한 경우를 제외한 다른 범죄에 대하여는 재직중 형사상의 소추를 받지 아니한다는 것을 밝힌 것일 뿐, 위 헌법조항으로 말미암아 소추가 금지된 범죄에 대하여 대통령으로 재직한 기간 동안은 공소시효가 정지되는 것인지의 여부에 관하여는 아무런 답을 하고 있지 않다고 풀이한다. 다시 말하면 헌법은 그 어느 조항에서도 공소시효의 정지는 물론 공소시효 자체에 관하여 어떠한 규정도 하고 있지 아니하여, 대통령의 불소추특권으로 인한 공소시효의 정지 여부에 관하여 중립적이며, 그 어느 편에도 서 있지 않다고 말할 수 있다. 이것이 위 헌법조항에 대한 가장 평명(平明)한 해석이다. 따라서 대통령으로 재직하는 동안 소추가 금지된 범죄에 대한 공소시효의 정지 여부는 헌법의 규정에 의하여서는 이를 밝힐 수가 없으므로, 앞서 우리가 여러 차례 강조한 바와 같이 오로지 공소시효와 그 정지를 규정한 형사소송법 등 우리 실정법체계 안에서 밝힐 수밖에 없고, 우리 형사소송법은 "공소의 제기"가 바로 공소시효의 정지 사유임을 밝히고 있을 뿐 "법률상의 장애 사유로 말미암아 공소를 제기할 수 없는 경우"를 공소시효의 정지사유로 규정하고 있지 아니하다는 것이다.

그런데 다수의견은 헌법 제84조의 뜻을, 우리의 의견과 같이 재직중 소추가 금지되는 범죄에 대하여도 재직기간 동안 시효가 정지되지 않고 진행한다고 본다면, 대통령은 재직 전이나 재직중에 저지른 상당수의 범죄에 관하여 공소시효의 완성이라는 특별한 혜택을 받게 되는 결과 일반국민이 누릴 수 없는 형사상의 특혜를 받게 되어 특권적 지위를 인정받는 것으로 되고, 나아가 정의와 형평에 반하는 결과에 이르게 되는 것이 아닌가 하는 의문을 제기한다. 그러나 위와 같은 일부 불합리한 결과가 생긴다고 하더라도 이는 위 헌법조항으로 말미암은 것이 아니라는 데 주목하여야 한다. 이러한 결과는 우리 형사소송법이 공소시효의 정지사유를 공소의 제기와 이에 준하는 사유로 한정하고, 법률상의 장애사유로 말미암아 공소를 제기할 수 없는 경우에는 그 기간 동안 시효의 진행이 정지된다는 규정을 하고 있지 아니한 데에서 비롯된 것으로 보아야 한다. 따라서 우리는 이를 바로 잡는 길도, 위 헌법조항의 뜻을 바로 공소시효가 정지되는 것으로 문언에 표현된 내용을 넘어 무리하게 넓혀 해석할 것이 아니라, 형사소송법의 공소시효의 정지에 관한 규정을 개정함으로써 바로 잡는 것이, 바른 길이라 믿는다.

왜냐하면, 만일 헌법 제84조의 뜻을 다수의견과 같이 풀이할 때에는, 공소시효제도의 실질이 형사피의자의 이익을 위한 제도임에도 불구하고 그 진행을 정지시킬 수 있는 예외적인 사유를 법률로써 명문으로 규정하지 아니한 경우에도 헌법이나 법률의 해석을 통하여 이를 인정하는 것으로 되어, 앞서 본 바와 같이 공소시효제도에 의하여 보장되는 피의자의 법적 이익을 법률의 근거 없이 침해하는 것으로 되어 우리 헌법의 기본이념의 하나인 법치주의에 반하는 결과에 이르게 되고, 이러한 결과는 헌법재판소의 결정으로 새로운 공소시효의 정지사유를 신설하는 내용의 적극적인 입법을 하는 것으로 되기 때문에 권력분립의 원칙에 따른 헌법재판제도의 한계를 벗어난 것이 아닌가 하는 문제가 생길 수 있기 때문이다.

(나) 끝으로 다수의견은 헌법 제84조가 적용되는 사람은 오로지 대통령 1인뿐이므로 설사 헌법이나 법률에 명문으로 규정되어 있지 아니함에도 불구하고 위 헌법조항 자체의 해석만으로 공소시효의 정지를 인정한다고 하더라도, 그것 때문에 일반국민의 법적 안정성을 해할 우려가 있다고는 보기 어렵다고 말하고 있다. 그러나 우리는 다수의견의 이 부분 설시를 이해할 수가 없다.

법은 언제 어떠한 경우에도 제자리에 있어야 하는 것, 상황에 따라 자리를 옮겨 다닐 수 있는 것이 아니다. 헌법이나 법률의 해석은 그 적용대상인 사람의 지위가 높고 낮다거나 그 적용대상인 사람의 수가 많다거나 적다하여 그 해석을 달리할 수 있는 것이 아니다. 비록 헌법 제84조에 해당하는 사람이 대통령직에 있었던 사람으로 국한된다 하더라도 그 사람 역시 국민의 한 사람임에 다름 아니고, 그 해석에 따른 결과는 일반국민에게도 당연히 미친다는 점을 유의하지 않으면 아니 된다. 다수의견에 의하면 헌법 제84조의 해석은 결국 "법률상 소추가 불가능한 경우에는 불가능한 기간 동안은 공소시효가 정지된다"는 것으로 풀이하는 것이 되는데, 그러한 경우는 헌법 제84조의 경우에만 한정되는 것이 아니라 죄를 범한 뒤에 치외법권을 가지게 된 사람의 경우 등에도 당연히 적용되어야 하기 때문이다. 이러한 확대해석은 한 걸음만 더 나아가면 "법률상 소추 불가능한 경우"를 "사실상 소추의 불가능" 또는 이에 준하는 경우에까지 확대의 길을 열어주는 계기가 되지 말라는 보장도 없다.

(다) 요컨대 우리는, 헌법 제84조는 공소시효의 정지 여부와는 아무런 관련이 없는 조항이라는 것이고, 위 헌법조항을 대통령 재직중 공소시효가 정지된다고 해석하지 아니한다 하여 법치주의에 반하거나 정의와 형평에 반하는 것으로 생각하지 아니한다.

시효제도는 본래 그 적용을 받게 되는 사람과 그렇지 못한 사람사이에 차별이 생기기 마련인 제도이고, 형평에 반하는 결과의 근본원인이 위 헌법조항의 탓이 아니라 바로 공소시효와 그 정지사유를 규정한 형사소송법 등 관계법률에 있음은 이미 앞서 밝힌 바이다. 따라서 헌법 제84조를 우리와 같이 풀이한다 하여 조금도 법치주의에 반하는 것이 아니고, 오히려 다수의견과 같이 풀이하는 것이 바로 법치주의에 반한다고 우리는 보고 있다.

(3) 결론

위에서 본 바와 같이, 공소시효는 법률로써 명문규정을 둔 경우에 한하여 정지된다. 그런데 헌법 제84조는 공소시효의 정지에 관한 명문규정이라고 볼 수 없다. 그리고 헌법에는 물론 형사소송법이나 우리 실정법 체계의 다른 어느 법률에도 대통령 재직중 그의 범행에 대한 공소시효의 진행이 정지된다고 한 명문규정이 없다. 따라서 대통령 재직중 그의 범행에 대한 공소시효는 정지되지 아니한다고 보아야 할 것이다.

그렇다면, 피의자 전두환의 이 사건 피의사실에 대하여는 그 공소시효가 모두 완성되었음이 앞서 본 바에 의하여 명백하므로 결국 청구인들의 이 사건 심판청구는 권리보호의 이익이 없어 모두 각하되어야 한다는 것이, 우리의 결론이다.

위와 같은 이유로 다수의견에 반대한다.

다. 재판관 조승형의 의견

나는 다수의견 중 반란 수괴죄 등에 대한 "기소유예"처분이 타당하여 이 부분에 관한 심판청구를 기각한다는 의견에 대하여 다음과 같이 반대한다.

(1) 피청구인의 "기소유예" 이유 요지는, 다수의견이 설시하고 있는 바와 같다.

(2) "기소유예"처분의 당부를 살피면,

검사의 기소유예처분은 형사소송법 제247조 제1항과 형법 제51조에 근거하고 있다. 형사소송법 제247조 제1항은 "검사는 형법 제51조의 사항을 참작하여 공소를 제기하지 아니할 수 있다"라고 규정하고 있으며 형법 제51조는 "형을 정함에 있어서는 다음 사항을 참작하여야 한다. 1. 범인의 연령, 성행, 지능과 환경, 2. 피해자에 대한 관계, 3. 범행의 동기, 수단과 결과, 4. 범행 후의 정황"이라고 규정하고 있다. 또한 검찰사건사무규칙 제54조 제1항은 이 사건 피의자인 전두환이가 대통령으로 재직할 당시인 1981.12.24. 법무부령 제230호로 제정한 것으로서 "검사가 기소유예의 결정을 하는 경우에는 피의자를 엄중히 훈계하고 개과천선할 것을 다짐하는 서약서를 받아야 한다. 다만 경미한 사건의 경우에는 그러하지 아니하다"라고 규정하고 있다.

이와 같은 명문의 법령규정들은 검사가 기소유예처분을 함에 있어서 그의 자의적인 재량으로 행하는 것을 금지하는 취지이며, 그 재량행위가 비록 기속재량행위라 인정할 수는 없다 하더라도, 고도의 합리적 판단을 요하는 법에서 자유로울 뿐인 제한적 자유재량행위라 할 것이며, 현실도 검사의 재량에는 합리적인 한계가 있음을 인정하고 있다(대법원 1988.1.29. 선고, 86모58 판결 참조).

따라서 검사가 기소유예처분을 함에 있어서는 반드시 위와 같은 법령들의 명문규정을 지키면서 그 규정의 범위 안에서도 합리적인 기준을 초월하지 아니함으로써 비로소 처분할 수 있다 할 것이다.

그러나, 이 사건 피청구인이 "기소유예"처분을 하면서 들고 있는 앞의 사유들은 그 어느 것이나 위 법령들의 명문규정에 합당한 것들이 아니다. 오히려 위 규정들에 좇아 피의자 전두환의 정상을 살피면,

(가) 범인의 연령은 60대 초반이며 성행은 불명이나 지능은 육군사관학교를 졸업하고 육군대장으로 진급하기까지 주요 군지휘관의 경력을 쌓았으며, 이 사건으로 정권을 탈취하여 무려 7년여 동안이나 대통령자리를 지켜 왔고 현재는 전직대통령예우에관한법률의 혜택을 받으면서, 풍요로운 생을 영위하고 있는바, 그 어느 조건도 그를 단죄함에 부적절함을 인정할 수는 없다.

(나) 피해자에 대한 관계

이 사건이 발생한지 14년이 경과하였음에도 불구하고 피해자인 정승화 등 고소인 전부는 아직도 분을 참지 못하여 1993.7.19. 검찰총장에게 이 사건 고소를 제기하고, 1994.12.24. 이 사건 헌법소원을 제기하고 있는바, 비록 고소인들이 국가 장래를 위한

공분심에서 이와 같이 한다 하더라도, 적어도 피의자가 피해자들과의 관계를 원만하게 정리하지 못한 사정만은 명백하다 할 것이다.

(다) 범행동기

피청구인의 이 사건 불기소처분 결정서에 따르면,

1979.10.26. 속칭 김재규사건이 발생한 이후 같은 해 11.8. 최규하 대통령 권한대행이 정치발전을 약속하고 국회에 헌법개정특별위원회가 구성되는 등 유신체제의 폐지가 기정사실화 되고 대다수 국민들이 같은 해 12.6. 선출된 최규하 대통령의 점진적인 민주화 조치에 기대를 하는 등 정국이 점차 안정국면에 들어서고 있는데, 고소인 정승화 당시 계엄사령관과 소장군부의 리더인 피의자간에 군인사 등 문제로 서로 마찰을 일으키고, 같은 해 12월 초경에는 위 고소인이 노재현 당시 국방부장관에게 피의자를 보안사령관직에서 한직으로 좌천시킬 것을 건의하였다는 풍문이 나돌자, 피의자는 자신에 대한 인사 조치를 차단하고 군내입지를 보전할 목적으로 위 고소인을 위 10·26 김재규사건에 연루시켜 연행·조사하여 제거하고 군주도권을 장악할 것을 결심한 끝에 이 사건을 일으킨 것임을 살필 수 있다. 따라서 범행의 동기는 오로지 피의자 자신의 사욕에서 비롯되었을 뿐 결코 국가자존이나 국민주권을 회복하고자 하는 공분심에서 비롯된 것이 아님을 인정할 수 있다.

(라) 범행의 수단

위 결정서에 따르면 그 수단은 다음과 같다.

당시 육군참모총장 겸 계엄사령관인 위 고소인을 연행조사하려면 의당 군통수계통에 따라 노재현 당시 국방부장관과 최규하 당시 대통령의 사전재가나 적법한 군 관할관 발부의 구속영장을 받아야 함에도 불구하고, 병기를 휴대한 병력을 동원하여 총격함으로써 위 고소인 주변의 수행·경호요원을 사상케 하여 연행하였으며, 남북이 휴전선을 두고 군사대치를 하고 있는 긴장상태임에도 불구하고 국가의 안위에 관하여는 아랑곳함이 없이, "수경사" 제30경비 단장실에 당시 수도권 주요부대지휘관인 청구외 유학성 국방부군수차관보, 황영시 육군 제1군단장, 차규헌 수도군단장, 노태우 육군 제9사단장, 박준병 육군 제20사단장, 백운택 육군 71방위사단장, 박희도 "특전사" 제1공수여단장, 최세창 "특전사" 제3공수여단장, 장기오 "특전사" 제5공수여단장, 김진영 "수경사" 제33경비단장, 장세동 "수경사" 제30경비단장을 집결시켜 두고, 육군 정식 지휘계통의 병력출동을 차단하는 한편, 최규하 당시 대통령이 2회에 걸쳐 위 고소인에 대한 연행·조사를 재가하지 아니하자 피의자는 당시 대통령이 집무하고 있던 총리공관의 경비 병력의 무장을 해제시키고 자파인 청구외 정동호 준장으로 하여금 종전의 대통령경호실 병력으로 총리공관을 장악하여, 위 공관의 출입자를 일일히 통제하게 하는 등 사실상 최대통령에 대하여 위협을 가하였으며, 노재현 당시 국방부장관이 미8군 영내의 한미연합사령부에서, 전화로 피의자에게 같은 사령부로 직접 와서 위 고소인 연행에 대한 결재를 받으라고 하여도 피의자는 오히려 자신의 직속상관인 동인에게 "보안사"에 와서 결재하라 하는 등 노골적으로 군지휘계통을 문란 시켰으며, 동인이 "그러면 자신이 국방부로 들어가겠으니 장관실까지 직접 와서 결재를 받으라"고 하자 사술을 농하여 그렇게 할 듯이 대답한 후, 즉시 청구외 박희도 "특전사" 제1공수여단장에게 병력을 출동시켜 국방부와 육군본부를 점령하고 노장관을 체포한 후 "보안사"로 연행하라고 지시하였으며, 동 여단장이 국방부를 점령하고 청구외 김종환 합참의장, 유병현 한미연합사령부 부사령관을 무장해제 시키고, 이긴영 육군 제3군사령관과 노국방장관을 체포하고 노장관을 "보안사"로 연행하자 피의자는 그를 강압하여 위 결재를 하게하고, 한편으로는 청구외 최세창 "특전사" 제3공수여단장에게 그의 상관인 청구외 정병주 특전사령관을 체포하라고 지시하여 그의 예하 병력으로 하여금 총격전 끝에 동 정병주를 체포하고, 청구외 조홍 "수경사" 헌병단장에게 그의 상관인 청구인 장태완 수경사령관과 동 사령부에 육군본부지휘부를 이동한 육군수뇌 장성들을 체포하라고 지시하여 그의 예하 병력으로 하여금 총격전 끝에 위 청구인과 청구외 윤성민 육본참모차장, 문홍구 합참본부장을 체포하게하였다. 또한 피의자는 청구외 노태우로 하여금 육군 제9사단 제29연대, 1,390명의 병력을 출동시켜 중앙청을 점령하게 하고 청구외 황영시로 하여금 그 예하의 기갑여단소속 제16전차대대(고폭탄·대전차포탄 적재의 전차 35대 병력 180명)를 출동시켜 중앙청 광장에 진주시키고, 박희모 육군 제30사단장의 예하 1개 연대병력을 고려대학교에 진주시키고, 앞서 본 최세창으로 하여금 그 예하의 제3공수여단 640여명의 병력을 경복궁과 국립박물관에 진주시키고, 청구외 장기오 "특전사" 제5공수여단장으로 하여금 그 예하의 480여명의 병력을 효창운동장에 진주시켰다. 이와 같이 군지휘권을 사실상 탈취한 뒤, 이와 같은 상황을 직간접으로 최대통령에게 알려 피의자의 실력을 은근히 과시하는 가운데 1979.12.13. 05:10경 피의자는 위 노재현 국방부장관을 앞세워 최대통령을 상면하여 동 장관으로 하여금 "참모총장공관과 국방부에서의 총격사태 등 부득이한 사정"을 보고하게 하고 "사태가 더이상 확대되지 아니하도록 재가함이 옳다"고 건의하게 하는 등 공포분위기를 조성하여 최대통령이 사후재가를 거절하지 못하게 하였다. 이는 실로 피의자가 이 나라의 모든 헌법기관을 좌지우지하는 순간이었다.

(마) 범행의 결과

고소인의 당시 수행부관 이재천, 경호장교 김인선, 육본 작전참모부장 하소곤, 특전사령관 정병주, "특전사" 김오랑 소령, 국방부 초병 등을 총격하여 사상에 이르게 하였으며, 육군참모총장 겸 계엄사령관에 이희성, 육군참모차장에 황영시, 육군 제3군사령관에 유학성, 수경사령관에 노태우, 특전사령관에 정호용, 육군 제1군단장에 김윤호, 육군 제9사단장에 백운택, 육군사관학교장에 차규헌 등 피의자와 이 사건 반란에 주도적 역할을 하였거나 그에 동조한 자들을 피의자 의사대로 보임하는 등 일체의 군권을 장악하고 피의자 자신은 보안사령관에 계속 있으면서 중앙정보부장을 겸임하고 이후 정부조직법상 아무런 근거도 없는 국가보위비상대책위원회를 임의로 설치하여 그 상임위원장에 취임하여 사실상 대통령 이상의 권한을 행사하는 등 권부조차 장악하였다. 그 후 5·17 3김 제거작업, 5·18 광주사태를 야기하여 무수한 민주시민을 폭도로 몰아세워 학살하거나 내란죄의 굴레를 씌워 중형에 처하는 등 정치권마저 장악하기에 이르고 하늘에 이르도록 그 악명이 높았던 속칭 삼청교육대사업을 벌여 이를 빌미로 피의자에 대한 반대세력을 제거하는가 하면, 최규하 대통령으로 하여금 그의 뜻에 반하여 하야하게 한 후 자신이 통일주체국민회의 속칭 잠실운동장선거로 대통령에 당선하여 명실상부한 대권을 손아귀에 쥐는가 하면, 국회의 기능을 마비시켜 헌법상 근거도 없는 국가보위입법회의를 설치하는 등 3권을 장악하였고, 그의 재임기간 중 그의 독재체제에 대한 학생·재야단체의 반독재 민주화투쟁과 박종철 고문살해 등 극심한 인권탄압이 상호 반복되면서 사회는 극도로 불안하였고, 국가는 발전보다는 퇴락일로에 처하여 결국 1987.6.10. 국민저항에 굴복하여 속칭 노태우의 6.29. 선언이 있기에 이르렀다.

(바) 범행 후의 정황

앞서 피해자에 대한 관계에서 본 바와 같이, 이 사건 피해자들과는 지금까지도 원만하지 못하며, 피해자들은 피의자에 대한 엄단을 구하고 있는 실정이다.

한편 피의자가 개과천선한 흔적이 있는지를 보면, 피의자는 6공정부가 들어서자 피의자를 구속하라는 학생·재야단체의 끈질긴 요구가 정국을 불안하게 하자, 6공정부의 요청에 따라 구속처형을 면할 목적으로 그가 대통령 재임시에 모았던 정치자금과 연희동 자택을 국가에 헌납하고 백담사에서 은둔하였던 바는 있으나, 이는 그가 개과천선하여 스스로 행한 것이 아니라 그의 구명과 교환조건이라는 6공정부의 요청에 못이겨 행한 것이고, 후일 국회 5공청문회가 종료되어 백담사에서 연희동으로 귀환하게 되자, 자신의 문제가 해결된 것으로 착각한 끝에 변심하여 국가에 헌납하기로 한 연희동 자택을 현재까지도 헌납하지 않는 등 국민과의 약속을 헌신짝 버리듯이 어기고 있다. 국회 회의록에 따르면 그는 1989.12.31. 국회 5공청문회에서 증인으로 선서를 하였음에도 불구하고 허위증언을 하다가 5공비리조사특별위원회위원이나 5·18 광주민주화운동 진상조사특별위원회위원들로부터 수차 경고와 야유를 당하는 수모를 겪었고, 동 회의록과 피청구인의 불기소결정서를 비교하여 살피면 피의자가 위증을 하고 있음이 다음과 같이 명백하게 드러난다.

수사결과(피의자)	국회증언(피의자가 증인으로)
(1) 피의자 자신에 대한 인사조치의 차단과 군내 입지보전의 목적으로 10·26사건에 연루됐다는 혐의를 씌워 정총장을 제거하고 군주도권을 장악하려고 결심하였다.	(1) "증인에 대한 전보발령설이 이 사건과 관련이 있지 않은가 하는 의문도 있는 모양이지만 증인은 그 당시에는 일체 그와 같은 일은 들은 바 없습니다"(제147회 국회폐회중 5공특위·광주특위 회의록 제1호 28쪽 우측란 21행-24행) 인사조치의 차단 목적이 없고 정총장을 제거할 결심이 없었다는 듯이, "정총장을 수사할 적기를 포착하기 위해 정국의 추이를 주시하는 한편 군내부의 여론을 수집하였습니다"(위 회의록 27쪽 우측란 15행-17행) "본인은 본인의 신념과 군전체의 총의가 일치된 것으로 느끼는 12월 초순 대통령선거가 끝나고 내각이 새로 발족한 후 김재규 재판과의 관련으로 보아 정총장에 대한 수사를 연기할 수 없다고 판단하여 12·12 임무를 결행하기로 했습니다"(위 회의록 27쪽 우측란 31행-36행)

수사결과(피의자)	국회증언(피의자가 증인으로)
(2) 피의자의 정총장 연행시간은 1979.12.12. 19:00이고, 피의자가 처음으로 최대통령에게 재가받기 위하여 총리공관을 향발한 시간이 동 18:43이었다.	(2) "그날(12·12) 증인은 총리공관으로 최규하 대통령을 찾아뵙고 정승화총장을 연행하여 조사하겠다는 보고를 드린 바 있습니다"(위 회의록 27쪽 우측란 40행-42행)라 증언하여 마치 사전에 보고한 듯이 보고시간 진술을 고의로 누락시키고 있다.
(3) 정총장을 연행조사 하려면 군통수계통에 따라 국방부장관과 대통령의 사전결재·재가가 있어야 하고 관할관의 구속영장이 있어야 한다.	(3) "그때 시해사건에 대한 수사권은 대통령의 사전결재를 받지 않아도 되는 합수부장의 포괄적인 고유 권한이었습니다."(위 회의록 28쪽 좌측란 3행-5행)
(4) 1979.12.12. 18:30에 "수경사" 제30경비단장실에 유학성·황영시·차규헌·박준병·백운택·박희도·최세창·장기오·장세동 등 수도권주요부대지휘관들을 집결시킨 이유는 반란의 지휘부 역할과 육군정식지휘계통의 반격출동에 대비하여 병력출동을 하기 위한 것이다.	(4) "증인은 그날(12·12)밤 18:30 경복궁에 있는 30단으로 평소 정총장과 가까운 관계에 있는 군의 중진장성들과 그밖의 몇몇 장성들을 초청해 놓고……정총장이…… 군지휘계통에서 물러나는 용단을 내리도록 허심탄회하게 건의토록 하기 위해서였다"(위 회의록 28쪽 좌측란 14행-22행) "당시 30단에 모여 있던 장성들이 병력을 출동시킬 계획이 전혀 없었기 때문에 사태를 수습하는 데 시간이 걸린 것입니다"(위 회의록 28쪽 우측란 18행-20행)
(5) 1979.11.경 피의자가 노재현 국방장관에게 정총장의 연행조사를 건의하거나 그후 사전에 최대통령에게 건의한 흔적도 없고 노재현 국방장관이 두고 보자고 말하거나 최대통령이 국방장관과 상의하라고 말하였다는 흔적은 없다(다만 1979.12.12. 18:43에 1차로, 동일 21:30에 2차로 피의자와 유학성·황영시·차규헌·백운택·박희도가 집단으로 최대통령에게 재가를 건의 하였다가 2회 모두 거절당한 사실밖에 없다)	(5) "11월(1979년)경 증인은 모든 상황을 노국방장관에게 보고하고 정승화 총장의 연행조사를 건의하였더니 좀더 두고 보자고 했고 그후 최대통령에게 건의 드렸더니 국방장관과 상의하라고 말씀하시어 증인으로서는 더욱 어려운 처지에 놓이게 되었습니다"(위 회의록 27쪽 좌측란 16행-21행)

과연 이러하다면 피의자가 국민의 대표인 국회의원들 앞에서 자신의 범죄를 은폐함에 급급하여 위증도 불사하겠다는 내심을 가지고 국민 앞에 섰을 뿐 추호도 국민에게 사죄하는 자세가 아니었음을 살필 수 있는바, 그 증언 당시도 자신의 잘못을 뉘우치지 아니하였음이 분명하다.

또한 그는 위 청문회 증언 모두에서 국민에 대한 심심한 사죄를 하기로 한 당시 4당 대표와의 약속을 어기고, 세모에 아물어가던 과거사를 증언하게 된 것 자체만이 자신의 잘못인 양 "저 스스로에서 비롯된 것임을 되새길 때 새삼 제 부덕을 뉘우치지 않을 수 없는 것입니다", "이 모두가 원칙적으로 저로 인해서 초래된 하나의 업보임을 분명히 인식하고 있으며 이에 대해 국민과 역사 앞에 깊은 죄책감을 느끼고 있는 것입니다"(위 회의록 4쪽 좌측란 1행-21행)라 하여 언어의 유희를 농하였을 뿐 자신의 범행에 대한 사죄나 무고하게 학살·학대를 받았던 수많은 민주영령과 민주인사들에 대한 명복이나 사죄를 비는 모습을 보이지 아니하였다.

가사 이와 같은 죄책감 운운을 국민에 대한 사죄라고 간주한다 하더라도, 피의자는 그 후 이 사건 수사에 있어 수사기관에 대하여 비협조적이며, 오히려 그의 수하들로 하여금 청구인 등을 무고로 고소하게 하는 등 자신의 사죄를 번복하는 처사를 하고 있을 뿐 아니라 검찰에 출석하여 진술할 것을 거부하고 서면으로 갈음하여 검사의 추문을 회피하고 범행을 순순히 자백하지 아니하는 등 아직도 자신이 대통령의 특전을 누리고자 함이 분명한바 그가 개과천선하기를 기대하기란 연목구어격이다.

(사) 피청구인의 "기소유예"처분의 이유에 관하여 본다.

① 피청구인은 "기소유예"처분의 이유의 하나로 "피의자들을 기소하는 경우, 재판과정에서 과거사가 반복 거론되고 법적 논쟁이 계속되어 국론 분열과 대립 양상을 재연함으로써 불필요하게 국력을 소모할 우려가 있고, 이러한 혼란상은 결국 장래적으로 국가안정을 저해하고, 자칫하면 국가발전에도 지장을 초래하는 결과를 야기할 수 있음을 고려하지 아니할 수 없음"이라고 하고 있다.

첫째, 모든 형사사건이 과거에 발생한 혐의사실에 대하여 사실인정과 법적인 판단을 하는 것이므로 과거사의 반복거론을 우려하여 기소를 하지 않는다는 주장은 과거사를 사법부의 판단 없이 불명하게 묻어두자는 주장에 불과하여 부당하다.

둘째, 이런 재판의 과정은 국론 분열과 대립 양상을 재연하여 국력이 소모될 우려가 있고, 장래적으로 국가안정을 저해하며 국가발전에 지장을 초래하는 결과를 야기할 수 있다는 주장은 객관적인 자료가 뒷받침되지 아니한 매우 주관적인 주장에 불과하여 부당하다. 즉 민주주의 국가에서는 어떤 사건이든 그 사건을 보는 시각은 서로 다를 수 있고, 자연 여기에는 의견의 차이가 생겨날 수 있는 것이다. 그러나 그런 현상이 국론을 분열시킨다고 볼 수는 없는 것이며 특히 피청구인이 "기소유예"처분을 한 후 여론상 나타난 대다수의 국민의사는 12·12사건을 기소하여야 한다(중앙일보 1994.11.2.자 1쪽, 한겨레신문 1994.11.25.자 3쪽, 한겨레신문 1994.12.2자 22쪽 참조)는 것이므로 오히려 피청구인이 국가형벌권의 합리적인 행사를 하지 아니함으로써 문제를 야기 시켜 국민을 분노하게 하였고 국가의 안정을 해하였다고 볼 수 있다. 뿐만 아니라 피청구인의 처분은 한편으로 국회의 정상적인 활동에 나쁜 영향을 미쳐 국회의 정상적인 업무에 국회의원들이 종사하지 못하게 하였다. 이 사건이 기소되면 그 다음 절차는 법원이 관장하게 되므로 국회의원들이 정상적인 업무를 밀쳐두고 12·12 사건에 대하여 논의할 필요가 없다. 그런데 피청구인이 "기소유예"처분을 함으로 말미암아 국회의원들이 이를 문제 삼아 속칭 12·12 기소관철 장외투쟁에 나서고 검찰총장에 대한 탄핵소추결의안을 제출하는 등 국회의 정상적인 운영에 막대한 지장을 초래하였다. 결국 피청구인의 이러한 주장은 객관적인 근거가 없는 것으로서 자의적인 견해에 불과하여 부당하다.

② 피청구인은 "기소유예"처분 이유의 하나로 "검찰이 이 사건의 진상을 철저히 규명하고 그것이 범법 행위이었음을 명백히 인정한 이상 불행하였던 과거를 청산하고 불법적 실력행사를 경고하는 냉엄한 역사적 교훈을 남겨 역사 발전의 계기가 될 것이므로, 이 사건에 대한 역사적인 평가는 후세에 맡기고 관련자들에 대한 사법적 판단은 이번 검찰의 결정으로 마무리하는 것이 바람직하다고 할 것이며, 대다수 국민들도 더 이상 지난 일로 갈등과 반목을 지속하여 국가적 혼란을 초래함으로써 국가발전에 지장을 주는 것을 바라지 아니할 것임"이라고 하고 있다. 살피면,

첫째, 피청구인은 피청구인이 사건의 진상을 철저히 규명하였다는 것과 그것이 범법행위이었음이 명백히 인정되었다고 하나, 형사사건의 실체가 어떠한 것인지는 법원의 형사재판절차를 통하여 밝혀지는 것이며 법원의 확정판결에 의하여서만 확정되고 기판력이 생기는 것이다. 법원의 재판절차에서 새로운 증거가 제시될 수도 있고 기존의 증거가 탄핵될 수도 있다. 따라서 이 사건의 진상이 피청구인의 수사로 철저히 규명되었다고 하는 것은 국가형벌권 행사의 법리와 형사재판의 법리를 무시한 독단적 견해에 불과하여 부당하다.

둘째, 이 사건의 피의자들의 행위가 범법행위이었음을 피청구인이 명백히 인정한 이상 이에 대한 평가는 후세에 맡기고 관련자들에 대한 사법적 판단은 피청구인의 결정으로 마무리하는 것이 바람직하다고 하나, 검찰의 혐의사실인정이 유죄임을 확정하

는 것은 아니기 때문에 그 견해 역시 부당하다. 즉 피청구인이 군사상반란죄의 혐의가 있다고 인정하였다 하더라도 이는 어디까지나 기소를 할 수 있는 요건이 갖추어져 있다는 것일 뿐, 해당 피의자들의 행위가 군사상 반란죄에 해당되는 것으로 확정되는 것은 아니다. 과연 해당 피의자들의 행위가 내란죄가 되는지 군사상 반란죄가 되는지 하는 문제는 형사재판과정을 통하여 확정되고, 그때까지 해당 피의자들은 헌법 제27조 제4항에 의해 무죄로 추정되는 것이다. 따라서 해당 피의자들은 검찰의 주장에도 불구하고 현 상태에서 그들은 그들의 행위가 무죄임을 주장할 수 있고 이는 헌법에 의해 추정이 보장되고 있다. 그렇다면 검찰의 "기소유예"처분은 "사법적 판단"도 아닐 뿐 아니라, 법적 판단을 회피하는 것이 되고, 결국 "역사적 평가를 후세에 맡긴다"라 함은 검찰이 법원의 형사재판권의 행사까지 봉쇄하고, 기소를 하지 아니함으로써 진실 여부를 둘러싼 국론분열상태를 영원히 방치해 두자는 논리에 불과하여 부당하다.

셋째, 대다수 국민들도 더 이상 지난 일로 갈등과 반목을 지속하여 국가적 혼란을 초래함으로써 국가발전에 지장을 주는 것을 바라지 않을 것이라고 예단까지 서슴치 않고 있으나, 이는 앞에서 본 바와 같이 대다수 국민들이 기소할 것을 바라고 있는 바를 알고 있을 피청구인이 이를 고의로 외면한 예단에 불과하여 부당하다. 즉 국민들이 일상사에서 지난 일로 갈등과 반목을 지속하는 것이거나 그로 인해 국가적 혼란을 초래하여 국가발전에 지장을 주는 것을 바라는 사람은 없다. 그러나 군병력을 불법적으로 동원하여 국가권력을 장악하고 그 과정에서 앞서 본 바와 같은 결과가 발생하고, 아직도 피해자들의 피해가 회복되지 않은 상태에서는 대다수 국민들이 법원의 형사재판을 통한 진상규명을 바라고 있음이 현실(전술 언론기관의 여론조사 참조)이므로 피청구인의 위와 같은 예단은 부당하다.

③ 피청구인은 또 하나의 이유로 "피의자들이 지난 14년간 우리나라를 통치하면서 나름대로 국가 발전에 기여한 면이 있음을 인정하지 아니할 수 없고, 이 사건이 선거 쟁점으로 부각되었던 제13대 대통령선거에서 이 사건의 주역의 한 사람인 대통령 후보가 당선되고, 이른바 5공청문회를 거치는 등으로 이미 국민적 심판을 받았다고도 볼 수 있으며, 특히 전직대통령 등을 법정에 세워 단죄하는 경우에는, 그 동안 형성된 제반 기성질서와 관련하여 국민들에게 심정적으로 혼돈을 느끼게 할 우려가 있는 점 등 여러 가지 정황도 참작하지 아니할 수 없다"라고 적시하고 있다. 그러나 "나름대로"라는 극히 추상적이고 애매모호한 형용사를 구사하여 아무런 논증을 제시함이

없이 국가발전에 기여했다 함은 피의자와 그 동조세력이 우리나라의 민주주의와 법치주의의 발전을 가로막고 국민의 권리와 자유를 침해한 수많은 행적에 비추어 볼 때 (앞서 본 범행의 결과 참조) 이를 뒤집을 만한 구체적인 행적을 들 수 없었기 때문이었음을 오히려 반증하고 있을 뿐이다.

국민적 심판이 끝났다 함은, 앞서 본 5공청문회에 있어서의 피의자의 태도를 보아서도 그 심판이 끝난 것이 결코 아니며 제13대 대통령선거의 결과가 곧 국민의 심판이라고 볼 적법한 논증이라고 인정하기도 어려우므로, 허황된 변명에 불과하다. 또한 피의자를 단죄할 경우에 이미 형성된 기성질서와 관련하여 국민들에게 심정적 혼돈을 느끼게 한다 함은, 앞서 본 대다수 국민의사에 비추어 볼 때에 불필요한 노파심에 불과하다.

④ 피청구인은 다른 하나의 이유로 "지금은 전국민이 힘을 합하여 치열한 국제경쟁을 이겨내고 숙원인 남북통일에 대비해야 할 시기이고, 이러한 시기에 그 어떤 명제보다도 가장 절실히 요구되는 것은 국민화합을 토대로 정치와 사회의 안정을 기하고, 이를 바탕으로 국가경쟁력을 강화하여 지속적인 국가발전을 도모하는 것이며, 이러한 시점에서 과거에 집착하여 미래를 그르치는 것은 결코 바람직하지 아니하다는 점을 심각하게 고려하지 아니할 수 없다"라고 적시하고 있다. 그러나 피청구인의 위 적시이유에 의하면 정치적 성격을 띠고 있는 사건의 경우에는 모두가 그런 이유로 법원의 재판대상에서 배제될 수 있다는 것이 된다. 사람은 언제나 법적인 논거가 불충분할 때 애매모호한 말을 사용한다. 피청구인이 반복해서 사용하고 있는 "국민화합", "국가경쟁력", "사회의 안정", "국론의 분열"등의 수사적 표현이 그것이다. 이 사건의 핵심은 이와 같이 수사적 낱말을 동원하고 그 의미를 따지는 것이 아니라, 피청구인이, 증거를 바탕으로 피의자의 군사상 반란죄 혐의를 인정하고, 또 이런 행위가 사법적 심사에서 배제될 수 없음을 명백히 했음에도 법원의 형사재판의 개시를 봉쇄하고 그 상태에서 이 사건을 방치해 두는 것이, 고소인의 기본권을 침해하는 것이냐 아니냐에 있다. 그렇다면 위에서 본 바와 같이 피청구인이 "기소유예"처분의 이유로 든 내용들은 결국 구체적인 논증이 없는 것들로서 오히려 피청구인이 검찰권을 남용한 전형적인 실례에 해당할 뿐 고소인의 기본권 침해 여부에 관하여는 전혀 무관심한 것들임을 알 수 있다. 따라서 그 어느 이유도 이 사건 기소를 유예하는 합리성을 구비하지 못하고 있다. 특히 이 사건의 경우에 경계해야 할 점은 앞으로 군사상 반란죄나 내

란죄와 같은 범죄의 경우 일단 성공하기만 하면 검찰이 동원한 것과 같은 허황된 논리로 법원의 형사재판의 대상에서 배제되는 선례를 만들어 주는 것이 되고, 이는 결국 법이 불법을 용인하고, 불법에 대해 피난처를 마련해 주는 모순에 도달하게 된다는 점이다.

(아) 다수의견이 내세우고 있는 범행 후 정황 즉 범행 후의 사회정세의 변화, 시간의 경과, 가벌성 평가의 변화 등 제반사정은 도대체 무엇이란 말인지 애매모호하다. 범행 후의 사회정세가 어떻게 변하여서 현재는 피의자를 기소할 수 없다는 것인지, 범행당시의 가벌성 평가는 어떻게 하였는데 현재는 그 평가를 어떻게 하여 피의자를 기소할 수 없다는 것인지, 공소시효제도가 있음에도 시간의 경과라는 사정이 다시 운위되어야 할 특단의 사정이 있다면 시간의 경과로 인하여 피해자들이나 온 국민이 이 사건을 망각하고 있다는 사정을 말하는 것인지 다수의견은 그에 대하여 아무런 설명이나 논증을 하지 못하고 있다. 오히려 사회정세의 변화가 있다면 그 길고 긴 권위주의 군사독재시대가 종언을 고하고 형식상이나마 문민정부가 들어서서 변화와 개혁을 추구하고 구시대의 권위주의를 청산하자는 사회가 형성되어 가는 등의 변화가 있었으므로 이 사건 피의자가 구시대의 권위주의의 장본인이었던 점을 감안하면 피의자에 대한 처벌에 관하여 묵비하였던 사회정세가 이제는 처벌하여야 한다는 정세로 변하였다고 보여 진다. 가벌성 평가도 변하였다면 사회정세의 변화에 따라 함께 변하는 것이므로 오히려 가벌성을 더 크게 평가하는 쪽으로 변하였다고 보여 진다. 따라서 다수의견이 주장하는 변화는 피의자를 기소해야 한다는 사정을 설명할 수 있을 뿐 기소를 유예해야 할 사정을 설명할 수는 없으므로 다수의견은 그 점에서 모순을 범하고 있다 할 것이다.

(자) 또한 다수의견은 개개의 기소유예방향으로 작용하는 참작사유와 기소방향으로 작용하는 참작사유로 양분하여 이 사건의 경우는 양자간의 가치의 우열을 비교한 결과 그 우열이 명백하게 가려지지 아니한 경우로서 검사가 그 중 어느 사유를 선택하여 기소를 유예하는 처분을 하였다 하더라도 형사소송법 제247조 제1항에 규정된 기소편의주의가 예정하고 있는 재량의 범위를 벗어난 것으로서 헌법재판소가 관여할 정도로 자의적인 결정이라 볼 수 없다고 주장하나,

첫째, 양자간의 가치의 우열을 비교하려면 양자의 가치라 나열하고 있는 사유들에 대한 설득력이 있는 논증을 충분히 하고난 연후에 그 우열을 비교하여야 할 것이나,

기소방향으로 작용하는 사유에 대한 논증은 있었으나 기소유예방향으로 작용하는 사유에 대하여서는 전항에서 본 바와 같이 애매모호하게 "재판과정에서 필연적으로 수반될 어두운 과거사의 재연으로 사회적 대립과 갈등이 증폭됨으로써 국민정서의 혼란과 국력의 낭비가 초래될 가능성이 크다는 사실을 시사하고 있다"고 하는 등 주관적인 추측만을 설시하고 있을 뿐 아무런 논증을 제시하지 않고 있으므로, 다수의견이 양자의 가치의 우열을 비교함에 있어 그 자신이 처음부터 오류를 범하고 있다. 과연 과거사의 재연으로 사회적 갈등이 증폭된다 함은 피의자가 기소될 때에 피의자를 지지하는 일부세력이 이 사건과 같은 군사반란을 꾀하고 있다는 말인지, 국민정서의 혼란이 일어난다면 과연 국가안정이나 사회 안정을 해할 정도라는 말인지, 피의자 한 사람을 재판하는 데 얼마나 많은 국력이 낭비된다는 말인지 도저히 납득할 수 없는 주장이다. 오히려 피의자가 기소되지 아니하면 어두웠던 권위주의 정권시대에 봉기하였던 극렬한 국민의 저항과 동일한 저항이 이어져 국력이 낭비될 수도 있다는 사실을 상정하지 아니할 수 없다.

둘째, 가사 기소유예방향으로 작용하는 참작사유에 논증이 있다고 가정하더라도 기소방향으로 작용하는 참작사유의 가치가 위 참작사유의 가치에 비하여 현저히 그리고 명백하게 우월하다.

이 사건에 있어서 대표적인 양자의 가치를 살펴보면, 다수의견도 지적하는 바와 같이 피의자의 범행은 우리 헌정사에는 치유할 수 없는 왜곡과 퇴행의 오점을 남긴 반민족적, 반국민적, 반사회적 대죄(大罪)임에 반하여 다수의견이 들고 있는 기소유예 사유 중 가장 큰 사유는 사회적 대립과 갈등에 대한 우려인 점을 비교할 때 과연 양자의 가치가 그 우월을 가릴 수 없을 정도로 동일하다는 말인가. 위 사회적 대립과 갈등은 피의자를 기소하지 아니할 때에도 상정할 수 있는 우려이기 때문에 비교마저 할 수 없을 정도로 기소방향으로 작용하는 참작사유의 가치가 현저하고 명백하게 우월하다고 하지 않을 수 없다. 따라서 이 사건 피청구인은 기소편의주의가 예정하고 있는 합리적인 재량의 한계를 일탈하였음이 명백하다.

(차) 이상에서 살핀 바를 종합하면 피의자에 대한 기소를 유예할 아무런 정상을 찾을 수 없고 오히려 기소하지 않으면 안 될 정상만이 있으므로 피청구인은 마땅히 피의자를 기소하여야 했다고 판단된다.

(3) 이 사건 심판대상인 "기소유예"처분이 청구인의 기본권을 침해하였는지 여부

를 살피면,

피청구인이 인정하는 바와 같이 피의자는 이 사건 쿠데타로 인하여 국권을 탈취하였고, 이후 정부의 민주적 정통성에 대한 전 국민적인 의문과 저항이 제기되었고, 피의자는 이런 국민들의 의문과 저항을 강제로 억압하였다. 그 과정에서 아직까지 확정되지 못하고 있는 다수의 사상자를 낸 '5·18 광주사건'과 이른바 '김대중내란음모사건'이 생겨났고, 시민, 학생, 근로자 등의 민주화요구와 민주화운동이 극심한 탄압을 받았으며, 다수의 사람이 희생된 것은 모두 열거할 수 없을 정도로 많다.

그리고 이 사건에 대한 기소 여부의 결정은 앞으로 우리의 역사에 있어 또 생겨날지도 모를 쿠데타사건을 처리함에 있어 법 이상으로 중요성을 갖는 선례를 남기는 의미가 더 클 뿐만 아니라, 이와 같은 쿠데타를 경고하고 예방하는 일반예방의 의미도 지니고 있으므로 그 어느 사건에 대한 결정보다도 국가적으로 중대한 결정임을 부인할 수 없다.

그렇다면 그 어느 고소사건에 비하여 차별 없이 실정법상의 기소편의주의에 충실하여 이 사건의 기소여부를 결정하였어야 할 것이다. 그러나 이 사건과는 비교도 안 될 정도의 통상의 고소사건에 있어서 기소하는 검찰의 관례에 비추어 보면 이 사건 피의자에 대한 "기소유예"처분은 어느 모로 보나 형평을 상실하였고 그로 말미암아 이 사건 고소인은 통상의 고소인에 비하여 현저히 차별대우를 받았다고 아니할 수 없다.

이는 바로 공권력의 자의적인 행사에 해당하여 자의금지를 그 내용으로 하고 있는 헌법 제11조 제1항의 평등조항에 위반될 뿐만 아니라 고소인이 가지는 헌법 제27조 제5항 소정의 형사절차진술권을 박탈하는 것이 된다(당 재판소 1989.4.17. 선고, 88헌마3; 1989.7.14. 선고, 89헌마10; 1990.4.2. 선고, 89헌마83; 1990.11.19. 선고, 89헌마116; 1990.12.26. 선고, 89헌마198; 1990.12.26. 선고, 90헌마45; 1991.4.1. 선고, 90헌마115; 1991.6.3. 선고 ,90헌마185; 1991.9.16. 선고, 90헌마183; 1992.6.26. 선고, 92헌마7; 1992.6.26. 선고, 92헌마46; 1993.5.13. 선고, 92헌마36; 1993.5.13. 선고, 92헌마155; 1993.9.27. 선고, 92헌마179; 1993.11.25. 선고, 91헌마196; 1993.11.25. 선고, 92헌마278 각 결정 등 참조).

(4) 결론

이상에서 살펴본 바와 같이 피의사실 중 반란수괴 등에 대한 피청구인의 "기소유예"처분은 검사의 합리적인 재량의 한계를 일탈한 부당한 처분이며 그로 인하여 청구인들(고소인들)의 평등권과 재판절차진술권을 침해하였으므로 마땅히 취소되어야 할 것이지 기각의 결정을 할 성질의 것은 아니다.

라. 재판관 고중석의 의견

나는 피의자 전두환의 반란수괴 등 피의사실에 대한 피청구인의 "기소유예"처분을 자의적인 것으로 볼 수 없다고 하여 청구인들의 청구를 기각한다는 다수의견에 찬성할 수 없어 다음과 같이 의견을 밝힌다.

(1) 피청구인은 피의자에 대하여 군형법상 반란수괴죄, 불법진퇴죄, 지휘관계엄지역수소이탈죄, 상관살해죄, 상관살해미수죄, 초병살해죄의 혐의를 인정하면서도 대략 다음과 같은 이유를 내세워 "기소유예"처분을 하였다.

(가) 피의자를 기소하는 경우 재판과정에서 국론분열과 대립양상을 재연함으로써 국력을 소모할 우려가 있고 결국 국가안정을 저해하고 국가발전에 지장을 초래하는 결과를 야기할 수 있다.

(나) 검찰이 이 사건에 대한 진상을 철저히 규명하고 범법행위이었음을 명백히 인정한 것으로서 사법적 판단을 마무리하고 역사적 평가는 후세에 맡기는 것이 바람직하며, 대다수 국민들도 이 사건으로 갈등과 반목을 지속하여 국가적 혼란을 초래함으로써 국가발전에 지장을 주는 것을 바라지 아니한다.

(다) 피의자는 이 사건 이후 대통령이 되어 우리나라를 통치하면서 국가발전에 기여한 면이 있고 5공청문회를 거치는 등으로 국민적 심판을 받았으며 전직대통령을 법정에 세워 단죄하는 경우에는 기성질서와 관련하여 국민들에게 심정적으로 혼돈을 느끼게 할 우려가 있다.

(라) 국가경쟁과 남북통일에 대비해야 할 이 시점에서 이 사건에 집착하여 국가의 안정과 발전을 그르치는 것은 바람직하지 않다.

(2) 이에 대하여 다수의견은 이 사건에서는 범행의 동기, 수단과 방법, 범행 후 피의자의 태도, 우리 역사에 끼친 영향 등 기소방향으로 작용하는 사유와 피청구인이 불기소이유로 채택한 사유가 경합하고 있는데 그 사이에는 가치우열이 명백하지 아니하므로 피청구인이 그 어느 하나를 선택하여 "기소유예"처분을 하였다고 하여도 그것을 자의적인 결정이라고 볼 수 없다는 이유로 피청구인의 처분을 지지하였다.

(3) 그러나 검사는 형법 제247조 제1항에 따라 피의자의 범죄혐의가 인정되는 경우에도 "기소유예"처분을 할 수 있는 재량을 갖고는 있지만 그 재량에는 형법 제51조

의 사항을 참작하여 행사하여야 할 한계가 있다고 할 것이므로 검사가 다수의견에서의 이른바 기소방향으로 작용하는 사유와 불기소방향으로 작용하는 사유(아래에서는 "기소사유"와 "불기소사유"라고 한다)를 합리적으로 선택하지 아니하고 기소 여부를 결정하는 것은 재량권의 남용으로서 자의적인 처분에 해당한다고 할 것이다.

(4) 그런데 이 사건에서 피청구인은 명백히 "기소사유"와 "불기소사유"의 선택을 잘못하였다.

(가) 피청구인이 인정한 바에 의하더라도 이 사건은 박정희 대통령 시해사건으로 유신체제가 사실상 붕괴되고 사회전반에 걸쳐 민주화가 추진되고 있는 상황에서 당시 육군참모총장 겸 계엄사령관이던 청구인 정승화와 국군보안사령관 겸 박정희 대통령 시해사건의 합동수사본부장이던 피의자 간에 군 인사문제로 서로 마찰을 일으키고 위 정승화가 국방부장관에게 피의자를 한직으로 좌천시킬 것을 건의하였다는 풍문이 나돌자 피의자는 육군참모총장을 제거하여 군의 주도권을 장악함으로써 자신에 대한 인사 조치를 사전에 차단하고 소장군부세력의 군내입지를 보전할 목적으로 불법으로 대규모 병력을 동원하여 군 최고 지휘부를 점령, 육군지휘계통을 무너뜨리고 상관과 초병 등 많은 사상자를 낸 군사반란사건으로서, 위와 같은 범행의 동기, 수단, 결과에 비추어 보면 이 사건은 대단히 중대한 사건임이 분명하고 그 법정형도 군형법상 반란수괴죄와 상관살해죄 및 상관살해미수죄는 각 사형, 초병살해 죄는 사형 또는 무기징역, 불법진퇴 죄는 사형, 무기 또는 7년 이상의 징역이나 금고, 지휘관 계엄지역수소이탈 죄는 사형, 무기 또는 5년 이상의 징역이나 금고에 해당하여 아주 무겁다.

더우기 기록에 의하면 피의자는 그 범행을 뉘우치기는 커녕 그 행위가 정당하다고 주장하면서 범행을 부인하고 있고, 청구인 정승화 등 고소인은 피의자에 대한 처벌을 강력히 요구하고 있음을 알 수 있다.

(나) 위에서 지적한 이 사건 범행의 동기, 수단, 결과, 법정형과 범행 후 피의자의 태도, 피해자에 대한 관계 등은 이 사건의 기소여부를 결정함에 있어서 다른 어느 사항보다도 중요하고 크게 참작해야 할 사항이고 또한 이 사항에 비추어 보면 이 사건은 공소를 제기하지 않을 수 없는 사안임이 분명하다.

(다) 이에 반하여 피청구인이 불기소이유로 들고 있는 사유는 객관적으로 근거가 없거나 기소 여부를 결정함에 있어서 "기소사유"에 비하여 정상참작사항으로서의

중요성이나 가치가 훨씬 덜하다.

피청구인이 들고 있는 "불기소사유"는 형법 제51조의 참작사항 중 범행 후의 정황에 속하는 것으로서, 첫째 전직대통령인 피의자를 기소하여 재판할 때에는 국론분열과 대립양상이 재연되어 국가의 안정과 발전에 지장을 초래하고, 둘째 이 사건에 대한 사법적 판단은 검찰이 명백히 범죄혐의를 인정한 것으로 마무리 하는 것이 국가발전을 위하여 바람직하며, 셋째 피의자가 이 사건 이후 대통령으로서 국가발전에 기여한 면이 있고 이미 국민적 심판을 거쳐 국민도 더 이상 사법적 판단을 바라지 않는다는 것으로 대강 요약된다.

그러나 첫째로 위 "불기소사유" 중 피의자를 재판하면 국가안정이나 국가발전에 지장을 초래한다는 점은 객관적으로 근거가 확실하지 아니할 뿐만 아니라 범죄인을 재판하는 것이 국가발전에 지장을 초래할 수도 있다는 논리로서 형사사법의 정의에 반하는 것이고, 둘째로 검찰의 범죄사실 인정으로 사법적 판단을 마무리 하는 것이 바람직하다든지 국민도 기소하는 것을 바라지 않는다는 점도 객관적으로 확실하지 아니한 것을 근거로 한 피청구인의 단순한 의견에 불과하여 법률상 정상참작사항이 될 수 없고, 끝으로 피의자가 대통령으로서 국가발전에 기여한 점은 위 "기소사유"에서 지적한 이 사건 범행의 동기, 수단, 결과, 특히 다수의견도 밝힌 바와 같이 이 사건 범행으로 국민들로 하여금 좌절감과 굴욕감을 느끼게 하고 우리 헌정사를 후퇴시킨 점, 피의자가 그 범행을 부인하고 있는 점 등에 비추어 결코 피의자에 대하여 기소유예를 할 만한 사유가 되지 못한다.

(라) 따라서 피청구인은 이 사건 기소 여부를 결정함에 있어서 "불기소사유"를 선택할 것이 아니라 마땅히 정상참작사항으로서 중요성이나 가치가 훨씬 큰 "기소사유"를 선택하고 공소를 제기하여 공판절차를 통하여 실체적 진실이 밝혀지도록 하였어야 옳았다.

(5) 그런데도 불구하고 피청구인이 "검사가 기소유예의 결정을 하는 경우에는 피의자를 엄중히 훈계하고 개과천선 할 것을 다짐하는 서약서를 받아야 한다"고 하는 검찰사건사무규칙 제54조 제1항을 어겨가면서까지 피의자에 대하여 "기소유예"처분을 한 것은 기소편의주의의 재량권 행사의 한계를 벗어난 자의적인 검찰권의 행사라 아니할 수 없고, 그로 말미암아 청구인들은 헌법상 보장되는 재판절차진술권 및 평등권을 침해받았으므로 피청구인의 "기소유예"처분은 마땅히 취소되어야 할 것이다.

1995. 1. 20.

재판장　　　재판관 김용준

재판관 김진우

재판관 김문희

주심 재판관 황도연

재판관 이재화

재판관 조승형

재판관 정경식

재판관 고중석

재판관 신창언

[별지 1] 청구인 명단 생략

[별지 2] 대리인 명단 생략

[별지 3]
　피고소인 명단
　(괄호안은 사건 당시의 계급 및 직위임)

1. 전두환(소장, 보안사령관)
2. 노태우(소장, 9사단장)
3. 유학성(중장, 국방부 군수차관보)
4. 차규헌(중장, 수도군단장)
5. 황영시(중장, 제1군단장)
6. 박희도(준장, 제1공수여단장)
7. 최세창(준장, 제3공수여단장)
8. 장기오(준장, 제5공수여단장)
9. 백운택(준장, 71방위사단장)
10. 박준병(소장, 20사단장)
11. 장세동(대령, 수도경비사령부 제30단장)
12. 김진영(대령, 수도경비사령부 제33단장)
13. 허삼수(대령, 보안사령부 인사처장)
14. 이학봉(중령, 보안사령부 대공처장, 합동수사본부 수사국장)
15. 허화평(대령, 보안사령관 비서실장)
16. 정도영(준장, 보안사령부 보안처장)
17. 김정룡(대령, 특수전사령부 보안부대장)
18. 우경윤(대령, 육군본부 헌병감실 범죄수사단장)
19. 성환옥(대령, 육군본부 헌병감실 기획과장)
20. 최석립(중령, 33헌병대장)
21. 이종민(중령, 육군본부 헌병대장)

22. 조홍(대령, 수도경비사령부 헌병단장)

23. 신윤희(중령, 수도경비사령부 헌병단 부단장)

24. 정동호(준장, 청와대 경호실장 직무대리)

25. 고명승(대령, 청와대 경호실 작전과장)

26. 박희모(소장, 30사단장)

27. 이상규(준장, 제2기갑여단장)

28. 송응섭(대령, 30사단 90연대장)

29. 서수열(중령, 제1공수여단 제2대대장)

30. 박덕화(중령, 제1공수여단 제5대대장)

31. 박종규(중령, 제3공수여단 제5대대장)

32. 신우식(대령, 특수전사령부 작전참모)

33. 구창회(대령, 9사단 참모장)

34. 이필섭(대령, 9사단 29연대장)

[별지 4]

　　피의자별 죄명별 처분내용

　　(죄명)

가. 내란수괴

나. 내란모의참여

다. 내란중요임무종사

라. 내란부화수행

마. 내란목적살인

바. 내란목적살인미수

사. 반란수괴

아. 반란모의참여

자. 반란중요임무종사

차. 반란부화뇌등

카. 반란목적군용물탈취

타. 불법진퇴

파. 지휘관계엄지역수소이탈

하. 일반이적

거. 상관살해

너. 상관살해미수

더. 초병살해

　(피의자별 죄명)

※ 표시 피의자는 청구인들이 고소한 이 사건(서울지방검찰청 1993년 형제81259호)
　의 피고소인은 아님

1. 가,마,바,사,카,타,파,하,거,너,더　　　　　전두환(全斗煥)

2. 나,다,마,바,아,자,카,타,파,카,거,너,더　　노태우(盧泰愚)

3. 나,다,마,바,아,자,카,타,파,하,거,너,더　　유학성(兪學聖)

4. 나,다,마,바,아,자,카,타,파,하,거,너,더　　황영시(黃永時)

5. 나,다,마,바,아,자,카,타,파,하,거,너,더　　차규헌(車圭憲)

6. 나,다,마,바,아,자,카,타,파,하,거,너,더　　박준병(朴俊炳)

7. 나,다,마,바,아,자,카,타,파,하,거,너,더　　백운택(白雲澤)

8. 나,다,마,바,아,자,카,타,파,하,거,너,더　　박희도(朴熙道)

9. 나,다,마,바,아,자,카,타,파,하,거,너,더　　최세창(崔世昌)

10. 나,다,마,바,아,자,카,타,파,하,거,너,더　　장기오(張基梧)

11. 나,다,마,바,아,자,카,타,파,하,거,너,더　　장세동(張世東)

12. 나,다,마,바,아,자,카,타,파,하,거,너,더　　김진영(金振永)

13. 나,다,마,바,아,자,카,타,파,하,거,너,더　　허화평(許和平)

14. 나,다,마,바,아,자,카,타,파,하,거,너,더　　이학봉(李鶴捧)

15. 나,다,마,바,아,자,카,타,파,하,거,너,더　　허삼수(許三守)

16. 나,다,바,아,자,카,타,파,하,너　　　　　　우경윤(禹慶允)

17. 나,다,바,아,자,카,타,파,하,너　　　　　　최석립(崔石立)

18. 나,다,바,아,자,카,타,파,하,너　　　　　　성환옥(成煥玉)

19. 다,바,자,카,타,파,하,너　　　　　　　　　이종민(李鍾民)

20. 다,자,카,하　　　　　　　　　　　　　　　정동호(鄭東鎬)

21. 다,자,카,하 고명승(高明昇)

22. 다,바,자,카,하,너 조홍(趙洪)

23. 다,바,자,카,하,너 신윤희(申允熙)

24. 다,자,카,타,파,하 정도영(鄭棹永)

25. 다,자,카,타,파,하 박희모(朴喜模)

26. 다,자,카,타,파,하 송응섭(宋膺燮)

27. 다,자,카,타,파,하 이상규(李相珪)

28. 다,자,카,타,파,하 구창회(具昌會)

29. 다,자,카,타,파,하 이필섭(李弼燮)

※ 30. 다,자,카,타,파,하 안병호(安秉浩)

31. 다,자,카,타,파,하 서수열(徐守烈)

32. 아,마,자,카,타,파,하,더 박덕화(朴德和)

33. 다,마,바,자,카,타,파,하,거,너 박종규(朴淙圭)

※ 34. 다,자,카,하 권정달(權正達)

35. 다,자,카,하 김정룡(金正龍)

36. 라,차,하 신우식(申佑湜)

※ 37. 라,차,하 김진선(金鎭渲)

※ 38. 라,차,하 정호용(鄭鎬溶)

(피의자별 죄명별 처분내용)

(1) "기소유예"처분을 한 것

― 1의 사,타,파,거,너,더

― 2,3,4,5,6,8,9,10,11,12,13,14,15의 각 아,자,타,파,거,너,더

― 16,17,18의 각 아,자,타,파,너

― 19의 각 자,타,파,너

― 20,21,34,35의 각 자

― 22,23의 각 자,너

— 24,25,26,27,28,29,30,31의 각 자,타,파

— 32의 자,타,파,더

— 33의 자,타,파,거,너

(2) "혐의없음"처분을 한 것

— 1의 가,마,바,카,하

— 2,3,4,5,6,8,9,10,11,12,13,14,15의 각 나,다,마,바,카,하

— 16,17,18의 각 나,다,바,카,하

— 19,22,23의 각 다,바,카,하

— 20,21,24,25,26,27,28,29,30,31,34,35의 각 다,카,하

— 32의 다,마,카,하

— 33의 다,마,바,카,하

— 36,37,38의 각 하

(3) "공소권 없음"처분을 한 것

— 7

— 36,37,38의 각 라,차

부록 7

5 · 18민주화운동(民主化運動)등에관한특별법(特別法) 제2조 위헌제청(違憲提請) 등

(1996.2.16. 96헌가2,96헌바7,96헌바13 전원재판부)

[판례집 8권1집, 51~97]

【판시사항】

1. 5·18민주화운동(民主化運動)등에관한특별법(特別法)(이하 "특별법"이라 한다) 제2조가 개별사건법률로서 위헌인지 여부(소극)

나. 특별법 제2조가 소급입법(遡及立法)에 해당하는지 여부

다. 위 법률조항이 형벌불소급(刑罰不遡及)의 원칙(原則)에 위반되는지 여부(소극)

라. 위 법률조항이 부진정소급효(不眞正遡及效)를 갖는 경우 법적 안정성과 신뢰보호의 원칙을 포함하는 법치주의 정신에 위반되는지 여부(소극)

마. 위 법률조항이 진정소급효(眞正遡及效)를 갖는 경우 법적 안정성과 신뢰보호의 원칙을 포함하는 법치주의 정신에 위반되거나 평등의 원칙에 위반되는지 여부

【결정요지】

나. 개별사건법률은 원칙적으로 평등원칙에 위배되는 자의적 규정이라는 강한 의심을 불러일으키는 것이지만, 개별법률금지의 원칙이 법률제정에 있어서 입법자가 평등원칙을 준수할 것을 요구하는 것이기 때문에 특정규범이 개별사건법률에 해당한다 하여 곧바로 위헌을 뜻하는 것은 아니며, 이러한 차별적 규율이 합리적인 이유로 정당화될 수 있는 경우에는 합헌적일 수 있다.

이른바 12·12 및 5·18 사건의 경우 그 이전에 있었던 다른 헌정질서파괴범과 비교해 보면, 공소시효의 완성 여부에 관한 논의가 아직 진행 중이고, 집권과

정에서의 불법적 요소나 올바른 헌정사의 정립을 위한 과거청산의 요청에 미루어 볼 때 비록 특별법이 개별사건법률이라고 하더라도 입법을 정당화할 수 있는 공익이 인정될 수 있으므로 위 법률조항은 헌법에 위반되지 않는다.

2. 재판관 김용준, 재판관 정경식, 재판관 고중석, 재판관 신창언의 의견
　　공소시효제도는 헌법이 마련하고 있는 제도가 아니라 법률이 규정하고 있는 제도이므로, 그 제도의 구체적인 적용은 사실의 인정과 법률의 해석에 관련된 문제로서 기본적으로 원의 전속적인 권한에 속하는 사항이며, 헌법재판소가 관여할 사항이 아니다. 따라서 헌법재판소로서는 위 법률조항이 확인적 법률인지의 여부에 관하여는 법원의 판단에 맡기고, 만일 법원이 이 점에 관하여 소극적 견해를 취할 경우 제기될 수 있는 헌법적 문제에 대하여 판단하면 된다.

　재판관 김진우, 재판관 이재화, 재판관 조승형의 의견

가. 특별법 제2조는 법 및 법집행의 왜곡에 따르는 소추의 장애사유가 존재하여 헌정질서파괴 행위자들에 대한 검찰의 소추권행사가 불가능하였으므로 당연히 공소시효의 진행이 정지된 것으로 보아야 한다는 법리를 확인하여 입법한 데 불과하므로 소급입법에 해당하지 않는다.

나. 공소시효는 소추기관이 유효하게 공소권을 행사할 수 있었음에도 불구하고 이를 행사하지 아니한 채 그 기간이 경과되었을 것을 요건으로 하여 완성하며, 소추기관이 유효하게 공소권을 행사하는 데 법적·제도적 장애가 없을 때에만 진행할 수 있다.

다. 형사법의 집행을 담당하는 국가의 소추기관이 법제도상 군사반란 내지 내란행위자들에 의해 장악되거나 억압당함으로써 이들의 의사나 이익에 반하는 소추권행사가 더 이상 가능하지 않게 되는 등 반란행위나 내란행위를 처벌하여야 할 법률의 기능이 마비되어, 적어도 위 행위자들에 관한 한 법치국가적 원칙이 완전히 무시되고 법률의 집행이 왜곡되는 법질서상의 중대한 장애사유가 있는 경우에는, 비록 헌법이나 법률에 명문의 규정은 없다 하여도 단순한 사실상의 장애를 넘어 법규범 내지 법치국가적 제도 자체에 장애가 있다고 보아야 하고, 이러한 장애로 군사반란행위자와 내란행위자가 불처벌로 남아있을 수 밖에 없

는 상태로 있는 기간 동안에는 공소시효가 정지된다고 보아야 하며, 또 이것이 공소시효제도의 본질에도 부합하는 해석으로 성공한 내란도 처벌되어야 한다는 당위성에 합치되고 정의의 관념과 형평의 원칙에도 합치한다.

재판관 김문희, 재판관 황도연의 의견

공소시효는 법률로써 명문규정을 둔 경우에 한하여 정지되는 것이고, 헌법 제84조의 규정도 공소시효의 정지에 관한 명문규정으로 볼 수 없으므로, 위 법률조항에서 공소시효가정지되는 것으로 규정한 전기간, 모든 피의자에 대하여 이 법률조항으로 말미암아 비로소 공소시효의 진행이 정지되는 것으로 보아야 한다. 따라서 이 법률조항은 소급적 효력을 가진 형성적 법률이다.

3. 형벌불소급의 원칙은 "행위의 가벌성" 즉 형사소추가 "언제부터 어떠한 조건하에서" 가능한가의 문제에 관한 것이고, "얼마동안" 가능한가의 문제에 관한 것은 아니므로, 과거에 이미 행한 범죄에 대하여 공소시효를 정지시키는 법률이라 하더라도 그 사유만으로 헌법 제12조 제1항 및 제13조 제1항에 규정한 죄형법정주의의 파생원칙인 형벌불소급의 원칙에 언제나 위배되는 것으로 단정할 수는 없다.

4. 공소시효가 아직 완성되지 않은 경우 위 법률조항은 단지 진행중인 공소시효를 연장하는 법률로서 이른바 부진정소급효를 갖게 되나, 공소시효제도에 근거한 개인의 신뢰와 공시시효의 연장을 통하여 달성하려는 공익을 비교형량하여 공익이 개인의 신뢰보호이익에 우선하는 경우에는 소급효를 갖는 법률도 헌법상 정당화될 수 있다.

위 법률조항의 경우에는 왜곡된 한국 반세기 헌정사의 흐름을 바로 잡아야 하는 시대적 당위성과 아울러 집권과정에서의 헌정질서파괴범죄를 범한 자들을 응징하여 정의를 회복하여야 한다는 중대한 공익이 있는 반면, 공소시효는 행위자의 의사와 관계없이 정지될 수도 있는 것이어서 아직 공소시효가 완성되지 않은 이상 예상된 시기에 이르러 반드시 시효가 완성되리라는 것에 대한 보장이 없는 불확실한 기대일 뿐이므로 공소시효에 대하여 보호될 수 있는 신뢰보호이익은 상대적으로 미약하여 위 법률조항은 헌법에 위반되지 아니한다.

5. 재판관 김진우, 재판관 이재화, 재판관 조승형, 재판관 정경식의 합헌의견

   가. 진정소급입법이라 하더라도 기존의 법을 변경하여야 할 공익적 필요는 심히 중대한 반면에 그 법적 지위에 대한 개인의 신뢰를 보호하여야 할 필요가 상대적으로 적어 개인의 신뢰이익을 관철하는 것이 객관적으로 정당화될 수 없는 경우에는 예외적으로 허용될 수 있다.

   나. 진정소급입법이 허용되는 예외적인 경우로는 일반적으로, 국민이 소급입법을 예상할 수 있었거나, 법적 상태가 불확실하고 혼란스러웠거나 하여 보호할 만한 신뢰의 이익이 적은 경우와 소급입법에 의한 당사자의 손실이 없거나 아주 경미한 경우, 그리고 신뢰보호의 요청에 우선하는 심히 중대한 공익상의 사유가 소급입법을 정당화하는 경우를 들 수 있다.

   다. 이 사건 반란행위 및 내란행위자들은 우리 헌법질서의 근간을 이루고 있는 자유민주적 기본질서를 파괴하였고, 그로 인하여 우리의 민주주의가 장기간 후퇴한 것은 말할 것도 없고, 많은 국민의 그 생명과 신체가 침해되었으며, 전국민의 자유가 장기간 억압되는 등 국민에게 끼친 고통과 해악이 너무도 심대하여 공소시효의 완성으로 인한 이익은 단순한 법률적 차원의 이익이고, 헌법상 보장된 기본권적 법익에 속하지 않는 반면, 집권과정에서 헌정질서파괴범죄를 범한 자들을 응징하여 정의를 회복하여 왜곡된 우리 헌정사의 흐름을 바로잡아야 할 뿐만 아니라, 앞으로는 우리 헌정사에 다시는 그와 같은 불행한 사태가 반복되지 않도록 자유민주적 기본질서의 확립을 위한 헌정사적 이정표를 마련하여야 할 공익적 필요는 매우 중대한 반면, 이 사건 반란행위자들 및 내란행위자들의 군사반란죄나 내란죄의 공소시효완성으로 인한 법적 지위에 대한 신뢰이익이 보호받을 가치가 별로 크지 않다는 점에서, 이 법률조항은 위 행위자들의 신뢰이익이나 법적 안정성을 물리치고도 남을 만큼 월등히 중대한 공익을 추구하고 있다고 평가할 수 있어, 이 법률조항이 위 행위자들의 공소시효완성에 따르는 법적 지위를 소급적으로 박탈하고, 그들에 대한 형사소추를 가능하게 하는 결과를 초래하여 그 합헌성 인정에 있어서 엄격한 심사기준이 적용되어야 한다고 하더라도, 이 법률조항은 헌법적으로 정당화된다고 할 것이다.

   라. 위 법률조항은 헌정질서파괴범죄자들에 대하여 국가가 실효적으로 소추권을

행사할 수 있는 기간을 다른 일반국민들에 대한 시효기간과 동일하게 맞춤으로써, 그 범죄행위로 인하여 초래되었던 불평등을 제거하겠다는 것에 불과하여, 위 범죄행위자들을 자의적으로 차별하는 것이 아닐 뿐만 아니라, 오히려 실질적 정의와 공평의 이념에 부합시키는 조치라고 할 수 있다.

재판관 김용준, 재판관 김문희, 재판관 황도연, 재판관 고중석, 재판관 신창언의 한정위헌의견

형사실체법의 영역에서 형벌은 바로 신체의 자유와 직결되기 때문에 적어도 범죄구성요건과 형벌에 관한 한, 어떠한 공익상의 이유도, 국가적인 이익도 개인의 신뢰보호의 요청과 법적 안정성에 우선할 수 없고, 공소시효가 이미 완성되어 소추할 수 없는 상태에 이른 뒤에 뒤늦게 소추가 가능하도록 하는 새로운 법률을 제정하는 것은 결과적으로 형벌에 미치는 사실적 영향에서는 형벌을 사후적으로 가능하게 하는 새로운 범죄구성요건의 제정과 실질에 있어서는 마찬가지이므로, 공소시효가 이미 완성된 경우에 그 뒤 다시 소추할 수 있도록 법률로써 규정하는 것은 헌법 제12조 제1항 후단의 적법절차의 원칙과 제13조 제1항의 형벌불소급의 원칙 정신에 비추어 헌법적으로 받아들일 수 없는 위헌적인 것이다.

1. (067헌가2 사건)
제청법원 서울지방법원(1996.1.18.자 96초178 위헌법률심판제청)
제청신청인 장 세 동 외 1인
2. (96헌바7·13 사건)
청 구 인 유 학 성 외 5인
청구인들 대리인 변호사 전 상 석 외 3인
관련사건 서울지방법원 제청신청인 및 96헌바7 사건의 청구인들에 대한 1996.1.17.자 구속영장청구사건(영장번호 496·498 : 96헌가2, 영장번호 495·497·499 : 96헌바7)과 96헌바13 사건의 청구인들에 대한 1996.1.30.자 구속영장청구사건(영장번호 981·982·983)

【참조조문】

1. ~5. 5·18민주화운동(民主化運動)등에관한 별법(特別法) 제2조 (공소시효의 정지)

① 1979년 12월 12일과 1980년 5월 18일을 전후하여 발생한 헌정질서파괴범죄의공소시효등에관한특별법 제2조의 헌정질서파괴범죄행위에 대하여 국가의 소추권행사에 장애사유가 존재한 기간은 공소시효의 진행이 정지된 것으로 본다.

② 제1항에서 "국가의 소추권행사에 장애사유가 존재한 기간"이라 함은 당해 범죄행위의 종료일부터 1993년 2월 24일까지의 기간을 말한다.

1. 헌법(憲法) 제11조 제1항

2. 형사소송법(刑事訴訟法) 제253조 (시효의 정지와 효력) ① 시효는 공시의 제기로 진행이 정지되고 공소기각 또는 관할위반의 재판이 확정된 때로부터 진행한다.

② 공범의 1인에 대한 전항의 시효정지는 다른 공범자에게 대하여 효력이 미치고 당해사건의 재판이 확정된 때로부터 진행한다.

　　　헌법재판소법(憲法裁判所法) 제68조

　　　헌법(憲法) 제84조

3. 헌법(憲法) 제12조 제1항 후단, 제13조 제1항 전단

　　형법(刑法) 제1조 (범죄의 성립과 처벌) ① 범죄의 성립과 처벌은 행위시의 법률에 의한다.

② 범죄후 법률의 변경에 의하여 그 행위가 범죄를 구성하지 아니하거나 형이 구법보다 경한 때에는 신법에 의한다.

③ 재판확정후 법률의 변경에 의하여 그 행위가 범죄를 구성하지 아니하는 때에는 형의 집행을 면제한다.

5. 헌법(憲法) 제11조 제1항

【참조판례】

2. 1995.12.15. 선고, 95헌마221·233·297 결정

　　1995.1.20. 선고, 94헌마246 결정

5. 1989.3.17. 선고, 88헌마1 결정

　　1989.12.18. 선고, 89헌마32·33 결정

1995.1.20. 선고, 94헌마246 결정

【주 문】

5·18민주화운동등에관한특별법(1995년 12월 21일 법률 제5029호) 제2조는 헌법에 위반되지 아니한다.

【이 유】

1. 사건의 개요와 심판의 대상

가. 사건의 개요

(1) 서울지방검찰청 검사는 1994.10.29. 이른바 12·12 군사반란사건(이하 "12·12 사건"이라 한다)과 관련된 피의자 38명에 대하여 기소유예의 불기소처분을 하고, 1995.7.18. 이른바 5·18 내란사건(이하 "5·18사건"이라 한다)과 관련된 피의자 35명에 대하여 공소권없음의 불기소처분을 하였다.

(2) 그런데 5·18민주화운동등에관한특별법(이하 "특별법"이라한다)이 1995.12. 21.자로 제정·공포되자, 서울지방검찰청 검사는 1995.12.29. 위 두 사건과 관련된 피의자들 전원에 대하여 사건을 재기한 다음, 1996.1.17. 96헌가2 사건의 제청신청인들에 대하여는 12·12사건과 관련된 반란중요임무종사 등 혐의로, 96헌바7 사건의 청구인들에 대하여는 같은 반란 및 5·18사건과 관련된 내란중요임무종사 등 혐의로 서울지방법원에 각각 구속영장을 청구하는 한편, 1996.1.30. 96헌바13 사건의 청구인들에 대하여 같은 반란 및 내란중요임무종사 등의 혐의로 서울지방법원에 구속영장을 청구하였다.

(3) 96헌가2 사건의 제청신청인들 및 96헌바7,13 사건의 청구인들은 위 각 영장청구일에 각 그 영장청구사건에 관한 재판의 전제가 되는 특별법 제2조(이하 "이 법률조항"이라 한다)는 공소시효가 이미 완성된 그들의 범죄혐의사실에 대하여 소급하여 그 공소시효 진행의 정지사유를 정한 것으로서 형벌불소급의 원칙을 천명하고 있는 헌법 제13조 제1항에 위반되는 규정이라고 주장하면서 서울지방법원에 이 법률조항에 대한 위헌심판의 제청신청을 하였다(제청신청인 및 96헌바7 사건 청구인들의 제청신청사건번호: 96초178, 96헌바13 사건 청구인들의 제정신청 사건번호: 96초362).

(4) 그런데 위 법원은 1996.1.18. 96헌바2 사건

제청신청인들의 위헌제청신청은 이를 받아들여 헌법재판소에 위 법률조항의 위헌여부에 대한 심판을 제청하였으나(96헌가2), 96헌바7 사건의 청구인들의 신청과 96헌바13 사건의 청구인들의 신청은 그들의 5·18사건과 관련한 내란중요임무종사 등의 피의사실이 이 법률조항과 관계없이 아직 공소시효가 완성되지 아니하여 그 혐의사실만으로 구속영장을 발부하는 이상 이 법률조항의 위헌 여부는 재판의 전제가 되지 않는다는 이유로 1996.1.18.과 1996.1.31.에 이를 각 기각하였다. 이에 96헌바7 사건의 청구인들은 1996.1.26.에, 96헌바13 사건의 청구인들은 1996.2.10.에 헌법재판소법 제68조 제2항에 따라 각각 이 사건 헌법소원심판을 청구하였다.

나. 심판의 대상

그러므로 이 사건 심판의 대상은 특별법(법률 제5029호) 제2조가 헌법에 위반되는지의 여부이고, 그 내용은 다음과 같다.

제2조(공소시효의 정지) ① 1979년 12월 12일과 1980년 5월 18일을 전후하여 발생한 헌정질서파괴범죄의공소시효등에관한특별법 제2조의헌정질서파괴범죄행위에 대하여 국가의 소추권행사에 장애사유가 존재한 기간은 공소시효의 진행이 정지된 것으로 본다.

② 제1항에서 "국가의 소추권행사에 장애사유가 존재한 기간"이라 함은 당해 범죄행위의 종료일부터 1993년 2월 24일까지의 기간을 말한다.

2. 제청법원의 위헌제청이유, 청구인들의 주장요지와 이해관계인의 의견

가. 제청법원의 위헌제청이유 요지(96헌가2)

(1) 헌법 제12조 제1항은 "모든 국민은 신체의 자유를 가진다. 누구든지 법률에 의하지 아니하고는 체포·구속·압수·수색 또는 심문을 받지 아니하며, 법률과 적법한 절차에 의하지 아니하고는 처벌·보안처분 또는 강제노역을 받지 아니한다."고 규정하고, 헌법 제13조 제1항은 "모든 국민은 행위시의 법률에 의하여 범죄를 구성하지 아니하는 행위로 소추되지 아니하며, 동일한 범죄에 대하여 거듭 처벌받지 아니한다"고 규정하여 있는바, 이러한 적법절차원리와 법률불소급의 원칙에 비추어 이미 공소시효가 완성된 사람에 대하여 소급해

서 그 시효를 정지 내지 배제하는 내용의 법률은 위헌이라 판단된다.

(2) 제청신청인들에 대한 반란중요임무종사의 피의사실은 군형법 제5조 제2호에 의하여 사형, 무기 또는 7년 이상의 징역이나 금고에 처할 범죄로서 형사소송법 제250조, 형법 제50조, 형사소송법 제249조 제1항 제1호에 의하여 그 공소시효가 15년인바, 영장이 청구된 1996.1.17.은 범죄행위가 종료한 때로부터 15년이 이미 경과된 날임이 기록상 명백하다.

(3) 내란 등이 일단 성공하여 그 주도세력이 정치권력을 장악한 경우에는 그 공소시효가 정당한 국가기관이 그 기능을 회복한 이후부터 비로소 진행된다는 규정은 특별법 제정 이전에는 형사소송법 기타 어떤 법률에도 없었다.

그렇다면 과연 일반적인 공소시효 규정의 해석을 통하여 군사반란죄의 경우 그 주도세력 등이 집권한 때에는 공소시효가 정지된다고 볼 수 있는지 문제가 될 것인바, 형법상 내란죄는 헌법 또는 법률에 정한 절차에 의하지 아니하고 헌법 또는 법률의 기능을 소멸시키거나 헌법에 의하여 설치된 국가기관을 강압에 의하여 전복 또는 그 권능행사를 불가능하게 할 목적으로 폭동한 경우에 성립되는 범죄로서 제청신청인들의 피의사실에 적용될 군형법상의 반란죄와는 여러가지 면에서 성격을 달리한다. 즉 내란죄의 보호법익이 국가의 존립과 안전이라고 할 때, 군사반란죄의 보호법익은 군대의 조직과 기율유지, 전투력 유지 등이라고 보여지고, 그 외에도 위 두 가지 죄는 그 목적과 요건들을 달리한다.

따라서 자유민주적 기본질서를 정면으로 유린하는 내란죄에 있어서는 "국가권력의 장악에 성공한 내란행위자에 대하여는 국민으로부터 정당하게 국가권력을 위탁받은 국가기관이 그 기능을 회복하기까지 사실상 처벌되지 않는 상태가 지속되는 경우에 그 공소시효는 그 기간 동안 정지되는 것으로 보는 견해"가 자유민주적 기본질서의 회복이라는 또 다른 헌법상의 요청에 의하여 가능하다고 보더라도 그 성격을 달리하는 군사반란죄에 대하여서까지 기존의 적법절차원리나 법률불소급원칙과의 부조화를 감수하면서 그 공소시효가 정지된다고 해석하기는 어렵다고 판단된다. 그러므로 이 법률 조항은 헌법에 위배될 소지가 있다.

나. 청구인들의 주장요지(96헌바7,13)

(1) 헌법 제12조 제1항은 "모든 국민은 신체의 자유를 가진다. 누구든지 법률에 의하지 아니하고는 체포, 구속, 압수, 수색 또는 심문을 받지 아니하며 법률과

적법한 절차에 의하지 아니하고는 처벌, 보안처분 또는 강제노역을 받지 아니한다."라고 규정하고 있고, 헌법 제13조 제1항은 "모든 국민은 행위시의 법률에 의하여 범죄를 구성하지 아니한 행위로 소추되지 아니하며, 동일한 범죄에 대하여 거듭 처벌받지 아니한다."라고 규정하여 법률불소급의 원칙과 일사부재리의 원칙을 천명하고 있으며, 형법 제1조 제1항은 "범죄의 성립과 처벌은 행위시의 법률에 의한다"고 규정하여 법률불소급의 원칙을 다시 명확히 하고 있다.

이러한 법률불소급의 원칙은 비단 형벌법규뿐만 아니라 위 형법규정에서 명백히 한 바와 같이 범죄의 성립 등에 관한 일체의 법률을 함께 포함하는 것이며, 따라서 이러한 적법절차의 원리와 법률불소급의 원칙상 공시시효 기산점의 임의선정, 그 연장 및 그 정지사유의 설정 등을 규정한 이 법률조항은 위헌임이 명백하다.

(2) 공소시효제도는 범죄 후 일정기간이 경과하면 공소권을 소멸시키는 제도이다. 그 제도의 목적과 취지는 범죄 후 상당한 기간이 경과하면 이에 대한 응보감정이나 범인의 악성이 소멸하여 가벌성 나아가 형벌권도 소멸하며, 한편 시간의 경과에 따라 증거가 산일하여 오판의 우려가 커진다는 점을 감안하여 그 이후의 소추권행사를 금지하는 데 있고, 이들 사유는 그 모두가 행위자의 이익을 고려하는 것임이 명백하다. 따라서 이와 같은 공소시효제도와 형사법규의 해석의 기본원칙에 비추어 공소시효의 기산과 그 정지는 법률에 정하여진 바에 엄격히 따라야 할 것이다.

현행법상 공소시효는 공소의 제기로 정지되고(형사소송법 제253조) 정지된 시효는 공소기각 또는 관할위반의 재판이 확정된 때로부터 다시 진행하며(형사소송법 제252조), 그 밖의 공소시효 정지사유로는 불기소처분에 대한 재정신청(형사소송법 제262조의 2)이 있을 뿐이다.

그러므로 국가권력의 장악에 성공한 내란행위자에 대하여는 국민으로부터 정당하게 국가권력을 위탁받은 국가기관이 그 기능을 회복하기까지 사실상 처벌되지 않는 상태가 지속되는 기간동안 공소시효의 진행이 정지되는 것으로 보는 견해는 공소시효제도의 본질과 의미를 정확히 파악하지 못한 것으로 아무런 근거가 없는 것이다.

(3) 공소시효의 완성으로 그 소추나 처벌이 불가능하게 된 사안에 대하여 새로이 공소시효의 정지사유를 설정하고, 임의의 기간동안 그 정지사유가 있었던 것으로 보도록 하여 사후입법으로 형사소추와 처벌이 가능하게 한 특별법은 형벌법규의 이념에 반할 뿐만 아니라 실정법에도 반하는 초법적 억지에 지나지 아니하므로, 이 법률조항은 헌법 제13조 제1항에 위반하는 것임이 명백하다.

(4) 이 법률조항 소정의 "1979.12.12.과 1980.5.18.을 전후하여 발생한 헌정질서 파괴범죄행위"란 청구인 등이 범하였다는 12·12 군사반란행위와 5·18 내란 행위를 지칭하고 있는 것이 명백하므로, 이 법률조항은 결국 청구인 등 특정 인의 특정사건에 대하여 국가형벌권이 특정기간동안 연장되어 존속하는 것을 규정하고 있는 것이다.

그러므로 이 법률조항은 특정인에 대한 공소시효의 정지를 규정하고 있다는 점에서 "개인대상법률"이며 그 적용대상이 12·12사건과 5·18사건이라는 특정사건이고, 공소시효 정지기간을 노태우 전대통령의 퇴임일인 1993.2.24.로 규정하여 특정인의 신분변동과 관련지움으로써 특정개별사건에 대해서만 적용한다는 취지를 명백히 하고 있는 점에서 "개별사건법률"이므로, 이는 전형적인 처분적 법률로서 헌법상 평등의 원칙에 반하는 위헌의 법률조항이다.

(5) 나아가 이 법률조항은 12·12사건과 5·18사건 자체를 헌정질서파괴범죄로 규정함으로써 청구인 등이 헌정질서파괴범죄행위를 범하였다는 전제하에 공소시효의 정지를 규정하고 있다. 그러나 위 두 사건에 관련된 청구인 등의 행위가 헌정질서파괴범죄행위가 되는지의 여부는 법원의 재판을 거쳐야 비로소 확정되는 것이지 입법부가 법률로써 이를 규정할 수는 없는 것이다.

따라서 이 사건 조항은 헌법 제101조 제1항에 의한 법원의 재판권을 침해하고 헌법상 권력분립의 원칙에 위배되며 또한 헌법 제27조 제4항에 의한 무죄추정의 원칙에도 반한다.

다. 서울지방검찰청 검사장 및 법무부장관의 의견요지

(1) 서울지방검찰청 검사장의 의견요지

(가) 공소시효의 법적성격에 관하여는 이를 순수한 소송요건으로 파악하여 죄형법정주의와 무관하다고 보는 학설(소송법설)과 국가행벌권의 소멸이라는 실체법적 성격으로 파악하여 죄형법정주의의 적용을 받는다는 학설(실체법설)

이 대립되고 있으나, 어느 학설을 취하느냐에 대하여 절대적인 기준은 없으며 각 나라의 실정에 맞게 채택할 수 있다고 할 것이다.

그런데 이 법률조항은 위 견해 중 소송법설을 채택하여 그에 따라 사후입법에 의하여 공소시효를 정지한 것이므로 죄형법정주의에 반하는 것이 아니다.

(나) 죄형법정주의는 행위시 법률에 의한 범죄의 구성 여부에 대한 규제원칙에 불과하며 공소시효의 정지·연장이나 배제를 금지하는 내용을 포함한다고 볼 수는 없으므로, 공소시효의 정지·연장이나 배제는 법치국가의 일반원칙인 소급입법금지의 원칙에 의하여만 규제될 수 있다.

소급입법금지의 원칙은 법적 안정성, 즉 신뢰보호의 요청에 따른 것으로서 절대불변의 원칙이 아니라 구체적인 경우에 따라 해당법률의 입법목적과 침해되는 신뢰보호이익의 비교형량에 따라 소급입법을 허용하기도 하는 것이다.

12·12사건의 경우 그 사안의 중대성, 국민 및 국가에 미친 영향 등을 고려할 때, 관련자들을 처벌함으로써 얻는 공익이 관련자들의 신뢰에 대한 보호보다 우선된다고 할 것이므로 이 법률조항은 소급입법금지의 원칙에도 어긋나지 아니한다.

(2) 법무부장관의 의견요지

(가) 헌법 제13조 제1항은 "모든 국민은 행위시의 법률에 의하여 범죄를 구성하지 아니하는 행위로 인하여 소추되지 아니하며……"라고 규정하고 있으며, 제12조 제1항은 "누구든지 법률에 의하지 아니하고는 처벌과 보안처분을 받지 아니한다"고 규정하고 있는바, 이는 어느 행위의 가벌성 유무에 대한 판단의 근거인 범죄구성요건을 새로이 창설하거나 가벌성 정도에 대한 판단의 근거인 형벌을 새로이 창설, 상향 또는 강화하여 소급적용할 수 없다는 취지라고 할 것이다.

그런데 공소시효제도는 일정한 시간의 경과로 인하여 발생한 사실상태를 존중하여 사회와 개인생활의 안정을 도모하고 형벌부과의 적정을 기하려는 데에 그 존재근거를 두고 있는 제도로서 범죄구성요건 및 형벌에 속하는 것이 아니므로 죄형법정주의와는 직접 관련이 없고, 단지 소송요건에 관한 것에 불과하므로, 사후에 법률로써 공소시효를 연장 또는 정지하더라도 우리 헌법상의 죄형법정주의 및 형벌법규불소급의 원칙에 반하지 아니한다.

(나) 군사반란 또는 내란행위자들이 그 목적을 달성하여 국가권력을 장악하였을 경우 사실상 그들에 대하여 국가형벌권을 발동하여 처벌할 방법은 없으므로 국가의 소추권행사에 중대한 장애가 존재하게 되고, 그 기간동안에는 공소시효 진행은 정지되는 것으로 보아야 할 것이다.

12·12군사반란 및 5·18내란행위자들에 대하여도 위와 같은 법리에 따라 집권기간중 이미 공소시효가 정지되었으므로, 특별법은 소급입법이 아니라 단지 위와 같은 법리를 입법으로 확인하여 선언한 것일 뿐이다.

(다) 12·12사건과 관련하여 전두환·노태우 두 전직대통령에 대하여 집권기간 동안 반란죄에 대한 공소시효가 정지되었음은 헌법재판소에 의하여 이미 확인된 바 있다(헌법재판소 1995.1.20. 선고, 94헌마246 결정 참조). 그런데 형사소송법 제253조 제2항은 공범자 중 그 1인에 대한 공소의 제기로 인한 시효정지의 효력이 다른 공범자들에게 미친다고 규정하고 있는바, 이는 재정신청 등 공소제기 이외의 사유로 인한 공소시효정지의 경우에도 나머지 공범에 대하여 시효정지의 효력이 미친다는 일반적, 총칙적 원칙을 규정하고 있는 것으로 해석하여야 할 것이다.

따라서 12·12사건의 공범들에 대하여도 두 전직대통령 재직기간중에는 두 전직대통령에 대한 공소시효의 정지로 인하여 다함께 공소시효가 정지되어 있었고, 특별법은 이를 확인·선언하는 입법에 불과하다.

만일 나머지 공범들에 대해서는 두 전직대통령과는 달리 공소시효가 정지되지 않는다고 한다면 수괴의 비호아래 반란행위로 국가권력을 장악하였던 공범들에 대하여 국가기관이 정당한 기능을 회복한 후에도 처벌할 수 없는 것으로 되어 공범자간에 처벌의 불균형이 초래되며 국민들의 법감정에도 배치된다.

(라) 12·12사건의 공소시효가 특별법 제정 이전에 이미 완성되었다고 본다면, 특별법은 이미 과거에 완성된 사실 또는 법률관계에 대하여 사후 입법으로 이전과 다른 법적 효과를 부여하는 진정소급효의 입법이 될 것이나, 진정소급효의 법률이라고 하여 모두 무효로 되는 것은 아니며, 특단의 사정 즉 문제가 된 법적지위에 대한 신뢰가 객관적으로 정당화될 수 없는 경우에는 예외적으로 허용될 수 있는 것이다.

12·12사건에 있어서 헌정질서를 부인·파괴하는 쿠데타 행위에 의하여 정권을 장악한 행위자들이 다시 자신들이 부정한 헌정질서에 의한 보호를 요청한다는 것은 모순이라고 하지 않을 수 없으며, 그러한 행위자들의 신뢰보호이익은 객관적으로 정당

화될 수 없다고 할 것이므로 12·12사건은 특단의 사정이 있는 경우에 해당한다고 보아야 한다.

만약, 12·12사건 관련자들의 신뢰보호를 인정한다면 쿠데타로 정권을 장악한 행위자들은 신뢰보호를 근거로 하는 시효의 완성을 목적으로 집권을 연장하여 자신들의 처벌을 면하려고 할 것이고, 이는 헌정질서 파괴상태를 오히려 조장하고 연장시키는 결과를 초래하게 되어 향후 쿠데타를 용인하지 않겠다는 국민적 합의에도 반하고 헌법상 자유민주적 기본질서 수호라는 우리의 지상목표를 훼손할 우려도 크다.

3. 판단

가. 특별법 제2조가 개별사건법률이기 때문에 위헌인가

(1) 청구인들은 이 법률조항이 "1979.12.12.과 1980.5.18.을 전후하여 발생한 헌정질서파괴범죄행위"라고 특정함으로써 청구인 등이 범하였다는 이른바 12·12 군사반란행위와 5·18 내란행위를 지칭하는 것이 명백하여 특별법은 결국 청구인 등 특정인의 특정사건에 대하여 국가형벌권이 특정기간동안 연장하는 것을 규정하고 있어 '개인대상법률'이며 '개별사건법률'이므로 헌법상 평등의 원칙에 반할 뿐만 아니라 나아가 권력분립의 원칙과 무죄추정의 원칙에 반하여 헌법에 위반된다고 주장한다. 그러므로 먼저 이 법률조항이 개별사건법률이기 때문에 헌법에 위반되는 것인지의 여부에 관하여 판단한다.

특별법 제2조는 제1항에서 "1979년 12월 12일과 1980년 5월 18일을 전후하여 발생한…… 헌정질서파괴행위에 대하여…… 공소시효의 진행이 정지된 것으로 본다." 라고 규정함으로써, 특별법이 이른바 12·12 사건과 5·18 사건에만 적용됨을 명백히 밝히고 있으므로 다른 유사한 상황의 불특정다수의 사건에 적용될 가능성을 배제하고 오로지 위 두 사건에 관련된 헌정질서파괴범만을 그 대상으로 하고 있어 특별법 제정당시 이미 적용의 인적범위가 확정되거나 확정될 수 있는 내용의 것이므로 개별사건법률임을 부인할 수는 없다.

(2) 그러나 우리 헌법은 개별사건법률에 대한 정의를 하고 있지 않음은 물론 개별사건법률의 입법을 금하는 명문의 규정도 없다.

개별사건법률금지의 원칙은 "법률은 일반적으로 적용되어야지 어떤 개별사건에만 적용되어서는 아니된다"는 법원칙으로서 헌법상의 평등원칙에 근거하고 있는 것으로 풀이되고, 그 기본정신은 입법자에 대하여 기본권을 침해하는 법률은 일반적 성격을 가져야 한다는 형식을 요구함으로써 평등원칙위반의 위험성을 입법과정에서 미리 제거하려는데 있다 할 것이다.

개별사건법률은 개별사건에만 적용되는 것이므로 원칙적으로 평등원칙에 위배되는 자의적인 규정이라는 강한 의심을 불러일으킨다. 그러나 개별사건법률금지의 원칙이 법률제정에 있어서 입법자가 평등원칙을 준수할 것을 요구하는 것이기 때문에, 특정규범이 개별사건법률에 해당한다 하여 곧바로 위헌을 뜻하는 것은 아니다. 비록 특정법률 또는 법률조항이 단지 하나의 사건만을 규율하려고 한다 하더라도 이러한 차별적 규율이 합리적인 이유로 정당화될 수 있는 경우에는 합헌적일 수 있다. 따라서 개별사건법률의 위헌 여부는, 그 형식만으로 가려지는 것이 아니라, 나아가 평등의 원칙이 추구하는 실질적 내용이 정당한지 아닌지를 따져야 비로소 가려진다.

(3) 이른바 12·12 및 5·18 사건의 경우 그 이전에 있었던 다른 헌정질서파괴범과 비교해보면, 공소시효의 완성 여부에 관한 논의가 아직 진행중이고, 집권과정에서의 불법적 요소나 올바른 헌정사의 정립을 위한 과거청산의 요청에 미루어볼 때 비록 특별법이 개별적사건법률이라고 하더라도 입법을 정당화할 수 있는 공익이 인정될 수 있다고 판단된다. 따라서 이 법률조항은 개별사건법률에 내재된 불평등요소를 정당화할 수 있는 합리적인 이유가 있으므로 헌법에 위반되지 아니한다.

나. 특별법은 소급효를 가진 법률인가

(1) 이 법률조항은 1979.12.12.과 1980.5.18.을 전후하여 발생한 헌정질서파괴범죄의공소시효등에관한특례법 제2조의 헌정질서파괴범죄행위(이 뒤에는 "이 사건 범죄행위"라고만 한다)에 대하여 당해 범죄행위의 종료일부터 1993.2.24.까지 국가의 소추권행사에 장애사유가 존재하였다고 하여 그 기간은 공소시효의 진행이 정지된 것으로 보도록 규정하고 있다.

그런데 특별법이 제정된 경위 및 그 입법과정에서의 논의내용(제177회 국회법제사법위원회 회의록 제18호)과 이 법률조항의 내용 및 그 표현형식 등에 비추어 보면, 국회가 이 법률조항을 제정한 취지는, 공소시효제도의 본질에 비추어 국가가 소추권을 행사할 수 없는 법률상 또는 중대한 사실상의 장애사유가 있는 때에는 법률에 명문으로 규정된 바가 없다고 하더라도 공소시효의 진행이 정지된다고 해석하여야 할 것이므로, 이 사건 범죄행위의 경우에는 그 범죄행위자들이 바로 그 범죄행위를 통하여 국가권력을 장악함으로써 국가가 소추권을 행사할 수 없었던 1993.2.24.까지는 공소시효의 진행이 정지되었다고 볼 수밖에 없음에도 불구하고, 국가의 소추권행사에 이러한 장애사유가 있는 때에 공소시효의 진행이 정지되는 것으로 보는 법원의 의견이 명백히 판시된 바 없으므로, 입법을 통하여 이를 규범으로 확인하고자 하는 데 있는 것으로 판단된다.

따라서 이 법률조항이 헌법에 위반되는 여부를 판단함에 있어서는, 먼저 이 법률조항이, 공소시효제도의 본질이나 그 제도에 관한 실정법의 해석에 의하여 당연히 도출되는 사유를 확인하여 공소시효정지 사유의 하나로 규정한 것에 지나지 않는 것(확인적 법률)인지, 그런 것이 아니라 사후에 새로운 공소시효의 정지사유를 규정한 이른바 소급입법에 해당하는 것(형성적 법률)인지를 가려야 할 필요가 있다. 왜냐하면 만일 이 법률조항이 그 입법취지대로 기존의 실정법 규정에 따른 공소시효의 정지사유를 규범적으로 확인한 것에 지나지 않는 것이라면, 그로 인하여 기존의 법률관계에 아무런 영향을 미치는 것이 아님은 물론 법원의 재판권을 제한하는 것도 아니어서 처음부터 소급입법이나 사법권의 침해 등 헌법적인 문제가 생길 여지가 없기 때문이다.

(2) 재판관 김용준, 재판관 정경식, 재판관 고중석, 재판관 신창언의 의견

원래 공소시효제도는 헌법이 마련하고 있는 제도가 아니라 법률이 규정하고 있는 제도이므로, 그 제도의 구체적인 적용은 사실의 인정과 법률의 해석에 관련된 문제로서 기본적으로 법원의 전속적인 권한에 속하는 사항이며, 헌법재판소가 관여할 사항이 아니다. 물론 이 사건 범죄행위를 실행한 자들이 국가권력을 장악하고 있음으로 말미암아 그 기간 동안 국가의 소추권행사에 중대한 장애가 있었음은 의문의 여지가 없다. 그러나 실정법에 명문으로 규정된 바 없음에도, 공소시효제도의 본질에 비추어 이러한 사정을 공소시효가 당연히 정지되는 사유로 보아야 할 것인지의 여부는, 결국 법원의 법률해석을 통하여 가려질 문제인바, 이 점에 관하여 법원의 의견이 명백히 판시된 바 없으므로, 헌법재판소로서는 이 법률조항이 실정법의 해석을 규범적으로 확인한 규정에 지나지 않는다고 단정할 수 있는 처지에 있지 않다.

따라서 헌법재판소로서는 위 법률조항이 "확인적 법률"인지의 여부에 관하여는 법률을 해석적용하는 법원의 판단에 맡기고, 만일 법원이 이 점에 관하여 소극적인 견해를 취하여 이 법률조항이 사후에 공소시효의 정지사유를 새롭게 규정한 형성적 법률이라고 해석하는 경우에는, 이 법률조항이 소급입법에 해당하여 헌법에 위반되

는 여부가 문제로 제기될 수 있으므로, 헌법재판소로서는 이와 같은 헌법적인 문제에 대하여 판단하지 아니할 수 없다.

(3) 재판관 김진우, 재판관 이재화, 재판관 조승형의 의견

우리는 특별법의 이 법률조항이 법 및 법집행의 왜곡에 따르는 소추의 장애사유가 존재하여 일정 범위의 헌정질서파괴행위자들에 대한 검찰의 소추권행사가 불가능하였으므로 당연히 공소시효의 진행이 정지된 것으로 보아야 한다는 법리를 확인하여 입법한데 불과하므로 이는 소급입법에 해당하지 않는다고 본다. 그 이유는 다음과 같다.

(가) 공소시효제도의 본질

범죄에 대하여는 그에 상응한 처벌을 반드시 하는 것이, 즉 범인필벌이 형사사법적 정의에 부합한다. 그러나 공정한 재판에 의한 공정한 처벌이 형사사법적 정의의 실현이라고 할 것인데, 국가가 공소제기를 할 수 있었음에도 불구하고 오랜 동안 공소를 제기하지 않음으로써 증거의 산일 등으로 공정한 재판을 못하게 되는 것은 국가에게도 책임이 있으므로 죄질에 상응한 일정 기간 동안 공소제기를 하지 아니한채 경과하면 소추를 하지 못하게 함으로써 형사처벌을 할 수 없도록 하는 것이 공소시효의 제도이다.

이와 같은 공소시효제도의 본질에 비추어 볼 대 공소시효에 대한 이익은 단순한 반사이익이라고는 할 수 없고, 법률상 보호할 가치가 있는 법적인 이익이라고는 할 것이다. 그렇다고 해서 이를 인간의 존엄과 가치, 신체의 자유, 양심의 자유 등과 같은 기본권과 동일시할 수 없다. 왜냐하면 공소시효에 대한 피고인의 이익은 형사소추에 대한 국가의 이익, 즉 범인필벌의 실체적 정의의 요청과 필연적으로 충돌되는 것이므로 상반되는 두가지 이익을 상호조정함으로써 그 보호범위와 정도가 결정될 수밖에 없기 때문이다.

역사적으로 공소시효가 서구에서 정착된 것은 19세기 이후부터이고 오늘날 우리나라의 형사소송법과 세계각국의 법제는 공시시효제도를 두고 있으나 예를 들면 독일에서는 모살죄에 대하여는 시효를 인정하지 아니하며, 불란서에 있어서도 적전도망죄 등에 대한 시효를 인정하지 않고 있고, 영미에 있어서도 보통법상 공소시효가 없는 등 각국의 역사적 경험과 사회적 현실에 따라서 공소시효를 인정하는 범위와 내용 그리고 정지사유에 있어서 차이가 있다.

(나) 소추권행사의 장애와 공소시효의 정지에 관한 입법례와 판례

공소시효의 진행이 정지되는 경우는 특별히 법률로써 명문의 규정을 둔 경우에 한하는 것인지, 아니면 명문의 규정이 없다고 하더라도 국가의 소추권의 행사와 관련하여 예를 들면 법질서에 내재하는 장애사유 등 중대한 장애사유가 있는 경우에는 공소시효가 진행되지 않는 것이 원칙이라고 해석할 것인지가 문제된다.

먼저 우리나라와 같이 집권자에 의하여 법의 집행이 왜곡된 불행한 역사를 경험한 국가들의 공소시효정지사유에 관한 특별한 입법례와 판례를 살펴본다.

독일의 경우에는 "시효는 법률상 소추가 개시될 수 없거나 속행될 수 없는 경우에는 정지한다"고 규정함으로써(독일 구 형법 69조, 현행 독일형법 제78조의 b) 소추권의 행사에 법률상의 장애사유가 있는 경우 공소시효의 진행이 정지된다는 일반원칙을 명문화함과 아울러 소추권행사에 있어서 법률상 장애사유의 범위를 다음과 같이 넓히고 있다.

나치범죄의 처벌을 위하여 제2차대전이 끝난 후 헷센주(Hessen)에서 제정한「나치범죄처벌법」은 나치지배기간 동안에 정치적·인종적차별적·반종교적인 이유 때문에 처벌되지 아니한 범죄에 대하여는 1933.1.30.부터 1945.6.15.까지의 기간 동안 공소시효의 진행이 정지된 것으로 본다고 규정하였다. 이에 대하여 독일연방헌법재판소는 나치정권이 국가권력을 장악함으로써 소추가 불가능하였던 기간 동안에는 위 법률규정에 따라 공소시효가 진행되지 않는다는 것을 확인한 것으로서 헌법의 제규정에 반하지 아니하여 합헌이라고 판시하였다. 총통인 히틀러(Hitler)의 의사를 위 구 독일형법 제69조의 법률로 보아 법률적 장애로 인한 시효의 정지를 인정한 것이다.

또한 위와 같이하여 연장된 시효기간마저도 임박하게 되자, 독일은 1964.4.13.「공소시효계산법(Gesetz ber die Berechnung strafrechtlicher Verj hrungsfrist)」을 제정하여 1945.5.8.부터 1949.12.31.까지의 기간을 시효계산에서 제외하도록 규정하였다. 이에 대하여 독일연방헌법재판소는 1969.2.26. 결정(BVerfGE 25,269)에서 죄형법정주의, 신뢰보호의 원칙, 평등권에 위배되지 아니한다는 이유로 합헌이라고 판시하였다.

그 후 독일은 형법을 개정하여 모살죄(謀殺罪)의 시효기간을 30년으로 연장하였으며, 1979.7.22. 다시 형법을 개정하여 모살죄에 대한 공소시효를 없애 언제든지 나치의 학살범죄에 대한 처벌이 가능하도록 하였다.

또한 동독이 무너진 이후인 1993.3.26. 제정된「동독공산당의 불법행위에 있어서

의 시효정지에 관한 법률(Gesetz ber das Ruhen der Verj hrung bei SED-Un-rechtstaten vom 26. M rz 1993)」도, "구동독의 공산당정권하에서 범하여지고 구동독의 국가 또는 당지도부의 명시적 또는 묵시적 의사에 따라 정치적 이유 또는 자유주의적 법치국가질서에 합치하지 아니하는 이유로 처벌되지 아니한 행위의 소추에 있어서는 1949.10.11.부터 1990.10.3.까지의 기간은 고려하지 아니한다. 이 기간 동안에는 공소시효가 정지된다"고 규정하고 있다(제1조). 이 경우 구동독의 국가 또는 당의 의사를 공소시효진행의 장애를 규정하고 있는 법률과 동시한 것으로 해석되고 있다.

독일에서는 위에서 살펴본 것과 같이 나치체제나 통일전 동독의 공산정권하에서 자행된 인간의 존엄성을 유린하는 불법적 범죄행위를 체험한 후 그와 같은 중대한 불법적 사례들을 법치국가적으로 청산하기 위한 여러 입법이 행하여 졌는바, 정권장악을 위한 쿠데타 등 헌정질서파괴행위 및 그 과정에서 자행된 집단적 살상행위 등의 법치국가적 처리라는 역사적 과제 앞에 서있는 우리에게 많은 시사를 준다고 할 것이다.

한편 프랑스의 경우에는 독일과 같은 시효정지에 관한 일반원칙을 명문으로 선언하지 않았음에도 불구하고, 판례에 의하여 "시효는 유효하게 소추될 수 없는 사람에 대하여는 진행하지 않는다(contra non valentem agere non pareasriptio)"라는 법언을 적용하여, 법률적 장애이건 사실적 장애이건 소추가 불가능한 기간 동안에는 시효의 진행이 정지된다고 판시하고 있다. 프랑스에서 시효가 정지되는 장애사유로 판시한 예를 보면, 선결문제의 검토가 필요한 기간, 공소권행사의 전제가 되는 허가절차를 밟는 기간(프랑스의 경우 현행범이 아닌 중죄를 범하거나 경죄를 범한 국회의원에 대하여 소추하려면 의회의 허가를 받도록 하고 있다), 외국에서 범한 개인에 대한 경죄의 경우 피해자의 고소가 있거나 그 외국의 공적인 고발이 있어야 하는데 그러한 고소나 고발이 없어 소추할 수 없었던 기간, 범인이 외국에 도피한 경우 범죄인인도가 거부되어 소추할 수 없었던 기간은 물론, 나아가 홍수, 적에 의한 영토의 침범, 군사점령기간에 대해서도 시효의 정지를 인정하고 있으며, 피의자의 심신상실도 피의자 자신을 방어할 수 없다는 의미에서 시효정지사유로 보고 있다.

한편 국제연합은 전쟁범죄와 반인도적 범죄를 예방하기 위하여 1968.11.26. 총회에서 결의 제2391(ⅩⅩⅢ)호로 「전쟁범죄 및 반인도적 범죄에 대한 국제법상의 시효의 부적용에 관한 협약(Convention on the Non-Applicability of Statutory Limitations to War Crimes and Crimes against Humanity)」을 채택하여 국제법상 전쟁범죄와 반인도적 범죄에 대하여는 시효기간이 없다는 것을 확인하였다. 이 협약규정은 국가를 대표하는 자에 대해서든 사인에 대해서든, 정범이든 교사범이든, 범행이 완수된 정도와 상관없이 적용되며 그러한 범행을 관용한 국가의 대표자에게도 적용되고, 동협약체약국은 이러한 범죄에 대한 시효가 규정된 법률을 폐지할 것을 약속하였다.

  (다) 헌정질서파괴범에 의한 국가권력의 장악과 소추장애사유

  위에서 살펴본 바와 같이, 공시시효란 본래 소추가능기간을 의미하므로 그 기간 동안 정상적인 소추권의 행사가 가능할 것을 전제로 하는 것이며, 공소시효제도의 근본적인 존재이유가 오랜 동안 소추권행사를 게을리 한 것은 국가측의 잘못이라고 할 것인데 그로 인한 불이익을 오로지 범인에게만 감수하라고 하는 것은 부당하다는 데 있으므로, 공소시효는 소추기관이 유효하게 공소권을 행사할 수 있었음에도 불구하고 이를 행사하지 아니한 채 시효기간을 경과하였을 것을 요건으로 한다고 볼 것이다. 따라서 공소시효는 소추기관이 유효하게 공소권을 행사하는데 법적·제도적 장애가 없을 때에만 진행할 수 있다고 해석하여야 한다.

  나아가 우리 법제에 있어서 국가의 소추권행사에 장애사유가 있는 경우를 구체적으로 살펴본다. 우선 단순히 수사기관이 증거를 수집하고 범인을 체포하는 데에 사실상의 어려움이 있다는 것만으로는 소추권의 행사에 장애사유가 있다고 볼 수 없을 것이다. 이에 비하여 형사소송법 제253조나 동법 제262조의2와 같이 법률에 명시적 규정으로 시효정지사유를 규정한 경우는 물론이요, 공소시효의 정지사유로 법률에 명시되지는 아니하였다 하여도 "형사상의 소추를 받지 아니한다"고 헌법 제84조에 규정한 경우와 같이 헌법 또는 법률규정에 의하여 명문으로 소추가 금지되어 있는 경우는 대표적인 소추장애사유에 해당하며, 헌법재판소도 1995.1.20. 선고, 94헌마246 결정에서 이를 확인한 바 있다. 또한 헌법재판소는 5·18사건에 관하여 성공한 내란도 내란행위자가 집권하고 있는 동안 그 내란행위는 불처벌의 상태로 남아있을 뿐이고 내란행위자의 집권이 종료된 경우에는 그러한 행위도 처벌될 수 있다고 헌법재판소법 제23조 제2항 제1호 소정의 위헌결정정족수를 넘는 재판관의 찬성으로 결정한 바 있다[1995.12.15. 선고, 95헌마221·233·297(병합)].

  그리고 위 결정에 있어서도 형사법의 집행을 담당하는 국가의 소추기관이 법제도상 군사반란 내지 내란행위자들에 의해 장악되거나 억압당함으로써 이들의 의사나 이익에 반하는 소추권행사가 더 이상 가능하지 않게 되는 등 반란행위나 내란행위

를 처벌하여야 할 법률의 기능이 마비되어, 적어도 위 행위자들에 관한 한 법치국가적 원칙이 완전히 무시되고 법률의 집행이 왜곡되는 법질서상의 중대한 장애사유가 있는 경우에도 공소시효가 정지되지 않는다는 의미까지 판시한 것이 아니다. 오히려 이러한 경우에는 비록 헌법이나 법률에 명문의 규정은 없다 하여도 법제도와 법률 자체의 기능 및 법집행이 왜곡되는 등의 사유로 위와 같은 반란행위자나 내란행위자에 대한 형사소추가 불가능한 경우는 단순한 사실상의 장애를 넘어 법규범 내지 법치국가적 제도 자체에 장애가 있다고 보아야 하며, 이러한 장애로 군사반란행위자와 내란행위자가 불처벌로 남아있을 수밖에 없는 상태로 있는 기간 동안에는 공소시효가 정지된다고 보아야 할 것이고, 또 이것이 공소시효제도의 본질에도 부합하는 해석이라고 할 것이다.

공소시효제도가 본래 범인필벌의 요청과 법적 안정성의 요청 사이에 상반되는 이익에 대한 조정의 문제라고 하는 점에 비추어 보더라도, 헌정질서파괴범죄행위자들이 정권을, 따라서 소추기관을 실효적으로 장악하고 있는 상황하에서는 역시 이들에 대한 군사반란죄와 내란죄에 대한 공소시효도 정지되는 것이라고 해석하는 것이 성공한 내란도 처벌되어야 한다는 당위성에 합치되고 정의의 관념과 형평의 원칙에도 합치한다. 만약 이와 같이 해석하지 않는다면, 헌정질서파괴범죄행위자들이 시효의 이익을 누리기 위하여 불법적인 방법으로 집권기간을 연장하는 등 오히려 헌법질서의 파괴를 조장하게 되는 모순이 있고 성공한 내란은 처벌할 수 없는 결과가 될 것이기 때문이다.

이 사건의 경우를 보면, 1979.12.12. 당시 보안사령관이었던 피의자 전두환이 노태우 등 군내의 추종세력을 규합하여 일으킨 군사반란은 내란행위와 결합되어 1980.5.18.사태와 같은 불행한 사태를 야기하고 마침내는 이른바 제5공화국의 성립으로 이어지고 이른바 제6공화국이 종료한 1993.2.24.까지 위 사건들에 가담한 자들에 의하여 국가권력이 실효적으로 장악되었다.

1979.12.12. 당시는 박정희 전직대통령이 살해되어 정치·사회적으로 불안정한 상태였을 뿐만 아니라, 비상계엄이 선포되어 계엄지역 안의 모든 행정기관(정보 및 보안업무를 관장하는 기관을 포함한다) 및 사법기관이 계엄사령관의 지휘·감독을 받게 되어 있었으므로(계엄법 제8조 참조), 위와 같이 피의자 전두환과 노태우 등이 12·12 군사반란을 통하여 대통령의 재가없이 계엄사령관겸 육군참모총장인 청구외

정승화를 체포하고, 대통령의 관저인 총리공관의 경비자의 무장을 병력을 동원하여 협박하여 해제하고, 대통령 최규하를 협박하여 국가의 모든 군권을 장악하고 보안사, 중앙정보부, 경찰 등 모든 수사·정보기관을 장악하였음에 비추어 당시 이 사건 군사반란행위와 내란행위에 대한 수사와 소추는 제도적으로도 불가능하고 도리어 위 군사반란을 방지하려던 청구외 장태완 등을 처벌하는 등 반란죄에 대한 법률기능이 왜곡된 상태를 야기한 국가적인 중대한 장애사유가 있었다고 할 것이고, 그 후 전두환이 제11대 대통령에 취임하고 헌법을 개정한 다음, 1981.2.25. 개정헌법에 따라 실시한 선거인단에 의한 대통령선거에서 다시 대통령으로 당선되어 동년 3.3. 제12대 대통령에 취임한 후 1988.2.24. 그 임기가 만료할 때까지 7년 5월 24일간 집권하고, 그 후 노태우가 제13대 대통령으로 당선되어 1988.2.25. 취임한 이래 1993.2.24. 그 임기가 만료하기까지 5년간 국가권력을 장악함으로써 전두환·노태우의 위 1979년 12월 12일과 1980.5.18.의 군사반란죄 및 내란죄는 위 각 범죄행위에 가담한 공범들에 대하여도 위에서 본 소추와 처벌이 전혀 불가능한 상태가 지속되었던 사실은 당재판소가 처리한 12·12사건과 5.18사건에 관한 사건기록을 통하여 현저하다.

그리고 1979.12.12. 사태는 군사반란의 방법에 의하여 전국의 군권과 수사권을 장악하고 대통령의 관저의 무장까지 불법적으로 해제하고 대통령에게 협박하는 등 헌정질서파괴행위였고, 1980.5.18.의 사태는 전두환 내란행위자가 헌정질서를 파괴한 행위임도 명백하다.

그러므로 국가소추기관이 이 사건 군사반란과 내란행위자들인 위 전두환 및 노태우가 이 사건 군사반란행위가 성공한 이후 이들의 대통령 재직기간 동안 이들에 의해 장악되거나 억압당함으로써 위 행위자들의 의사에 반하여 이 사건 범죄들에 대하여 소추를 할 수 없게 되어 적어도 위 행위자들에 관한 한 자유민주적 법칙국가질서의 내용에 부합하는 법집행이 불가능하여 군사반란죄와 내란죄에 대한 법률기능 자체가 왜곡되는 법규범 내지 법제도 자체에 관련된 장애로 위 전두환, 노태우와 그 공범자들에 대한 위 군사반란죄와 내란죄에 대한 소추가 불가능하였다고 할 것이다. 그러므로 이 사건 각 범죄행위의 종료일로부터 1993.2.24.까지 사이에는 이 사건 각 범죄행위에 대하여는 당연히 공소시효의 진행이 정지된다고 해석함이 타당하다.

(라) 결론

그렇다면 이 사건 범죄행위의 종료일로부터 전두환·노태우의 대통령 재직기간

이 만료된 1993.2.24.까지의 기간 동안에 그러한 이 사건 군사반란죄와 내란죄 등에
대한 공소시효의 진행이 정지된 것으로 본다고 규정한 이 법률조항은 확인입법에 지
나지 아니하고 이 점에서도 헌법위반의 법률조항이 아니라고 할 것이다.

(4) 재판관 김문희, 재판관 황도연의 의견

우리 헌법재판소는 이른바 12·12 사건에 관한 1995.1.20. 선고, 94헌마246사건의
결정에서 헌법 제84조의 해석과 관련하여 공소시효의 정지사유에 대하여 다음과 같
이 판시한 바 있다. 즉 "위 헌법규정의 근본취지를 대통령의 재직중 형사상의 소추를
할 수 없는 범죄에 대한 공소시효의 진행은 정지되는 것으로 해석하는 것이 원칙일
것이다. 즉 위 헌법규정은 바로 공소시효진행의 소극적 사유가 되는 국가의 소추권행
사의 법률상의 장애사유에 해당하므로, 대통령의 재직중에는 공소시효의 진행이 당
연히 정지되는 것으로 보아야 한다"든가 "검사가 법률상의 장애사유로 인하여 소추
권을 행사할 수 없는 경우에는 공소시효가 진행하지 않는것이 원칙이다" "따라서 헌
법 제84조에 따라 소추가 불가능할 경우에는 공소시효의 진행이 정지되어야 한다는
것은 위와 같은 당연하고도 정당한 법리가 적용된 결과일 뿐"이라고 판시하였고, 한
편 우리는 그 결정의 반대의견에서 공소시효는 법률로써 명문규정을 둔 경우에 한하
여 정지되는 것이고, 헌법 제84조의 규정도 공소시효의 정지에 관한 명문규정으로 볼
수 없다는 의견을 분명히 밝힌 바 있고, 지금도 그 의견에는 변함이 없다.

따라서 우리의 의견에 의하면 이 법률조항에서 공소시효가 정지되는 것으로 규
정한 전 기간, 모든 피의자에 대하여 이 법률조항으로 말미암아 비로소 공소시효의
진행이 정지되는 것으로 본다. 그렇다면 이 법률조항은 소급적 효력을 가진 형성적
법률이어서 당연히 위헌 여부의 문제가 제기될 수밖에 없는 것이다.

다. 공소시효와 형벌불소급의 원칙

이 법률조항에 의한 공소시효의 정지 곧 결과적으로 그 기간을 연장하는 것이 헌
법 제12조 제1항 후단과 제13조 제1항 전단의 죄형법정주의에 위반되는지를 살펴보
기로 한다.

(1) 헌법 제12조 제1항 후단은 "……법률과 적법한 절차에 의하지 아니하고는 처
벌·보안처분 또는 강제노역을 받지 아니한다"라고 규정하고, 제13조 제1항 전단은
"모든 국민은 행위시의 법률에 의하여 범죄를 구성하지 않는 행위로 소추되지 아니
하며……"라고 하여 죄형법정주의와 형벌불소급의 원칙을 규정하고 있다. 헌법 제12

조 제1항과 제13조 제1항의 근본 뜻은 형벌법규는 허용된 행위와 금지된 행위의 경계를 명확히 설정하여 어떠한 행위가 금지되어 있고, 그에 위반한 경우 어떠한 형벌이 정해져 있는가를 미리 개인에 알려 자신의 행위를 그에 맞출 수 있도록 하자는데 있다. 이로써 위 헌법조항은 실체적 형사법 영역에서의 어떠한 소급효력도 금지하고 있고, "범죄를 구성하지 않는 행위"라고 표현함으로써 절대적 소급효금지의 대상은 "범죄구성요건"과 관련되는 것임을 밝히고 있다.

헌법이 위 조항에서 비록 범죄구성요건만을 언급하고 있으나, 책임없는 형벌을 금하고 행위의 불법과 행위자의 책임은 형벌과 적정한 비례관계를 유지하여야 한다는 적법절차의 원칙과 법치주의원칙에서 파생되는 책임원칙에 따라 범죄구성요건과 형벌은 불가분의 내적인 연관관계에 있기 때문에, 결국 죄형법정주의는 이 두가지 요소로 구성되는 "가벌성"을 그 내용으로 하고 있는 것이다. 즉 가벌성의 조건을 사후적으로 변경할 것을 요구하는 공익의 요청도 개인의 신뢰보호와 법적안정성에 우선할 수 없다는 것을 명백히 규정함으로써, 위 헌법조항은 소급적인 범죄구성요건의 제정과 소급적인 형벌의 가중을 엄격히 금하고 있다.

(2) 그러므로 우리 헌법이 규정한 형벌불소급의 원칙은 형사소추가 "언제부터 어떠한 조건하에서" 가능한가의 문제에 관한 것이고, "얼마동안" 가능한가의 문제에 관한 것은 아니다. 다시 말하면 헌법의 규정은 "행위의 가벌성"에 관한 것이기 때문에 소추가능성에만 연관될 뿐, 가벌성에는 영향을 미치지 않는 공소시효에 관한 규정은 원칙적으로 그 효력범위에 포함되지 않는다. 행위의 가벌성은 행위에 대한 소추가능성의 전제조건이지만 소추가능성은 가벌성의 조건이 아니므로 공소시효의 정지규정을 과거에 이미 행한 범죄에 대하여 적용하도록 하는 법률이라 하더라도 그 사유만으로 헌법 제12조 제1항 및 제13조 제1항에 규정한 죄형법정주의의 파생원칙인 형벌불소급의 원칙에 언제나 위배되는 것으로 단정할 수는 없다.

라. 특별법과 법치주의의 원칙

공소시효제도가 헌법 제12조 제1항 및 제13조 제1항에 정한 죄형법정주의의 보호범위에 바로 속하지 않는다면, 소급입법의 헌법적 한계는 법적 안정성과 신뢰보호원칙을 포함하는 법치주의의 원칙에 따른 기준으로 판단하여야 한다. 법적 안정성은 객관적 요소로서 법질서의 신뢰성·항구성·법적 투명성과 법적 평화를 의미하고, 이와 내적인 상호연관관계에 있는 법적 안정성의 주관적 측면은 한번 제정된 법규범은 원칙적으로 존속력을 갖고 자신의 행위기준으로 작용하리라는 개인의 신뢰보호원칙이다. 법적 안정성과 신뢰보호원칙에 있어서 특히 중요한 것은 시간적인 요소이다. 특정한 법률에 의하여 발생한 법률관계는 그 법에 따라 파악되고 판단되어야 하고, 개인은 과거의 사실관계가 그 뒤에 생긴 새로운 법률의 기준에 따라 판단되지 않는다는 것을 믿을 수 있어야 한다. 그러므로 법치국가적 요청으로서의 법적안정성과 신뢰보호원칙은 무엇보다도 바로 소급효력을 갖는 법률에 대하여 민감하게 대립할 수밖에 없고, 구체적으로는 어떤 법률이 이미 종료된 사실관계에 예상치 못했던 불리한 결과를 가져오게 하는 경우인가 아니면 현재 진행중이나 아직 종료되지 않은 사실관계에 작용하는 경우인가에 따라 헌법적 의미를 달리하게 된다.

그렇다면 이 법률조항에 대한 위헌 여부를 판단하기 위하여는 먼저 이 법률조항이 이미 종료된 사실관계(이른바 진정소급효)에 관련된 것인지, 아니면 현재 진행중인 사실관계(이른바 부진정소급효)에 관련된 것인지를 밝혀야 할 것이고, 이는 결국 특별법 시행당시 특별법 소정 피의자들에 대한 공소시효가 이미 완성되었는지의 여부에 따라 판가름될 성질의 것이다.

공소시효는 범죄행위가 종료한 때(범죄의 기수시기와 다를 수 있다)로부터 진행하고, 그 정지사유없이 공소시효기간이 경과함으로써 완성된다(형사소송법 제252조 제1항, 형사소송법 제249조 제1항). 따라서 공소시효의 완성시점을 확정하려면 범죄행위가 언제 종료한 것인지, 종료 후에 공소시효의 정지사유가 있었는지, 있었다면 정지기간은 어느 정도인지를 확정하는 것이 그 선결문제이므로 구체적 범죄행위에 관한 공소시효의 완성 여부 및 그 완성시점 등은 당해 사건을 재판하는 법원이 이를 판단할 성질의 것이지 헌법재판소가 판단할 수 있는 사항이 아니다. 따라서 법원의 판단에 따라 특별법 시행당시 공소시효가 이미 완성되었다면, 특별법은 이미 과거에 완성된 사실 또는 법률관계를 규율대상으로 하여 사후에 그 전과 다른 법적 효과를 생기게 하는(진정소급효) 법률이라 할 것이고, 한편 공소시효가 아직 완성되지 않았다면, 특별법은 과거에 이미 개시되었지만 아직 완결되지 않고 진행과정에 있는 사실 또는 법률관계와 그 법적 효과에 장래적으로 개입하여 법적 지위를 사후에 침해하는(부진정소급효) 법률이라 할 것이다.

그러므로 헌법재판소로서는 당해 사건을 재판하는 법원에 의하여 특별법 시행당시 공소시효가 완성된 것인지의 여부가 아직 확정되지 아니한 터이므로 위 두 가지 경우를 가정하여 판단할 수밖에 없다.

　(1) 공소시효가 완성되지 않았다고 보는 경우

　　만일 법원이 특별법이 처벌하려는 대상범죄의 공소시효가 아직 완성되지 않았다고 판단한다면, 특별법은 단지 진행중인 공소시효를 연장하는 법률로서 이른바 부진정소급효를 갖게된다.

　　헌법 제13조 제1항에서의 가벌성을 결정하는 범죄구성요건과 형벌의 영역(이에 관한 한 절대적 소급효의 금지)을 제외한다면 소급효력을 갖는 법률이 헌법상 절대적으로 허용되지 않는 것은 아니다. 다만 소급입법은 법치주의원칙의 중요한 요소인 법적안정성의 요청에 따른 제한을 받을 뿐이다. 헌법재판소의 판례도 형벌규정에 관한 법률 이외의 법률은 부진정소급효를 갖는 경우에는 원칙적으로 허용되고, 단지 소급효를 요구하는 공익상의 사유와 신뢰보호의 요청 사이의 교량과정에서 신뢰보호의 관점이 입법자의 형성권에 제한을 가할 뿐이라는 것이다.

　　즉 공소시효제도에 근거한 개인의 신뢰와 공소시효의 연장을 통하여 달성하려는 공익을 비교 형량하여 개인의 신뢰보호이익이 공익에 우선하는 경우에는 소급효를 갖는 법률은 헌법상 정당화될 수 없다. 그러나 특별법의 경우에는 왜곡된 한국 반세기 헌정사의 흐름을 바로 잡아야 하는 시대적 당위성과 아울러 집권과정에서의 헌정질서파괴범죄를 범한 자들을 응징하여 정의를 회복하여야 한다는 중대한 공익이 있다. 또한 특별법은 모든 범죄의 공소시효를 일정시간 동안 포괄적으로 정지시키는 일반적인 법률이 아니고, 그 대상범위를 헌정질서파괴범죄에만 한정함으로써 예외적인 성격을 강조하고 있다. 이에 비하면 공소시효는 일정 기간이 경과되면 어떠한 경우이거나 시효가 완성되는 것은 아니며, 행위자의 의사와 관계없이 정지될 수도 있는 것이므로 아직 공소시효가 완성되지 않은 이상 예상된 시기에 이르러 반드시 시효가 완성되리라는 것에 대한 보장이 없는 불확실한 기대일 뿐이므로 공소시효에 의하여 보호될 수 있는 신뢰보호이익은 상대적으로 미약하다 할 것이다. 따라서 공소시효가 완성되지 아니하고 아직 진행중이라고 보는 경우에는 헌법적으로 허용될 수 있다 할 것이므로 위에서 본 여러 사정에 미루어 이 법률조항은 헌법에 위반되지 아니한다.

　(2) 공소시효가 완성되었다고 보는 경우

　　법원이 특별법 소정 헌정질서파괴범죄의 공소시효가 이미 완성되었다고 판단한다면, 특별법은 이미 과거에 완성된 사실 또는 법률관계를 규율대상으로 사후에 이전과 다른 법적효과를 생기게 하는 이른바 진정소급효를 갖게 되고, 이 부분에 대한 재판관들의 의견은 다음과 같다.

(가) 재판관 김진우, 재판관 이재화, 재판관 조승형, 재판관 정경식의 합헌의견

우리는 특별법이 처벌하려는 범죄의 공소시효가 이미 완성되었다고 법원이 판단하여, 동법이 진정소급효를 갖게 된다고 하더라도 다음과 같은 이유로 합헌이라고 본다.

1) 진정소급효금지의 예외와 법치국가원리

기존의 법에 의하여 형성되어 이미 굳어진 개인의 법적 지위를 사후입법을 통하여 박탈하는 것 등을 내용으로 하는 진정소급입법은 개인의 신뢰보호와 법적 안정성을 내용으로 하는 법치국가원리에 의하여 헌법적으로 허용되지 않는 것이 원칙이지만, 특단의 사정이 있는 경우, 즉 기존의 법을 변경하여야 할 공익적 필요는 심히 중대한 반면에 그 법적 지위에 대한 개인의 신뢰를 보호하여야 할 필요가 상대적으로 정당화될 수 없는 경우에는 예외적으로 허용될 수 있다(헌법재판소 1989.3.17. 선고, 88헌마1 결정; 1989.12.18. 선고, 89헌마32·33 결정 등 참조). 그러한 진정소급입법이 허용되는 예외적인 경우로는 일반적으로, 국민이 소급입법을 예상할 수 있었거나, 법적 상태가 불확실하고 혼란스러웠거나 하여 보호할 만한 신뢰의 이익이 적은 경우와 소급입법에 의한 당사자의 손실이 없거나 아주 경미한 경우, 그리고 신뢰보호의 요청에 우선하는 심히 중대한 공익상의 사유가 소급입법을 정당화하는 경우를 들 수 있다. 이를 대별하면 진정소급입법이 허용되는 경우는 구법에 의하여 보장된 국민의 법적 지위에 대한 신뢰가 보호할 만한 가치가 없거나 지극히 적은 경우와 소급입법을 통하여 달성하려는 공익이 매우 중대하여 예외적으로 구법에 의한 법적 상태의 존속을 요구하는 국민의 신뢰보호이익에 비하여 현저히 우선하는 경우로 크게 나누어 볼 수 있다.

물론 그러한 "공익"적 필요가 존재하는지 여부의 문제를 심사함에 있어서는, 부진정소급입법의 경우에 있어서의 신뢰보호의 요청과 서로 비교형량되는 단순한 공익상의 사유보다도 훨씬 엄격한 조건이 적용되지 않으면 아니된다. 즉 매우 중대한 공익이 존재하는 예외적인 경우에만 그러한 진정소급입법은 정당화될 수 있다. 또한 진정소급입법을 헌법적으로 정당화할 수 있는 이러한 예외사유가 존재하는 여부는 특별법과 같이 신체의 자유에 대한 제한과 직결되는 등 중요한 기본권에 대한 침해를 유발하는 입법에 있어서는 더욱 엄격한 기준으로 판단하여야 할 것이다.

이 사건 헌정질서파괴범의 공소시효의 완성으로 인한 법적 지위에 대한 신뢰를

보호하여야 할 필요는 다음과 같은 이유로 매우 미약하다. 즉 이 사건 반란행위 및 내란행위자들이 반란행위 및 내란행위를 통하여 우리 헌법질서의 근간을 이루고 있는 자유민주적 기본질서를 파괴하였고, 그로 인하여 우리의 민주주의가 장기간 후퇴한 것은 말할 것도 없고, 많은 국민의 그 생명과 신체가 침해되었으며, 전국민의 자유가 장기간 억압되는 등 국민에게 끼친 고통과 해악이 너무도 심대하였다. 또한 이 사건 군사반란행위자들 및 내란행위자들 중 주모자인 전두환·노태우 양인이 쿠데타를 통하여 정권을 장악한 뒤에 대를 이어 대통령직에 오름으로써 이 사건 군사반란행위자들 및 내란행위자들에 대한 형사소추가 그들이 정권을 장악하고 있는 동안에는 사실상 불가능하였다. 그러한 기간 동안에도 공소시효의 진행이 정지되지 않는다고 볼 때에는 형사소송법에 규정된 이 사건 군사반란죄와 내란죄에 대한 공소시효의 대부분이 그 기간 동안에 이미 진행되었다고 볼 수밖에 없다. 뿐만 아니라 공소시효완성으로 인한 이익은 단순한 법률적 차원의 이익이고, 헌법상 보장된 기본권적 법익에 속하지는 않는다. 이에 비하여 이 사건 법률조항을 정당화하는 공익적 필요는 매우 중대하다. 즉 집권과정에서 헌정질서파괴범죄를 범한 자들을 응징하여 정의를 회복하여 왜곡된 우리 헌정사의 흐름을 바로 잡아야 할 뿐만 아니라, 앞으로는 우리 헌정사에 다시는 그와 같은 불행한 사태가 반복되지 않도록 자유민주적 기본질서의 확립을 위한 헌정사적 이정표를 마련하는 것이 국민의 줄기찬 요구이자 여망이며, 작금의 시대적 과제이다.

그러므로 이 사건 반란행위자들 및 내란행위자들의 군사반란죄나 내란죄의 공소시효완성으로 인한 법적 지위에 대한 신뢰이익이 보호받을 가치가 별로 크지 않음에 비하여 이 법률조항은 위 행위자들의 신뢰이익이나 법적 안정성을 물리치고도 남을 만큼 월등히 중대한 공익을 추구하고 있다고 평가할 수 있다. 그렇다면 이 법률조항이 위 행위자들의 공소시효완성에 따르는 법적 지위를 소급적으로 박탈하고, 그들에 대한 형사소추를 가능하게 하는 결과를 초래하여 그 합헌성 인정에 있어서 위에서 본 바와 같은 심히 엄격한 심사기준이 적용되어야 한다고 하더라도, 이 법률조항이 공소시효의 완성이라는 헌법상의 기본권이 아닌 단순한 법률적 이익에 대한 위와 같은 미약한 신뢰보호의 필요성에 현저히 우선하는 중대한 공익을 추구하고 있으므로 헌법적으로 정당화된다고 할 것이다. 우리 헌정사에 공소시효에 관한 진정소급입법을 단한번 예외적으로 허용한다면 바로 이러한 경우에 허용하여야 한다고 할 것이다. 이러한 경우가 진정소급입법의 원칙적 금지의 예외에 해당하지 않는다면, 그 예외는 대체 어디에 해당되고 무엇을 위한 예외인지 진지한 의문을 제기하지 않을 수 없다.

2) 이 법률조항과 평등원칙

특별법의 이 법률조항은 그 적용범위를 1979.12.12.과 1980.5.18.을 전후하여 발생한 내란죄·외환죄·군사반란죄 및 이적죄에 한정함으로써 이 사건 법률조항이 진정 소급입법으로서의 성격을 갖는다고 할 경우 그 조항이 헌법 제11조에 규정된 평등원칙에 반하는 것은 아닌가 하는 의문이 있을 수 있다.

그러나 이 법률조항은 헌법 제11조에 규정된 평등원칙에 반하지 아니한다. 그것은 무엇보다 이 법률조항의 목적이 일반국민과 동 조항에서 확정된 헌정질서파괴범 죄행위자들을 차별적으로 취급하는 것이 아니라, 오히려 위 범죄행위자들이 군사반 란 및 내란 등의 행위로 헌법질서를 파괴하여 정권을 장악함으로써 일반국민과 위 행 위자들 사이에 이미 발생한 형법집행상의 불평등을 제거하고자 하는 데 있기 때문이 다. 다시 말해서 법이 일반국민들뿐만 아니라, 통치자에게도 동등하게 적용되고 집행 되어야 한다는 법치국가적 요청이 위 범죄행위자들이 국가의 소추기관을 자신의 지 배하에 두게 됨으로써 실현될 수 없음으로 인하여 발생한, 위 범죄행위자들의 이 사 건 범죄들에 대한 불처벌로 남은 상태라는 불평등을 제거하고 실질적 정의를 실현하 는 데 이 법률조항들의 목적이 있기 때문이다.

법치국가원리의 내용인 법적 안정성 즉, 국민의 신뢰보호와 실질적 정의가 충돌 하는 경우 그 어느 쪽을 우선시켜 입법할 것인가는 원칙적으로 입법자가 선택할 문제 이고, 그 선택이 자의적이 아닌 한 그 입법을 위헌이라고 할 수는 없다. 이 법률조항이 공소시효의 진행이 정지하는 것으로 보고 있는 기간은 이 사건 헌정질서파괴행위자 들이 국가권력을 장악하고 있어 이들에 대한 소추기관의 소추권행사가 원초적으로 불가능하였던 기간이다. 따라서 이 법률조항은 국가의 태만으로 인하여 경과한 시효 기간에 대해서까지 시효의 진행을 정지시키는 것은 아니다. 또한 공소시효제도에 관 한 외국의 입법례를 보더라도 독일, 프랑스 등 대륙법국가는 물론, 영국과 미국 등 영 미법국가도 모두 중대한 범죄에 관하여는 공소시효를 배제하고 있음에 비추어 볼 때 (헌법재판소 1995.1.20. 선고, 95헌마246 결정 참조) 이 사건 헌정질서파괴범죄와 같 이 헌법질서에 근본적인 위협이 되는 중대한 범죄에 한정하여 진정소급효가 있는 입 법으로 기본권이 아닌 공소시효의 정지를 규정한다고 하여 그 범위와 기준이 사리에 반하는 자의적인 입법이라고 할 수 없다.

그리고 진정소급효가 있는 공소시효정지를 규정한다 하여도 범행 당시의 구성요건 그대로를 타인과 마찬가지로 적용한다는 것이므로 실질적으로도 새로운 구성요건을 규정하는 것이라고 할 수 없다.

그렇다면 이는 결과적으로 위 범죄행위자들에 대하여 국가가 실효적으로 소추권을 행사할 수 있는 기간을 다른 일반국민들에 대한 시효기간과 동일하게 맞춤으로써, 이 사건 범죄행위로 인하여 초래되었던 불평등을 제거하겠다는 것에 불과하여, 위 범죄행위자들을 자의적으로 차별하는 것이 아닐 뿐만 아니라, 오히려 실질적 정의와 공평의 이념에 부합시키는 조치라고 할 수 있다.

3) 이 법률조항과 적법절차의 원리

우리 헌법 제12조 제1항 후문은 "누구든지…… 적법한 절차에 의하지 아니하고는 처벌·보안처분 또는 강제노역을 받지 아니한다"고 규정함으로써 적법절차의 원칙을 선언하고 있다. 이와 관련하여 진정소급입법에 의한 시효의 연장이 적법절차의 원칙에 반하는 것은 아닌가 하는 의문이 있을 수 있다.

그러나 여기서 적법절차라 함은 인신의 구속이나 처벌 등 형사절차만이 아니라 국가작용으로서의 모든 입법작용과 행정작용에도 광범위하게 적용되는 독자적인 헌법원리의 하나로 절차가 형식적 법률로 정하여지고 그 법률에 합치하여야 할 뿐만 아니라 적용되는 법률의 내용에 있어서도 합리성과 정당성을 갖춘 적정한 것이어야 한다는 것을 의미한다(헌법재판소 1994.4.28. 선고, 93헌바26 결정 등 참조). 그러므로 적법절차의 원리는 자의적인 공권력이 행사되는 것을 방지함으로써 기본적 인권을 보호하는 것을 이념으로 하고 있다고 할 것이다.

위와 같은 의미의 적법절차의 원칙은 본래 영미법상의 개념으로 미국의 수정헌법에서 명문화되기 시작하였으며, 그 발달과정과 연혁은 다르지만 대체로 대륙법계 국가에서 발달한 법치국가의 원리의 내용과 일치하는 것으로 이해할 수 있으므로 앞서 판단한 내용이 그대로 타당하게 된다고 할 것이다

그리고 특별법의 입법목적은 우리나라와 민족의 장래에 사욕에 의한 헌법질서과괴행위로 인한 국민들의 불행한 역사의 경험을 영구히 다시는 없도록 하기 위한 것이므로 이는 영원한 진리와 보편적이고 통상적인 정의를 담고 있는 것이어서 일시적 여론이나 일시적 정치기류에 영합하기 위한 법률이 아님은 물론이다.

그렇다면 특별법의 이 법률조항은 그 자체 헌법상의 기본권을 제한하는 것도 아니고, 단지 법률상의 권리인 공소시효 완성 후에는 형사소추를 당하지 않을 법률적 이익을 앞서 살펴본 바와 같은 중대한 공익상의 사유로 제한하는 것이므로 적법절차의 원리에도 반하지 아니한다.

4) 결론

그러므로 특별법이 공소시효가 완성된 뒤에 시행된 사후적 소급입법이라고 하더라도 위에서 살펴본 바와 같이 죄형법정주의에 반하지 않음은 물론, 법치국가의 원리, 평등원칙, 적법절차의 원리에도 반하지 아니하고, 따라서 헌법에 위반되지 아니한다.

(나) 재판관 김용준, 재판관 김문희, 재판관 황도연, 재판관 고중석, 재판관 신창언의 한정위헌의견

헌법은 형사실체법의 영역에서는 형벌은 바로 신체의 자유와 직결되기 때문에 적어도 범죄구성요건과 형벌에 관한 한, 어떠한 공익상의 이유도, 국가적인 이익도 개인의 신뢰보호의 요청과 법적 안정성에 우선할 수 없다 하여 절대적인 소급효의 금지를 밝히고 있다. 그러므로 소급효의 문제는 신뢰보호를 요청하는 법익이 무엇이냐에 따라 구분하여 다르게 판단되어야 하고, 신체의 자유에 대한 소급적 침해에 대한 신뢰보호의 문제는 다른 권리의 사후적 침해에 대한 신뢰보호의 문제와 같은 잣대로 판단할 수는 없다.

우리는 앞에서 비록 공소시효제도가 헌법 제12조 제1항 후단 및 제13조 제1항 전단에 정한 죄형법정주의의 직접적인 적용을 받는 영역으로 볼 수 없다 하여 절대적 소급효금지의 대상인 것은 아니라고 판단한 바 있다. 그러나 개인의 인권보장을 위한 기본장치로서 피의자의 처지를 대변하는 신뢰보호원칙이나 법적 안정성의 측면에서 보면, 형벌을 사후적으로 가능하게 하는 새로운 범죄구성요건의 제정이나, 공소시효가 이미 완성되어 소추할 수 없는 상태에 이른 뒤에 뒤늦게 소추가 가능하도록 하는 새로운 법률을 제정하는 것은 결과적으로 형벌에 미치는 사실적 영향에서는 차이가 없어 실질에 있어서는 마찬가지이다. 일반적으로 절차법의 존속에 대한 신뢰가 실체법의 존속에 대한 신뢰보다 헌법적으로 어느 정도 적게 보호된다 하더라도, 절차법적 지위가 경우에 따라서는 그의 의미와 중요성 때문에 실체법적 지위와 동일한 보호를 요청할 수 있고, 공소시효가 완성된 뒤에 새로이 처벌될 수 있도록 하는 경우가 바로

그러한 예라 할 것이다. 따라서 비록 공소시효에 관한 것이라 하더라도 공소시효가 이미 완성된 경우에 그 뒤 다시 소추할 수 있도록 법률로써 규정하는 것은 헌법 제12조 제1항 후단의 적법절차의 원칙과 제13조 제1항의 형벌불소급의 원칙 정신에 비추어 헌법적으로 받아들일 수 없는 위헌적인 것이라 아니할 수 없다.

법치국가원칙은 그 양대요소로서, 법적 안정성의 요청뿐 아니라 실질적 정의의 요청도 함께 포함한다. 이러한 이유에서 집권과정에서의 헌정질서의 파괴와 범죄행위에 대한 처벌을 통하여 왜곡된 헌정질서를 민주적으로 바로잡고 정의를 회복한다는 측면에서 당연히 범법자들에 대한 처벌을 요구할 수 있다 하더라도 공소시효제도 또한 입법자가 형사소추에 있어서의 범인필벌의 요청과 법적 안정성의 요청을 함께 고려하여 상충하는 양 법익을 정책적으로 조화시킨 결과이고, 이러한 공소시효규정은 시간의 경과로 인하여 발생하는 새로운 사실관계를 법적으로 존중하는 인권보장을 위한 장치로서 실질적 정의에 기여하고 있다. 법치국가는 법적 안정성과 실질적 정의와의 조화를 생명으로 하는 것이므로 서로 대립하는 법익에 대한 조화를 이루려는 진지한 노력을 하여야 하며, 헌정질서파괴범죄를 범한 자들을 엄벌하여야 할 당위성이 아무리 크다 하더라도 그것 역시 헌법의 테두리 안에서 적법절차의 원리에 따라 이루어져야 마땅하다. 이러한 노력만이 궁극적으로 이 나라 민주법치국가의 기반을 굳건히 다지는 길이기 때문이다.

따라서 이 법률조항이 특별법 시행일 이전에 특별법 소정의 범죄행위에 대한 공소시효가 이미 완성된 경우에도 적용하는 한 헌법에 위반된다.

4. 결론

이러한 이유로 이 법률조항은 특별법 시행당시, 공소시효가 아직 완성되지 않았다고 보는 경우에는 재판관 전원이 헌법에 위반되지 아니한다는 의견이고, 공소시효가 이미 완성된 것으로 보는 경우에는 재판관 김진우, 재판관 이재화, 재판관 조승형, 재판관 정경식 등 4명이 헌법에 위반되지 아니하는 의견이고, 재판관 김용준, 재판관 김문희, 재판관 황도연, 재판관 고중석, 재판관 신창언 등 5명이 한정위헌의견이나 이 경우에도 헌법재판소법 제23조 제2항 제1호에 정한 위헌결정(헌법소원의 경우도 같음)의 정족수에 이르지 못하여 합헌으로 선고할 수밖에 없으므로 이에 주문과 같이 결정한다.

1996. 2. 16.

재판장 재판관 김용준
재판관 김진우

주　심 재판관 김문희
재판관 황도연
재판관 이재화
재판관 조승형
재판관 정경식
재판관 고중석
재판관 신창언

부록8

서울행법 2005.12.30.선고2005구합16505 판결

([처분취소]항소[각공2006.3.10.(31),705])

【판시사항】

[1] 보조금의 예산 및 관리에 관한 법률 제21조 제2항이 헌법 제75조에 규정된 포괄위임금지의 원칙에 위배되는지 여부(소극)

[2] 행정청이 전직대통령을 위한 기념사업을 추진하는 민간단체에 대한 보조금교부결정을 교부조건이 성취되지 않았다는 이유로 취소한 사안에서, 그 취소처분이 처분사유가 부존재하거나 신뢰보호의 원칙, 비례원칙에 위배하여 위법하다고 한 사례

【판결요지】

[1]보조금의 예산 및 관리에 관한 법률의 각 규정에 비추어 보더라도 보조금교부결정은 수시로 변화가 예상되는 등 상황 변화에 효율적으로 대처할 수 있는 탄력성이 요구되는 분야이며, 같은 법 제21조 제2항에서 규율대상으로 삼고 있는 사항도 사정변경에 의한 교부결정의 취소사유에 국한되는 것으로서 그 대상이 가변적 사항이어서 이를 형식적 법률로 규정하기에 다소 부적절하다는 점 등을 감안하면, 같은 법 제21조 제2항은 위임 사항의 내용과 범위를 나름대로 구체적으로 특정한 것으로서 이로부터 대통령령에 규정될 사항을 대체적으로 예측할 수 있다 할 것이므로, 같은 법 제21조 제2항이 헌법 제75조에 규정된 포괄위임금지의 원칙에 위배된다고 할 수 없다.

[2]행정청이 전직대통령을 위한 기념사업을 추진하는 민간단체에 대한 보조금교부결정을 교부조건이 성취되지 않았다는 이유로 취소한 사안에서, 민간단체에게 교부조건의 미성취에 대한 책임이 상당 부분 있다고 하더라도 이는 행정청의 부당한 보조금 집행승인 거부로 인하여 발생하였거나 확대되었으므로 취소처분의 처분사유가 인정된다고 보기 어려울 뿐만 아니라, 행정청이 보조금 집행승인 조건에 대한 공적인 견해표명을 신뢰한 민간단체의 이익을 침해하는 결과를 초래하였고, 기념사업의 추진경위, 사업추진 정도 등에 비추어 보조금교부결정의 내용 변경 또는 일부 취소 등의 제재조치만으로도 교부조건에 의한 행정목적을 충분히 달성할 수 있었음에

도 보조금교부결정의 전부 취소라는 중대한 제재조치를 선택함으로써 민간단체에게 기념사업의 중단이라는 막대한 불이익을 입혔으므로 위 보조금교부결정의 취소처분은 신뢰보호의 원칙, 비례원칙에 위배하여 위법하다고 한 사례.

【참조조문】

[1] 보조금의 예산 및 관리에 관한 법률 제21조 제2항, 헌법 제75조[2] 보조금의 예산 및 관리에 관한 법률 제21조 제2항, 행정소송법 제27조, 행정절차법 제4조

【전 문】

【원 고】 사단법인 박정희대통령기념사업회 (소송대리인 변호사 이상규)

【피 고】 행정자치부장관 (소송대리인 변호사 이세작)

【변론종결】
2005.11.18.

【주 문】

1. 피고가 2005. 3. 8. 원고에 대하여 한 별지 제1목록 기재 국고보조금 교부결정의 취소처분을 취소한다.
2. 소송비용은 피고가 부담한다.

【청구취지】
주문과 같다.

【이 유】

1. 처분의 경위

  가. 원고는 박정희 전 대통령의 생애와 업적을 기념하기 위한 각종 사업의 수행을 목적으로 하여 1999. 9. 1. 설립된 사단법인으로서, 그 목적을 달성하기 위하여 박정희 대통령 기념관 건립사업, 생가보존 연계 기념사업 등(이하 '이 사건 보조사업'이라

한다)을 추진하여 왔다.

　나. 이 사건 보조사업은 1997. 12. 5. 당시 김대중 대통령 후보가 박정희 전 대통령에 대한 기념사업 지원을 공약한 후 1999. 5. 13. 대통령으로서 경상북도 도청을 초도순시한 자리에서 박정희 대통령 기념관 건립 건의 등을 받고 이 사건 보조사업에 대한 정부지원을 약속함으로써 본격적으로 추진하게 되었다.

　다. 이 사건 보조사업은 원고가 민간 주도로 수행하는 기념사업인데, 정부에서는 '전직대통령 예우에 관한 법률'(이하 '예우법'이라 한다) 제5조의2, 예우법 시행령 제6조의2 제1항 제2호의 규정에 근거하여 국무회의의 심의를 거쳐 그 사업경비 중 일부의 지원으로 국고보조금을 원고에게 교부하기로 하였다.

　라. 이 사건 보조사업의 내용(원고의 사업계획 변경신청에 따라 피고가 2001. 12. 20. 변경승인을 함으로써 확정된 것)은 아래와 같다.

① 사업명 : 박정희 대통령 기념·도서관(이하 '기념관'이라 한다) 건립사업

② 사업경비 : 총사업비는 709억 원으로, 이는 국고보조금 208억 원, 기부금 500억 원, 기타 이자 1억 원으로 충당되고, 구체적 내역은 기념관 건립비 214억 원, 향후 운영을 위한 예치금 300억 원, 부대사업 180억 원(생가보존 연계사업 160억 원, 조사연구 및 출판반포사업 20억 원), 기타 경상경비 15억 원 등으로 책정됨

③ 사업기간 : 2000. 8. ~ 2003. 2.(사업기간은 그 후 2004. 10. 31.까지로 연장됨)

④ 기념관 건립부지 : 서울 마포구 상암동 산 26 상암 제4근린공원 내 약 3,500평

⑤ 기념관 규모 : 지상 3층 건물, 연면적 1,591평

　마. 위 사업계획에 기초하여 원고는 총사업비 709억 원 중 기부금 모금액 등을 제외한 금원에 대하여 피고에게 국고보조금 신청을 하였고, 이에 피고는 예우법 등에 따라 사업경비의 일부를 보조하기 위하여 국고보조금 208억 원(경상보조 8억 원, 자본보조 200억 원)을 국회의 예산심의를 거쳐 1999년도 3억 원(경상보조), 2000년도 105억 원(경상보조 5억 원, 자본보조 100억 원), 2001년도 100억 원(자본보조)을 각 교부하기로 하였다.

　바. 그 중 별지 제1목록 기재 국고보조금 교부결정(이하 '이 사건 교부결정'이라 한다)은 2000. 12. 11.자 제1차 자본보조 100억 원에 대한 국고보조금 교부결정(이하 '제1차 교부결정'이라 한다)과 2001. 12. 20.자 제2차 자본보조 100억 원에 대한 국고보조금 교부결정(이하 '제2차 교부결정'이라 한다)으로서, 그 교부조건 중 중요한 것

으로 "국고보조사업 수행에 필요한 요건을 충족하지 못하거나, 사업추진 부진 또는 국고보조금으로 충당되는 부분 외의 경비를 조달하지 못하는 경우에는 국고보조금 교부결정의 내용을 변경하거나 그 교부결정의 전부 또는 일부를 취소할 수 있다."(이를 '이 사건 교부조건'이라 한다)는 조건이 있고, 특히 제2차 교부결정에는 위 교부조건 외에, "위 1차 보조금을 포함한 국고보조금의 집행은 모금활동을 통한 자기자금의 부담능력을 갖춘 후 피고의 사전승인을 얻어 집행하여야 하고, 기념·도서관 건립 및 원활한 운영을 위하여 계획된 기부금모금액을 확보하여야 하며, 이에 위반할 경우 국고보조금 교부결정이 취소될 수 있다."는 조건이 포함되어 있다.

사. 원고는 2002. 1. 22. 삼성물산 주식회사(이하 '삼성물산'이라 한다)와 사이에 건축공사도급계약을 체결하고 그 무렵 기념관 건립공사에 착공하였으나 2002. 6. 1. 경 삼성물산으로부터 기성공사비 미지불을 이유로 한 공사중지 통보를 받았다.

아. 한편, 원고는 2000. 12. 12. 이 사건 보조사업을 위하여 피고로부터 모금액 500억 원, 모금기간 허가일로부터 사업완료일까지로 하는 내용의 기부금품모집허가를 받았으나, 그 모금실적은 2001. 12. 현재 약 15억 8천만 원, 2002. 12. 현재 약 46억 9천만 원, 2003. 12. 현재 약 102억 7천만 원, 2004. 10. 현재 약 103억 원에 불과하였다.

자. 피고는 2005. 3. 8. 원고의 사업추진 부진(2002. 6. 1. 이후 공사중단), 보조금으로 충당되는 부분 외 경비의 목표액 미달(기부금 목표액 500억 원 중 2004. 10. 31. 기준으로 103억 여 원 모금)의 사유로 '보조금의 예산 및 관리에 관한 법률'(이하 '보조금법'이라 한다) 제21조 제2항, 보조금법 시행령 제9조 제2호와 이 사건 교부조건에 근거하여 이 사건 교부결정을 취소하는 처분(이하 '이 사건 처분'이라 한다)을 하였다.

[인정 근거] 다툼 없는 사실, 갑 제1 내지 4호증, 갑 제5, 6호증의 각 1, 2, 갑 제7 내지 10호증, 갑 제41호증, 을 제1, 2호증의 각 기재, 변론 전체의 취지

2. 이 사건 처분의 적법 여부

가. 관계 법령

별지 제2목록 관계 법령 기재와 같다.

나. 절차적 위법 유무

(1) 행정절차법 제21조 제1항 소정의 절차 위반 여부

원고는, 이 사건 처분은 원고의 권익을 제한 내지 박탈하는 처분이므로 피고로

서는 이 사건 처분 이전에 행정절차법 제21조 제1항에 정한 바에 따라 '처분의 목적, 처분하고자 하는 원인이 되는 사실과 처분의 내용 및 법적 근거, 이에 대한 의견을 제출할 수 있다는 뜻과 의견을 제출하지 아니하는 경우의 처리방법 등'의 사항을 원고에게 통지하여야 함에도 이를 누락한 만큼 위 처분은 위법하다고 주장한다.

그러므로 살피건대, 행정절차법 제21조 제1항, 제4항, 제22조 제1항 내지 제4항에 의하면, 행정청이 당사자에게 의무를 과하거나 권익을 제한하는 처분을 하는 경우에는 미리 처분하고자 하는 원인이 되는 사실과 처분의 내용 및 법적 근거, 이에 대하여 의견을 제출할 수 있다는 뜻과 의견을 제출하지 아니하는 경우의 처리방법 등의 사항을 당사자 등에게 통지하여야 하고, 다른 법령 등에서 필요적으로 청문을 실시하거나 공청회를 개최하도록 규정하고 있지 아니한 경우에도 당사자 등에게 의견제출의 기회를 주어야 한다고 규정하고 있는바, 이 사건의 경우 갑 제38, 39호증의 각 기재에 변론 전체의 취지를 종합하면, 피고는 이 사건 보조사업 기간 만료 이후인 2004. 11. 29. 원고로부터 사업기간 만료에 따른 실적보고서를 제출받아 2004. 12. 28. 원고에게 사업추진 부진과 보조금으로 충당되는 부분 외 경비 미조달을 이유로 교부결정을 취소할 예정이라는 내용과 이에 대하여 이의가 있을 경우 보조금법 제37조의 규정에 의한 이의를 제기할 수 있다는 내용이 담긴 통보를 한 다음 2005. 3. 8. 이 사건 처분을 한 사실을 인정할 수 있다.

위 인정 사실에 의하면, 피고는 이 사건 처분 이전에 원고에게 행정절차법 제21조 제1항 등의 취지에 따른 처분의 사전통지나 의견제출의 기회를 주었다고 할 것이므로, 이에 대한 원고의 주장은 이유 없다.

(2) 보조금법 제21조 제3항 소정의 절차 위반 여부

원고는, 보조금법 제21조 제3항에 정한 바에 따라 피고가 '교부결정의 취소 등을 하여야 할 사유, 교부결정의 취소 등에 대한 당해 보조사업자의 의견 등'의 사항을 기재한 서류를 기획예산처장관에게 제출하고 협의를 하여야 함에도 불구하고 원고로부터 이 사건 교부결정 취소에 대한 아무런 의견도 받지 아니하였으므로, 이 사건 처분은 위 규정에 따른 협의를 거치지 않은 것으로서 위법하다고 주장한다.

그러므로 살피건대, 을 제9, 14호증의 각 기재에 변론 전체의 취지를 종합하면, 피고는 이 사건 처분 이전인 2005. 1. 25. 기획예산처장관에게 보조금법 제21조 제3항 소정의 협의를 위하여 '이 사건 보조사업 개요, 교부결정 취소사유, 원고의 2005. 1.

11.자 의견'에 대한 서류를 제출하였고, 그 후 2005. 2. 4. 기획예산처장관으로부터 교부조건, 사업추진상황, 보조사업자의 의견 등을 종합적으로 검토하여 국고보조금 교부결정 취소 여부를 결정하라는 취지의 회신을 받은 사실을 인정할 수 있다.

위 인정 사실에 의하면, 피고는 이 사건 처분 이전에 보조사업자인 원고의 의견서를 기획예산처장관에게 제출하여 보조금법 제21조 제3항 소정의 협의를 거쳤다고 할 것이므로, 이에 대한 원고의 주장 역시 이유 없다.

다. 실체적 위법 유무

(1) 주장 요지 및 쟁점

(가) 주장 요지

피고는 이 사건 보조사업의 추진이 부진하다는 점과 보조금으로 충당되는 부분 외 경비의 목표액 미달(기부금목표액 500억 원 중 103억여 원 모집, 이하 '기부금모집 미달'이라 한다)을 처분사유로 내세우면서 위 처분사유가 보조금법 제21조 제2항, 보조금법 시행령 제9조 제2호의 규정 및 이 사건 교부조건이 성취되었다는 전제하에 위 법령 및 교부조건에 의한 취소가 적법하다는 취지로 주장한다.

이에 대하여 원고는, 뒤에서 보는 바와 같이 근거 법령 자체가 포괄위임금지 원칙에 위배될 뿐만 아니라 피고가 당초의 정부방침과 달리 국고보조금 집행승인 자체를 거부함으로써 이 사건 보조사업추진의 부진과 기부금모집의 목표액 미달이라는 결과가 초래된 만큼 처분사유 자체가 부존재하고, 또한 이 사건 처분은 소급적인 사후부관 등에 의한 것으로서 신뢰보호원칙에도 위배되므로 위법하다는 취지로 주장한다.

(나) 쟁 점

피고의 이 사건 처분은 원고에 대한 보조금 교부결정의 원시적 하자를 이유로 하는 '직권취소'가 아니라 보조금 교부결정을 후발적 사유에 기하여 그 효력을 상실시키는 별개의 행정행위로서 강학상의 '철회'에 해당하고, 특히 보조금 교부결정과 같은 수익적 행정행위의 철회의 경우에는 신뢰보호의 원칙상 법령에 명시적인 규정이 있는 때, 부관으로 철회권이 유보되어 있는 때, 그 밖에 중대한 공익상의 필요가 있는 때에만 허용된다고 할 것이다. 또한, 이 경우에 철회권이 발생하였다고 하더라도 철회권의 행사는 행정청의 재량에 속한다고 볼 것이므로, 이를 행사함에 있어서는 비례의 원칙 내지 과잉금지의 원칙 등이 적용되어야 한다고 할 것이다.

그런데 이 사건 처분에 관하여 피고는 처분사유의 존재를 전제로 하여 근거 법령의 명시적인 규정 및 행정행위의 부관에 해당하는 이 사건 교부조건에 유보된 철회권을 행사한 것이라고 주장하므로, 이하에서는 처분사유의 존재 여부를 중심으로 위 철회권 행사가 적법한지 여부에 관하여 보기로 한다.

(2) 근거 법령에 대한 검토

(가) 근거 법령이 포괄위임금지 원칙에 위배되는지 여부

① 원고 주장

법률이 일정한 규율을 대통령령에 위임함에 있어서는 그 내용과 범위를 구체적이고 명확하게 정하여 위임하여야 함에도 불구하고 보조금법 제21조 제2항은 보조금의 교부결정을 취소할 수 있는 경우에 관하여 '대통령령이 정하는 경우'라고만 규정함으로써 대통령령으로 정할 구체적 범위에 관하여 전혀 예측할 수 없을 정도로 위임하고 있는 것이므로 위와 같은 백지위임에 기초한 보조금법 시행령 제9조는 헌법 제75조 소정의 포괄위임금지 원칙에 위배된다.

② 판단

헌법 제75조에 의하여 입법을 위임할 경우에 요구되는 위임의 구체성·명확성의 요구 정도는 규제대상의 종류와 성격에 따라 달라지는바, 다양한 사실관계를 규율하거나 사실관계가 수시로 변화될 것이 예상될 때에는 위임의 명확성의 요건이 완화될 수밖에 없다. 그리고 그 예측가능성의 유무를 판단함에 있어서는 당해 특정 조항 하나만을 가지고 판단할 것이 아니고 관련 법조항 전체를 유기적·체계적으로 종합 판단하여야 한다(헌법재판소 2003. 12. 18.자 2001헌마543 결정 등 참조).

이를 전제로 살피건대, 보조금법 제1조가 보조금예산의 편성·교부신청·교부결정 및 사용 등에 관하여 기본적인 사항을 규정함으로써 효율적인 보조금예산의 편성과 그 적정한 관리를 기함을 법의 목적으로 규정하고 있고, 보조금법 제21조는 제1항에서 보조금의 교부를 결정한 이후에 발생한 사정의 변경으로 특히 필요하다고 인정할 때에는 보조금교부결정의 내용을 변경하거나 그 교부결정의 전부 또는 일부를 취소할 수 있도록 규정하면서 제1항의 규정에 의하여 보조금의 교부결정을 취소하고자 할 경우는 천재·지변 기타 사정의 변경으로 보조사업의 전부 또는 일부를 계속할 필요가 없는 경우와 대통령령이 정하는 경우에 한한다고 명확히 규정하고 있으므로, 위와 같은 위 법률의 취지와 목적 및 보조금법 제21조 제1항, 제2항의 규정 형식과 내용 등에 비추어 보면, 대통령령에 규정될 내용은 기타 사정의 변경으로 보조사업의 전부

또는 일부를 계속할 필요가 없는 경우에 준하는 취소사유에 관련된 사항일 것이라고 그 내용을 충분히 예측할 수 있는 점, 나아가 보조금교부결정은 보조금법 제17조에서 규정하는 바와 같이 법령 및 예산의 목적에의 적합 여부, 보조사업내용의 적정 여부, 금액산정의 착오 유무, 자기자금의 부담능력 유무를 조사하여 교부 여부를 결정하는 것일 뿐만 아니라, 보조금법 제18조에서 규정하는 바와 같이 법령과 예산이 정하는 보조금의 교부목적을 달성하기 위하여 필요한 조건을 붙일 수 있는데, 위 각 규정에 비추어 보더라도 보조금교부결정은 수시로 변화가 예상되는 등 상황 변화에 효율적으로 대처할 수 있는 탄력성이 요구되는 분야이며, 보조금법 제21조 제2항에서 규율 대상으로 삼고 있는 사항도 사정변경에 의한 교부결정의 취소사유에 국한되는 것으로서 그 대상이 가변적 사항이어서 이를 형식적 법률로 규정하기에 다소 부적절하다는 점 등을 감안하면, 보조금법 제21조 제2항은 위임 사항의 내용과 범위를 나름대로 구체적으로 특정한 것으로서 이로부터 대통령령에 규정될 사항을 대체적으로 예측할 수 있다 할 것이다.

따라서 보조금법 제21조 제2항이 헌법 제75조에 규정된 포괄위임금지의 원칙에 위배된다고 할 수 없으므로, 이에 대한 원고의 주장은 이유 없다.

(나) '기부금모집 미달'이 근거 법령에 기한 처분사유에 해당하는지 여부

보조금법 시행령 제9조 제2호에서는 보조금법 제21조 제1항, 제2항의 규정에 의하여 보조금교부결정의 취소사유에 관하여 '보조사업 또는 간접보조사업에 소요되는 경비 중 보조금 또는 간접보조금으로 충당되는 부분 외의 경비(보조사업자 또는 간접보조사업자가 부담하는 경비는 제외한다)를 그 책임에 속하지 아니하는 사유로 조달하지 못하는 경우'라고 규정하면서 '보조사업자 또는 간접보조사업자가 부담하는 경비'는 제외하고 있고, 또한 보조금법 시행령 제7조는 제1항에서 보조금 교부신청서에 '보조사업에 소요되는 경비와 교부받고자 하는 보조금액'(제3호), '자기가 부담하여야 할 금액'(제4호)을 기재하도록 규정하고, 또한 제2항에서 위 신청서에 첨부할 서류로 '보조사업에 소요되는 경비 중 보조금으로 충당되는 부분 외의 경비를 부담하는 자의 성명 또는 명칭과 부담하는 금액 및 부담하는 방법'(제6호)에 관하여 규정하고 있다.

위 규정내용에 의하면, '보조사업자 자신이 부담하여야 할 경비'를 조달하지 못하였다 하더라도 이는 보조금법 시행령 제9조 제2호에 해당하지 않는다고 할 것인바,

갑 제2호증, 갑 제6호증의 1, 2, 갑 제15호증, 을 제1, 2호증의 각 기재에 변론 전체의 취지를 종합하면, 이 사건 보조사업의 소요경비 709억 원은 국고보조금 208억 원, 기부금 500억 원, 기타 이자 등 1억 원으로 구성되어 있고, 그 중 보조금으로 충당되는 부분 208억 원을 제외한 501억 원에 대하여 원고 자신이 기부금모집을 통하여 부담하기로 한 사실, 이에 따라 원고는 이 사건 보조금 교부신청서에 기부금 모집으로 원고의 자기부담금액을 충당하겠다는 취지가 기재되어 있을 뿐더러 피고도 이를 전제로 이 사건 교부조건에 기부금모집에 의한 자기자금 부담능력을 집행승인 조건으로 붙인 사실을 인정할 수 있다.

위 규정내용과 인정 사실을 종합하면, 기부금 500억 원은 보조사업자인 원고 자신이 부담하는 경비로서 보조금법 시행령 제9조 제2호의 취소사유에 해당하지 아니하므로 원고가 위 기부금을 조달하지 못하였다 하더라도 이를 이유로 보조금법 제21조 제1항, 제2항, 보조금법 시행령 제9조 제2호에 기한 취소를 할 수는 없다고 할 것이다. 따라서 이에 대한 원고 주장은 이유 있다.

(3) 이 사건 교부조건에 의한 취소권(철회권)의 행사

(가) 인정 사실

① 피고는 원고에게 2000. 12. 11. 제1차 교부결정을 하면서 앞서 본 바와 같이 "국고보조사업의 수행에 필요한 요건을 충족하지 못하거나 사업추진 부진 또는 보조금으로 충당되는 부분 외의 경비를 조달하지 못하는 경우에는 보조금 교부결정의 내용을 변경하거나 그 교부결정의 전부 또는 일부를 취소할 수 있다."는 교부조건을 명시한 데 이어 2001. 12. 20. 당시까지 원고가 모집한 기부금이 약 15억 8천만 원에 불과하자 제2차 교부결정을 하면서 종전과 마찬가지로 이 사건 교부조건을 붙임과 아울러 제1차 보조금을 포함한 국고보조금의 집행은 모금활동을 통한 자기자금의 부담능력을 갖춘 후 피고의 사전승인을 얻어 집행하여야 한다는 취지의 교부조건을 추가하였다.

② 위와 같이 기부금모집 실적이 부진하자 원고는 사업규모를 축소하기 위하여 2001. 10. 24. 피고에게 총공사비를 308억 원으로 하되 208억 원은 국고보조금으로 충당하고 자체부담은 100억 원으로 수정한다는 내용의 사업계획변경신청을 제출하였으나 피고의 승인을 받지 못하였고, 그 이후 사업계획변경신청을 수정 제출하여 2001. 12. 20. 총사업비 709억 원은 그대로 유지하되 기념관 건립규모(연면적)를 당초

의 2,500평에서 1,591평으로 축소하고 건립공사비를 214억 원으로 축소하는 내용으로 사업계획변경승인을 받았다. 그 당시 원고가 제출한 사업계획변경내용에는 모집기간 종료시까지 기부금목표액이 미달할 경우 목표액을 하향조정하고 관련 사업목표를 수정 축소하거나 재단법인화하여 별도의 재원조성 대책을 수립한다는 내용이 포함되어 있다.

③ 한편, 원고는 이 사건 기념관 건립사업을 위하여 2001. 3. 21. 기념관 설계계획안(건축면적 1,573평, 건축규모 3층)을 확정하여 2001. 4. 16. 원도시건축설계사무소와 계약금액 546,700,000원, 계약기간 2001. 4. 16. ~ 2001. 11. 30.인 기념관 건립 설계기술용역계약을 체결한 후 서울특별시로부터 2001. 12. 10. 토지사용승낙 및 건축허가통보를 받아 2002. 12. 18. 원도시건축설계사무소와 공사감리계약을 체결하는 한편, 2002. 1. 22. 삼성물산과 사이에 기념관 건립사업을 위하여 공사금액 95억여 원, 공사기간 2001. 1. 29. ~ 2003. 4. 28.인 건축공사 도급계약을 체결하는 등으로 사업추진을 하여 왔다.

④ 그 후 원고는 삼성물산 등 관련 업체로부터 기성금 등 공사대금 청구를 받자 피고에게 국고보조금에 대한 집행승인신청을 하였고, 이에 대하여 피고는 2002. 2. 20. 기부금모금 실적이 저조하다는 사유를 들어 원고의 집행승인신청(1차)을 거부하였다. 그리하여 원고는 관련 업체에 대한 공사대금 지급채무를 지체함으로 인하여 2002. 6. 1.경 삼성물산으로부터 기성공사비 미지불 등을 이유로 한 공사중지 통보를 받게 되었는데, 그 후 공사재개를 위하여 2002. 6. 3. 및 2002. 7. 10. 다시 피고에게 국고보조금 집행 승인신청(제2, 3차)을 하였다.

이에 피고는 2002. 7. 26. 기부금 100억 원 정도가 모금되면 국고보조금 100억 원을 집행승인할 계획이고 위 정부방침이 모금활동을 활성화하는 새로운 계기가 되어 기념사업이 원활히 추진되기를 바란다는 취지의 회신(이하 '정부방침'이라 한다)을 한 다음 2003. 2. 17. 원고의 기간연장 신청에 의하여 당초 2003. 2. 28.까지인 사업기간을 2004. 10. 31.까지로 연장하여 주었다.

⑤ 그 후 원고는 정부방침에 따라 기부금 100억 원을 모금하기 위하여 노력한 결과 2003. 3. 21. 현재 기부금 100억 4천만 원을 모금하였는데, 이에 따라 원고는 2003. 3. 21. 피고에게 정부방침에서 정한 목표액 100억 원을 달성하였다고 보아 피고에게 국고보조금 집행승인신청(제4차)을 하였다. 그러나 피고로부터 아무런 회신을 받지

못하자 원고는 이 사건 보조사업의 원활한 추진을 위하여 집행승인이 시급히 필요하다는 취지의 2003. 6. 23.자 및 2003. 7. 23.자 국고보조금 집행승인신청(제5, 6차)을 하였다.

위와 같이 국고보조금 집행승인을 받지 못하여 공사 중단 사태가 장기화되던 중 피고는 2003. 8. 28.에야 비로소 사업의 성격, 건립지역, 모금액과 국고보조금 교부금액의 적정한 비율 및 규모문제, 역대대통령 종합전시관 건립문제 등에 관하여 관계기관과 논의중에 있다는 취지의 회신을 원고에게 발송하였다

⑥ 그 후 원고는 2003. 11. 6. 피고에게 국고보조금 사용승인 재요청(제7차)을 한 다음 같은 달 13. 공사중지로 인한 시공기간 연장이 필요하다며 사업기간을 2005년 4월까지로 연장하여 달라는 신청을 하였고, 이에 피고는 2003. 12. 16. 원고에 대하여 당시까지의 모금액 102억 원은 목표액 500억 원에 미달하고 운영비 300억 원의 확보대책도 마련되지 않았으며 사업기간 연장도 실익이 없다는 사유로 원고의 신청을 거부하였다.

그러자 원고는 피고에 대하여 사업기간 만료 전인 2003. 12. 18. 피고에 대하여 사업기간을 2009년 10월까지 연장하여 달라는 사업계획변경승인 신청을 하고, 2004. 3. 19. 이를 다시 한번 촉구하였으나, 피고는 2004. 3. 31. 사업계획의 만료시점이 도래하지 않은 현재 시점에서 검토하는 것은 적절하지 않다는 취지를 답변만 하였고, 이어 원고는 다시 2004. 5. 11. 기성공사비 등 38억여 원의 공사비에 사용하기 위한 집행승인신청(제8차)을 하였으나 같은 달 29. 이 역시 받아들여지지 아니하였다.

⑦ 한편, 원고는 2004. 9. 6. 피고에게 국고보조금 집행승인 지연에 따라 이 사건 보조사업 수행이 불가능하다는 이유로 당초의 사업내용을 축소{건립위치 : 구미지역, 사업비 : 215억 원(건축비 152억 원 + 기성공사 정리비 18억 원 + 경상비 등 45억 원)}하고 사업기간을 2007년 8월까지로 연장하는 내용의 사업계획변경신청을 제출하였다.

이에 대하여 피고는 보완자료 제출을 요구하여 원고로부터 구미시의 동의를 받았음에도 2004. 10. 30. 구미시의 계속적인 운영비 부담은 당초 기념사업의 취지를 훼손하는 것이며, 대폭적인 사업비 축소, 건립지역 변경은 내용 변경이라기보다 새로운 사업의 성격이 강하다는 취지로 원고의 사업계획 변경안을 승인하지 않았다.

⑧ 나아가 피고는 2004. 11. 1. 원고에게 사업기간 만료에 따른 사업실적보고서 제출을 요구한 후 같은 달 28. 원고에게 교부금결정 취소예고 및 의견제출에 관한 통보

를 하였다가 2005. 3. 8. 원고에게 국고보조금 교부결정을 취소하는 이 사건 처분을 하기에 이르렀다.

[인정 근거] 다툼 없는 사실, 앞서 든 증거, 갑 제11호증의 1, 2, 3, 갑 제12, 13호증의 각 1, 2, 갑 제14, 15호증, 갑 제16호증의 1, 2, 갑 제17, 18호증, 갑 제19호증의 1 내지 4, 갑 제20, 21, 22호증, 갑 제23호증의 1, 2, 갑 제24호증, 갑 제25호증의 1, 2, 갑 제26 내지 30호증, 갑 제31, 32호증의 각 1, 2, 갑 제33, 34호증, 갑 제35호증의 1, 2, 3, 갑 제36호증, 갑 제37호증의 1, 2, 갑 제42호증의 1, 2, 갑 제43호증, 을 제2 내지 5호증, 을 제6호증의 1, 2, 을 제7, 8호증의 각 기재, 변론 전체의 취지

(나) 판 단

① 앞서 본 바와 같이 이 사건 교부조건에 사업추진 부진 또는 보조금으로 충당되는 부분 외의 경비를 조달하지 못하는 경우에는 교부결정을 전부 또는 일부 취소할 수 있다는 취지로 철회권이 유보되어 있고, 이 사건 교부조건은 행정행위 부관에 의한 철회권 유보로서 수익적 행정행위의 부관에 관한 일반원칙에 따라 특별한 사정이 없는 한 적법하다고 할 것이므로, 이하에서는 처분사유인 사업추진 부진, 보조금으로 충당되는 부분 외 경비의 목표액 미달(기부금모집 미달)의 존부에 관하여 보기로 한다.

② 이 사건 보조사업 중 기념관 건립공사가 2002. 6. 1.경 이후 중단된 상태에서 2004. 10. 31. 사업기간 만료시까지 원고가 모금한 기부금도 당초의 기부금목표액 500억 원의 25% 수준인 103억여 원에 불과한 사실은 당사자 사이에 다툼이 없으므로, 이 사건 처분 사유인 원고의 '사업추진 부진과 기부금모집 미달'이라는 이 사건 교부조건이 성취되었다고 볼 여지도 있다.

그러나 앞서 본 바와 같이, 기념관 건립공사 중단 등 사업추진 부진은 시공업체 등에 대한 공사비 지급에 사용될 자금에 관하여 피고가 국고보조금 집행승인을 하지 아니하면서 촉발되었다고 할 것인데, 피고는 공사재개를 위한 원고의 거듭된 국고보조금 집행승인 신청을 거부하던 중 기부금 100억 원을 모금하면 국고보조금 100억 원에 대한 집행승인을 하겠다는 2002. 7. 26.자 정부방침을 원고에게 명시적으로 표명하였고, 이에 따라 원고가 2003. 3. 21. 목표액 100억여 원을 모집한 후 피고에게 위 정부방침에 따른 국고보조금 집행승인을 신청하였음에도 피고는 당초 위 정부방침에 모순되게 사업기간 만료시까지 집행승인을 미루어 온 점, 이 사건 보조사업에 소요되는 경비 709억 원 중 기념관 건립 이후에 소요될 예정인 운영비가 300억 원인 반

면, 사업추진을 좌우하는 기념관 건립비는 214억 원에 불과한 점, 피고 스스로도 이 사건 교부조건을 붙이면서 그 전제가 되는 '자기자금 부담능력'의 구체적 내용을 명시하지 않고 있어 기부금목표액 500억 원 자체가 사업추진을 위한 전제조건으로 보기는 어려운 점, 이러한 상황하에서 피고가 2002. 7. 26.자 정부방침을 통하여 기부금 100억 원이 모금될 경우 국고보조금 중 100억 원의 집행이 가능하다고 밝혔으므로, 이는 특별한 사정이 없는 한 기부금 100억 원을 모금함으로써 자기자금 부담능력을 갖춘 것으로 볼 수도 있는 점 등의 사정에 비추어 볼 때, 비록 이 사건 보조사업 주체인 원고에게 사업추진 부진 및 기부금모집 미달에 대한 책임이 상당 부분 있다고 하더라도, 2002. 7. 26.자 정부방침에 기초한 원고의 2003. 3. 21.자 이후의 수차에 걸친 국고보조금 집행승인 신청을 거부할 만한 정당한 사유를 인정할 증거가 없는 이 사건에 있어서는, 원고의 사업추진 부진과 기부금모집 미달은 피고의 부당한 국고보조금 집행승인 거부로 인하여 발생하였거나 확대되었다고 봄이 상당하므로, 피고 주장의 처분사유가 인정된다고 보기 어렵다.

③ 설령 피고 주장의 처분사유가 인정된다 하더라도, 앞서 본 바와 같이 2002. 7. 26.자 정부방침은 행정청인 피고가 원고에 대하여 국고보조금 집행승인 조건에 대한 공적인 견해표명을 한 것으로서, 위 견해표명을 신뢰하고 기부금 100억 원을 모금한 후 국고보조금 집행승인을 한 원고에 대하여 피고가 위 정부방침에 따른 집행승인을 전혀 하지 않다가 사업추진 부진 및 기부금모집 미달을 사유로 한 이 사건 처분을 함으로써 위 정부방침을 신뢰한 원고의 이익을 침해하는 결과를 초래하였다고 볼 수 있고, 또 제2차 교부결정 당시 원고는 피고로부터 기부금목표액을 달성하지 못할 경우의 대책수립을 요구받고 사업계획 축소 등의 대책을 사업계획에 포함시킨 후 기부금모집이 부진하자 실제로 사업계획을 축소하는 내용의 사업계획변경신청을 피고에게 하였으므로, 피고 주장과 같이 원고의 사업추진 부진과 기부금모집 미달로 인하여 이 사건 교부조건에 기한 취소사유가 발생하였다 하더라도, 예우법 등에 의한 이 사건 보조사업의 추진경위, 사업추진 정도, 기부금 모금액 등에 비추어 보면 피고로서는 교부결정의 내용 변경 또는 일부 취소 등의 제재조치만으로도 이 사건 교부조건에 의한 행정목적을 충분히 달성할 수 있었음에도 불구하고 이 사건 교부결정의 전부 취소라는 중대한 제재조치를 선택함으로써 원고에게 이 사건 보조사업의 중단이라는 막대한 불이익을 입혔다고 할 것이다. 위와 같이 이 사건 처분은 신뢰보호의 원칙 및 비

례의 원칙에 위배되는 것으로서 허용될 수 없다고 할 것이다.

④ 피고는 원고가 이 사건 교부결정의 취소를 전제로 하여 피고와 사이에 원상복구비, 보조사업 부대경비, 보조사업 수행을 위한 운영경비 등의 정산을 협의 추진하는 등으로 이 사건 처분을 수용하였다는 취지로 주장한다.

살피건대, 갑 제44호증의 1, 을 제12, 13호증의 각 기재에 의하면, 피고가 2005. 2. 23. 및 2005. 8. 29. 원고에 대하여 국고보조사업 교부결정 취소에 따른 경비정산을 위하여 국고보조금 집행을 승인한다고 하면서 정산절차를 취하라는 통보를 하자, 원고는 2005. 9. 7. 국고보조금 집행실적 및 증빙자료 제출과 함께 국고보조금 집행 결과를 보고한 사실은 인정할 수 있으나, 이러한 사정만으로 피고의 이 사건 처분을 수용하였다고 볼 수 없고, 달리 이를 인정할 증거가 없으므로, 피고의 위 주장은 이유 없다.

⑤ 결국, 특정한 역사적 인물의 기념사업에 대한 국가의 보조는 그 인물에 대한 다양한 견해를 공론의 과정을 거쳐 여과한 후 성숙된 시민의식과 여론에 기초하여 이루어질 때 진정한 의미가 있다고 할 수 있는데, 이 사건 보조사업은 정치적 이해관계에 따라 결정되고 추진된 사업으로서 이로 인하여 그 태생부터 문제를 제기하는 견해가 있음은 주지하는 바와 같다. 그러나 행정에 있어서의 신뢰보호의 원칙과 비례의 원칙은 모든 행정객체에 대하여 동등하게 적용되어야 하는 것이고, 이는 행정의 상대방인 국민에게 법적 안정성을 가져다주는 것으로서 이 원칙에 위배되는 행정행위는 위법을 면할 수 없다.

요컨대, 이 사건 처분은 앞서 본 바와 같이 처분사유가 부존재하거나 신뢰보호원칙, 비례원칙에 위배하여 재량권을 일탈·남용한 것으로서 위법하다고 할 것이다(이 사건 보조사업의 사업기간이 2004. 10. 31. 만료되었으나, 이 사건 처분은 사업기간 연장신청에 대한 거부행위가 포함된 것으로 보이고, 따라서 사업기간이 만료되었다 하더라도 이 사건 처분의 취소를 구할 법률상 이익은 여전히 남아 있다고 할 것이다).

3. 결 론

그렇다면 이 사건 처분의 취소를 구하는 원고의 청구는 이유 있으므로 이를 인용하기로 하여 주문과 같이 판결한다.

판사 안철상(재판장) 김태호 이종채

참고문헌

- 경향신문사, 『여적(餘滴)-한국 현대사를 관통하는 경향신문 명칼럼 243選』, 경향신문사(2012)
- 김시덕, 『한국의 상례문화』, 민속원(2012)
- 김형곤, 『대통령의 퇴임 이후』, 살림(2013)
- 라종일 외, 『한국의 불행한 대통령들』, 파람북(2020)
- 마우리시오 라부페티(박채연 옮김), 『호세무히카 조용한 혁명』, 부키(2016)
- 미켈 앙헬 캄포도니코(송병선 외 옮김), 『세상에서 가장 가난한 대통령 무히카』, 21세기북스(2015)
- 문희상, 『대통령. 우리가 알아야할 대통령의 모든 것』, 경계(2017)
- 박영규, 『조선왕조실록』, 들녘(2002)
- 박찬영, 『조선왕조실록을 보다』, 리베르(2014)
- 박태호, 『장례의 역사』, 서해문집(2008)
- 레너드 버나도·제니퍼 와이스, 『미국 대통령의 역사』, 시대의 창(2012)
- 신철식, 『신현확의 증언』, 메디치(2017)
- 이철호, 『헌법과 인권』, 21세기사(2018)
- 이순자, 『당신은 외롭지 않다』, 자작나무숲(2017)
- 정운현, 『친일·숭미에 살어리랏다』, 책보세(2012)
- 찰리 캠밸 외 6명(배현 옮김), 『타인의 시선』, UPA코리아(2018)
- 천퉁성(陳桐生), 『역사의 혼 사마천』, 이끌리오(2003)
- 최윤필, 『겹겹의 공간들』, 을유문화사(2014)

- 하상복, 『죽은 자의 정치학』, 모티브북(2014)
- 하상복·형시영, 『국립묘지와 보훈- 추모와 기억의 상징성』, 필코in(2013)
- 한국정치외교사학회 엮음, 『한국정치와 헌정사』, 한울아카데미(2001)
- 한상범外2인 편저, 『12·12, 5·18재판과 저항권』, 법률행정연구원(1997)
- 한상범·이철호, 『법은 어떻게 독재의 도구가 되었나』, 삼인(2012)
- 한상범·이철호, 『전두환 체제의 나팔수들』, 패스앤패스(2004)
- 한상범, 『바보놀이 공화국-한국사회의 노예 구조』 법률행정연구원(1996)
- 〈친일· 반민주 인사 국립묘지 안장반대 시민행동 발족식 겸 국립묘지법 개정 공청회〉자료집(2012)
- 〈전두환·노태우 대법원 판결 20주년 학술대회〉자료집(2017.4.17)
- 김성봉, 국립묘지 운영 및 관리형황과 개선과제, 이슈와 논점 제1232호 (2016.11.25), 국회입법조사처
- 김주용, 국립묘지 기능 강화 및 관리 활성화 방안 연구, 과장급 국회훈련결과 보고서, 국가보훈처(2014.6)
- 김종오, 『전직대통령에 대한 경찰의 경호실태와 개선방안』, 경찰학논총 제12 권 제4호(2017)
- 박성철, "판례해설-국가유공자 국립묘지 안장 대상자 결정 사건", 법률신문, (2016.4.20)
- 〈5·18민주화운동 등에 관한 특별법 일부개정법률안(천정배의원 대표발의, 제 7361호) 검토보고서〉(국회 법사위 수석전문위원 박수철, 2017.11)
- 〈국가장법 일부개정법률안 검토보고서:(박용진의원 대표발의안(제4152호) 김해영의원 대표발의안(제4175호) 추혜선의원 대표발의안(제4606호))〉,(국 회 안전행정위원회 수석전문위원 박수철, 2017.7)
- 이경선, "「전직대통령 예우에 관한 법률」 입법비평", 홍익법학 제20권 제1호 (2019)
- 이철호, "韓國에서의 「違憲的 立法機構」에 관한 硏究-1961년, 1972년 및

1980년 정변에 대한 헌법적 분석", 동국대학교 박사학위논문(2001)

- 이철호, "헌법상 사면권과 전·노赦免논의에 대한 管見", 「아·태공법연구」제4집(1997)

- 이철호, 한국사회의 '훈장잔치'와 역사바로세우기, 「법무사」 2014년 4월호

- Lee cheol-ho, The Story of the "Order of Merit Party" and the Cancellation of Awards Issued to Chun Doo-Hwan's New Military, DONGGUK LAW REVIEW」 No.4(2014.5)

- 정유림, "전두환·노태우 전 대통령 국립묘지 안장 논란: 김형욱 겨냥했던 반국가행위법 위헌 판결로 내란죄 저질러도 국립묘지 행 가능", 「신동아」 54권 12호 통권627호(2011년 12월)

- 김두우, [영남시론] YS 國家葬, DJ國葬, 「영남일보」 2015년 11월 25일

- 유재철, "한국 국가장에 관한 연구", 동방대학원 대학교 박사논문(2013)

- 「국가장법 일부개정법률안 검토보고서: (박용진의원 대표발의안(제4152호) 김해영의원 대표발의안(제4175호) 추혜선의원 대표발의안(제4606호))」, 국회 안전행정위원회 수석전문위원 박수철, 2017.7

찾아보기

전직대통령 예우와 법

1판 1쇄 인쇄 2021년 02월 15일
1판 1쇄 발행 2021년 02월 25일
저   자 이철호
발 행 인 이범만
발 행 처 **21세기사** (제406-00015호)

경기도 파주시 산남로 72-16 (10882)
Tel. 031-942-7861   Fax. 031-942-7864
E-mail : 21cbook@naver.com
Home-page : www.21cbook.co.kr
ISBN 978-89-8468-906-0

정가 20,000원